Hartmut Horchler

Outsourcing

Eine Analyse der Nutzung und ein Handbuch der Umsetzung

Outsourcing

Eine Analyse der Nutzung und ein Handbuch der Umsetzung.

- Markt - Recht - Management - Abwicklung - Vertragsgestaltung -

Hartmut Horchler

Die Deutsche Bibliothek – CIP-Einheitsaufnahme

Horchler, Hartmut:

Outsourcing : eine Analyse der Nutzung und ein Handbuch der Umsetzung: Markt - Recht - Management - Abwicklung - Vertragsgestaltung / Hartmut Horchler. – Köln : Datakontext-Fachverl., 1996
ISBN 3-89577-035-3

1996, Erstausgabe

ISBN 3-89577-035-3

Druck: Druckerei Raimund Roth, Solingen

Geleitwort

Die Auflösung traditioneller Organisationsgrenzen in den Unternehmen durch die neuen Informations- und Kommunikationstechniken und die Restrukturierung der Geschäftsprozesse hat Outsourcing zu einem dringlichen betriebswirtschaftlichen und rechtlichen Thema werden lassen.

Auf der Grundlage praktischer Erfahrungen greift der Autor in einem empirisch anspruchsvollen Ansatz hochaktuelle und intensiv diskutierte Fragestellungen auf. Untersucht werden die zentralen Fragen, welche Unternehmensdienstleistungen fremdbezogen werden können, welche rechtlichen Aspekte und Managementaspekte beim Outsourcing zu beachten sind und wie die Outsourcingbeziehung vertraglich zu gestalten ist. Neben der begrifflichen Klärung von Outsourcing werden ein realistisches Bild des Outsourcingmarktes beschrieben und Handlungsanweisungen für die praktische Umsetzung von Outsourcing erarbeitet. Dem Verfasser ist es überzeugend gelungen, dies wirtschaftlich wie rechtlich außerordentlich komplexe Thema umfassend zu behandeln und sachgerechte Ergebnisse zu erzielen.

Handbuchartig werden Managementaspekte herausgestellt und beschrieben. Die Aspekte werden unterschieden in die prinzipielle und grundlegende Diskussion von Bewertung, Abrechnung, Motive und Nutzen, Darstellung eines Outsourcing-Entscheidungskonzeptes sowie Diskussion des Projektmanagements.

Für die rechtlichen Aspekte beim Outsourcing wie z.B. Datenschutz und Datensicherheit, Arbeitnehmerübergang und Arbeitnehmerüberlassung, Mitwirkungs- und Mitbestimmungsaspekte, Betriebsaufspaltung sowie Bilanz- und steuerliche Aspekte werden Handlungsempfehlungen gegeben. Insbesondere setzt der Verfasser sich umfassend mit den personalrechtlichen Faktoren beim Outsourcing auseinander. Dieses in der Rechtsprechung und Literatur sehr kontrovers behandelte Thema, löst der Verfasser zutreffend pragmatisch. Er zeigt damit auf, daß Outsourcing auch personalwirtschaftlich sinnvoll ist, wenn der Arbeitgeber im Zusammenwirken mit dem Betriebsrat die arbeitsvertraglichen Bindungen von Arbeitnehmern im allseitigen Interesse sachgerecht behandelt.

Die Leitlinie zur Gestaltung eines Outsourcing-Vertrages sind rechtlich umfassend behandelt. Der Inhalt dieses Vertragstyps als Dauerschuldverhältnis sui generis mit seinen wechselseitigen Willenserklärungen und Aufklärungs- und Informationspflichten, insbesondere bei der Vertragsanbahnung, aber auch bei seiner Durchführung bis hin zum daraus folgenden haftungsrechtlichen Rechtsfolgeprogramm, hat der Verfasser aufgrund der erfolgten Auswertung von Verträgen dargestellt und in der konzeptionellen Umsetzung konsequenten Lösungen zugeführt. Daraus ergibt sich insgesamt eine gelungene Handlungsanleitung für die Praxis.

Prof. Dr. Gerd-Michael Hellstern
Prof. Dr. Friedhelm Jobs, Richter am Bundesarbeitsgericht
Universität Gesamthochschule Kassel

Vorwort

Das Motiv dafür, das Thema Outsourcing aufzugreifen, ergab sich aus verschiedenen Tätigkeiten als wissenschaftlicher Mitarbeiter an der Universität Kassel. In vielfältigen Projekten und Kontakten zu Unternehmen konnte immer wieder festgestellt werden, daß über Outsourcing diskutiert wird, aber nur wenige Unternehmen eine Realisierung durchführen. Die rechtlich zu beachtenden Vorgaben sowie die zu definierende und später zu lebende Geschäftspartnerschaft stellen das Management vor neue Herausforderungen und verlangen ein umfangreiches Handlungskonzept.

Die Aufarbeitung der Literatur zur Thematik Outsourcing ergab, daß einzelne Veröffentlichungen zwar jeweils abgegrenzte Schwerpunkte des Outsourcing behandeln. Eine ganzheitliche Betrachtung mit einer umfangreichen Diskussion der rechtlichen Aspekte und Managementaspekten lag jedoch nicht vor.

Die vorliegende Arbeit versucht diese Lücke im Interesse der Unternehmenspraxis und der pragmatischen Forschung zu schließen. Dabei wird versucht, nicht nur den wissenschaftlichen Kreis anzusprechen, sondern das Management der am Outsourcing interessierten Unternehmen und den dienstleistenden Unternehmen handlungsempfehlende Unterstützung zu geben.

Vielfältige Unterstützung war erforderlich. Herzlich danken möchte ich an erster Stelle meinen verehrten Doktorvätern, Herrn Prof. Dr. Friedhelm Jobs, zugleich Richter am Bundesarbeitsgericht und Prof. Dr. Gerd-Michael Hellstern, für die zahlreichen, wertvollen Anregungen und die mir stets zuteilgewordene Diskussionsbereitschaft.

Zu Dank verpflichtet bin ich dem Daimler-Benz Konzern für die umfangreiche Unterstützung und hier insbesondere der debis.

Den vielen Gesprächspartnern, die mir für die umfangreichen Gespräche in den Unternehmen zur Verfügung standen und auch allen, die sich an der empirischen Untersuchung beteiligten, gebührt mein ausdrücklicher Dank.

Besonders danken möchte ich auch meiner Frau und meinem Sohn, denen diese Arbeit gewidmet ist. Sie zeigten nicht nur viel Verständnis, sondern waren immer eine unentbehrliche Stütze. Weiterhin möchte ich Frau Nolting, Frau Demmer und Herrn Wenzel meinen Dank aussprechen, die trotz eigener Arbeitsverpflichtungen immer diskussionsbereit waren und mir stets wertvolle Hinweise lieferten.

Eltville am Rhein im September 1995
Hartmut Horchler

Abstrakt

Der Begriff Outsourcing beschreibt die Möglichkeiten zur Optimierung von Unternehmensfunktionen und -prozessen, durch die Beauftragung von externen Dienstleistern mit Leistungen, die zuvor durch unternehmensinterne Funktionseinheiten erbracht worden sind.

In der Arbeit werden mögliche Formen und Potentiale des Outsourcing dargestellt sowie ein ganzheitliches Konzept für die Abwicklung eines Outsourcing-Projektes erörtert. Das erste und zweite Kapitel behandeln eine Situationscharakteristik zum Outsourcing einschließlich einer Marktuntersuchung. Letztere ist eine deskriptive Aufnahme aus der Sicht der Unternehmen, die Outsourcing bereits betreiben und besitzt demzufolge explorierenden Charakter. Die Ergebnisse der Untersuchung werden im zweiten Kapitel dargestellt. Gegenstand des dritten Kapitels sind die rechtlichen Aspekte. Im vierten Kapitel werden die Managementaspekte des Outsourcing aufgezeigt und diskutiert. Das fünfte Kapitel stellt mögliche Lösungsansätze für die Vertragsgestaltung dar.

Outsourcing ermöglicht es, die Wirtschaftlichkeit von Funktionen und Prozessen in einem Unternehmen zu erhöhen. Insbesondere im Bereich der DV besteht neben der Kostensenkung die Chance, eine hohe Funktionssicherheit, Flexibilität hinsichtlich des Leistungsbezuges und eine kontinuierliche Teilnahme an Innovationen herbeizuführen.

Die Untersuchung ergab, daß grundsätzlich drei Outsourcing-Formen zu unterscheiden sind. Der Unterschied drückt sich in der Beziehung zwischen den Vertragsparteien aus. Es werden die Inhouse-Partnerschaft, die Dienstleistungs-Partnerschaft und die Kooperations-Partnerschaft unterschieden.

Der Outsourcingvertrag ist ein neuer moderner Vertragstyp. Er besteht aus einem Rahmenvertrag mit Leistungsverträgen.

Abstract

The term outsourcing describes the possibilities of optimising the running of an enterprise by commissioning a third party to undertake specific functions and processes otherwise undertaken internally by the enterprise.

This paper will present various forms and potentials of outsourcing, as well as an overall concept for the execution of an outsourcing project. The first and second chapters handle the situational characteristics that lead to outsourcing, and market research. The latter will offer descriptive accounts form enterprises that conduct outsourcing and therfore posess a pioneering quality. The results of the research will be presented in the second chapter. The topic of the third chapter is the legal aspect. In the fourth chapter the management aspect of outsourcing will be demonstrated and discussed. The fifth chapter portrays the possibilities of structuring contracts.

Outsourcing enables the economy of functions and processes to be increased. Particulary in the area data processing, there is, in addition to the reduction of costs, the possibility to bring about; high functional security, flexibilty in regards to the performance and the continuous participation in innovation.

The research reveals that there are primarily three different outsourcing forms. The differences are expressed in the relations between the contractual partners. The Inhouse-partnership, the service performance-partnership and the cooperation-partnerships will be differentiated.

The outsourcing contract is a newer, more modern contract. It consists of an framework contract including service contracts.

Inhaltsübersicht

I Einleitung

1. Begriff Outsourcing 1
2. Fragestellung und Untersuchungsdesign 9

II Markt des Outsourcing

1. Entstehung der Nachfrage in Unternehmen 11
2. Vorgehensweise zur Analyse 13
3. Outsourcing-Markt 14
4. Formen des Outsourcing 16
5. Outsourcing-Potential 31
6. Erwarteter Nutzen durch Outsourcing 45
7. Arbeitnehmerübergang beim Outsourcing 47
8. Vertragliche Gestaltung der Outsourcing-Verbindungen 48
9. Outsourcing-Dienstleister 54
10. Erfahrungen und Stellungnahmen 57
11. Outsourcing im internationalen Vergleich 60
12. Zwischenbilanz 68

III Rechtliche Aspekte beim Outsourcing

1. Datenschutz und Datensicherheit 71
2. Arbeitnehmerübergang und Arbeitnehmerüberlassung 83
3. Mitwirkungs- und Mitbestimmungsaspekte beim Outsourcing 100
4. Betriebsaufspaltung beim Outsourcing 114
5. Bilanz- und steuerliche Aspekte beim Outsourcing 122

IV Managementaspekte beim Outsourcing

1. Bewertung von DV-Produkten 129
2. Abrechnungsarten von Outsourcing-Leistungen 134
3. Entstehung von Outsourcing-Nutzen 142
4. Outsourcing-Entscheidungs-Konzept 148
5. Outsourcing-Management 182

V Aspekte der Outsourcing-Vertragsgestaltung

1. Einordnung des Outsourcing-Vertrages 199
2. Entstehung des Outsourcing-Vertrages 200
3. Vertragsformen 201
4. Vertragsverhandlung 204
5. Struktur und Inhalt eines Outsourcing-Vertrages 209

VI Schlußbetrachtung

1. Ergebnisse 253
2. Handlungsempfehungen 255
3. Zukünftige Untersuchungsschwerpunkte 257

VII Literaturverzeichnis 259

VIII Anhang 281

1. Statistische Daten der Grundgesamtheit 283
2. Statistische Daten der Stichprobe Outsourcer 291
3. Zuordnungsschlüssel für Branchen zu Wirtschaftszweigen . . 295
4. Fragebogen 303
5. Checkliste zur Verbesserung des Datenschutzes beim grenzüberschreitenden Datenverkehr mit personenbezogenen Daten im nicht-öffentlichen Bereich 311

IX Stichwortverzeichnis 315

Inhaltsverzeichnis

Geleitworte V
Vorwort VII
Abstrakt IX
Inhaltsübersicht XI
Inhaltsverzeichnis XIII
Abbildungsverzeichnis XXIII
Tabellenverzeichnis XXV
Abkürzungsverzeichnis XXVII

I Einleitung

1. Begriff Outsourcing 1
1.1 Historische Entstehung des Outsourcing 2
1.2 Motive des Outsourcing 4
1.2.1 Kosten-Motiv 5
1.2.2 Know-how Motiv 5
1.2.3 Allgemeine Motive und Argumente für das Outsourcing 6
1.3 Einordnung von Outsourcing 7
2. Fragestellung und Untersuchungsdesign 9

II Markt des Outsourcing

1. Entstehung der Nachfrage in Unternehmen 11
2. Vorgehensweise zur Analyse 13
3. Outsourcing-Markt 14
4. Formen des Outsourcing 16
4.1 Inhouse-Partnerschaft 17
4.2 Dienstleistungs-Partnerschaft 18
4.3 Kooperations-Partnerschaft 19
4.3.1 Strategische Allianz 19
4.3.2 Joint Venture 20
4.4 Verteilung der Outsourcing-Formen 21

5. Outsoucing-Potential 31
5.1 DV-Outsourcing 32
5.1.1 Technische und systemtechnische Dienstleistungen . . 32
5.1.2 DV-Service-Leistungen 36
5.1.3 DV-Projekt-Dienstleistungen 37
5.1.4 Komplette Rechenzentrums-Dienstleistungen 37
5.1.5 Markt der DV-Outsourcing-Leistungen 37
5.2 Funktions- und Prozeß-Outsourcing 41
5.2.1 Funktions-Outsourcing 41
5.2.2 Prozeß-Outsourcing 42
5.2.3 Markt der Funktions- und Prozeß-Outsourcing-Leistungen 44
5.3 Zusammenfassung 44
6. Erwarteter Nutzen durch Outsourcing 45
7. Arbeitnehmerübergang beim Outsourcing 47
8. Vertragliche Gestaltung der Outsourcing-Verbindungen 48
8.1 Outsourcing-Verträge 48
8.2 Verhandlungsaufwand für die vertraglichen Regelungsbereiche 50
9. Outsourcing-Dienstleister 54
9.1 Ausprägungen der Dienstleister 54
9.2 Verhalten der Outsourcer 56
10. Erfahrungen und Stellungnahmen 57
10.1 Aufwand für interne Regelungsbereiche beim Outsourcer 57
10.2 Meinungen und Vorhaben von Outsourcern 59
11. Outsourcing im internationalen Vergleich 60
11.1 Internationaler Überblick über den Outsourcing-Markt . . . 60
11.2 Internationale Marktdaten des Outsourcing 62
11.3 Unterschiede zwischen dem anglo-amerikanischen und dem deutschen Outsourcing 65
12. Zwischenbilanz 68

III Rechtliche Aspekte beim Outsourcing

1. Datenschutz und Datensicherheit 71
1.1 Datenschutzbestimmungen 71
1.2 Personenbezogene Auftragsdatenverarbeitung 72
1.2.1 Ausschließlich nach Weisung durchgeführte DV 72
1.2.2 DV mit Übertragung von Funktionsaufgaben 74

1.2.3 Haftung bei der Verarbeitung personenbezogener Daten 76
1.2.4 Auftragsdatenverarbeitung im Ausland 76
1.3 Kommerzielle Auftragsdatenverarbeitung 78
1.3.1 Grundsätze der Auftragsbindung 78
1.3.2 Grundsätze der Kontrollierbarkeit 79
1.3.3 Grundsätze der Transparenz 79
1.3.4 Grundsätze der Funktionssicherheit 80
1.3.5 Archivierungsdauer 81
1.4 Datensicherung 81
2. Arbeitnehmerübergang und Arbeitnehmerüberlassung 83
2.1 Arbeitnehmerübergang 83
2.1.1 Kriterien für den Arbeitnehmerübergang 84
2.1.2 Grundsätze des Arbeitnehmerüberganges 90
2.1.2.1 Zuordnung von Arbeitsverhältnissen 91
2.1.2.2 Übergang von Arbeitsverhältnissen 92
2.1.2.3 Individualrechtliches Anspruchsrecht des Arbeitnehmers 94
2.1.2.4 Ablösung individualrechtlicher Anspruchsrechte 97
2.1.2.5 Übergang von Versorgungsanwartschaften 98
2.1.2.6 Weitergabe von Personaldaten 99
2.2 Arbeitnehmerüberlassung 99
3. Mitwirkungs- und Mitbestimmungsaspekte beim Outsourcing 100
3.1 Gesellschaftsrechtliches Mitwirkungsrecht 100
3.1.1 Outsourcing auf eine Tochter-/Schwestergesellschaft 100
3.1.2 Outsourcing an einen selbständigen Dienstleister 101
3.2 Mitbestimmung des Betriebsrates 101
3.2.1 Zeitpunkt der Unterrichtung des Betriebsrates 102
3.2.2 Mitbestimmung des Betriebsrates beim Planungsprozeß 103
3.2.3 Mitbestimmung bei personenbezogener Auftragsdatenverarbeitung 103
3.2.4 Mitbestimmung bei der Personalkontrolle 103
3.2.5 Zuständigkeiten des Gesamt- oder Konzernbetriebsrats 104
3.2.6 Ansprüche des Wirtschaftsausschusses 104
3.2.7 Verspätung der Unterrichtspflichten 105
3.3 Interessenausgleich und Sozialplan 105
3.3.1 Gegenstand des Interessenausgleichs 108
3.3.2 Gegenstand des Sozialplans 108
3.3.2.1 Sozialplan für den übergehenden Betriebsteil 108

3.3.2.2 Sozialplan für den verbleibenden Betriebsteil 109
3.3.2.3 Rahmensozialplan für das Outsourcing 109
3.3.2.4 Sozialplan bei einem neugegründeten Unternehmen 110
3.3.2.5 Rechtskontrolle des Sozialplans 110
3.4 Betriebsverfassungsrechtliche Situation nach der Übergabe von Leistung 111
3.4.1 Grenzen und Auswirkungen der Verminderung von Arbeitnehmerzahlen im Restbetrieb des Outsourcer .. 111
3.4.2 Auswirkungen des Outsourcing auf die Stellung des Betriebsrates 112
3.5 Kollektivvertragliche Vereinbarungen 113
3.5.1 Betriebsvereinbarung über Fremdfirmeneinsatz 113
3.5.2 Betriebsvereinbarung über die Abwicklung des Arbeitnehmerüberganges 114
4. Betriebsaufspaltung beim Outsourcing 114
4.1 Gestaltung der Betriebsaufspaltung 114
4.2 Grundformen der Betriebsaufspaltung 116
4.3 Anwendung der Betriebsaufspaltung beim Outsourcing .. 118
4.4 Wirtschaftliche Aspekte der Betriebsaufspaltung beim Outsourcing 118
4.4.1 Nutzung struktureller Vorteile bei der Betriebsaufspaltung 118
4.4.2 Steuerliche Gesichtspunkte bei der Betriebsaufspaltung 119
4.4.3 Haftungsbeschränkungen bei der Betriebsaufspaltung 120
4.4.4 Organschaft bei der Betriebsaufspaltung 121
4.4.5 Besonderheit der Arbeitnehmerüberlassung bei einer Betriebsaufspaltung 121
4.4.6 Aufwand für eine Betriebsaufspaltung 122
5. Bilanz- und steuerliche Aspekte beim Outsourcing 122
5.1 Überblick 122
5.2 Übergabe von Hard- und Software 123
5.3 Leasing-Verhältnisse 124
5.4 Zahlungen bei Arbeitnehmerübernahme gemäß § 613a BGB 125
5.5 Abfindungen für ausscheidende Arbeitnehmer 125
5.6 Sonderzahlungen an Arbeitnehmer 125
5.7 Arbeitnehmerüberlassung 126
5.8 Dauerleistung 126
5.9 Gemeinsame Softwareentwicklung 127

IV Management Aspekte beim Outsourcing

1. Bewertung von DV-Produkten . . . 129
1.1 Methodik der Wertermittlung . . . 130
1.1.1 Zeitwert . . . 131
1.1.2 Vereinfachte Methode zur Zeitwertermittlung . . . 132
1.1.3 Verkehrswert . . . 133
1.2 Bewertung von Software . . . 133
2. Abrechnungsarten von Outsourcing-Leistungen . . . 134
2.1 Funktionale Leistungsbeschreibung . . . 134
2.2 DV-Outsourcing . . . 135
2.2.1 Einzelkostenabrechnung . . . 135
2.2.1.1 Technische Leistungseinheiten . . . 137
2.2.1.1.1 Rechnerleistung . . . 137
2.2.1.1.2 Software-Nutzung . . . 138
2.2.1.1.3 Druckleistungen . . . 138
2.2.1.1.4 Datenübertragungsleistungen . . . 138
2.2.1.2 Dienstleistungen . . . 139
2.2.1.3 Qualitäts- und Servicelevel von technischen Leistungen . . . 139
2.2.1.3.1 Qualitätslevel . . . 139
2.2.1.3.2 Servicelevel . . . 140
2.2.2 Terminalkostenverrechnung . . . 141
2.2.3 DV-Funktionskostenverrechnung . . . 141
2.2.4 DV-Prozeßkostenverrechnung . . . 141
2.3 Funktions- und Prozeß-Outsourcing . . . 142
3. Entstehung von Outsourcing-Nutzen . . . 142
3.1 Größenersparnis . . . 143
3.2 Gemeinsame Nutzung . . . 144
3.3 Nutzen von Betriebserfahrungen und Know-how . . . 146
4. Outsourcing-Entscheidungs-Konzept . . . 148
4.1 Potential-Analyse . . . 149
4.1.1 Ist-Zustandsanalyse . . . 149
4.1.1.1 Ist-Analyse . . . 149
4.1.1.2 Ermittlung der wirtschaftlichen Bedeutung . . . 150
4.1.1.2.1 Spezifikum einer Dienstleistung . . . 150
4.1.1.2.2 Stärken und Schwächen einer Dienstleistung . . . 150
4.1.1.3 Ermittlung der Barrieren des Fremdbezuges . . . 151
4.1.2 Bestimmung der Outsourcing-Leistung . . . 152
4.1.3 Ermittlung der Kenngrößen . . . 154
4.2 Ermittlung der Nutzenwerte einer Outsourcing-Leistung . . . 162
4.2.1 Nutzen . . . 162

4.2.1.1 Direkte Nutzeneffekte ... 163
4.2.1.2 Indirekte Nutzeneffekte ... 163
4.2.1.3 Relative Nutzeneffekte ... 165
4.2.1.4 Wirkungskette der Nutzeneffekte ... 165
4.2.2 Kosten ... 166
4.2.2.1 Einmalige Kosten ... 166
4.2.2.2 Laufende Kosten ... 168
4.2.3 Risiken ... 168
4.2.3.1 Risiko der Abhängigkeit ... 168
4.2.3.2 Organisatorisches Risiko ... 169
4.2.3.3 Wirtschaftliches Risiko ... 169
4.2.3.4 Soziales Risiko ... 169
4.2.3.5 Risiko des Unternehmenwertes ... 170
4.2.4 Methodische Wege zur Ermittlung der Nutzenwerte ... 170
4.2.4.1 Ermittlung des direkten Nutzens ... 171
4.2.4.2 Ermittlung des Nutzenkoeffizientens ... 171
4.3 Wahl des Dienstleistungspartners ... 176
5. Outsourcing-Management ... 182
5.1 Organisatorische Aspekte ... 182
5.2 Konzept einer Geschäfts-Partnerschaft ... 184
5.3 Outsourcing-Projekt ... 186
5.3.1 Projektphasen ... 187
5.3.2 Projektbegleitende Aufgaben ... 191
5.3.3 Projektmanagement ... 192
5.4 Personalwirtschaftliche Aspekte ... 195
5.4.1 Motivationstheoretische Aspekte beim Outsourcer ... 196
5.4.2 Motivationstheoretische Aspekte beim Dienstleister ... 197

V Aspekte der Outsourcing-Vertragsgestaltung

1. Einordnung des Outsourcing-Vertrages ... 199
2. Entstehung des Outsourcing-Vertrages ... 200
3. Vertragsformen ... 201
3.1 Dienstleistungsvertrag ... 203
3.2 Outsourcing-Vertrag ... 203
4. Vertragsverhandlung ... 204
4.1 Beratung ... 204
4.2 Letter of Intend ... 205
4.3 Vorvertrag ... 205
4.4 Verhaltenspflichten ... 206
4.4.1 Mitwirkungspflichten der Vertragsparteien ... 206

4.4.2 Hinweis- und Warnpflichten der Vertragsparteien 209
5. Struktur und Inhalt eines Outsourcing-Vertrages 209
5.1 Rahmenvertrag 210
5.1.1 Rubrum 210
5.1.2 Präambel 210
5.1.3 Begriffsbestimmungen 211
5.1.4 Anwendungsbereich 213
5.1.5 Vertragsgegenstand 213
5.1.5.1 Einordnung von Outsourcing-Leistungen 214
5.1.5.2 Checkliste für vertragsgegenständliche Leistungen 216
5.1.5.3 Verknüpfung von Teilleistungen 220
5.1.6 Leistungspflichten des Dienstleisters 221
5.1.7 Mitwirkungs- und Beistellungspflichten des Outsourcers 221
5.1.8 Vertragsabwicklung 222
5.1.9 Vergütung, Rechnungsstellung, Zahlungsbedingungen 223
5.1.10 Abnahme bei Outsourcing-Leistungen 223
5.1.11 Gewährleistung 225
5.1.12 Haftung und höhere Gewalt 226
5.1.13 Vergabe von Unteraufträgen 227
5.1.14 Zugangsrechte zu Räumen und Geräten 228
5.1.15 Anpassung von Technologien 228
5.1.16 Abwerbung von Mitarbeitern 229
5.1.17 Datenschutz 229
5.1.18 Datensicherung 230
5.1.19 Kündigung 230
5.1.20 Vertragsbeendigung 232
5.1.21 Geheimhaltung, Sicherheit 232
5.1.22 Schutz- und Nutzungsrechte 233
5.1.23 Veröffentlichungen 234
5.1.24 Beilegung von Meinungsverschiedenheiten 234
5.1.25 Offene Punkte 235
5.1.26 Salvatorische Klausel 236
5.1.27 Schlußbestimmungen 236
5.2 Anlagen 237
5.2.1 Übersicht der verwandten Technologie 237
5.2.2 Grundsätze der Datensicherung 237
5.2.3 Katastrophenvorsorgeplanung des Dienstleisters 237
5.2.4 Preisliste für Dienstleistungen 238

5.3 Leistungsverträge . . . 238
5.3.1 Leistungsvertrag: Übergabe eines gebrauchten Rechners . . . 239
5.3.1.1 Rubrum . . . 239
5.3.1.2 Übergabe eines gebrauchten Rechners . . . 239
5.3.1.3 Vergütung, Zahlungsbedingungen . . . 240
5.3.1.4 Organisation und Abholung . . . 240
5.3.1.5 Abnahme . . . 240
5.3.1.6 Gewährleistung . . . 241
5.3.2 Leistungsvertrag: Überleitung der Arbeitsverhältnisse . . . 241
5.3.2.1 Rubrum . . . 241
5.3.2.2 Übergang von Arbeitsverhältnissen . . . 242
5.3.2.3 Besitzstand der Arbeitnehmer . . . 242
5.3.2.4 Betriebliche Altersversorgung . . . 243
5.3.2.5 Verpflichtungen des Dienstleisters . . . 243
5.3.2.6 Verpflichtungen des Outsourcer . . . 243
5.3.2.7 Haftung . . . 243
5.3.2.8 Personaldaten, Personalakten . . . 243
5.3.3 Leistungsvertrag: Implementierung des Outsourcing . . . 244
5.3.3.1 Rubrum . . . 244
5.3.3.2 Implementierung des Outsourcing . . . 244
5.3.3.3 Abwicklung des Projektes . . . 245
5.3.3.4 Verantwortung . . . 246
5.3.3.5 Organigramm der Projektorganisation . . . 247
5.3.4 Leistungsvertrag: Nutzung des Softwareproduktes ABC im Online-Betrieb . . . 248
5.3.4.1 Rubrum . . . 248
5.3.4.2 Nutzung der Software ABC im Online-Betrieb . . . 248
5.3.4.3 Nutzungszeiten und Verfügbarkeit . . . 250
5.3.4.4 Zusammenarbeit . . . 250
5.3.4.5 Vergütung . . . 251
5.3.4.6 Neuverhandlung . . . 251
5.3.4.7 Datenschutz . . . 251

VI Schlußbetrachtung

1. Ergebnisse 253
2. Handlungsempfehungen 255
3. Zukünftige Untersuchungsschwerpunkte 257
3.1 Markt 257
3.2 Management 258
3.3 Recht 258

VII Literaturverzeichnis 259

VIII Anhang 281

1. Statistische Daten der Grundgesamtheit 283
2. Statistische Daten der Stichprobe Outsourcer 291
3. Zuordnungsschlüssel für Branchen zu Wirtschaftszweigen . . 295
4. Fragebogen 303
5. Checkliste zur Verbesserung des Datenschutzes beim grenzüberschreitenden Datenverkehr mit personenbezogenen Daten im nicht-öffentlichen Bereich 311

IX Stichwortverzeichnis 315

Abbildungsverzeichnis

Abb. 1 Aufbau der Arbeit 10
Abb. 2 Outsourcing-Markt in der Bundesrepublik Deutschland 15
Abb. 3 Outsourcing-Formen 16
Abb. 4 Marktstruktur der Outsourcing-Formen 22
Abb. 5 Marktstruktur des Outsourcing-Potentials 23
Abb. 6 Outsourcing-Potential 31
Abb. 7 DV-Outsourcing-Potential 33
Abb. 8 Markt der DV-Outsourcing-Leistungen 39
Abb. 9 Markt der technischen und systemtechnischen Dienstleistungen 39
Abb. 10 Funktions- und Prozeß-Outsourcing-Potential 43
Abb. 11 Markt der Funktions- und Prozeß-Outsourcing-Leistungen 44
Abb. 12 Angestrebter Nutzen durch das Outsourcing 46
Abb. 13 Arbeitnehmerübergang beim Outsourcing 47
Abb. 14 Outsourcing-Vertragsgröße 49
Abb. 15 Verhandlungsaufwand für die vertraglichen Regelungsbereiche 53
Abb. 16 Anzahl der Dienstleister 56
Abb. 17 Aufwand für die internen Regelungsbereiche 59
Abb. 18 Internationaler Überblick über Outsourcing 63
Abb. 19 Europäischer Outsourcing-Markt 64
Abb. 20 Rechtsentwicklung beim Arbeitnehmerübergang 88
Abb. 21 Abrechnungsarten für technische Outsourcing-Leistungen 136
Abb. 22 Entwicklung des Nutzen-/Kostenverhältnisses bei steigender Komplexität der DV-Techniken 143
Abb. 23 MIPS-Preis bezogen auf die Rechenzentrums-Größe 145
Abb. 24 Monatliche DV-Kosten je Terminal für SAP-Nutzer 147
Abb. 25 Outsourcing-Portfolio 155
Abb. 26 Wirkungskette von Nutzeneffekten 167
Abb. 27 Kostenvergleichsrechnung für laufende Kosten 172
Abb. 28 Kostenvergleichsrechnung für einmalige Kosten 173
Abb. 29 Ermittlung des direkten Nutzens 173

Abb. 30 Nutzenkoeffizient einer Outsourcing-Leistung 175
Abb. 31 Nutzwertanalyse für die Endauswahl 178
Abb. 32 Ermittlung der Nutzenwerte 181
Abb. 33 Konzept für eine Geschäfts-Partnerschaft 186
Abb. 34 Outsourcing-Projektphasen 193

Tabellenverzeichnis

Tab. 1 Kreuztabelle Outsourcing-Formen und Outsourcing-Potential 24
Tab. 2 Kreuztabelle Outsourcing-Formen und Rechtsformen 26
Tab. 3 Kreuztabelle Rechtsformen und Outsourcing-Potential 27
Tab. 4 Kreuztabelle Outsourcing-Formen und Wirtschaftszweige 28
Tab. 5 Kreuztabelle Outsourcing-Formen und Mitarbeitergrößenklassen 29
Tab. 6 DV-Outsourcing-Potential Hardware 40
Tab. 7 DV-Outsourcing-Potential Anwendungs-Software . 40
Tab. 8 Angestrebter Nutzen durch das Outsourcing 46
Tab. 9 Outsourcing-Vertragstypen 49
Tab. 10 Beginn der Outsourcing-Verträge 50
Tab. 11 Ratingwerte der vertraglichen Regelungsbereiche 52
Tab. 12 Ratingwerte der internen Regelungsbereiche 58
Tab. 13 Meinungen und Vorhaben von Outsourcern 60
Tab. 14 Europäische Systems Operations Market 64
Tab. 15 Zeitwerttabelle für DV-Systeme 133

Abkürzungsverzeichnis

Abb.	Abbildung
ABG	Allgemeine Geschäftsbedingungen
Abs.	Absatz
AFG	Arbeitsförderungsgesetz
AG	Aktiengesellschaft
AktG	Aktiengesetz
AO	Abgabenordnung
AÜG	Arbeitnehmerüberlassungsgesetz
BAG	Bundesarbeitsgericht
BAGE	Entscheidungen des Bundesarbeitsgerichts
BB	Betriebs-Berater
BDGS	Bundesdatenschutzgesetz
BetrAVG ...	Gesetz zur Verbesserung der betrieblichen Altersversorgung
BetrVG	Betriebsverfassungsgesetz
BFH	Bundesfinanzhof
BFHE	Sammlung der Bundesfinanzhof-Entscheidungen
BGB	Bürgerliches Gesetzbuch
BMF	Bundesminister für Finanzen
BStBl	Bundessteuerblatt
BVerfG	Bundesverfassungsgericht
BVerfGE ...	Sammlung der Bundesverfassungsgerichts-Entscheidungen
CAD	Computer-Aided Design
CPU	Central Processing Unit
CIM	Computer-Integrated Manufacturing
debis	Daimler-Benz InterServices
DB	Der Betrieb
DIN	Deutsche Industrie Norm
DPI	Dots Per Inch
DV	Datenverarbeitung
EDS	Electronic Data Systems
EStG	Einkommensteuergesetz
etc.	et cetera
EU	Europäische Union
EuGH	Europäischer Gerichtshof

EVÜ	Europäische (Römische) Vertragsrechtsübereinkommen
EWG	Europäische Wirtschaftsgemeinschaft
FM	Facilities Management
GB	Gigabyte
GewStG . . .	Gewerbesteuergesetz
GG	Grundgesetz
GmbH	Gesellschaft mit beschränkter Haftung
GmbHG . . .	Gesetz betreffend die Gesellschaften mit beschränkter Haftung
GoDV	Grundsätze ordnungsgemäßer Datenverarbeitung
GoB	Grundsätze ordnungsgemäßer Buchführung
GWB	Gesetz gegen Wettbewerbsbeschränkungen
HFA	Hauptfachausschuß (des Instituts der Wirtschaftsprüfer)
HGB	Handelsgesetzbuch
ISO	International Oragnization for Standardization
IV	Informationsverarbeitung
KG	Kommanditgesellschaft
KMUs	Klein- und mittelständische Unternehmen
KSchG	Kündigungsschutzgesetz
KStG	Körperschaftssteuergesetz
LAG	Landesarbeitsgericht
LAN	Local Area Network
LohnfortzG .	Lohnfortzahlungsgesetz
MIPS	Mega Instructions Per Second
MuSchG . . .	Mutterschutzgesetz
NJW	Neue Juristische Wochenschrift
NZA	Neue Zeitschrift für Arbeits- und Sozialrecht
OHG	Offene Handelsgesellschaft
PC	Personal Computer
PPS	Produktionsplanung und -steuerung
RACF	Resource Access Control Facility
RZ	Rechenzentrum
SchwbG . . .	Schwerbehindertengesetz
SpalG	Spaltungsgesetz
Tab.	Tabelle
TVG	Tarifvertragsgesetz
UmwG	Umwandlungsgesetz
UStG	Umsatzsteuergesetz
WAN	Wide Area Network
WPg	Die Wirtschaftsprüfung
ZPO	Zivilprozeßordnung

I Einleitung

1. Begriff Outsourcing

Outsourcing ist eine Wortkombination aus den beiden Worten "outside" und "resource" der angelsächsischen Sprache und bedeutet Outside Resource Using.[1] Der Begriff beschreibt Möglichkeiten zur Optimierung von Unternehmensfunktionen und -prozessen durch die Beauftragung von externen Dienstleistern mit Leistungen, die vordem durch unternehmensinterne Funktionseinheiten erbracht worden sind.[2] Das Outsourcing-Potential umfaßt überwiegend umfangreiche technische Infrastruktur und deren Serviceleistungen bis hin zu kompletten Unternehmensfunktions- und -prozeßleistungen. Outsourcingaktivitäten beinhalten im Kern eine Umstrukturierungsmaßnahme, bei der Unternehmens- oder Betriebsteile ausgegliedert oder ausgelagert werden und im Anschluß daran ein externer Dienstleister eine vereinbarte Leistung im Rahmen eines Dauerschuldverhältnisses zum erwünschten Zeitpunkt und vereinbarten Preis liefert. Das Dauerschuldverhältnis führt dazu, daß eine Geschäftspartnerschaft zur Regelung der Outsourcingbeziehung entsteht. Das Outsourcing betreibende Unternehmen (Outsourcer) kann daher den Umfang der Leistung bestimmen und mit vertraglich festgelegten Kosten kalkulieren.

---

1 Vgl. Herbers, R., *Der Unterschied besteht vor allem im Etikett - Facilities Management ist tot - es lebe das Outsourcing*, in: Computerwoche 17. Jg., Nr. 33, 1990, S. 33; Demmer, Ch., *Ambulantes DV-Gewerbe*, in: Management Wissen, 10. Jg., Nr. 9, 1991, S. 46.

2 Vgl. Jobs, F. und Horchler, H., *DV-Outsourcing - wirtschaftliche und rechtliche Grundlagen der Vertragsgestaltung*, in: Recht der Datenverarbeitung, 8. Jg., Nr. 3, 1992, S. 105-112, hier S. 105; Heinrich, W. (a), *Outsourcing - Modewort oder neues strategisches Rezept?*, in: Heinrich, W. (Hrsg.), Outsourcing - Modelle - Strategien - Praxis, Bergheim 1992, S. 11-54, hier S. 24; Köhler-Frost, W., *Outsourcing - sich besinnen auf das Kerngeschäft*, in: Köhler-Frost, W. (Hrsg.), Outsourcing: eine strategische Allianz besonderen Typs, Berlin 1993, S. 13-30, hier S. 17-21; Streicher, H., *Outsourcing in der Datenverarbeitung - Varianten - Verfahren - Wirtschaftlichkeit*, München 1993, S. 19-25; Huber, R. L., *Als die Continental Bank ihre "Kronjuwelen" in fremde Hände gab*, in: Harvard Business manager, 15. Jg., Nr. 3, 1993, S. 83-92, hier S. 83.

Bei dem Outsourcer findet eine Umstrukturierung der Organisation statt. Materielle und immaterielle Infrastruktur wechselt vom Outsourcer zum Dienstleister, und Arbeitsverhältnisse gehen auf einen anderen Arbeitgeber über. Eine Auslagerung stellt das echte Outsourcing dar, wobei die Infrastruktur und Arbeitsverhältnisse an einen rechtlich und wirtschaftlich selbständigen Dienstleister übergehen. Outsourcing in Form einer Ausgliederung findet z.B. in einem Konzern statt, wenn aus mehreren Konzernunternehmen ein Betriebsteil abgespalten und in ein neugegründetes konzerneigenes Dienstleistungsunternehmen eingebracht wird. Im Rahmen der Ausgliederung wird auch eine Betriebsaufspaltung möglich.

Die Kennzeichen des Outsourcing sind:

- ein Fremdbezug von unternehmensinternen Dienstleistungen
- ein Dauerschuldverhältnis
- eine Geschäftspartnerschaft

1.1 Historische Entstehung des Outsourcing

Die Entwicklung des Outsourcing zu seiner heutigen Ausgestaltung als Konzept zur Wirtschaftlichkeitsoptimierung von Unternehmensfunktionen und -prozessen ist eng verbunden mit der Entwicklung großer Unternehmen, Behörden und Institutionen. Beginnend mit einer Bewegung bei Großunternehmen in den 50er Jahren, aus Abteilungen und Betrieben zunehmend Hilfsbetriebe und -dienstleistungsbereiche auszugliedern bzw. an Dritte zu übergeben, entwickelte sich die Funktionsausgliederung. Es waren Instandhaltungsbetriebe und kleine unternehmenseigene Zulieferbetriebe, Tischlereien, Schuhmacherwerkstätten und Dienstleistungsbereiche wie Druckereien, Logistikabteilungen, Kantinen, Wach- und Sicherheitsdienste etc. Ausgegliedert wurde aufgrund der damit erreichbaren Kostenreduzierung.[1] Es fand die Übertragung der Make-or-Buy Entscheidung aus dem Bereich der Produktion auf die indirekt an der Produktion beteiligten Funktionen und Bereiche der Unternehmen statt. In den USA ist durch Electronic Data Systems (EDS) 1962 der Begriff des Facilities Management (FM) für die Erbringung von Datenverarbeitungs-Dienstlei-

1 Vgl. Köhler-Frost, W., a.a.O., S. 13-14.

stungen eingeführt worden.[1] Unter FM war und ist zum Teil heute noch die Ausgliederung von Datenverarbeitungs-Dienstleistungen zu verstehen.[2]

Geändert hat sich seit Ende der 80er Jahre die Motivation für die Ausgliederung, und es entstand dadurch die Auslagerung. Der primäre Grund für die Steigerung der Motivation, Funktionen und Prozesse auszugliedern oder auszulagern, ist der ökonomische Druck, der durch die Internationalisierung und die Dynamik der Märkte auf die Unternehmen einwirkt. Kosten- und Organisationsstrukturen müssen verändert werden, damit das Unternehmen flexibel und gleichzeitig stabil bleibt beziehungsweise wird.[3]

Anfang der 90er Jahre hat die Fachwelt im deutschsprachigen Wirtschaftsraum den angelsächsischen Begriff Outsourcing für die Ausgliederung und Auslagerung von Funktionen und Prozessen als Überbegriff für die verschiedenen Formen der Unternehmensoptimierung übernommen. Dies lag unter anderem an der Konzeption von Kongressen, die ausschließlich der Outsourcing-Thematik gewidmet und entsprechend vermarktet worden sind. Auf den Kongressen wurde von großen Outsourcing-Projekten in den USA und der Bundesrepublik Deutschland im Bereich der Datenverarbeitung (DV) berichtet. Ausführlich wurde z.B. die Abwicklung des Eastman Kodak DV-Outsourcing in den USA dargestellt. Eastman Kodak beauftragte die IBM für die Zuständigkeit des Rechenzentrum-Betriebes und Digital Equipment für den Betrieb der Minicomputer sowie der Kommunikationsnetze. PCs wurden über die Firma Businessland beschafft und gewartet.[4] In Europa gilt die Ausgliederung großer Teile der DV des Daimler-Benz-Konzerns in eine eigenständige Dienstleistungstochter

siehe Scholl

1 Vgl. Nebauer, M., *Facilities Management und Outsourcing-Praxis*, Vortragsunterlagen des EDV-Outsourcing Kongresses vom 05.06.1992 in München, Veranstalter Euroforum Deutschland GmbH, Düsseldorf.

2 Vgl. Gräber, H. G., *Informationsmanagement als strategisches Werkzeug: Neues Denken in betriebswirtschaftlichen Alternativen*, in: DV Management - Sonderdruck, Nr. 1, April 1991, S. 43-45, hier S. 44.

3 Vgl. Warnecke, H.-J., *Die Fraktale Fabrik - Revolution der Unternehmenskultur*, Berlin/Heidelberg u.a. 1992, S. 12-82.

4 Vgl. Brown, B., *Kodak turns nets over to IBM and DEC*, in: Network World, 7. Jg., Nr. 3, 1990, P. 60-61.

Daimler-Benz InterServices (debis) als eines der größten Outsourcing-Projekte.[1]

Zwei weitere Veränderungen beeinflußten die Entwicklung des Outsourcing nachhaltig: Erstens die Entstehung von international tätigen Dienstleistungsunternehmen, die explizit Outsourcing-Leistungen anbieten, wie z.B. EDS, Andersen Consulting. Zweitens wiesen viele Beratungsunternehmen zunehmend auf den Zwang zur Konzentration auf das Kerngeschäft einer Unternehmung hin.[2]

Die intensive Auseinandersetzung mit den angebotenen Outsourcing-Leistungen ergibt kein einheitliches Bild der Formen des Outsourcing.[3] Es lassen sich z.B. Begriffe wie System-, Facilities-Management, Professional- und Processing-Services und ähnliche auffinden. Eine einheitliche Definition der darunter zu verstehenden Formen und Potentiale ist jedoch kaum möglich. Die sich überschneidende Vielfalt gab den Ausschlag, den Outsourcing-Markt aus Sicht der Nutzer zu untersuchen.

1.2 Motive des Outsourcing

Aus den Interviews mit Entscheidungsträgern bei Outsourcern und der durchgeführten Untersuchung geht hervor, daß die Entscheidungsfaktoren für die Outsourcing-Entscheidung einerseits in primären Kosteneinsparungen und andererseits in der Nutzung von externem Know-how liegen. Dabei verliert das Kostenmotiv seit Anfang der 90er Jahre immer mehr an Bedeutung, und die Nutzung von externem Know-how

1 Die Erkenntnisse ergaben sich aus 150 analysierten Vorträgen, die auf 17 nationalen und internationalen (IV-) Outsourcing-Kongressen in Westeuropa, in der Zeit von 1991 bis Juli 1993, gehalten worden sind.

2 Aus einer weiteren Untersuchung von 681 angekündigten Kongressen, Symposien und vergleichbaren Veranstaltungen zu IV-Thematiken und Randgebieten für die Praxis, im selbigen o.g. Zeitraum, geht hervor, daß "neues" technologisches Anwendungs- und Trendwissen als erstes an internationalen Beispielen vermittelt wird. Unberücksichtigt bleiben sehr oft nationale bzw. regionale und branchenbezogene Gegebenheiten. Das aktuellste Beispiel ist Lean-Management, dessen Konzept aus dem "Ursprungsland" Japan nicht einfach übertragbar ist. Vgl. Fieten, R., *Die japanischen Vorbilder nur zu kopieren, ist wenig erfolgversprechend*, in: Handelsblatt, o. Jg., Nr. 74, 19.04.1993, S. 20.

3 Vgl. Streicher, H., a.a.O., S. 19-26.

rückt zunehmend in den Vordergrund.[1] Neben den Kosten- und Know-how-Motiven gibt es eine Vielzahl von allgemeinen Motiven für das Outsourcing. Sie spielen aber bei der Entscheidungsfindung eine untergeordnete Rolle.

1.2.1 Kosten-Motiv

Langfristig Kosten einzusparen, ist das primäre Motiv der Outsourcer. Diesem liegt aber immer ein individuell ausgeprägtes Bündel einzelner Kostenfaktoren zu Grunde. Unmittelbar geringere Kosten erwarten die Outsourcer für die technischen und systemtechnischen Dienstleistungen, insbesondere bei der Rechnerleistung, Software-Nutzung, Datenübertragung und der Druckleistung. Darüber hinaus wird von den Befragten darauf hingewiesen, daß fortlaufend hohe Kosten für die Integration von neuer beziehungsweise aktualisierter Software und damit verbundene Anpassungen der DV-Techniken und der Organisation anfallen. Diese Kosten übersteigen in den meisten Fällen die ursprünglichen Vorstellungen, da immer umfangreicheres und spezielleres Know-how für die optimale Gestaltung des Einsatzes benötigt wird. Dieses letztgenannte Motiv führt wiederum auf das primäre Motiv zurück: der Nutzung von Know-how eines externen Dienstleisters, um Kosten einzusparen.

1.2.2 Know-how-Motiv

Das Motiv, externes Know-how zu nutzen, setzt sich wie das Kostenmotiv aus einem Bündel von Motiven zusammen. Die Outsourcer erwarten z.B., neue DV-Anwendungen schneller einführen zu können. Weiterhin hofft man spezielle Softwareentwicklungen oder komplexe DV-Systementwicklungen schneller und mit einer höheren Qualität zu realisieren. Dieser Nutzen führt wieder auf das Kostenmotiv zurück, denn ein quantitativ und qualitativ höherer Nutzungsgrad von DV-Techniken führt zu einer relativen Kostenoptimierung (siehe Nutzenwirkungskette, Kapitel IV, Abschnitt 4.2.1.4 ff).

Beide Motive stellen somit ein zusammenhängendes generelles Motiv für das Outsourcing dar. Dieses generelle Motiv beruht darauf, daß der Nutzen von DV-Techniken einer der Erfolgsfaktoren neben der Strategieumsetzung und dem Innovationsmanagement in den Unternehmen ist. Diese Aussage geht aus einer Analyse der Universität Hannover hervor. Die Untersuchung ergab, daß erfolgreiche Unter-

1 Vgl. Streicher, H., a.a.O., S. 59.

nehmungen DV-Techniken in den Funktionsbereichen Produktion (CIM-Bausteine), in der Forschung, in der Entwicklung, im Vertrieb, im Marketing und in der Verwaltung stärker einsetzen, als dies im Branchendurchschnitt üblich ist.[1]

1.2.3 Allgemeine Motive und Argumente

In der Fachliteratur werden neben dem Kosten- und Know-how-Motiv eine Vielzahl von anderen Motiven genannt, die aber in der Praxis hauptsächlich als Argumentation für Outsourcing angeführt werden. Für die Outsourcing-Entscheidung selbst sind sie dagegen zweitrangig. In Einzeldarstellungen werden zu der Outsourcing-Thematik unter anderem nachfolgende Motive aufgeführt: Konzentration auf das Kerngeschäft, Problem- und Risikotransfer auf den DV-Dienstleister, Steigerung der Flexibilität des Unternehmens etc.[2]

Empirisch belegt wurden Motive der DV-Ausgliederung durch HEINZL, der 1990 im Rahmen seiner Dissertation die jeweils 500 größten Unternehmen Deutschlands, Westeuropas und der USA untersuchte. Er ermittelte in der Untersuchung als Hauptmotiv die Kostensenkung pro Leistungseinheit und darüber hinaus:[3]

- **bessere Steuerung/Kontrolle:** Verbesserung der Steuer-und Kontrollierbarkeit der DV, durch Schaffung eines klar abgegrenzten Führungsbereiches

---

1 Vgl. Steinel, C., Kirschbaum., J. und Kirschbaum, V., *Unternehmensstrategie frühzeitig mit den vorhandenen Ressourcen abstimmen / Erfolgsfaktor - Empirisches Projekt der Uni Hannover,* Teil 1, in: Handelsblatt, Nr. 116, 21.06.1993, S. 20 und Teil 2 in: Nr. 121, am 28.06.1993, S. 21.

2 Vgl. Dirlewanger, W. (c), a.a.O., S. 192; Solbach, F., *Ist Outsourcing eine "Waffe" der 90er Jahre?*, in: Cebit 92, Beilage der Süddeutschen Zeitung, Nr. 58, vom 10.03.1992, S. 1-2, hier S. 1; Lorenz, W. D., *Outsourcing - Motive, Erwartungen, Urteile*; Statements von Anbieter und Anwender, hier Krings, M., in: Information Management, o. Jg., Heft 1, 1992, S. 74-77, hier S. 75; Schrader, A., *Emotionslos abwägen: Inhaus-EDV- oder Outsourcing?*, in: Office Management, 42. Jg., Heft 1-2 , 1992, S. 24-26, hier S. 25.

3 Vgl. Heinzl, A., *Die Ausgliederung der betrieblichen Datenverarbeitung - Eine empirische Analyse der Motive, Form und Wirkungen*, Diss., Vallendar 1991, S. 123-125.

- **Imageverbesserung:** Verbesserung des Images des Unternehmens
- **leichtere Personalbeschaffung:** erleichterte Personalbeschaffung
- **bessere Aufgabenabgrenzung:** Schaffung einer schärferen Aufgabenabgrenzung zur Fachabteilung
- **Profit durch Drittleistungen:** Erzielung von Gewinnen durch Verkauf von DV-Leistungen an Dritte
- **höhere Serviceleistungen:** Steigerung der Servicementalität der DV
- **höhere Motivation:** Verbesserung der Motivationsstruktur der DV-Mitarbeiter
- **höhere Innovationsrate:** Erhöhung der Innovationsrate in der DV
- **geringeres Haftungsrisiko:** Verminderung von Haftungsrisiken
- **geringeres Streikrisiko:** Verminderung des Streikrisikos
- **höhere Kooperation:** Verbesserung der Kooperationsfähigkeit des Unternehmens
- **höhere Gehaltsflexibilität:** Erhöhung der Lohn- und Gehaltsflexibilität

1.3 Einordnung von Outsourcing

Outsourcing ist ein Konzept zur Optimierung der Unternehmensorganisation. Bei den Organisationskonzepten ist grundsätzlich nach dem wissenschaftichen Betriebsführungskonzepz (Taylorismus) und dem Lean-Konzept zu unterscheiden.[1] Das tayloristische Konzept beruht auf einer extrem arbeitsteilig organisierten Massenproduktion variantenarmer Erzeugnisse und dem Einkauf von einzelnen Fertigteilen. Das Lean-Konzept basiert auf Konzepten für die unternehmensinterne Organisation und auf Konzepten für die externe Beziehung zwischen Unternehmen.[2] Als interne Lean-Konzepte gelten beispielsweise Just-in-Time, Kaizen und die Fraktale Organisationsform. Konzepte für die externen Beziehungen sind beispielsweise Outsourcing, Globalsourcing und Singlesourcing oder Doublesourcing.[3]

1 Vgl. Womack, J. P., Jones, D. T. und Roos, D., *Die zweite Revolution in der Autoindustrie - Konsequenzen aus der weltweiten Studie aus dem Massachusetts Institute of Technology*, Frankfurt a.M./New York 1991, S. 77 ff.

2 Vgl. wie Anmerkung 1, S. 77 ff.

3 Vgl. Deutsch, Ch., *Magersüchtig - Outsourcing: Riskantes Abspecken*, in: Wirtschaftswoche, 46 Jg., Nr. 37, 1992, S. 50-54.

Die Lean-Konzepte beinhalten im einzelnen:

Just-in-Time
Just-in-Time beschreibt das Organisationsprinzip der unternehmensinternen und -übergreifenden Zulieferungssysteme von Teilen beziehungsweise Systemkomponenten für die Produktion.[1]

Kaizen
Kaizen beschreibt den kollektiven Prozeß zur kontinuierlichen, schrittweisen Verbesserung des Produktionsprozesses.[2]

Fraktale Organisation
Die fraktale Organisation ist selbstorganisierend und weist Selbstähnlichkeiten und eine hohe Dynamik auf.[3] Sie besteht aus flexiblen Teams, die Aufgaben und Probleme selbständig und in Eigenverantwortung lösen.

Outsourcing
Outsourcing beschreibt die Auslagerung oder Ausgliederung von Unternehmensfunktionen beziehungsweise von Unternehmensprozessen an externe Dienstleister.[4]

Singlesourcing oder Doublesourcing
Singlesourcing oder Doublesourcing beschreibt die Aktivitäten, die Zahl der Zulieferer auf einen oder zwei zu beschränken.[5]

Globalsourcing
Globalsourcing beschreibt die globale Beschaffung und somit die Fähigkeit, weltweit verfügbare Bezugsquellen zu nutzen.[6]

---

1 Vgl. Womack, J. P., Jones, D. T. und Roos, D., a.a.O., S. 67 ff.

2 Vgl. wie Anmerkung 1, S. 61 ff.

3 Vgl. Warnecke, H.-J., a.a.O, S. 136 ff.

4 Vgl. Deutsch, Ch., a.a.O., S. 51.

5 Vgl. wie Anmerkung 4, S. 51.

6 Vgl. wie Anmerkung 4, S. 51.

2. Fragestellung und Untersuchungsdesign

Outsourcing in der Form der Ausgliederung ist in der betriebs- und wirtschaftswissenschaftlichen Lehre nicht neu. Selchert legte Anfang der siebziger Jahre die wohl grundlegendste Arbeit zur Ausgliederung von Leistungsfunktionen vor.[1] Spezifiziert auf die Datenverarbeitung behandelte Heinzl die Ausgliederung der betrieblichen Datenverarbeitung Anfang der neunziger Jahre.[2] Zundel bezog 1992 seine Abhandlung über Outsourcing zwar auf alle Unternehmensfunktionen, betrachtete aber Outsourcing auch als eine spezifische Optimierungsform der Datenverarbeitung.[3] Die Wirtschaftswissenschaften haben dem Outsourcing, bestehend aus den Möglichkeiten der Ausgliederung und Auslagerung von Funktions- und Prozeßbereichen zur Unternehmensoptimierung, bis heute nur in einem begrenzten und ausschließlichen betriebswirtschaftlichen Rahmen eine Beachtung geschenkt. Es fehlt also eine ganzheitliche Erörterung der Frage:

Ist Outsourcing ein Konzept zur Optimierung von Unternehmensfunktionen und -prozessen?

Die Zielsetzung der Arbeit ist es, mögliche Formen und Potentiale darzustellen sowie ein ganzheitliches Konzept für die Abwicklung des Outsourcing-Projektes zu erörtern. Darüber hinaus werden die gesetzlichen und rechtlichen Vorgaben für das Outsourcing und mögliche Lösungsmöglichkeiten für die Vertragsgestaltung aufgezeigt.

Das erste und zweite Kapitel behandelt die Ausgangssituation einschließlich einer Marktuntersuchung. Letzteres ist eine deskriptive Aufnahme aus der Sicht der Unternehmen, die Outsourcing bereits betreiben, und besitzt demzufolge explorierenden Charakter. Die Ergebnisse der Untersuchung werden im zweiten Kapitel dargestellt. Im dritten Kapitel werden die rechtlichen Aspekte und im vierten die Managementaspekte des Outsourcing aufgezeigt und diskutiert. Das fünfte Kapitel beinhaltet mögliche Lösungsansätze für die Vertragsgestaltung. Im sechsten Kapitel wird ein Fazit der Untersuchung ge-

---

1 Vgl. Selchert, F. W., *Die Ausgliederung von Leistungsfunktionen in betriebswirtschaftlicher Sicht*, Berlin 1971.

2 Vgl. Heinzl, A., *Die Ausgliederung der betrieblichen Datenverarbeitung - Eine empirische Analyse der Motive, Form und Wirkungen*, Diss., Vallendar 1991.

3 Vgl. Zundel, F., *Outsourcing in Wirtschaft und Verwaltung*, Speyer 1992.

zogen und zukünftige Untersuchungsschwerpunkte dargestellt. (Zusammenfassende Darstellung siehe Abbildung 1.)

Abb. 1 Aufbau der Arbeit

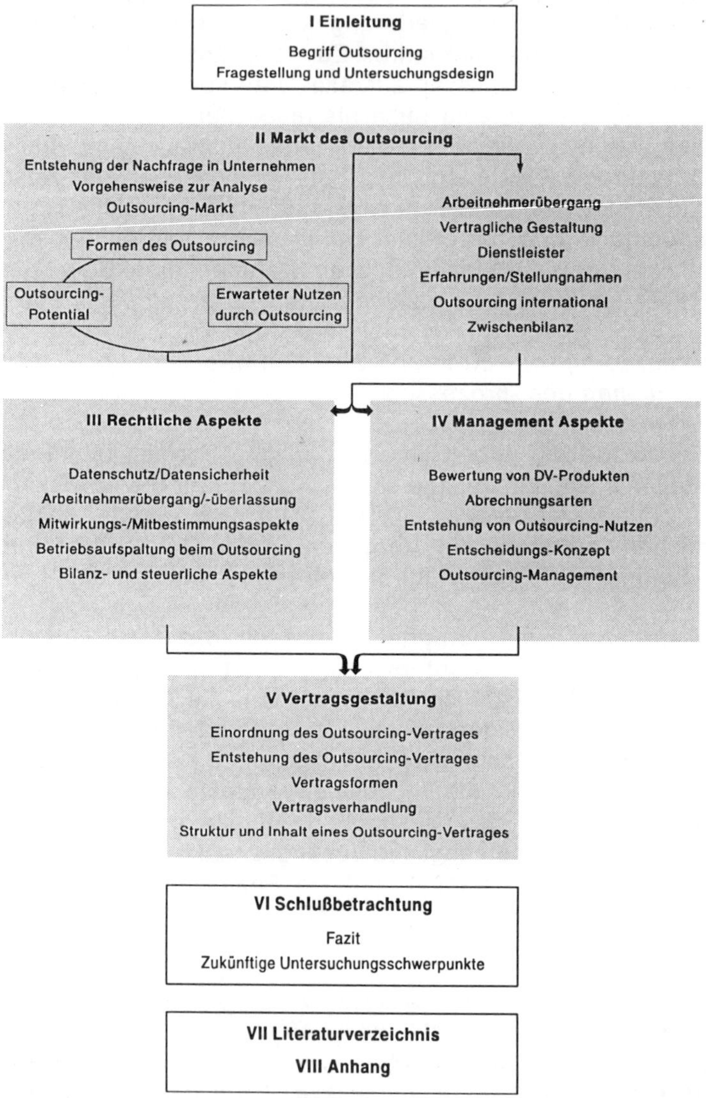

II Markt des Outsourcing

1. Entstehung der Nachfrage in Unternehmen

Ein Unternehmen ist ein sozio-technisches System[1] und besteht aus Funktionsbereichen.[2] Ein Funktionsbereich ist eine selbständig wirkende Einheit zur Aufgabenerledigung, dessen Ziel und Leistung eindeutig beschrieben ist. In Unternehmen gibt es Funktionsbereiche[3] wie beispielsweise für die Produktion von Waren und/oder Dienstleistungsproduktion wie z.B. Rechtsberatung, Steuerberatung, Wirtschaftsprüfung; kommerzielle Dienstleistungsfunktionsbereiche wie z.B. Lohn- und Gehaltswesen, Controlling; sekundäre Dienstleistungsfunktionsbereiche wie z.B. Gebäudeverwaltung und Raumpflege, Kantine; Querschnittsfunktionsbereiche wie die Datenverarbeitung. Bei privaten Unternehmen steht in der Regel die Erwirtschaftung von Gewinn im Vordergrund, während bei staatlichen und öffentlichen Unternehmen die Gemeinwohlorientierung an die Stelle des Erwerbsprinzips tritt.[4] Ein Unternehmen hat eine innere Struktur, die funktional-, prozeß- oder fraktalorientiert organisiert ist. Es kann auch ein Mix aus verschiedenen Strukturformen vorliegen. Die Übergänge der Strukturformen sind fließend. Die Organisation der Struktur ist kontinuierlich weiterzuentwickeln. Die Weiterentwicklung der Organisation hat das Ziel, die optimale Struktur für die Zielerreichung und Auf-

---

1 Vgl. Grochla, E., *Einführung in die Organisationstheorie*, Stuttgart 1978, S. 8-29; Steinbuch, P., *Organisation*, 7. Aufl. Ludwigshafen 1988, S. 25 ff; Wendell, L. F. *Organisationsentwicklung - sozialwissenschaftliche Strategien zur Organisationsveränderung*, 3. Aufl., Bern/Stuttgart 1990, S. 31-34.

2 Vgl. Henzel, F., *Die Kostenrechnung*, 4. Aufl., Essen 1964, S. 13-45, (1. Aufl.: Henzel, F., Die Erfassung und Verrechnung von Gemeinkosten in der Unternehmung, Berlin 1931 - Veröffentlichung der Habilitationsschrift des Jahres 1926); Schmalenbach, E., *Neue Aufgaben der Betriebswirtschaftslehre*, in: Schmalenbach, E. (Hrsg.), Betriebswirtschaftliche Beiträge, 1947, S. 3-9.

3 Vgl. Schmalenbach, E., a.a.O., S. 3.

4 Vgl. Wöhe, G., *Einführung in die allgemeine Betriebswirtschaftslehre*, 16. Aufl., München 1986, S. 12 ff.

gabenerledigung des Unternehmens zu ermitteln.[1] Der Entwicklungsprozeß der Organisation ist als ein evolutionärer Prozeß aufzufassen.[2] Die Geschwindigkeit der Evolution wird durch den Rhythmus des Generationswechsels von technischer Infrastruktur wie z.B. der Hard- und Software[3] und dem Managementkonzept sowie dessen Umsetzung durch das Management bestimmt.[4] Ein heute anzuwendendes Konzept ist das Lean Management. Dieses zielt in erster Linie auf eine schlanke Organisation ab, bei gleichzeitiger Sicherung der vom Kunden gewünschten Qualität für Güter und Dienstleistungen.[5] Mit dem Einsatz neuer Technologien und der Aus- und Weiterbildung des bewußten Handelns in einem Unternehmen ist in der Regel der Evolutionsprozeß beträchtlich zu steigern.[6] Ein weiterer Schritt zur optimalen Zielerreichung eines Unternehmens ist die konsequente Ausrichtung der internen Unternehmensorganisation nach dem spezifischen Markt- und Wettbewerbsumfeld.[7] Darüber hinaus gilt es, nur noch das primäre Kerngeschäft selbst zu erledigen und dienstleistende Aufgaben soweit wie möglich an einen spezialisierten Dienstleister zu vergeben. Die Dienstleistungen können dann in gewünschter

---

1 Vgl. Fuchs, J., *Organisation in der Krise: Informatik als Auslöser und Lösung zugleich*, in: Information Management - Sonderdruck, IM 3/93, S. 1-6.

2 Vgl. Kieser, A., *Entstehung und Wandel von Organisationen - Ein evolutionstheoretisches Konzept*, in: Bauer, L. und Matis, H. (Hrsg.), Evolution - Organisation - Management, Berlin 1989, S. 161-190.

3 Vgl. Dürr, H., *Herausforderungen der Zukunft an das Top-Management*, in: Matheis, R., Erfolgsmanagement 2000 - Konzepte für Menschen, Märkte, Unternehmen, Wiesbaden 1992, S. 63-74.

4 Vgl. Wever, U. A., *Lean Management-Euphorie - ... vom unausrottbaren Irrglauben an die automatische Wirksamkeit von Konzepten*, in: Kompetenz - Das Diebold Management Journal, Nr. 23, o. Jg., o. J., S. 32-39.

5 Vgl. Mehdorn, H. und Töpfer, A., *Eine hohe Qualität ist in immer kürzerer Zeit bei günstigen Kostenstrukturen zu erreichen*, in: Handelsblatt, Nr. 152, 10.08.1992, S. 16.

6 Vgl. Kieser, A., a.a.O., S. 166.

7 Vgl. Sempf, U., *Die entschlackte Organisation - Empfehlungen zur Optimierung Ihrer internen Leistungsfähigkeit*, in: Kompetenz - Das Diebold Management Journal, Nr. 16, o. Jg., o. J., S. 4-15, hier S. 5; Nilsson, R., *Organisations-Entwicklung: Strukturorganisation als Strategischer Erfolgsfaktor*, in: controller magazin, 18. Jg., Nr. 3, 1993, S. 132-139.

Menge und zu einem Festpreis eingekauft werden.[1] Die Entscheidung, was als Dienstleistung eingekauft wird, hängt davon ab, welcher Nutzen durch das Outsourcing zu erzielen ist. Hinsichtlich der umfangreichen dienstleistenden Unternehmensfunktionen, ergeben sich folgende Fragestellungen:

- Welche Unternehmensdienstleistungen können fremdbezogen werden?
- Welche rechtlichen Aspekte und Managementaspekte sind beim Outsourcing zu beachten?
- Wie kann eine Outsourcingbeziehung vertraglich gestaltet werden?

In der Literatur wurde bisher die Ausgliederung der Datenverarbeitung in einer empirischen Untersuchung von je 500 Großbetrieben in der Bundesrepublik Deutschland, dem restlichen Europa und den Vereinigten Staaten untersucht.[2] Eine Abhandlung über das Outsourcing-Spektrum der Formen, der Abwicklung, des Nutzens und insbesondere die nationalen rechtlichen Vorgaben für den Outsourcing-Prozeß konnte trotz umfangreicher Recherchen nicht ermittelt werden.

2. Vorgehensweise zur Analyse

Die Marktanalyse in dieser Arbeit erfolgt auf der Basis von 139 nationalen Unternehmen, die Outsourcing-Projekte planen oder Outsourcing bereits betreiben. Diese Unternehmen sind anhand einer Analyse von Kongreß- und Seminarunterlagen, Fachpublikationen sowie Presseberichten ermittelt worden und wurden hinsichtlich eines Informationsaustausches auf Geschäftsleitungsebene angesprochen. 104 der Befragten sagten zu, an einer empirischen Untersuchung teilzunehmen, die schließlich in den Monaten Oktober 1993 bis Februar 1994 erfolgte. Von den 104 angeschriebenen Unternehmen beant-

---

1 Vgl. Reiss, M., *Mit Blut, Schweiß und Tränen zur schlanken Organisation*, in: Harvard manager, 14. Jg., Nr. 2, 1992, S. 57-63, hier S. 61; Szyperski, N., Schmidt, P. und Kronen, J., *Outsourcing: Profil und Markt einer Dienstleistung für Unternehmen auf dem Wege zur strategischen Zentrierung*, in: Wirtschaftsinformatik, 35 Jg., Nr. 3, 1993, S. 228-240, hier S. 229; Quinn, J. B., Doorley, T. und Paquette, P. C., *Beyond Products: Service-Based Strategy*, in: Harvard Bussiness Review, Nr. 2, 1990 S. 58-67.

2 Vgl. Heinzel, A., a.a.O, S. 4.

worteten nach drei Nachfaßaktionen insgesamt 50 Unternehmen den Fragebogen. Mit einer telefonischen oder schriftlichen Begründung, in der kurz die Unternehmenssituation und die Situation des Outsourcing skizziert wurde, beantworteten 41 Unternehmen die Fragen allgemein. 13 Unternehmen sagten ab, nachdem sie den Fragebogen erhalten hatten. Darüber hinaus sind mit 30 Entscheidungsträgern, Experten und Fachkräften unterschiedlich strukturierter Unternehmen und Branchen Informationsgespräche sowie Fachgespräche geführt worden. Zu den national bedeutendsten Dienstleistungsunternehmen wurde ein zum Teil intensiver Kontakt aufgebaut, um über die Abwicklung von Outsourcing-Projekten umfangreiche praktische Erkenntnisse zu gewinnen.

3. Outsourcing-Markt

Die ermittelten Unternehmen, die sich mit Outsourcing beschäftigen, verteilten sich über das gesamte Gebiet der Bundesrepublik Deutschland. Von den 139 befragten Unternehmen haben zum Zeitpunkt der Untersuchung 91 Unternehmen Outsourcing betrieben. Letztere verteilen sich ebenfalls nahezu gleichmäßig auf alle Regionen des Bundesgebietes. Lediglich die fünf neuen Bundesländer und die mitteldeutsche Region (Hannover/Kassel) sind etwas unterrepräsentiert (siehe Abbildung. 2).

Die Untersuchung der beschreibenden Merkmale (Mitarbeiterzahl, Rechtsform und Wirtschaftszweig) der Outsourcer ergab, daß die größte Unternehmensgruppe die mittelgroßen Unternehmen (Mitarbeiterzahl zwischen 500 und 5.000) sind. Die Unternehmen mit 1.000 bis 2.500 Mitarbeiter sind mit 19% am häufigsten vertreten. Bei den Rechtsformen ist zwischen Kapital-, Personengesellschaften und sonstigen Rechtsformen unterschieden worden. Die Kapitalgesellschaften weisen eine Häufigkeit von 87% auf. 47% der Outsourcer sind in einer Gesellschaft mit beschränkter Haftung (GmbH) und 40% in einer Aktiengesellschaft (AG) organisiert. Das Heranziehen und Gegenüberstellen der nationalen Unternehmensdaten zeigt, daß mit der Größe eines Unternehmens auch die Neigung zum Outsourcing zunimmt. Die Analyse der Outsourcer nach der Zugehörigkeit zu den Wirtschaftszweigen ergab, daß 58% dem Verarbeitenden Gewerbe angehören. Je 18% entfallen auf Kreditinstitute und Versicherungsgewerbe beziehungsweise auf das Dienstleistungsgewerbe und die Freien Berufe. Eine Korrelation zwischen den beschreibenden Merkmalen ergab, daß die Rechtsform der Outsourcer Einfluß auf das Outsourcing hat, die Mitarbeiterzahl dagegen zu vernachlässigen ist.

(Einzelne statistische Maßzahlen siehe Anhang: *I Statistische Daten der Grundgesamtheit.*)

Abb. 2 Outsourcing-Markt in der Bundesrepublik Deutschland, N = 91 (Einzelne statistische Maßzahlen siehe Anhang, *I Statistische Daten der Grundgesamtheit.*)

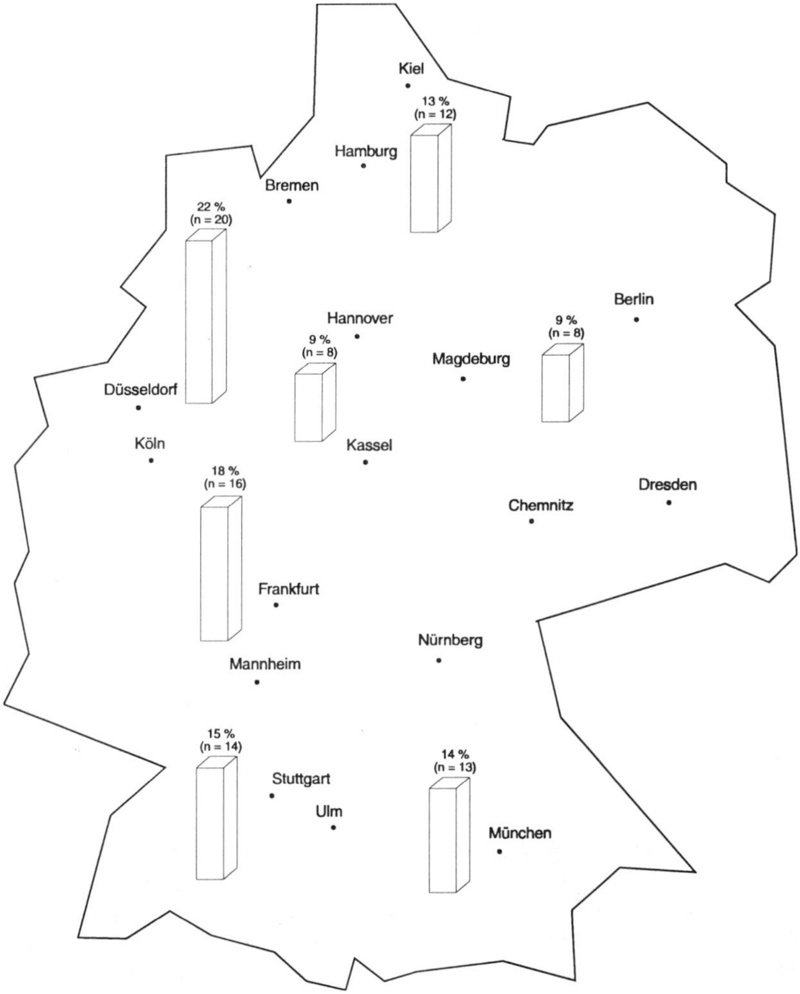

4. Formen des Outsourcing

Die Auswertung der Informationen und des Datenmaterials der Outsourcing betreibenden Unternehmen (N = 91) ergab drei grundsätzliche Outsourcing-Formen. Es ist zu unterscheiden die Inhouse-Partnerschaft, die Dienstleistungs-Partnerschaft und die Kooperations-Partnerschaft (siehe Abbildung 3). Daneben gibt es das Projekt-Outsourcing und das Interne-Outsourcing, die aber nicht im engeren Sinne zu den echten Outsourcing-Aktivitäten zählen. Sie werden im folgenden kurz vorgestellt.

Abb. 3 Outsourcing-Formen

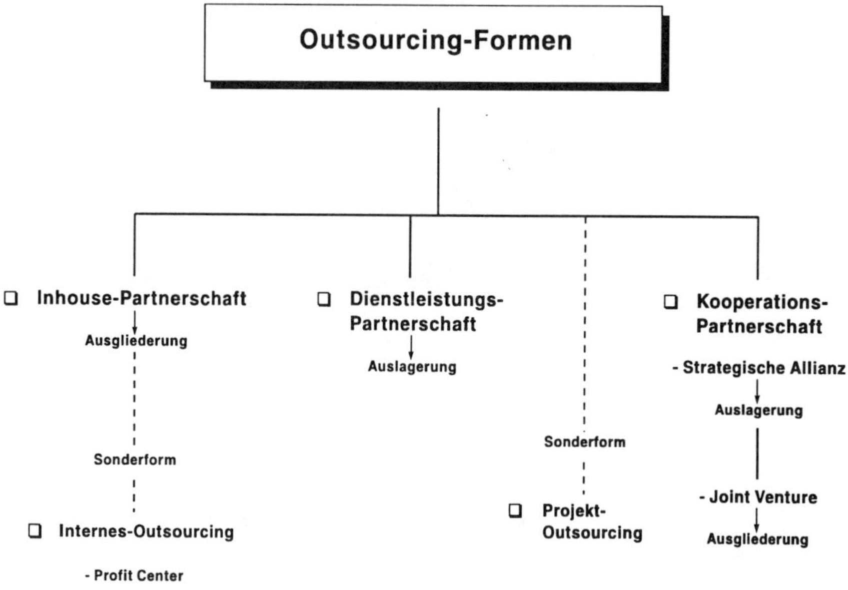

Beim Projekt-Outsourcing werden Einzelvorhaben nach außen gegeben. Typische Projekt-Outsourcing-Leistungen sind z.B. die spezielle Beratung, das Einführen einer Standard-Software, die Entwicklung von Spezial-Software sowie Weiterbildungsaktivitäten im DV-Bereich.[1] Der Unterschied zu den anderen Outsourcing-Formen

1 Vgl. Streicher, H., a.a.O., S. 45.

besteht darin, daß kein Dauerschuldverhältnis vorliegt, keine technische Infrastruktur und keine Mitarbeiter an einen Dienstleister übergehen. Der Nutzen für den Outsourcer liegt in einer besseren Projektdurchführung, wie z.B. kürzeren Projektlaufzeiten. Die Beziehung zwischen dem Outsourcer und dem Dienstleister ist intensiver als z.B. bei der klassischen Auftrags-Softwareentwicklung und wird geprägt durch intensive Kommunikation, die auch über den eigentlichen Projektauftrag hinausgeht. Möglicherweise wird durch das Projekt-Outsourcing der zukünftige Outsourcing-Partner (Dienstleister) hinsichtlich seiner Ausprägungen besonders beobachtet.

Das interne Outsourcing ist wie das Projekt-Outsourcing eine Sonderform des Outsourcing, bei dem weder technische Infrastruktur und noch Mitarbeiter an einen externen Dienstleister übergehen. Bei dem internen Outsourcing wird ein Funktionsbereich mit einer gesamten spezifischen Aufgabenerledigung für das Unternehmen betraut, wie z.B. mit der DV. Der somit verselbständigte und wirtschaftlich eigenverantwortliche Funktionsbereich übernimmt als Sub-Unternehmen alle Funktionen der spezifischen Dienstleistungsproduktion. Der Bereich wird als ein Profit Center[1] geführt und muß bei der Leistungserbringung mit externen Anbietern in Wettbewerb treten. Die Bildung des Profit Centers wird sehr oft bei Konzernen und Verbundunternehmen durchgeführt, um einen Überblick zu bekommen, wie die eigenen Dienstleistungen qualitativ und quantitativ im Verhältnis zu externen Anbietern stehen.[2] Der Nutzen eines Profit Centers für das Unternehmen liegt neben der entstehenden Kostentransparenz auch in der Bildung unternehmerischen Denkens und Handelns. Da ein Profit Center in der Regel ein hohes Autonomiebestreben aufweist, bedarf es einer Reihe von Koordinierungsmaßnahmen, um z.B. nicht die kurzfristige Erfolgsorientierung überzubetonen. Rechtlich ist das Profit Center nicht selbständig und zählt zu den Unternehmenseinheiten. Für die Leistungserbringung werden Leistungsvereinbarungen getroffen und keine rechtlichen Verträge geschlossen.

4.1 Inhouse-Partnerschaft

Der Begriff der Inhouse-Partnerschaft beschreibt die Outsourcing-Aktivitäten von Konzernen und Verbundunternehmen. Die Inhouse-

1 Vgl. Schweitzer, M., *Profit Center*, in: Frese, E., (Hrsg.), Handwörterbuch der Organisation, Stuttgart 1992, S. 2078-2089.

2 Vgl. Streicher, H., a.a.O., S. 18.

Partnerschaft in einem Konzern oder Verbundunternehmen auf eine Tochter- oder Schwestergesellschaft stellt meist eine Ausgliederung in Form einer Betriebsaufspaltung dar.[1] Sie wird bei Konzernen auch Inhouse-Outsourcing oder Konzern-Outsourcing genannt.[2] Die sehr oft praktizierte Form der Inhouse-Partnerschaft bei verbundenen Unternehmen besteht darin, ein Funktionsbereich durch Verselbständigung zu optimieren, haftungs- und steuerrechtliche Vorteile auszunutzen und mit speziellen Leistungsangeboten Nischenmärkte zu erschließen. Ein Konzern oder Verbundunternehmen gliedert zur Steigerung der Effizienz und Wirtschaftlichkeit z.B. die gesamte DV inklusive der Kommunikationsnetze aus. Alle Outsourcing-Komponenten wie technische Infrastruktur und Mitarbeiter werden z.B. in ein zu gründendes DV-Dienstleistungsunternehmen eingebracht. Das Dienstleistungsunternehmen übernimmt die Bereitstellung und Lieferung der Dienstleistungen im Rahmen eines Dauerschuldverhältnisses. Der Vorteil der Inhouse-Partnerschaft besteht darin, daß das Dienstleistungsunternehmen rechtlich selbständig und ergebnisverantwortlich operiert. Das Dienstleistungsunternehmen kann z.B. ein Konzern-Kommunikationsnetz aufbauen und geschäftsfeldübergreifend eine DV-Systementwicklung betreiben. Da die Ausgliederung möglicherweise eine Betriebsaufspaltung darstellt, können neben den Vorteilen der Ausgliederung auch die Vorteile der Betriebsaufspaltung, z.B. steuerliche Vorteile, in Anspruch genommen werden. Bei der Inhouse-Partnerschaft sind neben den beim Outsourcing allgemein zu beachtenden Rechtseinflüssen, wie z.B. Datenschutz etc., insbesonders die gesellschaftsrechtlichen Mitwirkungsrechte und die rechtlichen Vorgaben für eine Betriebsaufspaltung zu beachten. Die Partnerschaft zwischen den einzelnen Outsourcern und dem Dienstleistungsunternehmen besteht aus kontinuierlich tagenden Ausschüssen, die den Dienstleistungsumfang und die Verrechnungspreise festlegen. Projekte werden gemeinsam für die Lösungen von Einzelaufgaben initiiert.

4.2 Dienstleistungs-Partnerschaft

Die Dienstleistungs-Partnerschaft beschreibt das Outsourcing von Leistungen an einen rechtlich selbständigen Dienstleister und ist die überwiegend praktizierte Form des Outsourcing (siehe Untersuchung). Bei dieser Form gehen technische Infrastruktur und sehr oft auch

---

1 Vgl. Streicher, H., a.a.O., S. 25-26.

2 Vgl. Ingenfeld, G. (a), *Outsourcing innerhalb des Konzerns (I)*, in: Computer und Recht, 9. Jg. Nr. 3, 1993, S. 288-293.

Mitarbeiter an den Dienstleister über. Umfangreiche Rechenzentrumsfunktionen, Unternehmensfunktions- oder Unternehmensprozeßleistungen werden als Dauerschuldverhältnis vereinbart. Die Outsourcing-Bindung ist grundsätzlich langfristig angelegt. Der primäre Vorteil für den Outsourcer liegt in der Kostensenkung bei gleichbleibender oder gesteigerter Qualität und Quantität der Leistung. Outsourcing-Verträge sind so zu konzipieren, daß sie Flexibilität beim Leistungsumfang zulassen. Neben den vertragsrechtlichen Schwerpunkten sind das Arbeitsrecht für den Mitarbeiterübergang, der Datenschutz und die Grundsätze für eine ordnungsgemäße Datenverarbeitung von wesentlicher Bedeutung. Die Partnerschaft der Outsourcing-Beziehung drückt sich durch eine Verabredung über ein periodisches Abstimmungsgespräch aus. In diesem Abstimmungsgespräch wird die erbrachte Leistung beurteilt, Planungsdaten für beide Unternehmen festgelegt und erforderliche Aktivitäten geplant sowie detailliert vereinbart. Institutionell ist die Partnerschaft in einem periodisch tagenden Lenkungsausschuß festgeschrieben.

4.3 Kooperations-Partnerschaft

Als Outsourcing in Form einer Kooperations-Partnerschaft gilt die Strategische Allianz und das Joint Venture. Der Unterschied zu einer Dienstleistungspartnerschaft liegt im Zusammenwirken zur Erreichung der geplanten Ziele. Während bei der Dienstleistungspartnerschaft der Nutzen für den Outsourcer bei einer günstigeren Dauerleistungsbeschaffung liegt, wird mit einer Kooperations-Partnerschaft das Erreichen von gemeinsamen Zielen verfolgt, z.B. der Weiterentwicklung und kontinuierlicher Pflege von Individualsoftware.

4.3.1 Strategische Allianz

Eine Strategische Allianz bezeichnet eine Zusammenarbeit von Unternehmen mit dem Ziel gewisse Innovationsschwachstellen und/oder Ressourcendefizite auszugleichen.[1] Die Outsourcing-Partner gehen eine Strategische Allianz ein, wenn der Outsourcer mit dem Dienstleister die Optimierung seines strategischen Erfolgspotentials anstrebt. Der Vorteil für den Outsourcer liegt in der intensiven Nutzungs-

1 Vgl. Hollmann, H. H., *Strategische Allianzen - Unternehmens- und wettbewerbspolitische Aspekte* in: Wirtschaft und Wettbewerb, 42. Jg., Nr. 4, 1992, S. 293-305; Wittenzellner, Ch., *Wenn zwei Unternehmen eine gemeinsame Zukunft planen*, in: VDI-Nachrichten, Nr. 20, 21.05.1993, S. 13.

möglichkeit des Dienstleister-Know-hows für seine Unternehmensentwicklung. Ziel eines Outsourcers bei der Bildung einer Strategischen Allianz ist beispielsweise eine höhere Kundenzufriedenheit durch schnellere Belieferung und ein höherer Servicegrad. Letzteres wird hauptsächlich durch den Auf- beziehungsweise Ausbau eines auf die Kunden des Outsourcers abgestimmten Warenwirtschafts-, Vertriebssteuerungs- und Servicesteuerungs-Systems erreicht. Der Dienstleister übernimmt meist technische Infrastruktur sowie Mitarbeiter und liefert eine spezifisch zugeschnittene Lösung im Dauerschuldverhältnis. Diese Lösung wird durch kooperative Aktivitäten erarbeitet und kontinuierlich den Erfordernissen des Outsourcers angepaßt. Die Partnerschaft drückt sich durch einen umfangreichen Informationsaustausch, einer Mitwirkungspflicht sowie einer Hinweis- und Warnpflicht aus. Die Verabredungen für die Entwicklungstätigkeiten werden in spezifischen Projekt-Ausschußsitzungen festgelegt. Die partnerschaftliche Abstimmung über die Dauer-Outsourcing-Leistung erfolgt, wie bei der Dienstleistungspartnerschaft, über periodisch tagende Abstimmungsgespräche. Die rechtliche Gestaltung der Strategischen Allianz unterscheidet sich von der Dienstleistungspartnerschaft nur in der zusätzlichen Definition der kooperativen Bindung im Outsourcing-Vertrag. Beide Vertragspartner bleiben wirtschaftlich und rechtlich selbständig.

4.3.2 Joint Venture

Ein Joint Venture ist eine zwischenbetriebliche Kooperation zwischen mindestens zwei Partnern. Beide bringen etwas in das Joint Venture ein, was der andere nicht hat.[1] Im Rahmen des Outsourcing wird ein Joint Venture eingegangen, um gemeinsame operative und strategisch definierte Ziele zu erreichen. Der Outsourcer überträgt z.B. einen Funktionsbereich, den er aus seinem Unternehmen ausgliedert. Der Vorteil liegt in der Ausgliederung selbst. Die technische Infrastruktur und die betroffenen Mitarbeiter gehen in das Joint Venture-Unternehmen über. Dadurch wird der Outsourcer in die Lage versetzt, eine Restrukturierung seines Unternehmens durchzuführen. Aus dem Joint Venture bezieht er die ausgegliederte Outsourcing-Leistung in Form eines Dauerschuldverhältnisses. Neben allen direkten Outsourcing-Nutzen können die Vorteile der Betriebsaufspaltung zum Teil genutzt

---

1 Vgl. Hellwig, H.-J., *Joint Venture-Verträge - internationale*, in: Macharzina, K. und Welge, M. K., Handwörterbuch Export und internationale Unternehmung, Stuttgart 1989, S. 1064-1072.

werden. Der Dienstleister stellt Experten- und Management-Know-how zur Verfügung. Das Joint Venture-Unternehmen ist dadurch in der Lage, z.B. ein neues Geschäftsfeld aufzubauen und dessen Leistungen den beteiligten Unternehmen und Dritten anbieten zu können. Entsprechend der Beteiligung, wird der Gewinn des Joint Ventures verteilt. Die Partnerschaft kommt in der paritätischen Besetzung der Joint Venture-Gesellschaftersitze zum Ausdruck, wobei der Vorsitz meist vom Dienstleistungsunternehmen besetzt wird.

4.4 Verteilung der Outsourcing-Formen

Die Auswertung der Untersuchung zeigt, daß Unternehmen nicht nur in einer Form Leistungen fremdbeziehen, sondern auch Formen miteinander kombinieren und bestimmte Formen für einzelne Outsourcing-Potentiale bevorzugen. Die unterschiedlichen Anwendungen lassen darauf schließen, daß ein maximaler Nutzen bei einem spezifischen Potential in einer bestimmten Form erreichbar ist. Das Outsourcing-Potential stammt aus den unterschiedlichen Bereichen der Unternehmen. Es ist in DV-, Funktions-, Prozeß- und Projekt-Dienstleistungen zu unterscheiden. Das primäre Outsourcing-Potential kommt aus dem DV-Bereich der Unternehmen oder ist eine spezifische Funktionsleistung. In Kombination werden DV- und Projekt-Dienstleistungen bevorzugt, bevor DV-, Funktions- und Projekt-Dienstleistungen kombiniert fremdbezogen werden (siehe Abbildung 5). Die Dienstleistungs-Partnerschaft ist mit 57% die am häufigsten vorkommende Outsourcing-Form (siehe Abbildung 4) und wird von den GmbHs bevorzugt (siehe Tabelle 2). Die Inhouse-Partnerschaft wird primär von den AGs angewendet (siehe Tabelle 2). Im Rahmen der Inhouse-Partnerschaft und der Kooperations-Partnerschaften (Strategische Allianz und Joint Venture) wird in allen Fällen DV-Potential fremdbezogen. Die Dienstleistungs-Partnerschaft wird im gleichen Umfang sowohl für das Funktions-Outsourcing, als auch für das DV-Outsourcing genutzt (siehe Tabelle 1). Bei den Rechtsformen ergibt die Untersuchung, daß die AGs primär DV-Outsourcing betreiben, während die GmbHs Outsourcing für DV- und Funktions-Potential nutzen (siehe Tabelle 3). Die Verknüpfung der Formen des Outsourcing mit den Wirtschaftszweigen ergibt, daß das Verarbeitende Gewerbe und die Freien Berufe mit nahezu 60% in Form einer Dienstleistungs-Partnerschaft die Dienstlei-stungen fremdbeziehen (siehe Tabelle 4). Hinsichtlich der Verknüpfung der Outsourcing-Formen mit den Mitarbeitergrößenklassen zeigt sich, daß die Dienstleistungs-Partnerschaft über alle gebildeten Größenklassen in etwa gleichmäßig vorkommt (siehe Tabelle 5).

Abb. 4 Marktstruktur der Outsourcing-Formen, N = 91

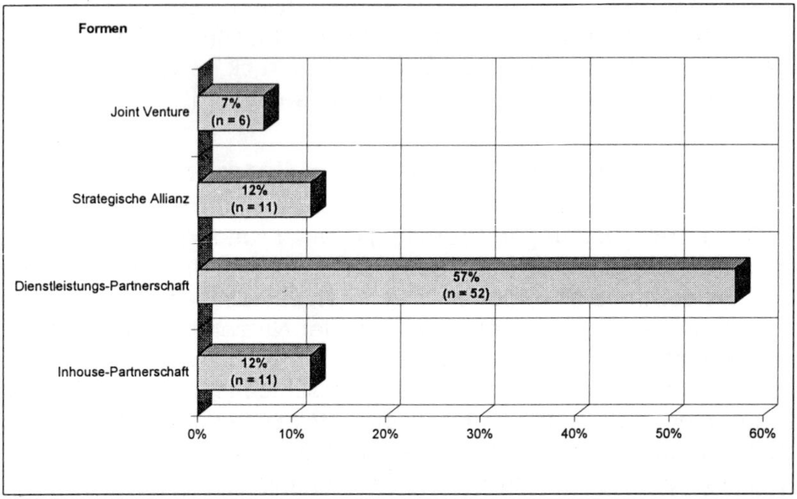

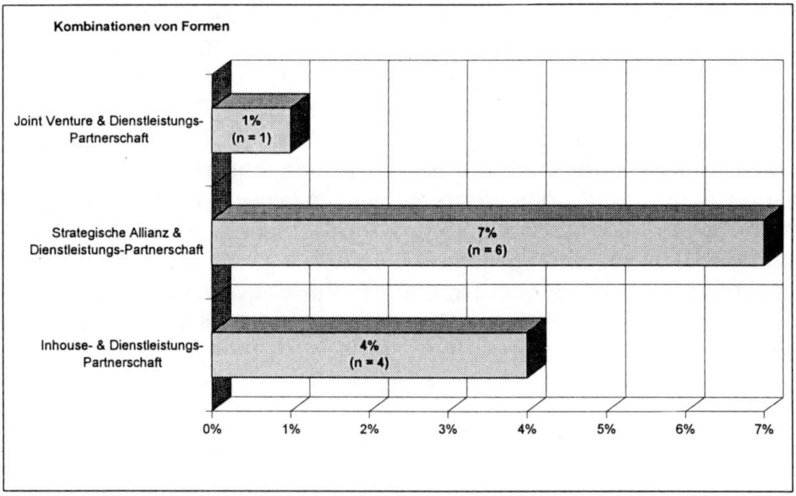

Abb. 5 Marktstruktur des Outsourcing-Potentials, N = 91

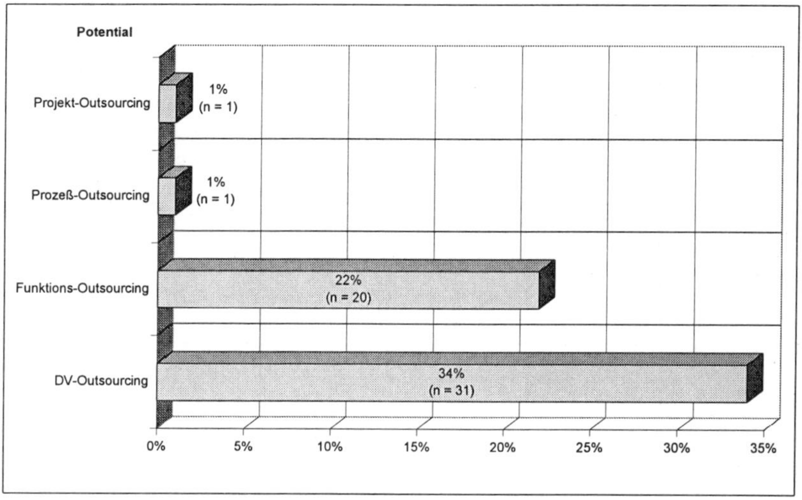

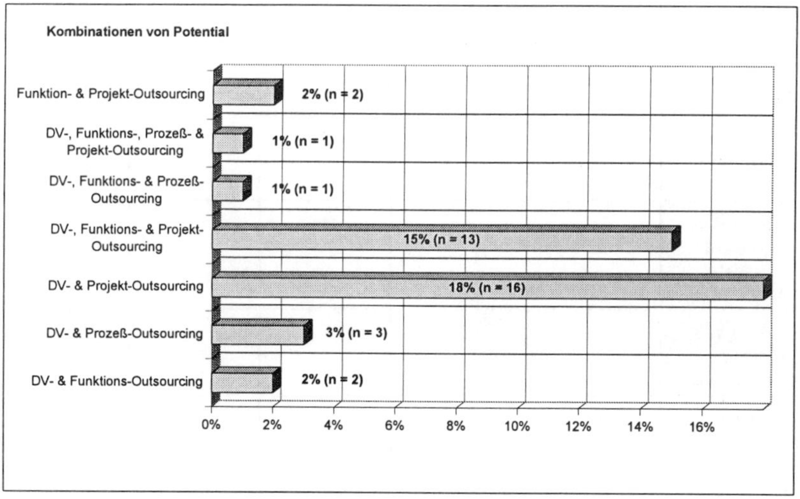

Tab. 1 Kreuztabelle Outsourcing-Formen und Outsourcing-Potential, N = 91

Outsourcing-Potential	Outsourcing-Formen: Inhouse-Partnerschaft	Dienstleistungs-Partnerschaft	Strategische-Allianz	Joint-Venture	Σ %
DV-Outsourcing	3	21	2	5	31 34%
Funktions-Outsourcing		20			20 22%
Prozeß-Outsourcing		1			1 1%
Projekt-Outsourcing		1			1 1%
DV- & Funktions-Outsourcing	1		1		2 2%
DV- & Prozeß-Outsourcing		1	1		2 2%
DV- & Projekt-Outsourcing	6	5	4	1	16 18%
DV-/Funktions- & Projekt-Outsourcing	1	1	2		4 4%
DV-/Funktions-/Prozeß- & Projekt-Outsourcing			1		1 1%
Funktions- & Projekt-Outsourcing		2			2 2%
Summe %	11 12%	52 57%	11 12%	6 7%	

Tab. 1 Kreuztabelle Outsourcing-Formen und Outsourcing-Potential, N = 91 (Fortsetzung)

Outsourcing-Potential	**Outsourcing-Formen** Inhouse- & Dienst-leistungs-Partner-schaft	Strate-gische Allianz & Dienst-leistungs-Partner-schaft	Joint-Venture & Dienst-leistungs-Partner-schaft	Σ %
DV- & Prozeß-Outsourcing	1			1 1%
DV-/Funktions- & Projekt-Outsourcing	2	6	1	9 11%
DV-/Funktions- & Prozeß-Outsourcing	1			1 1%
Summe %	4 4%	6 7%	1 1%	91 100%

Tab. 2 Kreuztabelle Outsourcing-Formen und Rechtsformen, N = 91

Outsourcing-Formen	Rechtsformen				
	AG	GmbH	KG	sonstige Rechtsformen	Σ %
Inhouse-Partnerschaft	7	4			11 12%
Dienstleistungs-Partnerschaft	12	29	6	5	52 57%
Strategische Allianz	6	4	1		11 12%
Joint-Venture	4	2			6 7%
Inhouse- & Dienstleistungs-Partnerschaft	3	1			4 4%
Strategische Allianz & Dienstleistungs-Partnerschaft	4	2			6 7%
Joint-Venture & Dienstleistungs-Partnerschaft		1			1 1%
Summe %	36 40%	43 47%	7 8%	5 5%	91 100%

Tab. 3 Kreuztabelle Rechtsformen und Outsourcing-Potential, N = 91

Outsourcing-Potential	Rechtsformen				
	AG	GmbH	KG	sonstige Rechts-formen	Σ %
DV-Outsourcing	11	17	1	2	31 34%
Funktions-Outsourcing	1	11	5	3	20 22%
Prozeß-Outsourcing		1			1 1%
Projekt-Outsourcing	1				1 1%
DV- & Funktions-Outsourcing	1	1			2 2%
DV- & Prozeß-Outsourcing	2	1			3 3%
DV- & Projekt-Outsourcing	11	5			16 18%
DV-/Funktions- & Projekt-Outsourcing	7	5	1		13 15%
DV-/Funktions- & Prozeß-Outsourcing	1				1 1%
DV-/Funktions-/ Prozeß- & Projekt-Outsourcing		1			1 1%
Funktions- & Projekt-Outsourcing	1	1			2 2%
Summe %	36 40%	43 47%	7 8%	5 5%	91 100%

Tab. 4 Kreuztabelle Outsourcing-Formen und Wirtschaftszweige, N = 91

Outsourcing-Formen	Wirtschaftszweige					Σ %
	EWB	VAG	HAN	KVG	DFB	
Inhouse-Partnerschaft		6		4	1	11 12%
Dienst-leistungs-Partnerschaft	4	32		6	10	52 57%
Strategische Allianz		5	1	2	3	11 12%
Joint-Venture		4		1	1	6 7%
Inhouse- & Dienst-leistungs-Partnerschaft		3		1		4 4%
Strategische Allianz & Dienst-leistungs-Partnerschaft	1	2		2	1	6 7%
Joint-Venture & Dienst-leistungs-Partnerschaft		1				1 1%
Summe %	5 6%	53 57%	1 1%	16 18%	16 18%	91 100%

Legende:

EWB Energie- und Wasserversorgung, Bergbau
VAG Verarbeitendes Gewerbe
HAN Handel
KVG Kreditinstitute und Versicherungsgewerbe
DFB Dienstleistungen und Freie Berufe

Tab. 5 Kreuztabelle Outsourcing-Formen und Mitarbeitergrößenklassen, N = 91

Mitarbeiter-größen-klassen	**Outsourcing-Formen** Inhouse-Partner-schaft	Dienstlei-stungs-Partner-schaft	Strate-gische-Allianz	Joint-Venture	Σ %
bis 200	2	7			9 10%
200 bis 500	2	11			13 14%
500 bis 1.000		9	4	1	14 16%
1.000 bis 2.500	1	10	2	1	14 16%
2.500 bis 5.000	1	6			7 8%
5.000 bis 10.000	2	5	3	1	11 12%
größer 10.000	3	4	2	3	12 13%
Summe %	11 12%	52 57%	11 12%	6 7%	

Tab. 5 Kreuztabelle Outsourcing-Formen und Mitarbeitergrößenklassen, N = 91 (Fortsetzung)

Mitarbeiter-größen-klassen	**Outsourcing-Formen**			
	Inhouse- & Dienst-leistungs-Partner-schaft	Strate-gische Allianz & Dienst-leistungs-Partner-schaft	Joint-Venture & Dienst-leistungs-Partner-schaft	Σ %
bis 200				
200 bis 500		2		2 2%
500 bis 1.000				
1.000 bis 2.500	1	1	1	3 3%
2.500 bis 5.000	1	2		3 3%
5.000 bis 10.000		1		1 1%
größer 10.000	2			2 2%
Summe %	4 4%	6 7%	1 1%	91 100%

5. Outsourcing-Potential

Durch die Differenzierung des Outsourcing-Potentials nach den Kategorien DV-, Funktions-, Prozeß-Outsourcing und der Sonderform Projekt-Outsourcing, ergibt sich folgendes Bild. 74 % der untersuchten Unternehmen betreiben primär DV-Outsourcing. Das Funktions-Outsourcing (44 %) wird als zweithäufigstes Outsourcing-Potential genannt. 7 % der untersuchten Unternehmen betreiben Prozeß-Outsourcing. Projekt-Outsourcing wird von 36 % der Unternehmen betrieben, aber primär im DV-Bereich (84 %) angewendet. Weiterhin sind die Bereiche Unternehmensberatung und Weiterbildungsaktivitäten anzuführen. (Zusammenfassende Darstellung siehe Abbildung 6.)

Abb. 6 Outsourcing-Potential, N = 91
(Mehrfachantworten waren möglich.)

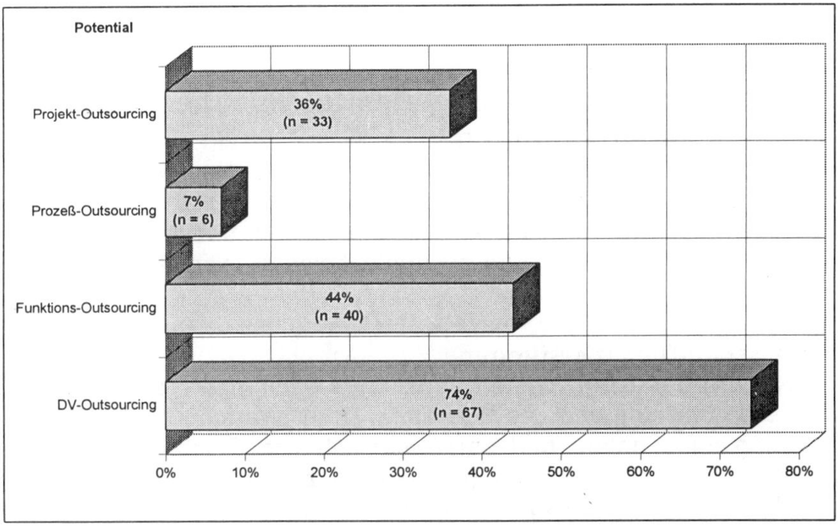

Das einzelne Outsourcing-Potential besteht aus unterschiedlichen Dienstleistungen. Der Begriff Dienstleistung im Sinne von Outsourcing beschreibt ein umfangreiches Leistungsbündel. Dieses besteht aus einmaligen Übergabe- und Dauerleistungen. Die Übergabeleistung ist eine Vorleistung für die Dauerleistung. Die Dauerleistung wird als Outsourcing-Dienstleistung bezeichnet und umfaßt wiederum zum Teil sehr umfangreiche und unterschiedliche Leistungen.

Die nachfolgende, differenzierte Darstellung der einzelnen Outsourcing-Leistungen beruht auf der Befragung von 50 Outsourcern. Diese Unternehmen stammen aus verschiedenen Wirtschaftszweigen, haben unterschiedliche Rechtsformen und lassen sich allen Mitarbeitergrößenklassen zuordnen. (Einzelne charakterisierende statistische Maßzahlen der Unternehmensbeschreibung siehe Anhang, *II Statistische Daten der Stichprobe Outsourcer.*)

5.1 DV-Outsourcing

Das DV-Outsourcing setzt sich aus den vier Segmenten technische und systemtechnische Dienstleistungen, DV-Service-Leistungen, DV-Projekt-Dienstleistungen und komplette Rechenzentrums-Dienstleistungen zusammen. Die einzelnen Segment-Dienstleistungen umfassen zum Teil umfangreiche und sehr unterschiedliche Subsegment-Dienstleistungen (siehe Abbildung 7). Die einzelnen Dienstleistungen werden im folgenden vorgestellt.

5.1.1 Technische und systemtechnische Dienstleistungen

Die technischen und systemtechnischen Dienstleistungen umfassen in der Regel die Basisleistungen, die im Rahmen des DV-Outsourcing fremdbezogen werden. Sie sind in die beiden Subsegmente technische Dienstleistungen und systemtechnische Dienstleistungen zu gliedern.

Technische-Dienstleistungen

Rechnerleistung besteht aus CPU-Leistungen einschließlich deren Wartung und des Operating. Unter Wartung ist die Beseitigung von Fehlern und der Austausch von Ersatzteilen zu verstehen.[1] Zum Operating (Bedienung) zählen alle erforderlichen Maßnahmen, die ausgeführt werden müssen, damit ein DV-System überhaupt seine Funktion ausüben kann.[2] Plattenspeicher für System- und Anwenderdateien (Hauptspeicher) sowie externe Speicherkapazitäten für Daten, wie z.B. Magnet-, Bildplatten und Magnetbänder werden ebenfalls der Rechnerleistung zugerechnet.

---

1 Vgl. Heussen, B. (a), *Technischer und wirtschaftlicher Hintergrund bei Verträgen über Computersysteme*, in: Kilian, W. und Heussen, B., Computerrechts-Handbuch, München 1994, Teil 1, Nr. 11, Rdnr. 28.

2 Vgl. Schulz, H. H., *Operating*, in: Computer Enzyklopädie, Reinbek bei Hamburg 1990, S. 374-375 und S. 2019-2020.

Abb. 7 DV-Outsourcing-Potential

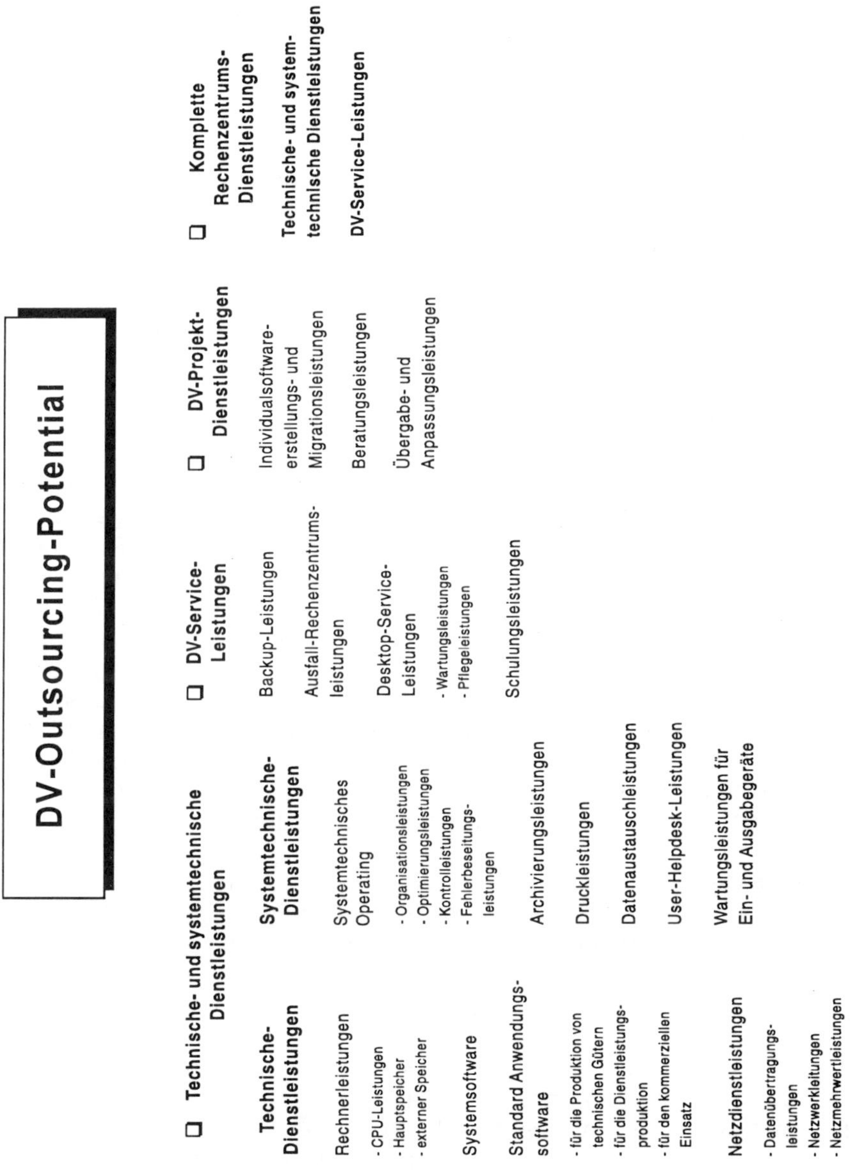

Systemsoftware umfaßt alle Programme für die Ausführung, Steuerung und Verteilung der Betriebsmittel (z.B. Prozessor, Speicher, Drucker, Dateien,[1]) sowie die Wartung für den betriebsbereiten Zustand. Zur Systemsoftware zählen z.B. Betriebssystem, Dateimanager, Fehlersuchsoftware.

Standard-Anwendungssoftware ist eine Software für einen bestimmten Anwenderkreis mit gleicher oder ähnlicher Aufgabenstellung. Zu unterscheiden sind vertikale Standard-Anwendungssoftware, sie wird auch als Branchen-Lösung bezeichnet und horizontale Standard-Anwendungssoftware.[2] Die vertikale Standard-Anwendungssoftware umfaßt Lösungen für spezifische Branchenerfordernisse. Die horizontale Standard-Anwendungssoftware wird unterschieden in produktionstechnische beziehungsweise Dienstleistungsproduktions-Anwendungssoftware und kommerzielle Anwendungssoftware. Letztere kommt z.B. in der Lohn- und Gehaltsabrechnung, der Buchhaltung und dem Controlling zum Einsatz. Zu der Dienstleistungsproduktions-Anwendungssoftware zählen z.B. Programme für Rechtsberatung, Steuerberatung, Versicherungen sowie Wertpapier- und Devisenhandel. CAD, PPS und Warenwirtschaftssysteme sind dagegen typische Beispiele für produktionstechnische Anwendungssoftware. Beim Outsourcing von Standard-Anwendungssoftware-Leistungen ist die Softwarewartung für den betriebsbereiten Zustand, bestehend aus Fehlerbeseitigung und Funktionserhaltung, eingeschlossen. Weiterhin ist in der Regel in diesem Zusammenhang die Anpassung von kommerzieller Anwendungssoftware eingeschlossen, die durch Dritte hervorgerufen wird, wie z.B. die Veränderungen des Mehrwertsteuersatzes oder von Versicherungsbeiträgen.

Netz-Dienstleistungen

Die Netz-Dienstleistungen sind nach Datenübertragungs-, Netzwerk- und Mehrwertleistungen zu unterscheiden.

---

1 Vgl. Zimmermann, W. und Goos, G., *Betriebssystem*, in: Krückeberg, F. (Hrsg.), Lexikon Informatik und Kommunikationstechnik, Düsseldorf 1990, S. 58-59.

2 Vgl. Jamin, W., *Branchen-Lösungen*, in: Jamin, K., Das Software-Lexikon, Stuttgart 1988, S. 61.

Datenübertragungsleistungen
Die Datenübertragungsleistung in der Bundesrepublik Deutschland im öffentlichen Bereich liegt als Netzmonopol bei der Deutschen Bundespost Telekom (§ 1 Abs. 2 Fernmeldeanlagengesetz). Die Telekom stellt die Datenübertragungsleistungen den Unternehmen zur Verfügung. Diese können die Datenübertragungsleistung selbst nutzen oder untervermieten. Die Dienstleister haben von der Telekom in der Regel ein umfangreiches Kontingent gemietet und treten im Rahmen des Outsourcing sozusagen als "Datenspediteur" auf.

Netzwerkleistungen
Die Netzwerkleistungen umfassen die Bereitstellung und das Betreiben von Netzhard- und Netzsoftware, wie z.B. Modem, Gateway etc. für den nichtöffentlichen Bereich. Diese Leistungen werden für die Daten-, Bild- und Sprachübertragung bereitgestellt.

Netzmehrwertleistungen
Bei Netzmehrwertleistungen handelt es sich z.B. um Zwischenspeicher für Daten, das Transformieren von Datenformaten, Auskunfteien, Mailsysteme oder Mailboxen etc.

Systemtechnische-Dienstleistungen

Systemtechnisches Operating
Das systemtechnische Operating umfaßt alle Maßnahmen und Tätigkeiten zur Betreibung und Sicherung einer optimalen Produktion des Rechenzentrums, wie z.B. Organisation, Optimierung, Kontrolle, Fehlerbeseitigung etc.

Archivierungsleistungen
Erforderliche Tätigkeiten für die Archivierung von Datenbeständen, wie z.B. Mikroverfilmung und Datenträgersicherung.

Druckleistungen
Erstellen von Druckleistungen durch das Rechenzentrum, gegebenenfalls auf Formularen.

Datenaustauschleistungen
Die Datenaustauschleistungen umfassen das Formatieren von Daten und den Daten- oder Datenträgeraustausch mit anderen Unternehmen, Banken oder Versicherungen etc.

User-Helpdesk-Leistungen
Der User-Helpdesk ist eine Anlaufstelle für Benutzerfragen und -problemen. Er dient der Unterstützung von Analysen und ist bei Fehlerbeseitigungen für Standard-Anwendungssoftware behilflich. Für den Fall, daß der User-Helpdesk nicht direkt zur Problembeseitigung beitragen kann, leitet er andere Maßnahmen ein.

Wartungsleistungen
Die Wartungsleistungen umfassen alle Tätigkeiten zur Wert- und Funktionserhaltung von DV-Endgeräten (Eingabe- und Ausgabegeräte) sowie von speziellen Peripheriegeräten, wie z.B. Plotter, Scanner etc.

5.1.2 DV-Service-Leistungen

Die DV-Service-Leistungen stellen Leistungen dar, die einzeln oder in Kombination mit den technischen und systemtechnischen Dienstleistungen fremdbezogen werden.

Backup-Leistungen
Backup-Leistungen beinhalten das Erstellen periodischer Sicherheitskopien von Daten und Programmen auf einen externen Datenträger und die Archivierung dieser Daten.

Rechenzentrums-Ausfall-Leistungen
Unter dem Begriff Rechenzentrums-Ausfall-Leistungen wird die Bereitstellung von Rechenzentrumsleistungen für den Totalausfall des operativen Rechenzentrums verstanden. Es handelt sich dabei um mobile oder stationäre Rechenzentrumseinheiten, die der Dienstleister ersatzweise zur Verfügung stellt.

Desktop-Service-Leistungen
Unter Desktop-Service-Leistungen wird die Wartung zur Wert- und Funktionserhaltung von Personalcomputern (PC), Workstations, Local Area Networks (LAN) und gegebenenfalls Ausgabegeräten, wie z.B. Desktop-Druckern verstanden.

Darüber hinaus können Desktop-Service-Leistungen auch Pflegetätigkeiten der Desktop-Geräte beinhalten. An dieser Stelle sind z.B. Update- und/oder Upgrad-Aktivitäten für Desktop-Standard-Anwendungssoftware oder systemoptimierende Softwareänderungen zu nennen.

Schulungsleistung
Die Schulungsleistung umfaßt die Einführung des Anwenders in die Bedienung von Hard- und Software. Zum Umfang gehört in den meisten Fällen auch die Aushändigung von schriftlichen Schulungsunterlagen.

5.1.3 DV-Projekt-Dienstleistungen

Individualsoftwareerstellungs- und Migrationsleistungen
Die Individualsoftwareerstellung umfaßt die Entwicklung von Spezialsoftware einschließlich deren Dokumentation. Die Migrationsleistung beinhaltet die Umsetzung von Software von einem Rechnersystem auf ein anderes unter Beibehaltung von wesentlichen Teilen des Programmcodes. Zur Definition des Leistungsumfanges ist jeweils ein Pflichtenheft zu erstellen.

Beratungsleistungen
Beratungsleistungen im Rahmen des Outsourcing umfassen z.B. den Ausgleich von Informationsdefiziten oder Organisations- und Koordinationstätigkeiten für den Ablauf von Projekten.

Übergabe- und Anpassungsleistungen
Im Rahmen des Outsourcing kommt es zu Übergabe- und Anpassungsleistungen von Hard- und Software. Hardware wird vom Outsourcer zum Dienstleister transportiert und Software vom Rechner des Outsourcers auf den Rechner des Dienstleisters überspielt. Diese Umsetzung von Hard- und Software bedingt grundsätzlich Anpassungsleistungen hinsichtlich der neuen DV-Umgebung. Der Leistungsumfang ist in einem Outsourcing-Katalog mit Pflichtenheft für die einzelnen Projekte zu definieren.

5.1.4 Komplette Rechenzentrums-Dienstleistungen

Eine komplette Rechenzentrums-Dienstleistung ist eine sehr umfangreiche DV-Outsourcing-Leistung, die sich sehr individuell zusammensetzt. Die Basis stellen dabei die technischen- und systemtechnischen Dienstleistungen. Darüber hinaus kommen in der Regel verschiedene DV-Service-Leistungen hinzu.

5.1.5 Markt der DV-Outsourcing-Leistungen

Die Auswertung der befragten Outsourcer (N = 50) ergab, daß 82 % technische und systemtechnische Dienstleistungen, 78 % DV-Service-

Leistungen, 66 % DV-Projekt-Dienstleistungen und 2 % komplette Rechenzentrums-Dienstleistungen fremdbeziehen (siehe Abbildung 8).

Die weitergehende Analyse der technischen und systemtechnischen Dienstleistungen (N = 41) ergab, daß 15 % Rechnerleistung, 27 % Rechnerleistung und Systemsoftware, 46 % Rechnerleistung, Systemsoftware und kommerzielle Standard-Anwendungs-Software, 12 % Rechnerleistung, Systemsoftware und Produktions-Standard-Anwendungs-Software sowie 51 % Netz-Dienstleistungen nach außen gegeben haben (siehe Abbildung 9).

Primär werden bei der kommerziellen Standard-Anwendungssoftware (N = 19) SAP-Produkte (79 %) gefolgt von PAISY (32 %) fremdbezogen. Darüber hinaus übergeben knapp die Hälfte der Outsourcer von Standard-Anwendungssoftware auch Eigenentwicklungen an die Dienstleister. Im Bereich der technischen Standard-Anwendungssoftware (N = 4) gaben die befragten Outsourcer an, lediglich CAD-Softwaresysteme nach außen zu geben (siehe Tabelle 7).

Bei der Hardware (N = 41) ergibt die Auswertung, daß das Potential aus der Großrechnerwelt kommt und dort überwiegend IBM-Produkte betroffen sind (siehe Tabelle 6).

Im Rahmen der Netz-Dienstleistungen (N = 21) wird mit 72 % (n = 15) die Datenübertragungs- und Netzwerkleistung in Kombination fremdbezogen.

Die DV-Service-Leistung (N = 39) ist primär die Backup-Leistung mit 64% (n = 25). Das Angebot des Ausfall-Rechenzentrums wird nur von ca. 10 % (n = 4) der DV-Service-Leistungsnutzern in Anspruch genommen.

Bei der Frage nach der Standortverlagerung (N = 50) von dem Rechenzentrum beziehungsweise von Rechenzentrums-Dienstleistungseinheiten gaben 40 % (n = 20) der Befragten an, das Rechenzentrum oder die Rechenzentrums-Dienstleistungseinheiten teilweise oder komplett zum Dienstleister verlagert zu haben.

Abb. 8 Markt der DV-Outsourcing-Leistungen, N = 50
(Mehrfachantworten waren möglich.)

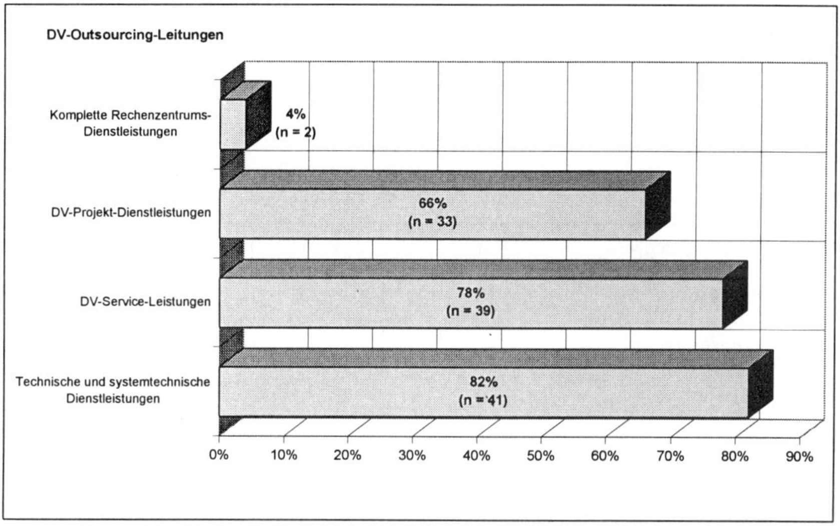

Abb. 9 Markt der technischen und systemtechnischen Dienstleistungen, N = 41

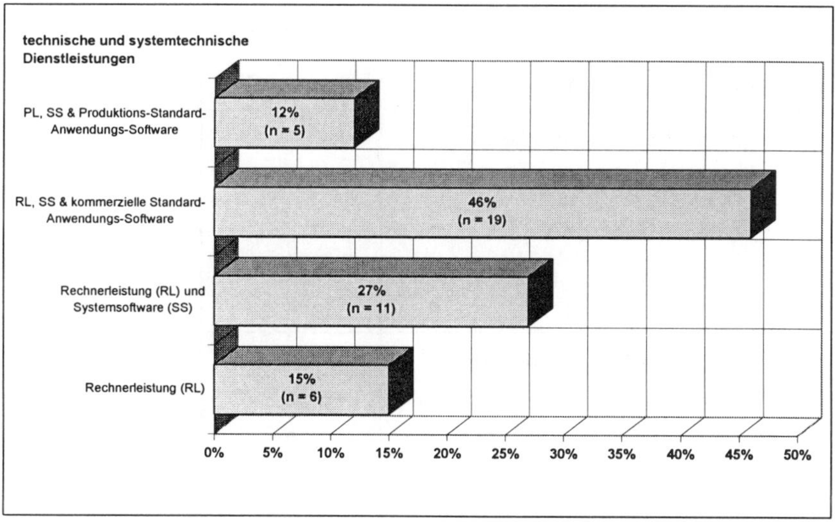

Tab. 6 DV-Outsourcing-Potential Hardware
(Mehrfachantworten waren möglich.)

DV fremdbezogene Hardware (N = 41)

Hardware	n	%
Großrechner		
- IBM	33	80
- Siemens	4	10
- DEC	2	5
- andere	2	5
Mittlere Daten-Technik		
- AS 400	6	15
- DEC	3	7
- andere	1	2
Desk-Top Technik		
- PC	10	24
- Workstation	5	12
- LAN	9	22
- andere	1	2

Tab. 7 DV-Outsourcing-Potential Anwendungs-Software
(Mehrfachantworten waren möglich.)

DV fremdbezogene Anwendungs-Software

Anwendungs-Software	n	%
kommerzielle Anwendungs-Software (N = 19)		
- SAP	15	79
- PAISY	6	32
- Warenwirtschaftssysteme	1	5
- Eigenentwicklungen	8	42
technische Anwendungs-Software (N = 4)		
- CATIA	2	40
- CADAM	1	20
- AUTOCAD	1	20

5.2 Funktions- und Prozeß-Outsourcing

5.2.1 Funktions-Outsourcing

Das Outsourcing von funktionalen Aufgaben ist entsprechend der Unternehmensfunktionsbereiche in die produktions-, kommerzielle- und sekundäre Dienstleistungen einzuteilen (siehe Abbildung 10). Weiterhin wird unterschieden in Projektleistungen (Einmalleistungen) und Dauerleistungen. Die Projektleistungen gelten nicht als echte Outsourcing-Leistungen, da Projekt-Outsourcing für Einzelvorhaben gewählt wird und kein Personal an den Dienstleister übergeht. Über die Projektleistungen wird im Einzelfall immer wieder neu verhandelt. Vertraglich wird die Aufgabenverteilung z.B. in einem Projektvertrag, Werk- oder Dienstvertrag geregelt. Die funktionalen Dauerleistungen stellen ein echtes Outsourcing dar. Der Outsourcer übergibt dem Dienstleister meist technische Infrastruktur, und Arbeitnehmer wechseln zum Dienstleister. Die Geschäftsverbindung ist eine Geschäftspartnerschaft, und es liegt ein Dauerschuldverhältnis vor.

Die funktionalen Produktionsdienstleistungen teilen sich in Leistungen für die technische Produktion und Dienstleistungen auf. Im Rahmen der technischen Produktionsdienstleistungen werden ausschließlich Outsourcing-Leistungen als wiederkehrende Projektleistungen vergeben. Technische Produktionsdienstleistungen sind z.B. Konstruktions-, Funktions- und Entwicklungsleistungen. Outsourcing-Aktivitäten im Bereich der Dienstleistungsproduktion werden in Projektleistungen, wie z.B. Multimedialeistungen, oder als Dauerleistungen, wie z.B. Aboverwaltung an einen Dienstleister vergeben. Im kommerziellen Dienstleistungsbereich werden wie auch im Produktionsdienstleistungsbereich Projektleistungen und Dauerleistungen fremdbezogen. Als Projektdienstleistungen gelten z.B. Messeservice, Werbeaufträge etc. Die Dauerleistungen sind z.B. Lohn- und Gehaltsabrechnungen, Reisestelle etc. Bei den Outsourcing-Leistungen im sekundären Dienstleistungsbereich eines Unternehmens handelt es sich ausschließlich um Dauerleistungen, die im Rahmen einer *Geschäftsbeziehung* abgewickelt werden, wie z.B. Kantine, Raumpflege, Sicherheitsdienst. Diese Dauerleistungen nehmen aber beim Outsourcing eine Sonderstellung ein, da einerseits keine Geschäftspartnerschaft aufgebaut und andererseits in der Regel ein Catering-, Pacht- oder Dienstvertrag abgeschlossen wird.

5.2.2 Prozeß-Outsourcing

Das Prozeß-Outsourcing umfaßt das Fremdbeziehen von Logistik-Dienstleistungen und Kosten-/Finanzmanagement-Dienstleistungen (siehe Abbildung 10). Beide Prozeßdienstleistungen sind spezifische Lösungen und werden von speziellen Dienstleistern durchgeführt. Die Dienstleister übernehmen umfangreiche Aufgabenketten. Der Outsourcer übergibt Güter oder Daten und der Dienstleister verteilt oder verarbeitet diese. Darüber hinaus übernimmt der Dienstleister eine Reihe von indirekten Nebentätigkeiten.

Die Logistikdienstleistungen werden von Unternehmen in den Branchen mit hohem Stückgutaufkommen und einem großen geographischen Verteilungsgebiet genutzt. Outsourcer und Dienstleister sind miteinander durch die DV sehr stark verknüpft, rechtlich und wirtschaftlich aber eigenverantwortliche Unternehmen. Der Dienstleister übernimmt bei Bedarf die Lagerhaltung, das komplette Distributionssystem und die Finanzabwicklungsleistungen. Problemfälle bei der Finanzabwicklung werden nicht vom Dienstleister gelöst, sondern an den Outsourcer zurückgegeben. Die Kosten-/Finanzmanagement-Dienstleistungen sind typische Dienstleistungen von Unternehmen und Institutionen des Dienstleistungswirtschaftszweiges. Unternehmen und Institutionen aus dem Gesundheits- und Sozialwesen übergeben z.B. Leistungsdaten an einen Dienstleister. Der Dienstleister führt in diesen Fällen das ganze Kostenmanagement durch. Dieses beinhaltet z.B. Kostenermittlung für Leistungsklassen, die Kostenverrechnung für gegenseitige Leistungserbringungen, die Ein- und Auszahlungen von Löhnen und Gehältern sowie Versicherungsbeiträgen etc., die Überwachung des Finanzgebarens und die Ermittlung von Kennzahlen für die Unternehmens- oder Institutionsleitung.

Die Geschäftsbeziehung beim Prozeß-Outsourcing ist zwischen Outsourcer und Dienstleister in der Regel als eine Langzeitbindung zu charakterisieren, da nur dadurch ein maximaler Nutzen für beide Geschäftspartner erreicht werden kann. Rechtlich stellt die Geschäftsbeziehung ein Dauerschuldverhältnis mit werkvertraglichem Charakter dar.

Abb. 10 Funktions- und Prozeß-Outsourcing-Potential

Funktions- und Prozeß-Outsourcing-Potential

Funktions-Outsourcing

❑ Produktions-Dienstleistungen

Technische Produktion

wiederkehrende Projektleistungen

- Konstruktionsleistungen
- Forschungs- und Entwicklungs-Leistungen

Dienstleistungsproduktion

wiederkehrende Projektleistungen

- Multimedialeistungen

Dauerleistungen

- Aboverwaltung

❑ Kommerzielle-Dienstleistungen

Dauerleistungen

- Lohn- und Gehaltsabrechnung
- Reisestelle

wiederkehrende Projektleistungen

- Messeservice
- Werbeaufträge

❑ Sekundäre-Dienstleistungen

Dauerleistungen

- Kantine
- Raumpflege
- Haustechnik
- Fuhrpark
- Sicherheitsdienst
- Transportleistungen

Prozeß-Outsourcing

Dauerleistungen

❑ Logistik-Dienstleistungen

Lagerung-, Distribution- und Zahlungsabwicklungsleistungen

❑ Kosten-/Finanzmanagement-Dienstleistungen

Kostenermittlung, Kostenverrechnung, Ein- und Auszahlungen, Finanzcontrolling und Kennzahlen

5.2.3 Markt der Funktions- und Prozeß-Outsourcing-Leistungen

Die Auswertung der befragten Outsourcer ergab, daß das primäre Funktions- und Prozeß-Outsourcing-Potential aus den kommerziellen Dienstleistungen besteht, wobei das Lohn- und Gehaltsabrechnungs-Outsourcing (25 %) an erster Stelle steht. 20 % der Outsourcer haben sekundäre Dienstleistungen fremdbezogen. Es wurden hier überwiegend die Kantine und der Sicherheitsdienst angeführt. Bei den Produktionsdienstleistungen werden von den Outsourcern in erster Linie Konstruktions-Projektleistungen nach außen vergeben. Im Rahmen der Prozeß-Outsourcing-Leistungen wurden die Logistikdienstleistungen am häufigsten genannt (siehe Abbildung 11).

Abb. 11 Markt der Funktions- und Prozeß-Outsourcing-Leistungen, N = 50 (Mehrfachantworten waren möglich.)

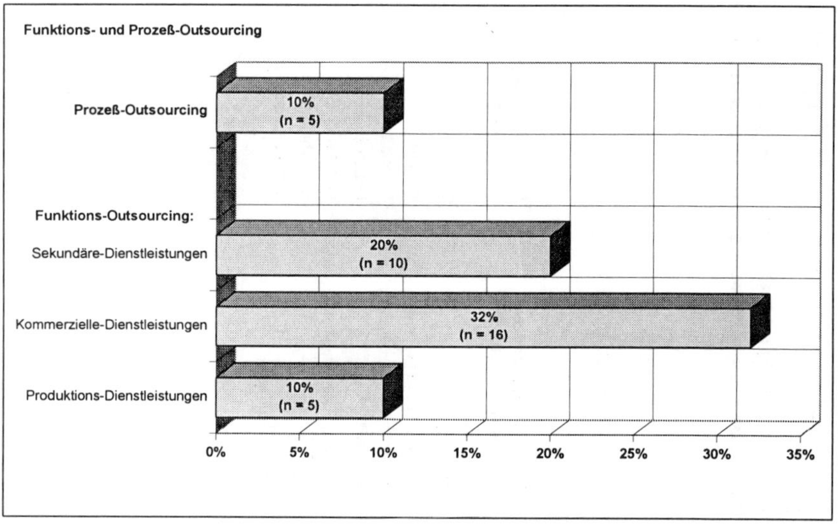

5.3 Zusammenfassung

Die Untersuchung der Outsourcing-Leistungen zeigt, daß das Outsourcing-Potential überwiegend aus Nebentätigkeiten zur Aufrechterhaltung der Datenverarbeitung sowie vor- und nachgelagerten Tätigkeiten besteht. Insbesondere bei Funktions- und Prozeß-Outsourcing-Leistungen handelt es sich um umfangreiche Datenverarbeitungstätigkeiten, die innerhalb kurzer Zeit erbracht werden oder die zur Lösung der Aufgabe auf umfangreiche aktuelle Daten zurückgreifen müssen.

Basisaufgaben der DV, wie z.B. die operative Nutzung oder das Sammeln und Eingeben der Basisdaten, gehört dagegen nicht zu den Outsourcing-Aktivitäten. Ein weiteres charakteristisches Merkmal des Outsourcing-Potentials besteht darin, daß es keine strategische Planungs- und Entscheidungsaktivitäten beinhaltet.

6. Erwarteter Nutzen durch Outsourcing

Im Rahmen der Untersuchung sind die Outsourcer nach ihrer strategischen Outsourcing-Ausrichtung und dem entsprechenden Nutzen befragt worden. Es stellte sich heraus, daß alle Outsourcer das Ziel haben, langfristig Kosten durch Outsourcing einzusparen (siehe Abbildung 12). Die strategische Kostenoptimierung soll durch die Senkung der Kosten in dem Funktions-/Prozeßbereich (84 %) und/oder durch eine Senkung der Investitionskosten (42 %) erfolgen (siehe Tabelle 8). Eine Optimierung der DV beabsichtigen 38 % der Unternehmen. Outsourcing soll weiterhin dabei helfen, neue DV-Anwendungen schneller einzuführen (79 %) oder eine Migration durchzuführen (21 %). Eine Organisationsveränderung verfolgen 18 % der Outsourcer. Dabei soll die Organisation und/oder die DV-Anwendung einer Migration unterzogen werden (88 %). Darüber hinaus beabsichtigen Outsourcer (22 %) auch Probleme mit Mitarbeitern auf Dauer durch Outsourcing zu lösen. Im Rahmen einer Strategischen Partnerschaft ist es das Ziel von allen Outsourcern, intern eine Nutzenoptimierung in einem/mehreren Geschäftsfeld(ern) und/oder extern einen Zusatznutzen zu erzielen. Mit einem Joint Venture wird das Ziel verfolgt, einen oder mehrere Funktionsbereiche zu restrukturieren und dadurch Kosten zu reduzieren. Darüber hinaus versucht man, ein Geschäftsfeld mit dem jeweiligen Partner zu stärken beziehungsweise ein neues Geschäftsfeld aufzubauen, um letztlich in der Endstufe Leistungen Dritten anbieten zu können.

Abb. 12 Angestrebter Nutzen durch das Outsourcing, N = 50

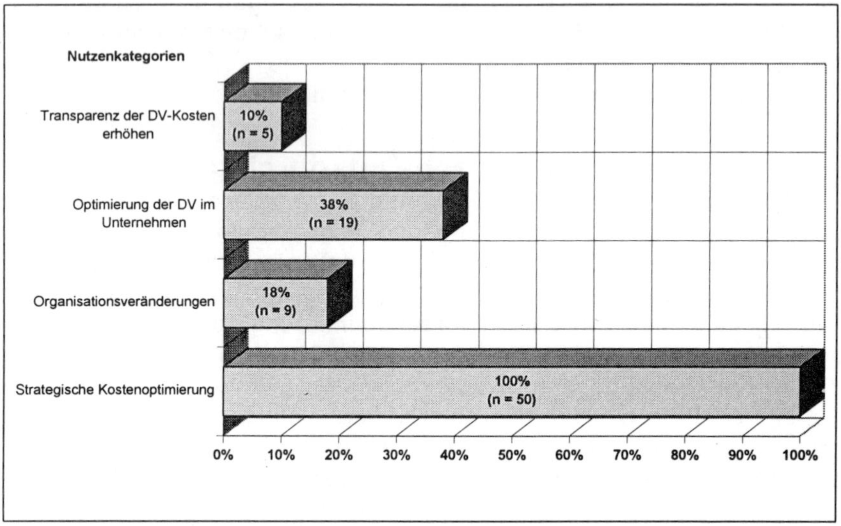

Tab. 8 Angestrebter Nutzen durch das Outsourcing, N = 50

Angestrebter Nutzen	n	%
strategische Kosten-Optimierung	**50**	**100**
- Senkung der Kosten in einem Funktions-/ Prozeßbereich	42	84
- Senkung der Investitionskosten	21	42
Organisationsveränderungen	**9**	**18**
- Migration von Organisation/DV-Anwendungen	8	88
- Probleme bei/mit Mitarbeitern auf Dauer lösen	2	22
Optimierung der DV im Unternehmen	**19**	**38**
- neue DV-Anwendungen schneller einführen	15	79
- Migration der DV, alter Zustand zum Dienstleister	4	21
Transparenz der DV-Kosten erhöhen	**5**	**10**
bei einer Strategischen Partnerschaft soll darüber hinaus erreicht werden:	**17**	**100**
- eine interne Nutzenoptimierung in einem/mehreren Geschäftsfeld(ern)	17	100
- ein externer Zusatznutzen in einem/mehreren Geschäftsfeld(ern)	10	59

7. Arbeitnehmerübergang beim Outsourcing

Der Arbeitnehmerübergang im Rahmen des Outsourcing nimmt aus rechtlicher Sicht (§ 613a BGB) eine besondere Position ein, da die Arbeitnehmer dem Wechsel zum Dienstleister persönlich zustimmen müssen. Um herauszufinden, inwieweit der Arbeitnehmerübergang üblich ist, wurden die Outsourcer gebeten, den Arbeitnehmerübergang anzugeben. Die Auswertung der Stichprobe ergab, daß 50 % der Outsourcer im Rahmen ihrer Outsourcing-Aktivitäten den Arbeitnehmerübergang zum Dienstleister praktizieren. 18 % der Outsourcer verneinten den Arbeitnehmerübergang und 32 % machten keine Angaben (siehe Abbildung 13). Die weitergehende Analyse zeigt, daß bei 32 % der Arbeitnehmerübergänge jeweils zwischen 25 und 50 Arbeitsverhältnisse übergehen. Bei 40 % der Arbeitnehmerübergänge sind es weniger als 25 übergehen Arbeitsverhältnisse und bei 28 % der Übergänge mehr als 50 Arbeitsverhältnisse. Im Ergebnis stellt man fest, daß es sich bei dem Arbeitnehmerübergang immer um Gruppen handelt.

Abb. 13 Arbeitnehmerübergang beim Outsourcing, N = 50

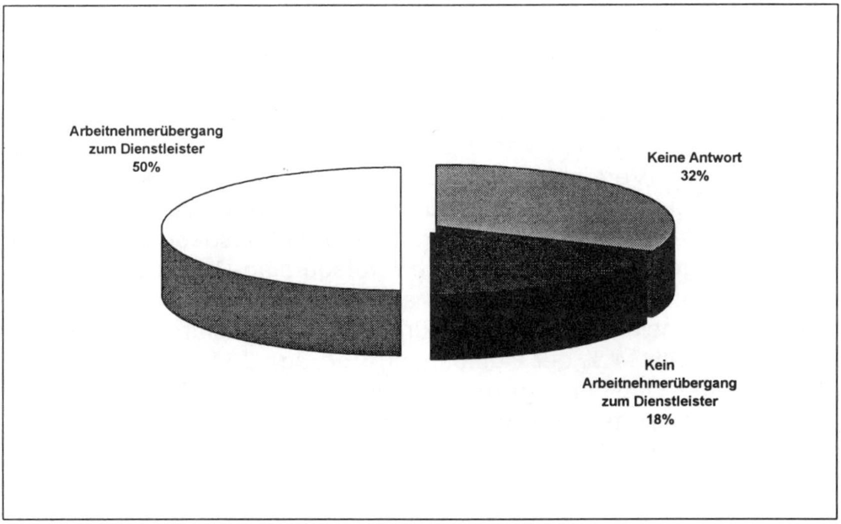

8. Vertragliche Gestaltung der Outsourcing-Verbindungen

8.1 Outsourcing-Verträge

Die Outsourcing-Beziehungen sind relativ junge Geschäftsverbindungen, die überwiegend als Geschäftspartnerschaft abgewickelt werden. Die vertragliche Gestaltung erfolgt in einem Outsourcing- oder Dienstleistungsvertrag. Der Outsourcing-Vertrag ist ein neuer Vertragstyp, wie er vorher noch nicht praktiziert wurde (siehe Tabelle 10).[1] Um herauszufinden, in welcher Form und in welchem Umfang das Outsourcing vertraglich abgeschlossen wird, wurden die Outsourcer gebeten, entsprechende Angaben bei der Untersuchung zu machen.

Die Auswertung der Stichprobe ergab, daß der Outsourcing-Vertrag als Rahmenvertrag mit Anlagen und Leistungsverträgen abgeschlossen wird. Die bevorzugte Vertragslänge ist ein Dauerschuldverhältnis mit einer fünfjährigen Laufzeit und Option zur fortlaufenden Verlängerung, sofern nicht widersprochen wird oder ein offenes Vertragsende besteht. Der Dienstleistungsvertrag wird ausschließlich für *eine* Outsourcing-Leistung, wie z.B. *eine* DV-Service-Leistung abgeschlossen. Die häufigste Vertragsdauer ist fünf Jahre oder kürzer, das heißt in der Regel, zwischen einem bis fünf Jahre mit der Option zur fortlaufenden Verlängerung, wenn nicht widersprochen wird. Der Outsourcing-Vertrag als Vertragswerk mit Einzelverträgen für jede spezifische Outsourcing-Leistung wird nur bei der Inhouse-Partnerschaft oder einem Outsourcing-Joint Venture verwendet (siehe Abschnitt 4.1 und 4.3.2). Andere Vereinbarungen sind der Vorvertrag, der Letter of Intend oder ein Projektvertrag für die Abwicklung der Anbahnung beziehungsweise dem gegenseitigen Informationsaustausch. Diese Vereinbarungen werden bei größeren Outsourcing-Projekten und/oder langen Anbahnungszeiten (über ein Jahr) abgeschlossen (siehe Tabelle 9). Hinsichtlich der Outsourcing-Vertragsvolumina ergab die Stichprobe, daß 34 % der Outsourcing-Verträge 2 Mio. DM bis 5 Mio. DM, 24 % der Outsourcing-Verträge kleiner 2 Mio. DM und 20 % der Outsourcing-Verträge ein Volumen größer 50 Mio. DM umfassen (siehe Abbildung 14).

1 Vgl. Streicher, H., a.a.O., S. 73.

Abb. 14 Outsourcing-Vertragsgröße, N = 41

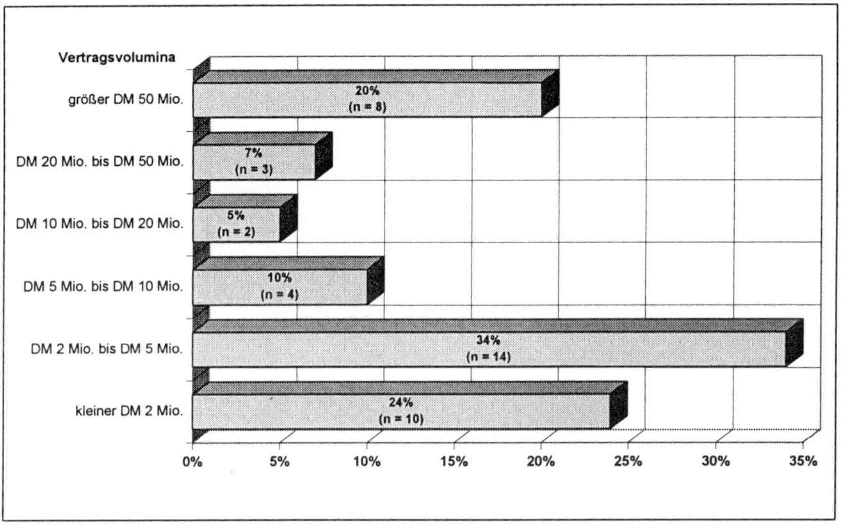

Tab. 9 Outsourcing-Vertragstypen (Mehrfachantworten waren möglich.)

Outsourcing-Vertragstypen	n	%
Outsourcing-Vertrag (N = 33)		
- offenes Vertragsende	9	28
- einem Jahr bis fünf Jahre	8	24
- fünf Jahre	11	33
- sechs bis zehn Jahre	5	15
Dienstleistungsvertrag (N = 28)		
- offenes Vertragsende	5	18
- einem Jahr bis fünf Jahre	7	25
- fünf Jahre	12	43
- sechs bis zehn Jahre	4	14
andere Verträge (N = 22)		
- Vorvertrag, Letter of Intend, Projektvertrag	15	68
- sonstige Verträge	7	32

Tab. 10 Beginn der Outsourcing-Verträge (Mehrfachantworten waren möglich.)

Vertragsbeginn	n	%
Outsourcing-Vertrag (N = 24)		
- 1993	9	38
- 1992	7	29
- 1991	1	4
- 1990	7	29
- 1989	-	
- vor 1989	-	
Dienstleistungsvertrag (N = 28)		
- 1993	6	21
- 1992	5	18
- 1991	1	4
- 1990	7	25
- 1989	2	7
- vor 1989	7	25

8.2 Verhandlungsaufwand für die vertraglichen Regelungsbereiche

Im Hinblick auf die noch junge Outsourcing-Geschäftsverbindungsform ist von Bedeutung, welche rechtlichen Faktoren auf die Vertragsgestaltung einwirken. Die Outsourcer wurden in der Befragung gebeten, in einer Ratingskala ihr Urteil über den Aufwand für die vertraglichen Regelungsbereiche anzugeben.

Die Ratingskala wurde eingeteilt in:

1 konnte leicht und/oder schnell geregelt werden
2 wurde in einem akzeptablen Zeitaufwand geregelt
3 führte zu einem langen Verhandlungsprozeß
4 es wurde durch eine sehr lange Verhandlung eine Akzeptanzlösung gefunden

Die vertraglichen Regelungsbereiche wurden eingeteilt in:

- Bestimmung von Art und Umfang der Dienstleistungen
- Abrechnungsart der Dienstleistungen
- Qualität und Servicelevel der Dienstleistungen

- Controlling-Prozeß für das Outsourcing
- Zuständigkeit und Verantwortungsbereiche
- Hard- und Softwareübergabe
- Übergabe von Arbeitsverhältnissen
- Datenschutz
- Datensicherheit
- Haftungs- und Risiko-Begrenzungen
- Leistungsverzugsstrafen
- Rückabwicklung

Die Auswertung der Daten ergab, daß der Datenschutz und die Datensicherheit im Vergleich zu den anderen vertraglichen Regelungsbereichen leicht und schnell abgewickelt werden, (Mittelwert Datenschutz 1,42 und Standardabweichung 0,599; Mittelwert Datensicherheit 1,49 und Standardabweichung 0,601). Dieses Ergebnis ist unter anderem auf die umfangreichen gesetzlichen Vorgaben für den Datenschutz und die Datensicherheit durch das Bundesdatenschutzgesetz und die rechtlichen Vorgaben aus den Grundsätzen für eine ordnungsgemäße Datenverarbeitung zurückzuführen. Die gesetzlichen und rechtlichen Bestimmungen geben für die Vertragsverhandlungen und die Vertragsgestaltung Eckdaten vor, die eingehalten werden müssen. Mit etwa gleichem Aufwand (Mittelwert 1,59), aber einer etwas größeren Standardabweichung (0,712) und daher möglicherweise einer geringen Anzahl von extrem positiven wie negativen Abweichungen konnte die Hard- und Softwareübergabe geregelt werden. Als umfangreich empfanden die Outsourcer die Aufwendungen für die Übergabe von Arbeitsverhältnissen und die Festlegung der Bestimmung für die Abrechnungsart der Dienstleistungen. Der Mittelwert bei der Übergabe von Arbeitsverhältnissen beträgt 2,13 mit einer Standardabweichung von 1,074. Das bedeutet, daß die Übergabe von Arbeitsverhältnissen teilweise sehr lange dauerte, aber in einigen Fällen auch relativ leicht und/oder schnell abgewickelt wurde. Für die Festlegung der Abrechnungsart der Dienstleistungen ergab die Auswertung den höchsten Mittelwert von 2,22 mit einer Standardabweichung von 0,881. Diese Werte deuten darauf hin, daß es generell nicht leicht und/oder schnell möglich ist, die Abrechnungsart der Dienstleistung vertraglich zu bestimmen. Der Aufwand für die Festlegung der Qualität und des Servicelevels der Dienstleistungen (Mittelwert 2,1 und Standardabweichung 0,778), des Controlling-Prozesses für das Outsourcing (Mittelwert 2,03 und Standardabweichung 0,810) und der Leistungsstrafe bei Verzug von Leistungsbereitstellungen (Mittelwert 2,03 und Standardabweichung 0,752) gilt für die Outsourcer im Durchschnitt als akzeptabler Verhandlungsaufwand. Das Festlegen von Art und Umfang der Dienstleistung (Mittelwert 1,87 und Standardabweichung 0,767), der Zuständigkeit beziehungsweise der Verantwortungsbereiche (Mittelwert 1,84 und Standardabweichung 0,789), der Haftungs- und Risiko-Begrenzungen (Mittelwert 1,92 und Standardabweichung 0,712) und letztlich von Rückabwicklungsformalitäten (Mittelwert 1,89 und Standardabweichung 0,900) empfanden alle Outsourcer als leicht und/oder schnell beziehungsweise in einem akzeptablen Zeitaufwand regelbar. (Statistische Maßzahlen siehe Tabelle 11 und Abbildung 15.)

Zusammenfassend läßt sich feststellen, daß die Outsourcing-Vertragsverhandlung hinsichtlich des Aufwandes von den Outsourcern als akzeptabel, aber tendenziell als zeitlich zu lang eingeschätzt wird. Besonders auffällig ist, daß die vertragliche Festlegung der Abrechnungsart den größten Aufwand benötigt.

Tab. 11 Ratingwerte der vertraglichen Regelungsbereiche, N = 50

vertragliche Regelungsbereiche:	**n**	**∅**	**Standard-ab-weichung**
- Art und Umfang der Dienstleistungen	39	1,87	0,767
- Abrechnungsart der Dienstleistungen	41	2,22	0,881
- Qualität und Servicelevel der Dienst-leistungen	40	2,10	0,778
- Controlling-Prozeß für das Outsourcing	36	2,03	0,810
- Zuständigkeit/Verantwortungsbereiche	38	1,84	0,789
- Hard- und Softwareübergaben	32	1,59	0,712
- Überleitung von Arbeitsverhältnissen	30	2,13	1,074
- Datenschutz	38	1,42	0,599
- Datensicherheit	39	1,49	0,601
- Haftungs- und Risiko-Begrenzungen	38	1,92	0,712
- Leistungsverzugsstrafen	31	2,03	0,752
- Rückabwicklung	18	1,89	0,900

Abb. 15 Verhandlungsaufwand für die vertraglichen Regelungsbereiche

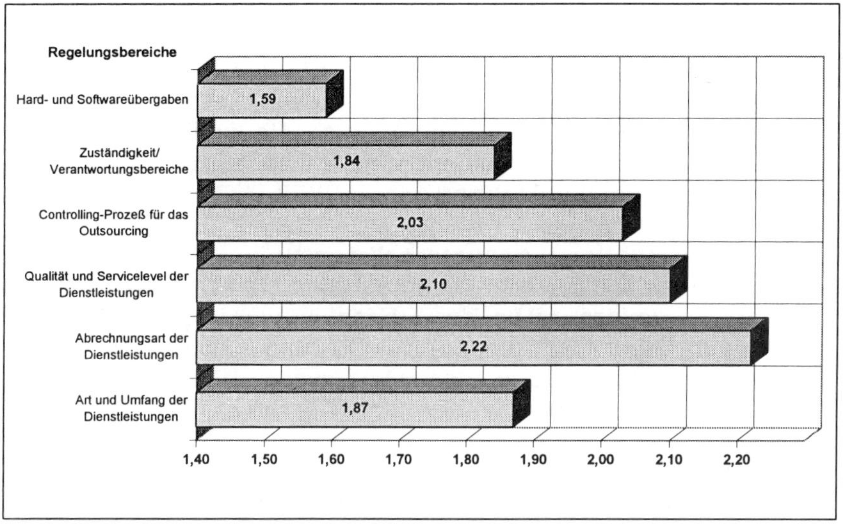

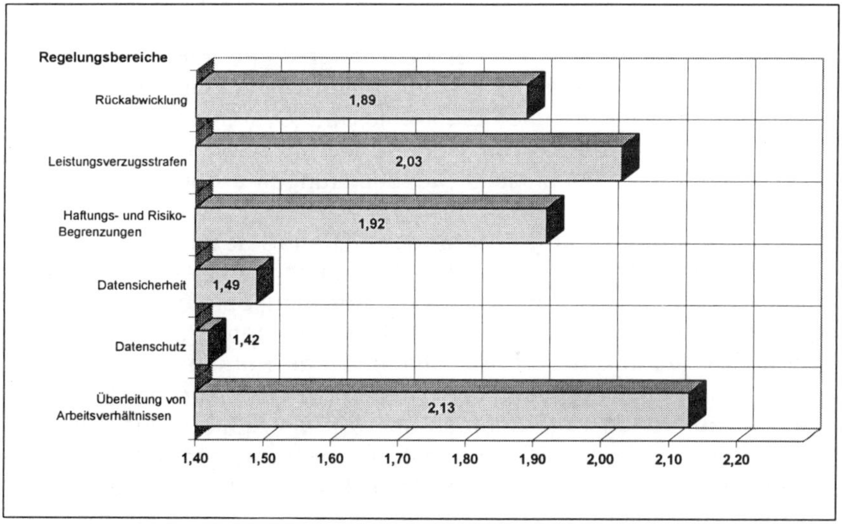

Legende Ratingwert:

1 = konnte leicht und/oder schnell geregelt werden
2 = wurde in einem akzeptablen Zeitaufwand geregelt
3 = führte zu einem langen Verhandlungsprozeß
4 = es wurde durch eine sehr lange Verhandlung eine Akzeptanzlösung gefunden

9. Outsourcing-Dienstleister

9.1 Ausprägungen der Dienstleister

Auf dem Outsourcing-Markt haben sich unterschiedliche Anbietergruppen gebildet, die durch ihre Kompetenzbreite und Kompetenztiefe in der Lage sind, Dienstleistungen zu erbringen. Diese Eigenschaften beruhen auf dem unterschiedlichen Alter, der Herkunft und der Größe des Dienstleisters.[1] Im folgenden werden die einzelnen Dienstleistungstypen näher charakterisiert.

Allgemeine Dienstleistungsunternehmen

Die allgemeinen Dienstleister treten auf dem Markt mit dem Ziel an, Unternehmen umfassend bei der Erbringung von internen Dienstleistungen und dabei insbesondere bei DV-Aufgaben in gewünschter Form zu unterstützen. Es werden zwei Gruppen dieser spezifischen Dienstleister unterschieden.

Wirtschaftlich und rechtlich unabhängige Dienstleister

Die Gruppe der Dienstleister ist gekennzeichnet durch ihre eigenständige Gründung als Dienstleister im Bereich der Informationstechnik. Der Dienstleister ist wirtschaftlich und rechtlich selbständig. Er erbringt schon über lange Jahre informationstechnische Dienstleistungen mit einer hohen Wertschöpfung. Ein Beispiel ist das Unternehmen Electronic Data Systems GmbH (EDS) - Rüsselsheim[2], das z.B. für General Motors (GM) in großem Umfang informationstechnische Dienstleistungen erbringt.

Durch Ausgliederung entstandene Dienstleister

Der Dienstleister ist in diesem Fall durch eine Ausgliederung eines Funktionsbereiches oder mehrerer Funktionsbereiche aus einem Großunternehmen (Konzern oder Unternehmensgruppe) entstanden. Die technische Infrastruktur und das Personal wurden von dem Mutterunternehmen übernommen. Der Dienstleister liefert an die verbundenen Unternehmen und tritt als Anbieter für Outsourcing-Leistungen auf dem freien Markt auf. Das größte Unternehmen dieser Art in der Bundesrepublik Deutschland ist die debis GmbH - Leinfelden-Echterdingen.

---

1 Vgl. Szyperski, S., Schmitz, P. und Kronen, J., a.a.O., S. 233-234.

2 EDS GmbH ist kein gegründetes Tochter- oder Schwesterunternehmen von GM. GM hat lediglich seit Mitte der 80er Jahre die mehrheitliche Kapitalbeteiligung an EDS GmbH übernommen.

Spezifische Dienstleistungsunternehmen
Die spezifischen Dienstleister sind Unternehmen, die aus ihrer Zielsetzung und einem über die Jahre entwickelten Erfolgspotential ihre Leistung auf dem Markt anbieten.

Systemhäuser
Die Systemhäuser verfügen über ein umfangreiches Problemlösungs-Know-how im Bereich der Informations- und Kommunikations-Techniken und sind überwiegend herstellerneutral. Ein Beispiel ist CSC Ploenzke AG - Wiesbaden.

Service-Rechenzentren
Die Service-Rechenzentren sind aus Unternehmensverbänden, wie z.B. Raiffeisen- und Sparkassenverbänden, aus berufsständischen Vereinigungen, wie z.B. Steuerberatern (DATEV - Nürnberg), oder aus kommunalen Vereinigungen als Gebietsrechenzentren entstanden. Sie weisen meist auf einem beschränkten Gebiet umfangreiche und langjährige Spezialkenntnisse auf.

DV-Beratungshäuser
Die DV-Beratungshäuser können auf ein sehr gut ausgebildetes Personal und Erfahrungen mit der informationstechnischen Strategie-Beratung sowie Anwendungserfahrungen zurückgreifen. Das hervortretende Beispiel ist Andersen Consulting GmbH - Sulzbach im Taunus.

Hardwarehersteller
Die Hardwarehersteller können auf langjährige Kundenbeziehungen und auf Preisvorteile bei der Hardware zurückgreifen, was ihnen wiederum Vorteile beim Aufbau der Outsourcing-Beziehung bringt. Sie verfügen zudem über die ausgeprägtesten Hardware- und zum Teil auch Softwareerfahrungen. Als exemplarisches Beispiel gilt IBM GmbH - Stuttgart.

Spezielle Dienstleistungsunternehmen
Die speziellen Dienstleistungsunternehmen sind aus einer besonderen Situation heraus entstanden, wie z.B. durch die Verselbständigung eines Mitarbeiters.

9.2 Verhalten der Outsourcer

Die Outsourcer waren in dem Fragebogen aufgefordert, Auskunft über die Anzahl der Dienstleister zu geben. Die Auswertung der Informationen ergab, daß 54 % einen Dienstleister, 16 % zwei Dienstleister und 30 % mehrere Dienstleister in Anspruch nehmen (siehe Abbildung 16). Knapp die Hälfte (46 %) der Outsourcer nutzen also die Erfahrungen mit einem Dienstleister und gehen weitere Outsourcing-Beziehungen ein. Eine tiefergehende Analyse zeigt, daß im Rahmen des DV-Outsourcing Softwareentwicklungstätigkeiten nicht an Outsourcer vergeben werden, die andere technische und systemtechnische Dienstleistungen liefern. Die ersten Outsourcing-Aktivitäten erfolgen im Bereich des DV-Outsourcing, wobei an erster Stelle Rechnerleistung plus Systemsoftware und kommerzielle Standard-Anwendungssoftware genannt wurde.

Abb. 16 Anzahl der Dienstleister, N = 37

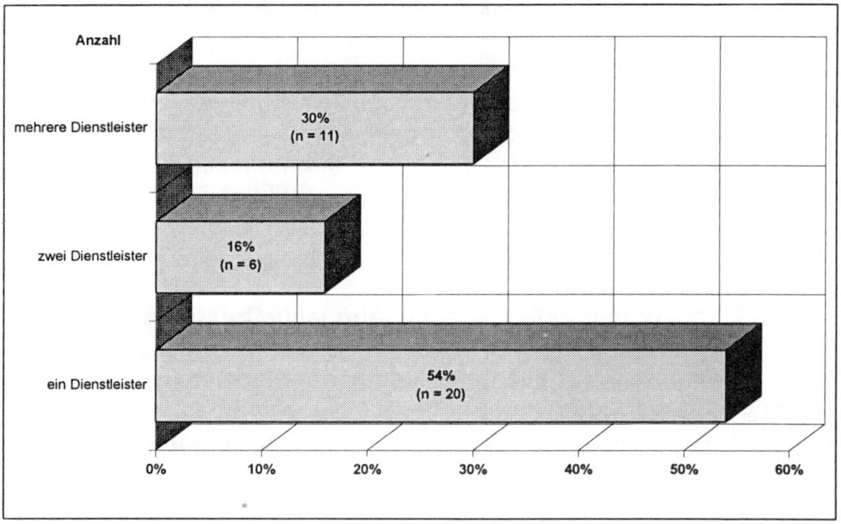

10. Erfahrungen und Stellungnahmen

10.1 Aufwand für interne Regelungsbereiche beim Outsourcer

Da das Outsourcing zumeist auch für die innerbetrieblich Verantwortlichen, wie z.B. dem mittleren Management, dem Betriebsrat und gegebenenfalls dem Wirtschaftsausschuß Neuland war, wurden die Outsourcer in der Befragung gebeten, in einer Ratingskala ihr Urteil über den Aufwand für die innerbetrieblichen Regelungsbereiche mitzuteilen.

Die Ratingskala war eingeteilt in:

1 konnte leicht und/oder schnell geregelt werden
2 wurde in einem akzeptablen Zeitaufwand geregelt
3 führte zu einem langen Verhandlungsprozeß
4 es wurde durch eine sehr lange Verhandlung eine Akzeptanzlösung gefunden

Die internen Regelungsbereiche wurden eingeteilt in:

- Bestimmung, welche Dienstleistung fremdbezogen werden soll
- Übergabe von Hard- und Software
- Übergabe von Arbeitsverhältnissen
- Sozialplan für ausscheidende Mitarbeiter
- veränderte Zuständigkeiten/ Verantwortungsbereiche
- Mitbestimmung
- Datenschutz
- Datensicherheit

Die Auswertung der Daten ergab, daß innerbetrieblich für die Übergabe von Arbeitsverhältnissen und die Entwicklung eines Sozialplans für ausscheidende Mitarbeiter im Durchschnitt am längsten verhandelt wurde (Mittelwert Übergabe von Arbeitsverhältnissen 2,21 und Sozialplan für ausscheidende Mitarbeiter 2,41). Die Werte der Standardabweichungen (Standardabweichung Übergabe von Arbeitsverhältnissen 1,101 und Sozialplan für ausscheidende Mitarbeiter 1,121) lassen erkennen, daß einige Unternehmen diese zwei Regelungsbereiche leicht und/oder schnell regeln konnten, andere aber erst durch lange Verhandlungen ihr Ziel erreichten. Die innerbetrieblichen Veränderungen von Zuständigkeiten/Verantwortungsbereichen (Mittelwert 1,84 und Standardabweichung 0,679) und die damit verbundene Mitbestimmung des Betriebsrates (Mittelwert 1,88 und Standardabweichung 0,769) konnten die Outsourcer nach ihrem Eindruck in einem akzeptablen Zeitaufwand regeln. Die Bestimmung, welche Dienstleistungen fremdbezogen werden (Mittelwert 1,63 und Standardabweichung 0,829), die Übergabe von Hard- und Software (Mittelwert 1,65 und Standardabweichung 0,646), der Datenschutz (Mittelwert 1,51 und Standardabweichung 0,556) und die Datensicherheit (Mittelwert 1,6 und Standardabweichung 0,679) empfanden die Outsourcer als leicht und/oder schnell beziehungsweise in einem akzeptablen Zeitaufwand intern zu regeln. (Statistische Maßzahlen siehe Tabelle 12 und Abbildung 17.)

Die Gesamtbetrachtung der internen Regelungsbereiche ergibt, daß die Outsourcer den Aufwand insgesamt als akzeptabel empfanden. Nur die Übergabe von Arbeitsverhältnissen und die Entwicklung eines Sozialplans für ausscheidende Mitarbeiter führt zu einem umfangreicheren Zeitaufwand. Dieses ist bei den meisten Outsourcern auf die Erstmaligkeit einer solchen Aufgabenlösung zurückzuführen.

Tab. 12 Ratingwerte der internen Regelungsbereiche, N = 50

interne Regelungsbereiche:	n	∅	Standard-abweichung
- Bestimmung, welche Dienstleistungen fremdbezogen werden	41	1,63	0,829
- Übergabe von Hard- und Software	34	1,65	0,646
- Überleitung von Arbeitsverhältnissen	28	2,21	1,101
- Sozialplan für ausscheidende Mitarbeiter	17	2,41	1,121
- veränderte Zuständigkeiten/ Verantwortungsbereiche	38	1,84	0,679
- Mitbestimmung	34	1,88	0,769
- Datenschutz	39	1,51	0,556
- Datensicherheit	38	1,60	0,679

Abb. 17 Aufwand für die internen Regelungsbereiche

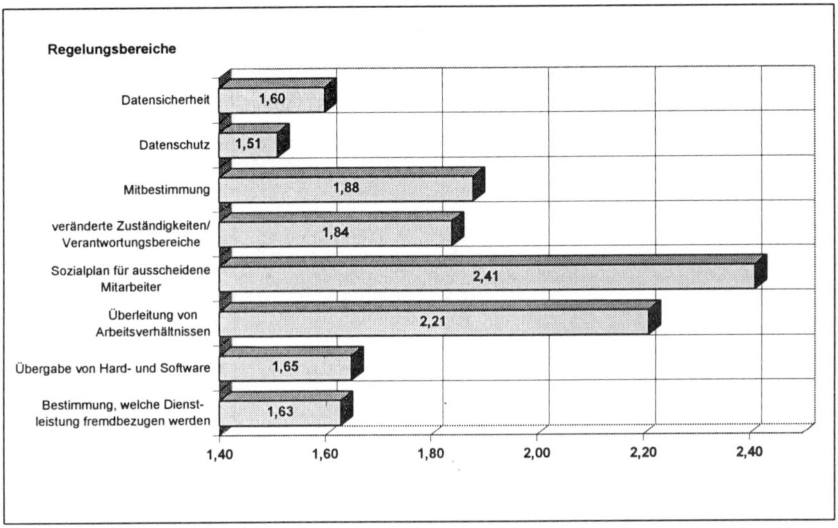

Legende Ratingwert:

1 = konnte leicht und/oder schnell geregelt werden
2 = wurde in einem akzeptablen Zeitaufwand geregelt
3 = führte zu einem langen Verhandlungsprozeß
4 = es wurde durch eine sehr lange Verhandlung eine Akzeptanzlösung gefunden

10.2 Meinungen und Vorhaben von Outsourcern

Das Meinungsbild über das Outsourcing ist bei den Outsourcern überwiegend positiv. Nur eine geringe Anzahl (6 %) beabsichtigt eine Rückabwicklung. Diese Outsourcer sind mit dem Outsourcing-Partner nicht zufrieden oder können den erwarteten Nutzen nicht erreichen. 32 % der Outsourcer beabsichtigen zunächst einmal Erfahrungen mit dem Outsourcing zu sammeln. Sie gaben an, daß kein weiteres Potential fremdbezogen werden solle. 29 % haben schon eine feste Vorstellung, welches Potential sie als nächstes beabsichtigen, fremdzubeziehen. An vorderster Stelle stehen bei den Unternehmen sekundäre Dienstleistungen. 25 % denken zur Zeit nicht an weitere Vorhaben, Überlegungen sind nach diesen Aussagen hingegen schon einmal angestellt worden. Einige Outsourcer (8 %) betreiben zur Zeit eine interne Analyse. (Statistische Maßzahlen siehe Tabelle 13.)

Tab. 13 Meinungen und Vorhaben von Outsourcern, N = 36

Meinungen und Vorhaben	n	%
- denken zur Zeit an keine weiteren Vorhaben	9	25
- Nein, es soll kein weiteres Potential fremdbezogen werden	12	32
- Analyse läuft	3	8
- beabsichtigen Rückabwicklung	2	6
- fremdbezogen werden sollen:		
- Kundendienst	1	3
- sekundäre Dienstleistungen	3	8
- DV-Netz-Leistungen	2	6
- DV-Backup-Service	2	6
- das Rechenzentrum	1	3
- Versandabwicklung	1	3

11. Outsourcing im internationalen Vergleich

11.1 Internationaler Überblick über den Outsourcing-Markt

Die internationale Betrachtung des Outsourcing orientiert sich an den Marktausprägungen der Wirtschaftsräume Vereinigte Staaten von Amerika (USA) und Europa. Über andere Wirtschaftsräume wie z.B. Nah-, Fernost, Südamerika etc. liegen keine quantitativen und qualitativen Aussagen vor. Es wird im folgenden auf das Datenmaterial von INPUT, einem unabhängigen, international anerkannten Forschungs- und Beratungsunternehmen im Bereich der Informationstechnologie zurückgegriffen. Dies erscheint sinnvoll, da INPUT sich in jüngster Zeit intensiv mit der Beobachtung des weltweiten Outsourcing-Marktes in qualitativer und quantitativer Hinsicht beschäftigt.

Der internationale Outsourcing-Markt 1994 wird eingeteilt in die Segmente Dienstleistungen, die den Einsatz von kompletten oder einzelnen Informationssystemen unterstützen (Systems Operations), in Dienstleistungen für die Unterstützung der Entwicklung und der Implementierung von Informationssystemen (Professional Services) und die Unterstützung oder Erledigung von Geschäftsfunktionen oder -prozessen (Business Operations) (siehe Abbildung 18). Die Einteilung in die Segmente ist weitaus globaler, als die durchgeführte Betrachtung auf dem nationalen Markt. Ein direkter quantitativer Vergleich zwischen dem nationalen und internationalen Datenmaterial ist daher nicht möglich.

Internationale Betrachtung des Outsourcing-Marktes:[1]
Systems Operations
Das Systems Operations wird eingeteilt in die vier Subsegmente Plattform System Operations, Application System Operations, Network Management und Desktop Services.

Plattform System Operations
Der Dienstleister übernimmt die Verantwortung und den Betrieb für die Rechnerleistung und die Basissoftware.

Application System Operations
Der Dienstleister übernimmt die Verantwortung und den Betrieb für die Rechnerleistung, die Basissoftware und die Anwendungssoftware einschließlich der Wartung oder einschließlich der Wartung und der Systemweiterentwicklung.

Network Management
Der Dienstleister übernimmt die Verantwortung für das Datenkommunikationssystem und gegebenenfalls auch für das Telekommunikationssystem.

Desktop Services
Der Dienstleister übernimmt die Verantwortung für den Einsatz, die Wartung und die Verbindungen zwischen PCs und Workstations beim Outsourcer. Gegebenenfalls umfaßt die Dienstleistung auch den User Helpdesk.

Professional Services
Der Professional Services wird eingeteilt in die vier Subsegmente Consulting, Education and Training, Software Development und Application Management.

Consulting
Die Beratung umfaßt die Bereiche Management, hinsichtlich Informationssystemen, Informationssystem-Reengineering, Infor-

1 Vgl. INPUT (Hrsg.) (b), *Definition of Terms*, Vienna Virginia USA 1993.

mationssystem- und Produktinformationsberatung, Machbarkeits- und Wirtschaftlichkeitsstudien sowie Projektmanagement.

Education and Training
Die Dienstleistung umfaßt Anwendungs-Training, IS Management-Training, DV-Basisausbildung, Entwicklung von Trainingsmaterial, etc.

Software Development
Die Dienstleistung umfaßt Systemanalyse, Systemdesign, Daten- und Informationsdesign, Programmierung, Testen etc.

Application Management
Der Dienstleister übernimmt die Verantwortung für die Wartung, Weiterentwicklung und Unterstützung im Einsatz der Anwendungssoftware.

Business Operations
Das Business Operations ist das jüngste Marktsegment. Es ist auf dem Outsourcing-Markt noch nicht in erwähnenswertem Umfang anzutreffen. Es umfaßt zur Zeit Commercial Functions wie z.B. Logistik, Lohn- und Gehaltsabrechnungen, Dokumenten-Management, Telephone-Banking, Scheckverarbeitung und None Commercial Funktions wie z.B. Raumpflegeleistungen, Cateringleistungen, Grundstückspflege etc.

11.2 Internationale Marktdaten des Outsourcing

Die Outsourcing-Märkte wurden Anfang der 90er Jahre als Zukunftsmärkte angesehen, und ihnen wurde durchschnittliche jährliche Wachstumsrate von 20 Prozent bis 1997 vorhergesagt. Das Gesamtvolumen des nordamerikanischen Marktes betrug 1992 12,2 Milliarden Dollar und das des europäischen Marktes 3,7 Milliarden Dollar. Der Outsourcing-Markt besteht aus den Segmenten Systems Operations, Network Management, Desktop Services und Applications Management. Dem europäischen Markt wurde dabei eine jährliche Steigerungsrate von 23 Prozent und dem nordamerikanischen Markt ein Wachstum von 18 Prozent vorhergesagt.[1] Der Systems Operations Markt mit seinen Subsegmenten ist am ausgeprägtesten und quantita-

1 Vgl. INPUT (Hrsg.) (c), *Strategic Assessment of the IS Outsourcing Revolution*, Vienna Virginia USA 1992.

tiv am umfangreichsten erfaßt. Informationen liegen insbesondere über die einzelnen Markt-Subsegmente und über die Ausprägungen in den europäischen Regionen vor (siehe Tabelle 14).

Quantitative Informationen über den Markt des Professional Services und Business Operations liegen nicht in gleichem Umfang vor. Das Fehlen solcher Informationen ist auf den sich zur Zeit noch strukturierenden Outsourcing-Markt zurückzuführen. Darüber hinaus sind die Wachstumsraten seit 1993/94 nach Auskunft internationaler Dienstleister und Marktforscher (INPUT und IDC) im Durchschnitt um ca. die Hälfte zurückgegangen, und die einzelnen Marktsegmente entwickeln sich in den Regionen jeweils unterschiedlich. Der Outsourcing-Markt befindet sich also noch im Wandel. Der deutsche Markt liegt vergleichsweise weit hinten im europäischen Vergleich (siehe Tabelle 14 und Abbildung 19). Warum Deutschland im Verhältnis zu den anderen größeren Industrienationen soweit zurückliegt, wird nachfolgend anhand eines Vergleiches zwischen dem anglo-amerikanischen und dem deutschen Outsourcing-Markt herausgearbeitet.

Abb. 18 Internationaler Überblick über Outsourcing

International Overall View of Outsourcing

❑ **Systems Operations**	❑ **Professional Services**	❑ **Business Operations**
- Platform System Operations	- Consulting	- Commercial Sector
- Application System Operations	- Education and Training	- None Commercial Sector
- Network Management	- Software Development	
- Desktop Services	- Application Management	

Abb. 19 Europäischer Outsourcing-Markt, 1992 - 2,8 $ Millionen

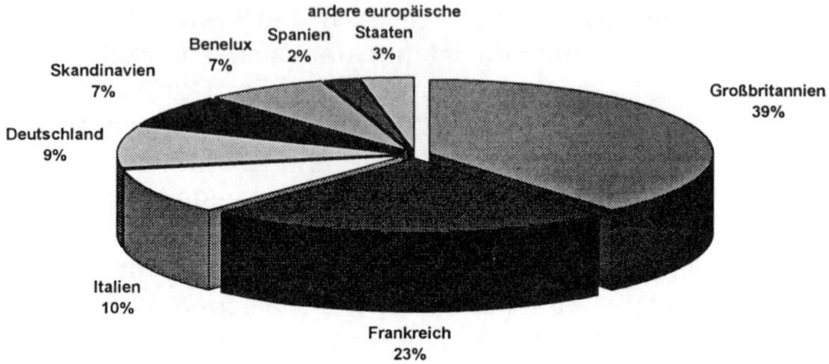

Systems Operations: Subsegmente[1]	1992 ($ Millionen)	jährliche Wachstumsraten 1992 -1997 (%)
Platform System Operations	1.260	19 %
Application System Operations	880	21 %
Network Management	410	24 %
Desktop Services	260	32 %
Summe (gerundet)	2.800	100 %

1 INPUT (Hrsg.) (d), *Information Systems Outsourcing Market Opportunities-Europe 1992 - 1997*, Vienna Virginia USA 1992, S. III-1.

Tab. 14 Europäische Systems Operations Market (Quelle INPUT)
(Fortsetzung der Tabelle oben)

Systems Operations: Regionen[1]	Marktvolumen 1992 ($ Millionen)	europäischer Marktanteil (%)
Großbritannien	1.100	39 %
Frankreich	660	23 %
Italien	300	10 %
Bundesrepublik Deutschland	250	9 %
Skandinavien	190	7 %
Benelux	190	7 %
Spanien	70	2 %
andere europäische Staaten	90	3 %
Summe (gerundet)	2.800	100 %

11.3 Unterschiede zwischen dem anglo-amerikanischen und dem deutschen Outsourcing

Um herauszufinden, welche Einflüsse einen Outsourcing-Markt bestimmen können, sind weniger die absoluten Marktwerte von Bedeutung als die relativen Einflüsse und Entwicklungen auf das Outsourcing wie z.B. die DV-Entwicklung und der allgemeine Konkurrenzdruck. Es wurde der Vergleich des deutschen Marktes zum anglo-amerikanischen Markt gewählt, da die Märkte der USA und Großbritanniens eine Sonderstellung einnehmen. Die Märkte der beiden anglo-amerikanischen Länder sind relativ umfangreich ausgeprägt. Man spricht die gleiche Sprache, und die Unternehmenskulturen unterscheiden sich nicht sehr. Insbesondere die gleiche Sprache erleichtert z.B. die Portabilität von Software und die Vertragsverhandlungen. In den Unternehmen ist das Verhalten der Manager bei Entscheidungs- und Investitionsfragen sehr ähnlich. Für die Analyse der unterschiedlichen Situationen des Outsourcing in den beiden Wirtschaftsräumen werden die Managementkultur, die Rechtssituation und die unterschiedlichen Bedingungen des Telekommunikationsmarktes diskutiert.

Das anglo-amerikanische Management ist in seinem Handeln primär auf kurzfristigen Erfolg angelegt. Dieses Handeln beruht insbesondere in den USA auf hohen Kapitalkosten und dem damit verbundenen

1 INPUT (Hrsg.) (d), a.a.O., S. II-7.

Zwang, kurzfristig wirtschaftlichen Erfolg zu erreichen.[1] Da Outsourcing, wie es überwiegend in den USA und Großbritannien betrieben wird, meist umfangreiche DV-Dienstleistungen umfaßt, kann in den ersten Jahren des Projektes gebundenes Kapital frei werden.[2] Dies setzt voraus, daß die technische Infrastruktur des Outsourcers an den Dienstleister übergeht und Beschäftigte freigesetzt werden können. Durch den Verkauf der technischen Infrastruktur entsteht ein kurzfristig großer Cash-flow für den Outsourcer, der z.B. für Neuinvestitionen in anderen Bereichen genutzt wird. Daher ist Outsourcing in den anglo-amerikanischen Ländern ein besonderer Anreiz für Unternehmen und Institutionen, die sich in einer Kostensenkungsphase, wie z. B. der intensiven Umsetzung des Lean Managements, befinden.[3] Ein weiterer nicht zu unterschätzender Faktor in den anglo-amerikanischen Ländern ist die Mentalität, schneller Unternehmen zu kaufen oder zu verkaufen. Es gibt mehr Beteiligungsgesellschaften und Unternehmensübernahmen als in Deutschland. Durch jede Kauf- oder Beteiligungsaktion werden Anpassungen der DV-Systeme nötig. Diese Anpassungen werden in der Regel an Dienstleister vergeben.[4]

Die zu beachtenden rechtlichen Vorgaben sind in der Bundesrepublik Deutschland nicht umfangreicher als in den anglo-amerikanischen Ländern. In der EU, und damit für Großbritannien, gelten bis auf kleine nationale Unterschiede die gleichen Bedingungen für den Arbeitnehmerübergang. Sie beruhen auf der Richtlinie des Rates der Europäischen Gemeinschaft: *Richtlinie des Rates zur Angleichung der Rechtsvorschriften der Mitgliedstaaten über die Wahrung von Ansprüchen der Arbeitnehmer beim Übergang von Unternehmen, Betrieben oder Betriebsteilen* (77/187/EWG). In der Bundesrepublik Deutschland werden die wesentlichen rechtlichen Vorgaben dieser Richtlinie im § 613a BGB und in Großbritannien im *Transfer of Undertakings (Protection of Employment) Regulations 1981* [S.I. 1981 No.

---

1 Vgl. Dertouzose, M. L., *Die Krise der USA - Potential für neue Produktivität*, Frankfurt 1990, S. 66-67.

2 Vgl. Davis, E. W., *Global Outsourcing: Have U.S. Managers Thrown the Baby Out with the Bath Water?*, in: Business Horizons, July-August 1992, P. 58-65.

3 Vgl. Clinton, W., *Bend me, shape me*, in: Computer World, Dec. 24, 1990 / Jan. 1, 1991.

4 Vgl. Heinzel, A., a.a.O., S. 88 und 115 ff.

1794] umgesetzt.[1] Entsprechendes gilt für den Datenschutz. Beide Länder haben *die Richtlinie des Rates der Europäischen Union zum Schutz von Personen bei der Verarbeitung personenbezogener Daten und zum freien Datenverkehr*, im Amtsblatt der Europäischen Gemeinschaft, 5.11.90, Nr. C 277/03 - 12 ratifiziert. Es gelten somit annähernd die gleichen rechtlichen Voraussetzungen für das Outsourcing. Hinsichtlich der USA kann an dieser Stelle nur auf den mit der EU annähernd identischen Kündigungsschutz für Arbeitnehmer hingewiesen werden.[2] Ein weiterer Vergleich zwischen den USA und der EU kann an dieser Stelle nicht gezogen werden. Wie aber aus dieser und der nationalen analytischen Betrachtung hervorgeht, ist ein spezifischer rechtlicher Vergleich auch nicht notwendig, da die gesetzlichen Vorgaben für eine Outsourcing-Entscheidung eine untergeordnete Rolle spielen. Entscheidend für die Outsourcing-Entscheidung ist der Gesamtnutzen für den Outsourcer.

Auf dem Telekommunikationsmarkt in den anglo-amerikanischen Ländern herrscht ein Wettbewerb zwischen verschiedenen Anbietern. In der Bundesrepublik Deutschland ist zur Zeit die Deutsche Telekom noch Monopolist und bestimmt dadurch die technische Infrastruktur und die Gebühren. Die durch die Telekom bedingten Nutzungsbeschränkungen führen z.B. zu Behinderungen bei Netzmehrwertdiensten und Steigerungen der Leistungsfähigkeit im Datennetzbetrieb.[3] Diese Beeinträchtigung ist nach Auskunft der Dienstleister ein wesentlicher Faktor auf dem nationalen Markt, der besonders zu berücksichtigen ist.

Die wesentlichen Einflußfaktoren auf das Outsourcing ist das Vorbild des Staates. In den beiden anglo-amerikanischen Märkten sind staatliche Stellen die größten Outsourcing-Nachfrager. Dies bestätigen die internationalen Dienstleister. Hier unterscheiden sich die beiden Wirtschaftsräume deutlich.

---

1 Vgl. Löw, F., *Die Betriebsveräußerung im europäischen Arbeitsrecht: die EG-Richtlinie 77/187 und ihre Umsetzung in Deutschland und Großbritannien*, Diss., Frankfurt a.M. u.a. 1992.

2 Vgl. Müller-Lukoschek, J., *Der Kündigungsschutz im Arbeitsrecht der USA - unter besonderer Berücksichtigung des Individualarbeitsrechts*, Diss., Berlin 1989.

3 Vgl. Gora, W., *Informationsarchitektur für Europa - Strategien, Richtlinien, Projekte*, Bergheim 1991, S. 59-61.

12. Zwischenbilanz

Die Analyse der Ergebnisse zeigt, daß das Outsourcing als eine Möglichkeit zur Optimierung von Unternehmens-Funktionen und -Prozessen genutzt wird. Der angestrebte Nutzen des Outsourcing kann in einmaligen und langfristigen Nutzen eingeteilt werden. Das primäre Outsourcing-Potential kommt aus dem Querschnittsfunktionsbereich DV oder besteht in einer unternehmensspezifischen Funktions- oder Prozeß-Aufgabe, die umfangreiche Datenverarbeitungsaktivitäten beinhaltet. Die Geschäftsverbindung wird durch ihre auf Dauer angelegte Verbindung zur einer Geschäftspartnerschaft, die in einem modernen Vertragstyp, dem Outsourcing-Vertrag, ihre Fixierung findet. Der Outsourcing-Vertrag regelt entsprechend den verschiedenen Geschäftsverbindungen wie Inhouse-, Dienstleistungs- und Kooperations-Partnerschaft, die einmaligen Übergabeleistungen von materiellen und immateriellen Güter und den Arbeitnehmerübergang sowie zum Teil sehr umfangreiche Dauerleistungen.

Die Auseinandersetzung mit den beeinflussenden Faktoren auf das Outsourcing zeigen, daß sich drei Schwerpunkte für die Abwicklung von Outsourcing-Aktivitäten ergeben. Die drei Schwerpunkte sind die rechtlichen Aspekte beim Outsourcing, die Outsourcing-Spezifischen Managementaspekte und die vertragliche Gestaltung der Outsourcing-Partnerschaft. Die einzelnen Schwerpunkte lassen sich untergliedern in:

a) Rechtliche Aspekte beim Outsourcing:

- Datenschutz und Datensicherheit
- Arbeitnehmerübergang und Arbeitnehmerüberlassung
- Mitwirkungs- und Mitbestimmungsaspekte beim Outsourcing
- Betriebsaufspaltung beim Outsourcing
- Bilanz- und steuerliche Aspekte beim Outsourcing

b) Outsourcing spezifische Management-Aspekte:

- Bewertung von DV-Produkten
- Abrechnungsarten bei Outsourcing-Leistungen
- Motive des Outsourcing
- Entstehung von Outsourcing-Nutzen
- Outsourcing-Entscheidungs-Konzept
- Outsourcing-Management

c) Vertragliche Gestaltung der Outsourcing-Partnerschaft:

- Einordnung des Outsourcing-Vertrages
- Entstehung des Outsourcing-Vertrages
- Vertragsform
- Vertragsverhandlung
- Struktur und Inhalt eines Outsourcing-Vertrages

III Rechtliche Aspekte beim Outsourcing

1. Datenschutz und Datensicherheit

1.1 Datenschutzbestimmungen

Im Rahmen des Outsourcing ist hinsichtlich des Datenschutzes und der Datensicherheit zwischen Auftragsdatenverarbeitung und DV ohne vorliegenden Auftrag zu unterscheiden. Keine Auftragsdatenverarbeitung liegt vor, wenn ein Dienstleister dem Outsourcer technische und systemtechnische Rechenzentrums-Dienstleistungen, wie z.B. Rechnerleistung[1] oder Netz-Dienstleistungen, wie z.B. Netzwerkleistungen[2], zur Verfügung stellt. Der Dienstleister übernimmt bei der zur Verfügungstellung der Ressourcen lediglich das Operating und die Messung der verbrauchten Ressourcen (CPU, Speicherplatz), um letztlich die Kosten zu ermitteln.[3] Der Outsourcer gibt keine DV-Kompetenz an den Dienstleister ab und ist weiterhin für das gesamte DV-Management verantwortlich.[4] Eine Auftragsdatenverarbeitung im Rahmen des Outsourcing liegt vor, wenn Teile der DV oder auch die komplette DV beziehungsweise eine Funktions- und/oder Prozeßaufgabe außer Haus gegeben werden.[5] Welche rechtlichen Vorgaben bei einer Auftragsdatenverarbeitung zu berücksichtigen sind, ist von den jeweils zu verarbeitenden Daten abhängig. Grundsätzlich sind die Vorgaben

---

1 Vgl. Sponeck, H., *Überlassung von RZ-Kapazität - ein Fall der Auftragsdatenverarbeitung?*, in: Computer und Recht, 8. Jg., Nr. 10, 1992, S. 594-596.

2 Vgl. Weichert, T., *Datenschutz*, in: Kilian, W. und Heussen, B., Computerrechts-Handbuch, Teil 13, München 1993, Nr. 132, Rdnr. 47.

3 Vgl. Müthlein, T. (a), *Abgrenzungsprobleme bei der Auftragsdatenverarbeitung*, in: Recht der Datenverarbeitung, 9. Jg., Nr. 4, 1993, S. 165-171, hier S. 168.

4 Vgl. wie Anmerkung 3, S. 168.

5 Vgl. Wächter, M., *Rechtliche Grundstrukturen der Datenverarbeitung im Auftrag*, in: Computer und Recht, 7. Jg., Nr. 6, 1991, S. 333-336, hier, S. 333; Weichert, T., a.a.O., Nr. 132, Rdnr. 47; Müthlein, T. (b), *Probleme der Auftragsdatenverarbeitung für Auftraggeber und Auftragnehmer*, in: Recht der Datenverarbeitung, 8. Jg., Nr. 2, 1992, S. 63-74, hier S. 64.

nach personenbezogenen Daten und kommerziellen Daten zu unterscheiden. Bei der Verarbeitung von personenbezogenen Daten im Auftrag ergeben sich die rechtlichen Vorgaben aus dem Bundesdatenschutzgesetz (BDSG). Kommerzielle Daten sind nach den Grundsätzen der ordnungsmäßigen Datenverarbeitung (GoDV) zu verarbeiten.[1] Die Vorgaben erstrecken sich auf die Organisation der DV, den Datenschutz und die Datensicherheit. Vorgaben für andere Datenklassen, die im Auftrag verarbeitet werden, ergeben sich aus ihrem Ursprung, Inhalt und ihrer Verwendung. Zu dieser Gruppe gehören z.B. technische, produktbezogene und organisatorische Daten. In der Praxis betreffen die entsprechenden Vorgaben überwiegend die Sicherheit und Geheimhaltung der Daten und sind von den Vertragsparteien selbst auszuhandeln.

1.2 Personenbezogene Auftragsdatenverarbeitung

Bei der Verarbeitung von personenbezogenen Daten im Auftrag greifen die Rechtsvorschriften des BDSG, insbesondere § 9 und § 11 BDSG. Grundsätzlich ist bei der personenbezogenen DV im Auftrag zu unterscheiden zwischen:[2]

- der ausschließlich nach Weisung durchgeführten DV
- der DV mit Übertragung von Funktionsaufgaben

1.2.1 Ausschließlich nach Weisung durchgeführte DV

Werden von einem Outsourcer DV-Aufträge mit personenbezogenen Daten nach außen gegeben, liegt im Sinne des BDSG eine DV nach Weisung vor.[3] Als Beispiel gilt die Berechnung des Monatsentgeltes, die mindestens in einer Phase vom DV-Dienstleister unterstützt wird. Der Dienstleister ist nicht als Dritter anzusehen, da er nur weisungsgebunden unterstützend tätig wird (§ 3 Abs. 9 BDSG). Die Unterstützung der DV darf nur technischer Natur sein (Speicherung, Übermit-

1 Vgl. Schuppenhauer, R., *Grundsätze für eine ordnungsmäßige Datenverarbeitung: (GoDV); Handbuch der EDV-Revision*, 4. Aufl., Düsseldorf 1992, S. 73.

2 Vgl. Jobs, F. und Horchler, H., a.a.O., S. 106-107; Weichert, T., a.a.O., Nr. 132, Rdnr. 47-50; Müthlein, T. (a), a.a.O., S. 166-167.

3 Der Dienstleister ist nicht als Dritter anzusehen, da er nur weisungsgebunden unterstützend tätig wird, § 3 Abs. 9 BDSG.

tlung, Veränderung, Sperrung, Löschung) und keine fachliche sowie funktionale Verantwortung beinhalten.[1] Eine Weisung kann z.B. sein:

- eine Berechnung durchzuführen
- eine Sicherheitskopie anzufertigen
- die Datenauftragsverwaltung vorzunehmen (Auftragsvorbereitung/ Auftragsnachbereitung)

Der Outsourcer (Auftraggeber) bleibt folglich "Herr der Daten". Er hat im vollen Umfang die datenschutzrechtlichen Vorschriften zu beachten und ist damit verantwortlich für die Zuverlässigkeit der Verarbeitung und Nutzung der personenbezogenen Daten sowie für die Wahrung der Rechte des Betroffenen und der Kontrollrechte.[2]

Die Verantwortung des Outsourcers im Rahmen einer weisungsgebundenen, personenbezogenen DV außer Haus, läßt sich wie folgt zusammenfassend darstellen:[3]

- Der Auftraggeber ist für die Einhaltung der rechtlichen Vorschriften des BDSG bei einer personenbezogenen Datenverarbeitung außer Haus verantwortlich (§ 11 Abs. 1 Satz 1 BDSG).
- Dem Auftraggeber obliegt die Wahrung der Rechte der Betroffenen und die Haftung gegenüber den Betroffenen (§ 11 Abs. 1 Satz 2 BDSG).
- Der Auftraggeber hat den Auftragnehmer sorgfältig nach dessen Eignung auszuwählen, (§ 11 Abs. 2 Satz 1 BDSG, insbesondere hinsichtlich der zu treffenden technischen und organisatorischen Maßnahmen die sich aus § 9 BDSG und Anlage ergeben).
- Der Auftraggeber muß dem Auftragnehmer schriftlich Weisungen zur Verarbeitung und/oder Nutzung der Daten erteilen (§ 11 Abs. 2 Satz 2 und § 11 Abs. 3 Satz 1 BDSG).
- Der Auftraggeber muß die Einhaltung der erteilten Weisungen überprüfen (§ 11 Abs. 1 Satz 1 BDSG).

1 Vgl. Müthlein, T. (b), a.a.O., S. 64.

2 Vgl. Wächter, M., a.a.O., S. 333; Müthlein, T. (b), a.a.O., S. 64.

3 Vgl. Jobs, F. und Horchler, H., a.a.O., S. 107; Müthlein, T. (b), a.a.O., S. 64-65; Wächter, M., S. 334; Dörr, E., *Neues Bundesdatenschutzgesetz: Handkommentar und Arbeitshilfe für Wirtschaft und Verwaltung*, Köln 1991, S. 32-33; Simitis, S. (Hrsg.), *Kommentar zum Bundesdatenschutzgesetz*, Losebl. 4. Aufl., Baden-Baden 1994, § 11, Rdnr. 39-54.

- Der Auftraggeber muß feststellen, ob der Auftragnehmer seiner Meldepflicht nachkommt (§ 32 Abs. 1 Nr. 3 BDSG).
- Der Auftraggeber hat ein besonderes Augenmerk auf die Verpflichtung der Beschäftigten in der DV zur Wahrung des Datengeheimnisses (§ 5 BDSG) und das Ergreifen technischer und organisatorischer Maßnahmen zu richten (§ 9 BDSG und Anlage).

Für den Dienstleister ergeben sich aus der Tatsache, daß er nicht "Herr der Daten" ist, seine Pflichten aus dem Outsourcing-Vertrag (schriftliche Weisung) und aus § 11 Abs. 3 und § 4 BDSG. Zusammenfassend lassen sich die zu beachtenden Pflichten aus dem BDSG wie folgt darstellen:[1]

- Der Auftragnehmer ist zur Meldung zum Register der Aufsichtsbehörde verpflichtet (§ 11 Abs. 4 Nr. 2 und § 32 BDSG).
- Der Auftragnehmer ist zur weisungsgebundenen Verarbeitung oder Nutzung verpflichtet (§ 11 Abs. 3 Satz 1 BDSG).
- Der Auftragnehmer ist zur Wahrung des Datengeheimnisses verpflichtet (§ 11 Abs. 4 und § 5 BDSG).
- Der Auftragnehmer ist zur Datensicherung verpflichtet (§ 11 Abs. 4 und § 9 BDSG).
- Der Auftragnehmer ist zur Bestellung eines Beauftragten für den Datenschutz verpflichtet (§ 11 Abs. 4 Nr. 2 und § 36 BDSG).

Der Outsourcing-Vertrag muß hinsichtlich der Verabredungen über die weisungsgebundene personenbezogene DV folgenden zwingenden Inhalt enthalten:[2]

- Festlegungen der Datenverarbeitung und/oder -nutzung
- Festlegungen der technischen und organisatorischen Maßnahmen hinsichtlich § 9 BDSG und Anlage
- Festlegung von etwaigen Unterauftragsverhältnissen

1.2.2 DV mit Übertragung von Funktionsaufgaben

Übergibt der Outsourcer eine komplette Aufgabe zur Erledigung an einen Dienstleister, so liegt eine DV mit Übertragung von Funktions-

1 Vgl. Jobs, F. und Horchler, H., a.a.O., S. 107; Wächter, M., a.a.O., S. 335; Dörr, E., a.a.O., S. 32-33; Müthlein, T. (b), a.a.O., S. 65; Simitis, S. (Hrsg.), a.a.O., § 11, Rdnr. 55-64.

2 Vgl. Müthlein, T. (b), a.a.O., S. 65.

aufgaben vor (Funktions-/Prozeß-Outsourcing). Das Abgrenzungskriterium gegenüber den Vorgaben bei der weisungsgebundenen DV im Auftrag ist die Eigenverantwortlichkeit für die Aufgabenerledigung. Der Dienstleister hat freie Gestaltungsmöglichkeiten für die Durchführung der Aufgaben. Ihm werden die Daten für die Verarbeitung frei überlassen.[1] Beispiel für die Übertragung einer Funktionsaufgabe ist die Durchführung der kompletten Lohn- und Gehaltsabrechnung, einschließlich der Errechnung des Entgeltes aus dem Tarifvertrag für jeden einzelnen Arbeitnehmer, die Ermittlung der Sozial- und Steuerabgaben sowie der Auszahlungen.

Der Dienstleister ist folglich als speichernde Stelle bezüglich der übermittelten personenbezogenen Daten anzusehen und hat alle Anforderungen des BDSG zu erfüllen.[2] Insbesondere sind die Rechte der Betroffenen hinsichtlich des übertragenen Auftrages vom Outsourcer zu berücksichtigen. Für den Dienstleister ergeben sich daraus nachfolgende Pflichten:

- Benachrichtigungspflicht (§ 33 BDSG)
- Auskunftspflicht (§ 34 BDSG)

Darüber hinaus ergibt sich aus dem BDSG für den Dienstleister, daß er bei der Übertragung der Aufgaben nicht der Meldepflicht an die Aufsichtsbehörde im Sinne des § 32 Abs. 1 Nr. 3 BDSG unterliegt. Dieses hat wiederum zur Folge, daß auch die Regelaufsicht nach § 38 Abs. 2 Nr. 3 BDSG keine Anwendung findet.[3]

Wird das Abrufverfahren für die personenbezogenen Daten zwischen dem Outsourcer und dem Dienstleister automatisiert (On-line-Verbindung), sind die Vorschriften des § 10 BDSG zu beachten. Aus § 10 BDSG resultiert, daß nur die unbedingt erforderlichen Daten für die Aufgabenerledigung transferiert werden dürfen und Outsourcer wie Dienstleister eine verschärfte Dokumentationspflicht trifft.[4] Es sind jeweils der Anlaß, der Zweck des Vorgangs mit Begründung, die genauen Übermittlungsmodalitäten und die technischen und organisatorischen Maßnahmen einschließlich der Protokollierungspflicht schriftlich

1 Vgl. Müthlein, T. (a), a.a.O., S. 166-168.

2 Vgl. wie Anmerkung 1, S. 168.

3 Vgl. wie Anmerkung 1, S. 166-167.

4 Vgl. Weichert, T., a.a.O., Nr. 135, Rdnr. 4.

festzulegen.[1] Für die Praxis bedeuten die Vorgaben folglich eine Protokollierung jedes Datentransfers.

1.2.3 Haftung bei der Verarbeitung personenbezogener Daten

Zur Durchsetzung seiner Bestimmungen enthält das BDSG in den § 43 und § 44 BDSG eine Straf- und Bußgeldvorschrift zur Sanktionierung.[2] Darüber hinaus gibt es keine speziellen gesetzlichen Regelungen für die Haftung bei der Verarbeitung personenbezogener Daten im Fall eines Schadensereignisses. Es ist daher im Schadensfall auf die allgemeinen zivilrechtlichen Haftungsnormen zurückzugreifen,[3] wie z.B. § 323 ff BGB (Nichterfüllung des Vertrages). Diese zivilrechtlichen Haftungsnormen ermöglichen einen Schadensersatzanspruch bei einer Rechtsgutverletzung sowohl gegen das datenverarbeitende Unternehmen als Pflichtenträger, als auch gegen einzelne Mitarbeiter des Unternehmens.[4] Die Haftungsregelungen sind danach in drei Bereiche einzuteilen:

- Haftung der speichernden Stelle
- Haftung des Mitarbeiters
- Haftung des betrieblichen Datenschutzbeauftragten

1.2.4 Auftragsdatenverarbeitung im Ausland

Im Rahmen des Outsourcing ist es möglich, daß ein Outsourcer z.B. eine personenbezogene Auftragsdatenverarbeitung (Erstellung von Lohn- und Gehaltsabrechnungen) in das Ausland vergibt und dadurch ein grenzüberschreitender Datenverkehr stattfindet. Die ausländische Stelle ist dann nach § 3 Abs. 9 BDSG als Dritter zu behandeln. Es ist bei der ausländischen Stelle nicht zwischen einem rechtlich selbständigen Unternehmen und einem rechtlich verbundenen Unternehmen, wie z.B. Niederlassungen oder Tochterunternehmen zu unterscheiden. Es handelt sich immer um einen Dritten im Sinne des BDSG.[5]

---

1 Vgl. Weichert, T., a.a.O., Nr. 135, Rdnr. 7-9.

2 Vgl. Müthlein, T. (b), a.a.O., S. 63.

3 Vgl. Wind, I., *Haftung bei der Verarbeitung personenbezogener Daten*, in: Recht der Datenverarbeitung, 7. Jg., Nr. 1, 1991, S. 16-24.

4 Vgl. wie Anmerkung 3, S. 16.

5 Vgl. Müthlein, T. (a), a.a.O., S. 170-171; Bothe, M., *Rechtsfragen grenzüberschreitender Datenflüsse*, Köln 1992, S. 541.

Folglich müßten alle Rechtsvorgaben für die Auftragsdatenverarbeitung des BDSG bei der ausländischen Stelle angewendet werden. Da das BDSG aber nur nationale Gültigkeit besitzt (§ 1 BDSG), entfallen die verbindlichen Vorgaben, wie z.B. § 9 und § 11 BDSG.[1] Daraus resultiert aber nicht, daß keine Rechtsvorgaben aus dem BDSG für den grenzüberschreitenden Datenverkehr bestehen. Die im Staat der verarbeitenden Stelle bestehenden Datenschutzvorschriften werden nicht berührt und bleiben für die Stelle bestehen.

Rechtsvorgaben können sich aus dem BDSG für die personenbezogene Auftragsdatenverarbeitung im Ausland ergeben, wenn z.B. der Datenaustausch beim grenzüberschreitenden Datenverkehr durch ein automatisiertes Abrufverfahren erfolgt. Der Outsourcer hat bei dem automatisierten Abrufverfahren die Vorgaben aus § 10 BDSG und folglich die Dokumentationspflicht zu beachten. Darüber hinaus ergibt sich die Dokumentationspflicht für den nationalen Auftraggeber aus § 8 BDSG. Danach muß dieser innerhalb eines möglichen Rechtsfolgeprogrammes der Beweispflicht nachkommen. Aus § 17 Abs. 4 und § 16 Abs. 1 Nr. 2 BDSG ergibt sich für den Outsourcer die Kontrollpflicht der zweckgebundenen DV im Auftrag im Ausland. Er hat zu überprüfen, daß die vertraglich vereinbarte Zweckbindung vorliegt und der Übermittlung nicht ein schutzwürdiges Interesse der Betroffenen entgegensteht.

Weitere relevante Rechtsgrundlagen für die Datenübermittlung ins Ausland sind § 28 Abs. 1 und 2 sowie § 29 Abs. 2 BDSG. Im § 28 Abs. 1 und 2 BDSG werden einzelne Erlaubnisse und § 29 Abs. 2 BDSG die Zulässigkeit der Übermittlung von Daten dargestellt. Daneben können § 31 (besondere Zweckbindung), § 39 (Berufs- oder besondere Amtsgeheimnis), § 40 (Forschungseinrichtungen) und § 41 (Datenverwendung durch die Medien) relevant sein.

Der Düsseldorfer Kreis, der aus den obersten Landesaufsichtsbehörden für den Datenschutz besteht, hat in der Sitzung vom 7. - 8. 10. 1993 eine Checkliste zur Verbesserung des Datenschutzes beim grenzüberschreitenden Datenverkehr mit personenbezogenen Daten im nicht-öffentlichen Bereich veröffentlicht (siehe Anhang Kapitel V). Sie soll der Beurteilung, Unterstützung und Modellierung der Vertragsgestaltung mit ausländischen Partnern dienen. Die Checkliste wird zur Zeit in der Fachwelt sehr kontrovers diskutiert. Eine Ausnahme bildet

---

1 Vgl. Müthlein, T. (a), a.a.O., S. 170-171.

Punkt zwei der Liste, der den Verwendungszweck der DV beschreibt. Die übrigen acht Punkte gelten als "zu umfangreich" beziehungsweise "überzogen".[1] Eine Möglichkeit, die datenschutzrechtlichen Vorgaben vertraglich mit einer ausländischen Stelle zu regeln, stellt die präzise Formulierung des Zweckes der DV und die Sanktionierung der Zweckentfremdung oder anderweitige Verwendung der Daten dar. Ein in dieser Form abgefaßter Outsourcing-Vertrag erfüllt die Vorgaben des BDSG und tangiert das ausländische Datenschutzrecht, soweit es vorhanden ist, nicht.

1.3 Kommerzielle Auftragsdatenverarbeitung

Die kommerzielle Auftragsdatenverarbeitung unterliegt den Grundsätzen der ordnungsmäßigen Datenverarbeitung (GoDV). Die GoDV regeln den DV-Einsatz bei der Buchführung und verwandten Bereichen wie Rechnungs-, Steuerwesen etc. Die Regeln betreffen die DV hinsichtlich deren Organisation, Dokumentation und Überwachung. Im Rahmen des Outsourcing hat der Outsourcer darauf zu achten, daß die Organisation der DV den GoDV entsprechen. Es ist möglich, daß die Organisationsstruktur des Outsourcers oder die des Dienstleisters angepaßt werden muß, um einerseits den rechtlichen Vorgaben zu entsprechen und andererseits den größtmöglichen Nutzen zu erzielen. Die organisatorischen Vorgaben ergeben sich aus der eingesetzten DV und den rechtlichen Vorgaben. Letztere legitimieren sich aus den Verpflichtungen des Kaufmannes, nach den Grundsätzen ordnungsmäßiger Buchführung (GoB) Bücher zu führen und die dafür geltenden Vorschriften einzuhalten (§ 238 Abs. 1 HGB und § 140 AO).[2] Zu unterscheiden sind die GoDV nach der Auftragsbindung, der Kontrollierbarkeit, der Transparenz und der Funktionssicherheit.

1.3.1 Grundsätze der Auftragsbindung

Aus der Anwendungsverpflichtung der GoB auf die Geschäftsführung ergibt sich, daß bei einer Verlagerung von Buchführungsaufgaben auf die DV die Vorschriften in gleicher Weise einzuhalten sind. Für die DV

---

1 Vgl. Drews, H.-L., *Übermittlung personenbezogener Daten ins Ausland: Kritische Anmerkungen zur Checkliste der Aufsichtsbehörden vom 7./8.10.1993*, in: Datenschutz und Datensicherung, o. Jg., Nr. 2, 1994, S. 68-69.

2 Vgl. Schuppenhauer, R., a.a.O., S. 73; FAMA (Hrsg.), *Grundsätze ordnungsmäßiger Buchführung bei computergestützten Verfahren und deren Prüfung*, in: Die Wirtschaftsprüfung, 40. Jg., Nr.1/2, 1987, S. 1-35.

bedeuten die Vorgaben, ausschließlich an die Weisung gebunden zu sein, die für den Kaufmann ebenfalls gelten.[1] Daraus ergeben sich folgende Anforderungen an die kommerzielle DV:[2]

- Alle Geschäftsvorfälle müssen vom Kaufmann autorisiert sein.
- Für alle bilanzwirksamen Geschäftsvorfälle müssen die Grundfunktionen der Buchführung (Beleg-, Grundbuch- und Kontofunktion) erfüllt sein.
- Die Belege müssen für Prüfungszwecke lesbar und verfügbar sein.
- Die verwendeten Nachweismedien müssen über die Aufbewahrungsfristen dauerhaft sein.

1.3.2 Grundsätze der Kontrollierbarkeit

Die Daten zur Führung der Geschäfte sind vollständig, richtig, zeitgerecht und geordnet mit der DV zu erfassen (§ 239 Abs. 2 HGB und § 146 Abs. 1 AO). Bei Änderungen der Daten dürfen keine Verfälschungen durch Speichern und Verarbeiten eintreten (§ 239 Abs. 3 HGB und § 146 Abs. 4 AO). Die DV muß kontrollierbar sein. Dazu zählt:[3]

- Zulässigkeitskontrolle beim Benutzerzugriff
- Fehlerkontrollen bei der Dateneingabe
- Abwicklungskontrollen über den Tagesbetrieb, die Betriebssystemverwaltung, die Programmbibliotheksverwaltung und die Dateiverwaltung
- Schutzmaßnahmen gegen die Verfälschung von Daten und Programmen

1.3.3 Grundsätze der Transparenz

Die Vorgaben der GoB verlangen, daß die Buchführung und das Verfahren auch für Dritte verständlich und prüfbar ist. Übertragen auf die kommerzielle DV ergibt sich die Verpflichtung der Transparenz. Dazu zählt:[4]

1 Vgl. Schuppenhauer, R., a.a.O., S. 73.

2 Vgl. wie Anmerkung 1, S. 73.

3 Vgl. wie Anmerkung 1, S. 73-74.

4 Vgl. wie Anmerkung 1, S. 74.

- Alle für ein Verfahren relevanten Angaben über Dateneingabe, Ausgabe, Speicherung, Verarbeitung und Übertragung von Daten sind zu dokumentieren.
- Die Dokumentation ist übersichtlich zu gliedern, so daß ein sachverständiger Dritter sie schnell übersehen und verstehen kann.
- Die Dokumentation bietet Beweiskraft für das bestehende System; sie hat eindeutig und aktuell zu sein.
- Über die vorgeschriebene Aufbewahrungsfrist soll auch ihre Entwicklungsgeschichte zeitgerecht nachgewiesen werden.
- Die Dokumentation der buchhalterischen Verfahren ist gemäß § 257 HGB und § 147 AO aufzubewahren.

1.3.4 Grundsätze der Funktionssicherheit

Die Vorgaben für Funktionssicherheit und Zerstörung ergeben sich aus § 239 Abs. 4 und § 257 Abs. 3 Ziffer 2 HGB sowie § 146 Abs. 5 und § 147 Abs. 2 Ziffer 2 AO. Hinsichtlich der Sicherheit vor Manipulation gelten die Vorgaben aus § 239 Abs. 3 HGB und § 146 Abs. 4 AO.[1] Übertragen auf die kommerzielle DV, sind nachfolgende Sicherheitsmaßnahmen zu ergreifen:[2]

- Die DV, einschließlich der dort verwalteten Daten und Programme, ist durch räumliche Sicherungsmaßnahmen vor Zerstörung zu schützen.
- Die Daten sind auf dauerhaften Datenträgern zu speichern.
- Ein verläßliches Datensicherungssystem muß die Verfügbarkeit im Rahmen der Aufbewahrungspflicht sicherstellen.
- Die in der DV verwalteten Daten müssen gegen Manipulation geschützt werden. Zu diesem Zweck ist die entsprechende personelle Organisation des DV-Bereiches sowie eine Funktionstrennung zwischen DV-Betrieb, Datenverwaltung, Betriebssystemverwaltung, Programmbibliotheksverwaltung und Programmierung vorzusehen.
- Wo Versicherungsschutz notwendig ist, muß er die Gefahr und das Schadenspotential angemessen abdecken.
- Die Funktionsfähigkeit der Sicherungs- und Kontrollmaßnahmen ist durch eine Revision zu überwachen.

---

1 Vgl. Schuppenhauer, R., a.a.O., S. 75.

2 Vgl. wie Anmerkung 1, S. 74-75.

1.3.5 Archivierungsdauer

Die Aufbewahrungsdauer von DV-Dokumenten ist besonders zu beachten, wenn die DV (im Auftrag) als Bestandteil der Buchführung anzusehen ist. Besitzt die DV Belegfunktion, müssen die DV-Unterlagen nach § 257 Abs. 4 HGB und § 147 Abs. 3 AO sechs Jahre archiviert werden. Unterlagen, die Buchfunktion erfüllen, müssen 10 Jahre aufbewahrt werden. Belege, die durch die DV erzeugt und auf Datenträgern gespeichert worden sind, können auch in ausgedruckter Form aufbewahrt werden (§ 147 Abs. 2 AO).

1.4 Datensicherung

Unter dem Begriff Datensicherung werden alle technischen und organisatorischen Maßnahmen verstanden, die eine störungsfreie und mißbräuchliche DV zum Ziel haben. Die Datensicherungsmaßnahmen sollen die unbeabsichtigte Zerstörung, den Verlust sowie die unberechtigte Veränderung und Nutzung von Daten verhindern. Als Gefährdungsbereiche gelten Daten sowie Hard- und Software.[1] Es ergeben sich die Vorgaben für die Datensicherung aus dem BDSG. Insbesondere § 9 und Anlage sowie die GoDV (Funktionssicherheit) sind maßgebend, um im Interesse des Outsourcers und des Dienstleisters eine störungsfreie DV zu gewährleisten. Weiterhin dienen die Vorgaben dazu, Betriebsgeheimnisse zu sichern und sich vor Spionage, Sabotage sowie Verletzungen von Urheberrechten zu schützen. Mögliche Gefahren für die DV sind:[2]

- Katastrophen: Brand, Wassereinbruch, Blitzschlag, Einwirkung durch magnetische Felder, Stromausfall etc.
- Fehler: Bedienungsfehler, Datenverfälschung auf dem Übertragungsweg, Hardwarefehler und Materialermüdung, Softwarefehler, etc.
- Mißbrauch: unberechtigte Benutzung von DV-Systemen, Ausspähen von Daten, unbefugter Informationsgewinn durch Kompetenzüberschreitung, Abfangen elektromagnetischer Strahlungen (z.B. von Monitoren und Leitungen), Anzapfen von Leitungen, un-

1 Vgl. Voßbein, R., *Sicherheit in Informationssystemen - eine unternehmerische Aufgabe*, in: Recht der Datenverarbeitung, 5. Jg., Nr. 2, 1989, S. 60-64, hier S. 61-62.

2 Vgl. Tinnefeld, M.-T. (a), *Einführung in das Datenschutzrecht*, München/Wien/Oldenburg 1992, S. 249.

terdrücken, Verzögern, Wiederholen von Nachrichten, Manipulationen von Hard- und Software etc.

Auslöser für eine Gefahr stellen z.B. menschliches Versagen - wie z.B. Unachtsamkeit, mangelnde Sachkentnisse, kriminelles Handeln -, technische Mängel und höhere Gewalt dar.

Ein weiteres Gefährdungspotential sind Computerviren, die in den letzten Jahren durch Datenverluste Millionenschäden verursacht haben. Sie treten vornehmlich im Bereich der Desktop-DV und damit bei vernetzten Systemen auf. Ein Computervirus ist eine Software, die sich ausbreitet und dabei Software oder Daten beschädigt. Im ungünstigsten Fall werden Daten vernichtet. Die Viren werden sehr häufig durch "kriminelle" Mitarbeiter, die sich z.B. für eine Kündigung rächen, in die DV-Systeme eingeschleust.[1] Die vorhandenen Sicherheitssysteme werden dabei unterlaufen.

Entsprechend den geschilderten Gefahren sind beim Outsourcing rechtliche und technische Lösungen zu entwickeln. Für den Fall einer Gefährdung müssen im Vertrag die Verantwortlichkeiten für die Datensicherungsmaßnahmen hinsichtlich einer Ausweichlösung und der Wiederherstellung des alten Zustandes geregelt werden.

Die technischen Datensicherungsmaßnahmen beim Outsourcing umfassen die Vorgaben für die Verarbeitung von Daten[2] und die systemtechnischen Sicherungsmaßnahmen gegenüber Dritten. Hierunter werden z.B. andere Outsourcer verstanden, die auf das gleiche DV-System zugreifen. Die Systemsicherheit gegenüber Dritten ist zum einen durch die DV-Organisation des Dienstleisters als organisatorisches Regelungssystem und zum anderen durch die Gestaltung von Mandantensegmenten auf dem technischen System zu regeln. Die Mandantensegmente sind über verschlüsselte Zugangsberechtigungen und Protokollierungen zu sichern.

1 Vgl. Tinnefeld, M.-T. (b), *Datenschutzbeauftragter im Unternehmen*, in: Computer und Recht, 7. Jg., Nr. 1, 1991, S. 29-33, hier S. 29.

2 Vgl. Breuer, R., *Voraussetzungen einer sicheren Datenverarbeitung*, in: Computer und Recht, 5. Jg., Nr. 3, 1989, S. 234-246, hier S. 244-246.

2. Arbeitnehmerübergang und -überlassung

2.1 Arbeitnehmerübergang

Ein Arbeitnehmerübergang erfolgte bei 50 % der untersuchten Unternehmen in Form einer übergehenden Gruppe von Arbeitnehmern (siehe Kapitel II, Abschnitt 7.). Der Arbeitgeberwechsel fand jeweils statt, wenn organisatorische Einheiten z.B. ein kommerzieller Rechenzentrumsbereich oder ein komplettes Rechenzentrum überging. Outsourcing stellt in dieser Form einen Betriebs(teil)übergang gemäß § 613a BGB dar. Beim Übergang von einem Unternehmen, Betrieb oder Betriebsteil sind die Grundsätze des Arbeitnehmerüberganges zu beachten (§ 613a BGB - zugrunde liegende Richtlinie 77/187/EWG[1]) (siehe Abschnitt 2.1.2). Das Unternehmen, der Betrieb oder der Betriebsteil (organisatorische Einheit/Teileinheiten) muß/müssen vor dem Übergang bestanden und innerhalb des betrieblichen Gesamtzweckes einen Teilzweck oder eine Hilfsfunktion erfüllt haben.[2] Eine gesetzliche Definition des Begriffes Betrieb und Betriebsteil gibt es nicht.[3] Die ständige Rechtsprechung geht beim § 613a BGB vom "allgemeinen Betriebsbegriff" aus,[4] schließt aber hierbei die Arbeitsverhältnisse als Bestandteil aus.[5] Welche materiellen und immateriellen Betriebsmittel für den Betriebs(teil)übergang wesentlich sind, ist von der Eigenart des Betriebes abhängig (siehe Abschnitt 2.1.1).[6] Abgegrenzt wird der Betriebs(teil)übergang zu einer Funktionsnachfolge. Sie ist gekennzeichnet durch die Übernahme von Aufträgen, bei der ein Dritter (z.B. Dienstleister) Aufträge von einem Unternehmen übernimmt ohne dabei gleichzeitig materielle und immaterielle Betriebsmittel zu übernehmen.[7]

---

1 Richtlinie des Rates vom 14. Februar 1977 zur Angleichung der Rechtsvorschriften der Mitgliedstaaten über die Wahrung von Ansprüchen der Arbeitnehmer beim Übergang von Unternehmen, Betrieben oder Betriebsteilen (77/187/EWG), in: Amtsblatt der Europäischen Gemeinschaft, 20. Jg., Nr. L 61, 5. März 1977, S. 26-28.

2 Vgl. BAG, Urteil vom 09. 02. 1994 - 2 AZR 666/93.

3 Vgl. Borngräber, H., *Arbeitsverhältnis bei Betriebsübergang*, Düsseldorf/ Frankfurt a.M. 1977, S. 33.

4 Vgl. Röder, G. und Baeck, U., *EuGH: Funktionsnachfolge als Betriebsübergang*, in: Neue Zeitschrift für Arbeitsrecht, 11. Jg., Nr. 12, 1994, S. 542-544, hier, S. 543.

5 Vgl. wie Anmerkung 3, S. 33-34.

6 Vgl. Röder, G. und Baeck, U., a.a.O., S. 543.

7 Vgl. wie Anmerkung 6, S. 543.

Der Europäische Gerichtshof (EuGH) hat mit seinem Urteil vom 14.4. 1994 Rs.C-392/92 die Übertragung einer Funktionsnachfolge auf ein externes Dienstleistungsunternehmen als Betriebsteilübergang im Sinne der Richtlinie 77/187/EWG dargestellt.[1] Der EuGH entschied, daß eine Übertragung *einer* funktionalen Aufgabe ohne Übergang von materiellen und immateriellen Betriebsmitteln auf ein externes Dienstleistungsunternehmen ein Betriebsteilübergang darstellt (hier Übergang eines sekundären Dienstleistungsfunktionsbereiches *Reinigungsaufgaben* für die Räume eines Betriebes, die durch eine Putzfrau wahrgenommen wurden).[2] Durch diese Entscheidung hat der EuGH den durch die nationale Rechtsprechung definierten Anwendungsbereich des § 613a BGB ausgedehnt (siehe Abbildung 20).[3]

2.1.1 Kriterien für den Arbeitnehmerübergang

Die Betriebsbegriff des § 613a BGB wird definiert als "organisierte Einheit, innerhalb derer ein Arbeitgeber allein oder mit seinen Arbeitnehmern mit Hilfe von technischen und immateriellen Mitteln bestimmte, arbeitstechnische Zwecke fortgesetzt verfolgt, die sich nicht in der Befriedigung von Eigenbedarf erschöpfen."[4] Der Betrieb gilt somit als Summe materieller und immaterieller Betriebsmittel und stellt eine organisatorische Einheit dar.[5] Die Betriebsmittel werden durch die Eigenart des Betriebs bestimmt. Übergehende Betriebsmittel müssen den Erwerber in die Lage versetzen, den Betrieb mit den vorhandenen und übertragenen Mitteln fortzuführen.[6] Durch den Betriebsübergang muß ein funktionsfähiger Betrieb übergegangen sein.

---

1 Vgl. Buchner, H., *Verlagerung betrieblicher Aufgaben als Betriebsübergang i.S. von § 613a BGB*, in: Der Betrieb, 47. Jg., Nr. 28, 1994, S. 1417-1423; EuGH, Fünfte Kammer, Vorabentscheidung vom 14. 04. 1994 - Rs C - 392/92, in: DB 1994, S. 1370-1371.

2 Vgl. EuGH, Fünfte Kammer, Vorabentscheidung vom 14. 04. 1994 - Rs C - 392/92, in: DB 1994, S. 1370-1371.

3 Vgl. Röder, G. und Baeck, U., a.a.O., S. 543.

4 Bauer, J.-H. (a), *Personalpolitische und arbeitsrechtliche Fragen*, in: Hölters, W. (Hrsg.), Handbuch des Unternehmens- und Beteiligungskaufs, 3. Aufl., Köln 1992, S. 330-426, hier S. 335; vgl. Borngräber, H., a.a.O., S. 33.

5 Vgl. Seiter, H., *Betriebsinhaberwechsel: arbeitsrechtliche Auswirkungen eines Betriebsübergangs unter besonderer Berücksichtigung des § 613a BGB i.d.F. vom 13. August 1980*, Wiesbaden 1980, S. 49.

6 Vgl. Bauer, J.-H. (a), a.a.O., S. 335.

Beispiele für den Betriebsübergang:
Bei Produktionsunternehmen/-betrieben "ist der Übergang der wesentlichen materiellen und immateriellen Betriebsmittel nötig"[1],[2] wie beispielsweise Maschinen, Einrichtungsgegenstände, arbeitstechnische Zwecke.[3]

Für Handels- und Dienstleistungsunternehmen/-betriebe sind primär die immateriellen Betriebsmittel prägend. Dabei handelt es sich um Kundenstamm, Kundenlisten, Geschäftsbeziehungen zu Dritten, Know-how, Goodwill, gegebenenfalls auch um Geschäftsräume und die Geschäftslage.[4]

Bei dem Betriebsteil im Sinne des § 613a BGB handelt es sich um "eine organisatorische Untergliederung des Gesamtbetriebes, mit dem ein Teilzweck innerhalb des betrieblichen Gesamtzweckes verfolgt"[5] wird.[6] Der Betriebsteil stellt wie der Name sagt, ein Teil eines Betriebes dar. Es geht also um einen Übergang von einem Teil der materiellen und immateriellen Betriebsmittel, die einem gemeinsamen Zweck gewidmet sind, oder anders ausgedrückt geht es um einen räumlich und personell abgegrenzten Betriebsteil beziehungsweise einen Funktionsbereich. Der Funktionsbereich stellt für sich genommen einen Zusammenhang einzelner Funktionen dar, der von der Eigenart des Betriebes bestimmt wird.[7]

Beispiele für einen Betriebsteilübergang:
Der Funktionsbereich *Vertrieb* gilt in diesem Zusammenhang z.B. dann als Betriebsteil eines Unternehmens/Betriebes, wenn der gesamte Kundenstamm übertragen wird, fast sämtliche Vertriebsfahrzeuge übergehen und Räumlichkeiten, die vordem durch den Ver-

---

1 Bauer, J.-H. (a), a.a.O., S. 339.
2 Vgl. Röder, G. und Baeck, U., a.a.O., S. 543.
3 Vgl. wie Anmerkung 1, S. 338.
4 Vgl. wie Anmerkung 1, S. 337.
5 Wie Anmerkung 1, S. 340.
6 Vgl. Seiter, H., a.a.O., S. 52.
7 Vgl. wie Anmerkung 1, S. 340-341.

trieb genutzt wurden (wie Lagerräume, Büroräume) durch den Dienstleister gemietet werden.[1]

Weiterhin sind räumlich und personell abgegrenzte sowie selbständige Betriebsteile wie beispielsweise die Gärtnerei eines Krankenhauses, die Druckerei eines Verlages, die Werkstatt eines Spediteurs, Filialen des Handels und des Bankgewerbes, ein Betriebsteil im Sinne des § 613a BGB.[2]

Als Betriebsteil gemäß § 613a BGB gilt weiterhin, ein Betriebsteilbereich, der bisher personell nicht verselbständigt war, sondern ganz oder im wesentlichen von Zentralabteilungen versorgt wurde. Als Beispiel gilt ein Leitungs- beziehungsweise Versorgungsnetz eines Energieversorgungsunternehmens.[3]

Der Unternehmensbegriff im Sinne des § 613a BGB beschreibt eine Einheit unter der ein oder mehrere Betriebe organisatorisch verbunden sind und das Unternehmen die Rechtsträgerschaft besitzt. Auf eine exakte Abgrenzung zwischen Unternehmen und Betrieb kann verzichtet werden, da die Vorschriften des § 613a BGB auf den Übergang von Unternehmen oder Unternehmensteilen anzuwenden sind.[4]

Der EuGH hat durch sein Urteil vom 14.4.1994 Rs.C-392/92 seine Auffassung zur Richtlinie 77/187/EWG erweitert dargelegt. Für einen Unternehmens- oder Betriebs(teil)übergang ist es danach nicht notwendig, daß materielle und immaterielle Betriebsmittel übergehen. Diese Auffassung steht im Gegensatz zur bis dato gültigen des BAG. Der EuGH stellt entscheidend auf "die Wahrung der Identität der wirtschaftlichen Einheit"[5] ab. Diese ergibt sich nach EuGH unter anderem bereits daraus, "daß dieselbe oder eine gleichartige Geschäftstätigkeit

---

1 Vgl. Bauer, J.-H. (a), a.a.O., S. 341; Loritz, K.-G., *Betriebsübergang - Auffangesellschaft - Insolvenzenschutz einer betrieblichen Alterversorgung*, in: Sammlung Arbeitsrechtlicher Entscheidungen, o. Jg., Nr. 4, 1986, S. 136-144.

2 Vgl. Bauer, J.-H. (a), a.a.O., S. 341.

3 Vgl. Lieb, M., *Betriebs-(Teil-)Übergang bei zentraler Unternehmensorganisation*, in: Zeitschrift für Arbeitsrech, 25. Jg., Nr. 2, 1994, S. 229-250, hier S. 232-233 und S. 249.

4 Vgl. wie Anmerkung 2, S. 339.

5 Röder, G. und Baeck, U., a.a.O., S. 543.

vom neuen Inhaber tatsächlich weitergeführt oder wieder aufgenommen wird."[1]

Schlußfolgerung:
Für das Outsourcing bedeutet das vom EuGH definierte Kriterium der *wirtschaftlichen Einheit* eine Absenkung der Anwendungsgrenze des § 613a BGB (siehe Abb. 20), wobei die Abgrenzung einer *wirtschaftlichen Einheit* erst vor kurzer Zeit durch die bereits erwähnte sogenannte "Christel-Schmidt-Entscheidung" einmalig erfolgte. Dieses Urteil führte zu zahlreichen kritischen Anmerkungen, wie z.B. BUCHNER[2], BAECK[3] und BECHTOLSHEIM[4], wobei insbesondere auch die Rechtsfortentwicklung der 77/187/EWG durch den EuGH diskutiert wird.[5]

Für die Outsourcing-Praxis hat der Tatbestand zur Folge, daß bei (Dienst-)Leistungen, wie z.B. einer Übernahme von systemtechnischen Dienstleistungen, die in der Regel aus kombinierten technischen und systemtechnischen Leistungen sowie Operating-Leistungen bestehen, nun in der Regel eine *wirtschaftliche Einheit* vorliegt und dementsprechend die Rechtsfolgen des § 613a BGB zu beachten sind. Bei Outsourcing-Vorhaben, die über eine *funktionale Teilaufgabe,* wie z.B. Rechnerleistung, Datenübertragungsleistung hinausgehen, sind somit die Grundsätze des Arbeitnehmerüberganges zu berücksichtigen (siehe Abschnitt 2.1.2). Für die Umsetzung des Outsourcing-Vorhabens ergibt sich daraus, daß im Vorfeld einer Umsetzung mit allen beteiligten (Vertrags-)Parteien, also Outsourcer, Dienstleister, Arbeitnehmervertretungen und betroffenen Arbeitnehmer Klarheit über die vom Outsourcer zum Dienstleister wechselnden Arbeitnehmer bestehen muß.

---

1 Röder, G. und Baeck, U., a.a.O., S. 543.

2 Vgl. Buchner, H., a.a.O., S. 1417-1423.

3 Vgl. wie Anmerkung 1, S. 542-544.

4 Vgl. Bechtolsheim, M., *Strategien und Gestaltungsmöglichkeit des Outsourcing: Effizienz und Flexibilität umsetzen*, in: Gablers Magazin, o. Jg., Nr. 8, 1994, S. 14-19.

5 Vgl. Buchner, H., a.a.O., S. 1420-1423; Röder, G. und Baeck, U., a.a.O., S. 543-544.

Abb. 20 Rechtsprechung beim Arbeitnehmerübergang, BAG und EuGH

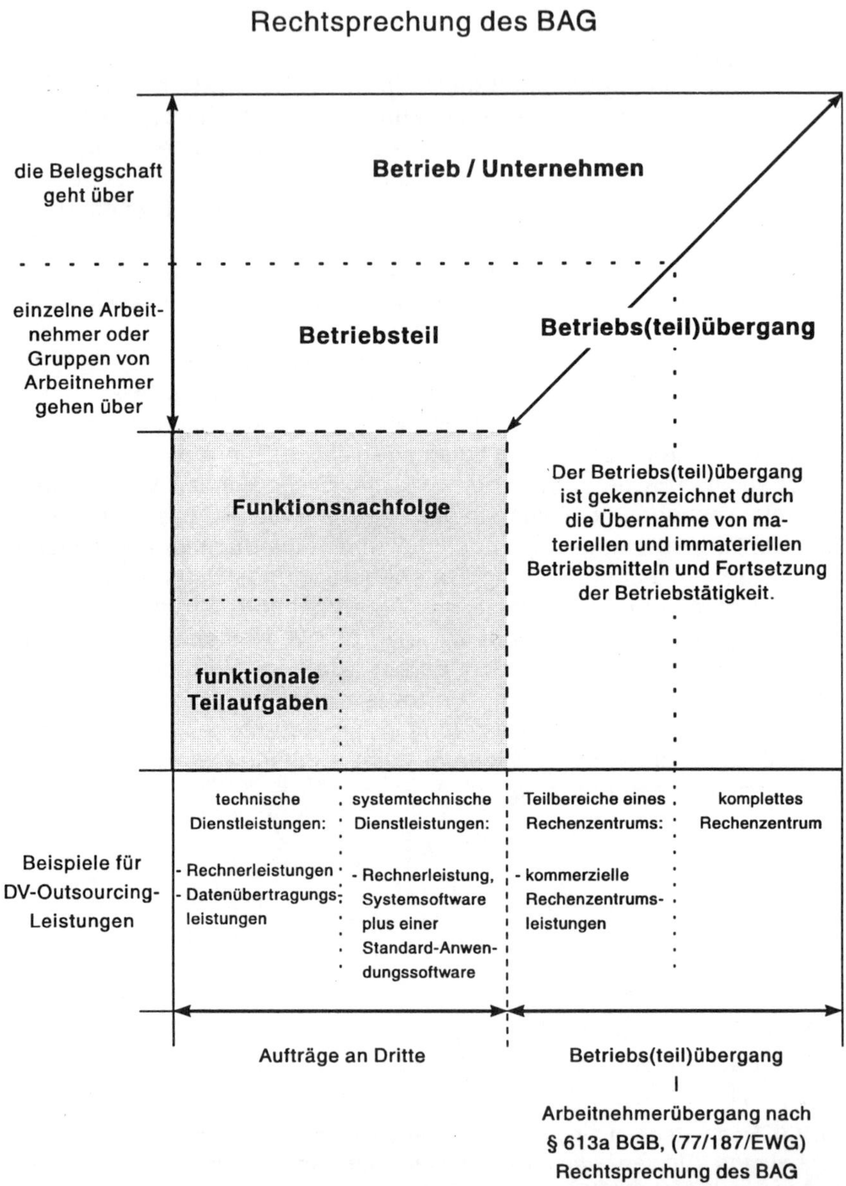

Abb. 20 Rechtsprechung beim Arbeitnehmerübergang, BAG und EuGH (Fortsetzung)

Rechtsprechung des EuGH

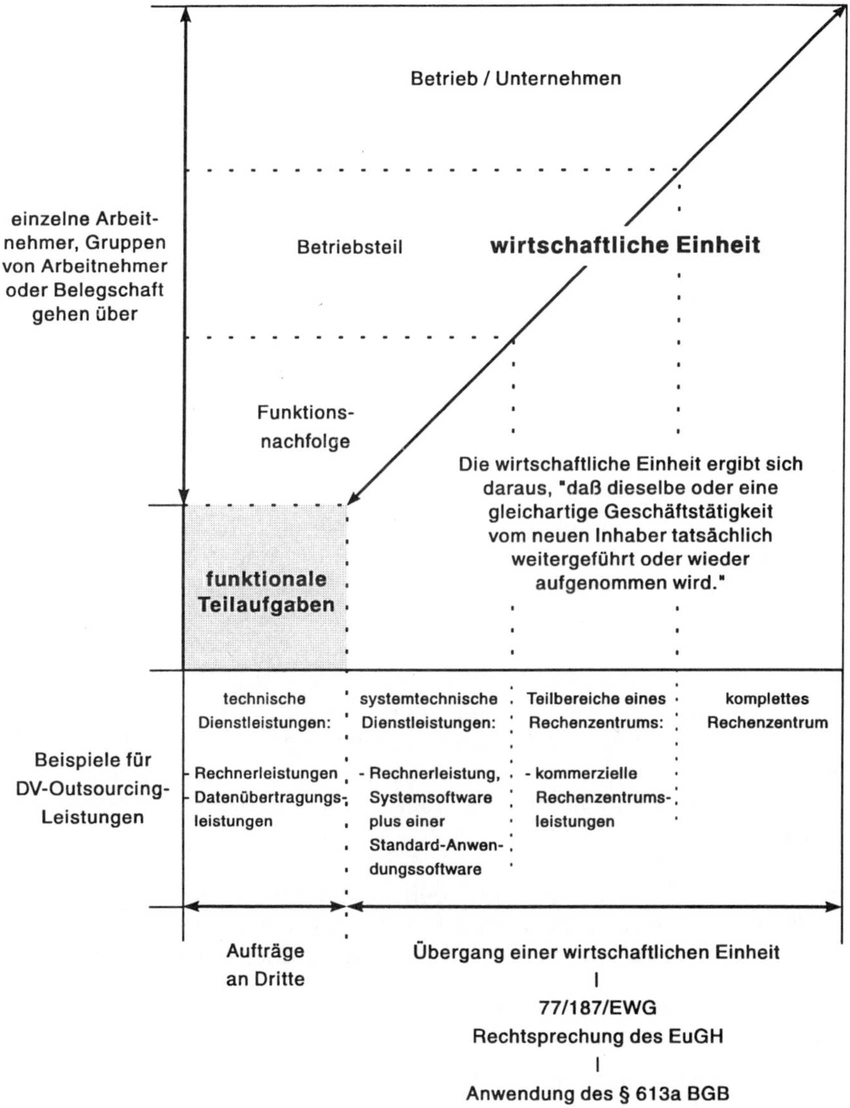

2.1.2 Grundsätze des Arbeitnehmerüberganges

Die Grundsätze des Arbeitnehmerüberganges zeigen auf, welche möglichen Rechtsfolgen bei einem Übergang von Arbeitsverhältnissen beim Inhaberwechsel eines Unternehmens, Betriebes oder Betriebsteiles (*wirtschaftliche Einheit*) durch ein Rechtsgeschäft zu beachten sind. Sie legitimieren sich aus dem § 613a BGB und der diesen Paragraphen zugrunde liegenden Richtlinie 77/187/EWG.

Die Arbeitsverhältnisse, die einem Unternehmen, Betrieb oder Betriebsteil zuzuordnen sind, gehen bei einem Inhaberwechsel mit Rechten und Pflichten auf den neuen Inhaber über (§613a BGB). (Abgrenzung Kriterien eines Unternehmens, Betriebes oder Betriebsteiles *(wirtschaftliche Einheit)* siehe Abschnitt 2.1.1.)

Beim Begriff *Arbeitsverhältnis* ist von der allgemeinen arbeitsrechtlichen Definition des Arbeitsverhältnisses auszugehen. Darunter sind Dauerarbeits-, Teilzeitarbeits-, befristete Arbeits-, Aushilfsarbeits-, Probearbeits- und Ausbildungsverhältnisse sowie die Beschäftigungsverhältnisse leitender Angestellter zu verstehen. Des weiteren gehören dazu die besonders schutzbedürftigen Personen, die beispielsweise unter das Mutterschutzgesetz (MuSchG), Lohnfortzahlungsgesetz (LohnfortzG), Schwerbehindertengesetz (SchwbG) etc. fallen. Ruhestandsverhältnisse, Handelsvertreterverträge und Leiharbeitsverhältnisse zählen dagegen in diesem Zusammenhang nicht zu den Arbeitsverhältnissen.[1]

Bei einem *Rechtsgeschäft* im Rahmen des Betriebs(teil)überganges kommt es nicht auf die Art oder die Rechtsnatur des Vertragsverhältnisses an. Es können daher beispielsweise Kauf-, Pacht-, Mietvertrag, Einräumung eines Nießbrauches, Schenkung, Pächterwechsel etc. sein. Des weiteren kommt es auch nicht auf die Übertragung von Eigentum an.[2]

§ 613a BGB ist eine individualrechtliche Rechtsvorschrift und daher nicht kollektivvertraglich anzuwenden. Des weiteren wird nicht zwischen privatrechtlichen und öffentlichrechtlichen Unternehmen, Be-

---

1 Vgl. Borngräber, H., a.a.O., S. 59-64.

2 Vgl. Schiefer, B., *Arbeitsrechtliche Voraussetzungen und Folgen des Betriebsübergangs gem. § 613a BGB*, in: Recht der Arbeit, 47. Jg., Nr. 2, 1994, S. 83-93, hier S. 87.

trieben oder Betriebsteilen (*wirtschaftliche Einheit*) differenziert.[1] Der Betriebs(teil)übergang setzt gemäß § 613a BGB keine Zustimmung oder Genehmigung des Arbeitnehmers voraus. Der Arbeitnehmer kann allerdings seiner Übernahme widersprechen (siehe Abschnitt 2.1.2.2).[2]

2.1.2.1 Zuordnung von Arbeitsverhältnissen

Bevor ein Betriebs(teil)übergang im Rahmen des Outsourcing abgewickelt wird, ist vom Outsourcer klarzustellen, welche Arbeitsplätze und welche Arbeitsverhältnisse dem übergehenden Betrieb oder Betriebsteil (*wirtschaftliche Einheit*) angehören. Dabei ist die spätere tatsächliche Übernahme des einzelnen Arbeitnehmers jeweils vom Outsourcing-Vertrag und der Zustimmung des einzelnen Arbeitnehmers abhängig (siehe Abschnitt 2.1.2.2). Die Zuordnung von Arbeitsplätzen und damit auch Arbeitsverhältnissen zu einem übergehenden Betrieb beziehungsweise eines Betriebsteiles (*wirtschaftliche Einheit*), gestaltet sich bei organisatorisch eng verbundenen Betriebsteilen oder betrieblich zentralistischen Organisationsformen in der Regel schwieriger als bei dezentralen Organisationsformen.[3] Die Problematik bei zentralistischen Organisationsformen rührt vom Prinzip der innerbetrieblich zentral strukturierten Aufgabenverteilung und der Konzentration von Entscheidungsbefugnissen her.

Bei der Notwendigkeit einer Zuordnung von Arbeitsplätzen und anschließend von Arbeitsverhältnissen zu einem bestimmten Betrieb (-steil) (*wirtschaftliche Einheit*), ist im ersten Schritt von der Funktion des Arbeitsplatzes und im zweiten Schritt vom Arbeitsschwerpunkt des Arbeitnehmers auszugehen.[4] Der Zuordnungsprozeß hat so zu erfolgen, daß er sachlich richtig und im Streitfall überprüfbar nachvollzogen werden kann. Das heißt, daß dem übergehenden Betrieb(-steil) (*wirtschaftliche Einheit*) eine entsprechende Art und Anzahl von Arbeitsplätzen zuzuordnen ist. Die Zuordnung eines Arbeitsverhältnisses

---

1 Vgl. Bauer, J.-H. (a), a.a.O., S. 339-340.

2 Vgl. BAG, Urteil vom 15. 02. 1984 - 5 AZR 123/82, in: BB 1984, S. 2266; BAG, Urteil vom 30. 10. 1986 - 2 AZR 101/85, in: BB 1987, S. 970.

3 Vgl. Lieb, M., a.a.O., S. 233-234; Alvensleben, C., *Die Rechte der Arbeitnehmer bei Betriebsübergang im Europäischen Gemeinschaftsrecht*, (Diss.), Baden-Baden 1992, S. 230 ff.

4 Vgl. Lieb, M., a.a.O., S. 234-235; BAG, Urteil vom 20. 07. 1982 - 3 AZR 261/80, in: DB 1983, S. 50-51.

gegen den Willen des Arbeitnehmers ist nicht sinnvoll, da er widersprechen kann.[1]

Bei der Zuordnung von Arbeitsverhältnissen auf die übergehenden Arbeitsplätze ist bei einem unklaren Sachverhalt eine versetzungsähnliche Maßnahme unter Berücksichtigung der Maßgaben wie bei einer Änderungskündigung durchzuführen. Danach hat der Outsourcer insbesondere § 1 Abs. 2 Ziffer 1b als auch § 1 Abs. 3 KSchG zu beachten.[2] Das heißt, es ist eine dem Sachverhalt entsprechende Sozialauswahl bei den betroffenen Arbeitnehmern des Bereiches und der Hierarchiestufen durchzuführen. Die Kriterien für die Sozialauswahl ergeben sich aus dem Arbeitgeberwechsel. Da mit dem Arbeitgeberwechsel in der Regel ein Ortswechsel der Arbeitsstelle verbunden ist, kommt dem sozialen Kriterium der Entfernung zwischen der Wohnung und dem neuen Arbeitsplatz eine besondere Bedeutung zu.[3] Die sonstigen relevanten Sozialdaten wie beispielsweise Betriebszugehörigkeit, Lebensalter, Unterhaltspflichten treten in diesem Zusammenhang in den Hintergrund.[4] Dagegen gewinnen Leistungskriterien wie z.B. Wendigkeit, schnelle Auffassungsgabe, Gesundheitszustand etc. hinsichtlich einer Umstellung auf eine neue Tätigkeit an Bedeutung.[5]

2.1.2.2 Übergang von Arbeitsverhältnissen

Ein Arbeitsverhältnis geht auf einen anderen Arbeitgeber über, wenn der Arbeitnehmer der Übernahme zustimmt. Der Arbeitnehmer ist rechtzeitig über das Outsourcing zu informieren und muß eine angemessene Überlegungsfrist (drei Wochen bis einen Monat)[6] für seine Zustimmung bekommen. Widerspricht er nicht, gilt sein Schweigen als

1 Vgl. BAG, Urteil vom 20. 07. 1982 - 3 AZR 261/80, in: DB 1983, S. 50-51.

2 Vgl. Lieb, M., a.a.O., S. 249.

3 Vgl. wie Anmerkung 2, S. 243.

4 Vgl. Preis, U., *Neuere Tendenzen im arbeitsrechtlichen Kündigungsschutz (I)*, in: Der Betrieb, 41. Jg., Nr. 26/27, 1988, S. 1387-1396, hier S. 1395; Lieb, M., a.a.O., S. 243; Braunert, U., *Betriebsbedingte Änderungskündigung*, in: Arbeit und Arbeitsrecht, 49. Jg., Nr. 1994, S. 190.

5 Vgl. Berkowsky, W., *Der Arbeitsrichter in der Flugsicherung - Überlegungen zur Sozialauswahl bei betriebsbedingten Änderungskündigungen*, in: Der Betrieb, 43 Jg., Nr. 16, 1990, S. 834-837, hier S. 835; Lieb, M., a.a.O., S. 243.

6 Vgl. Bauer, J.-H. (a), a.a.O., S. 368.

Zustimmung.[1] Im nachhinein ist eine Kündigung des Arbeitsverhältnisses aufgrund des Outsourcing durch den Arbeitnehmer nicht möglich. Das Recht auf Kündigung des Arbeitsverhältnisses aus anderen Gründen bleibt unberührt (§ 613a Abs. 4 Satz 2 BGB). Widerspricht der Arbeitnehmer und wechselt somit nicht zum Dienstleister und besteht beim Outsourcer keine Möglichkeit auf eine anderweitige Weiterbeschäftigung, kann er betriebsbedingt gekündigt werden.[2] Wird bei dem Outsourcer wegen einer Vielzahl widersprechender Arbeitnehmer ein Personalabbau erforderlich, so liegt keine sozialplanpflichtige Betriebsänderung für diese Arbeitnehmer vor. Es würde dem Schutz des § 613a BGB widersprechen, wenn Arbeitnehmer Widerspruch gegen das Outsourcing einlegen könnten, um dadurch Sozialplanleistungen zu beziehen und gegebenenfalls anschließend ein Arbeitverhältnis mit dem Dienstleister einzugehen. Dagegen können Ansprüche auf Sozialplanleistungen für die beim Outsourcer verbleibenden Arbeitnehmer und für die überwechselnden Arbeitnehmer zum Dienstleister bestehen, wenn sie durch das Outsourcing einen wirtschaftlichen Nachteil erleiden. Der widersprechende Arbeitnehmer kann sich im Rahmen des Personalabbaus beim Outsourcer nur auf eine Sozialauswahl nach § 1 III KSchG berufen, wenn für seinen Widerspruch gegen die Übernahme ein sachlicher und damit erheblicher Grund vorliegt.[3]

"Da das Recht zur Kündigung aus anderen Gründen gemäß § 613a Abs. 4 Satz 2 unberührt bleibt, kann sich der ... [Outsourcer] auf sämtliche betriebsbedingte Gründe berufen, die ihren Ursprung in anderen betrieblichen Erfordernissen als dem des Betriebs[teil]übergangs haben. Aus der Sicht des § 613a Abs. 4 BGB unproblematisch ist daher die Kündigung wegen Rationalisierung im Anschluß an den Betriebs[teil]übergang, wobei sich allerdings die Frage stellt, ob in der

---

1 Vgl. BAG, Urteil vom 17. 11. 1977 - 5 AZR 618/76, in: NJW 1978, S. 1653 - 1654.

2 Vgl. Ingenfeld, G. (b), *Outsourcing innerhalb des Konzerns (II) - Individualarbeitsrechtliche Folgen*, in: Computer und Recht, 9. Jg., Nr. 6, 1993, S. 368-372, hier S. 371; BAG, Urteil vom 20. 04. 1989 - 2 AZR 431/88, in: BB 1989, S. 2332.

3 Vgl. BAG, Urteil vom 07. 04. 1993 - 2 AZR 449/91, in: NJW 1993, S. 3156.

Sozialauswahl auch im Erwerberbetrieb [Dienstleistungsunternehmen] bereits beschäftigte Arbeitnehmer einzubeziehen sind."[1]

Veranlaßt der Outsourcer oder der Dienstleister einen Arbeitnehmer der fristlosen Kündigung oder einem Auflösungsvertrag zuzustimmen, um dann mit dem Dienstleister einen neuen Arbeitsvertrag abschließen zu können, liegt eine Umgehung des § 613a BGB vor. Liegen darüber hinaus unverfallbare Versorgungsanwartschaften vor, wird unter anderem auch gegen § 4 Abs. 1 Satz 2 BetrAVG verstoßen. Die fristlose Kündigung oder der Auflösungsvertrag ist in beiden Fällen unwirksam.[2]

Findet ein Betriebs(teil)übergang, aus welchen Gründen auch immer, mit sofortiger Wirkung statt, haben die betroffenen Arbeitnehmer nach Unterrichtung in der Regel eine Frist von drei Wochen für einen Widerspruch. Für die beteiligten Vertragsparteien (Outsourcer/ Dienstleister) ist es nicht notwendig, den betroffenen Arbeitnehmern eine Erklärungsfrist für den Widerspruch zu setzen, da sich diese Frist aus dem Kündigungsschutzrecht (§§ 4 und 13 KSchG) ergibt.[3]

Ein Arbeitnehmer, der von einem (bevorstehenden) Betriebs(teil)übergang nicht rechtzeitig unterrichtet worden ist, kann ohne rechtliche Bedenken sein Widerspruchsrecht nach dem Übergang ausüben. Der Widerspruch gegen den Übergang des Arbeitsverhältnisses wirkt auf den Zeitpunkt des Betriebs(teil)übergangs zurück. Adressat des Widerspruches kann sowohl der Outsourcer als auch der Dienstleister sein.[4]

2.1.2.3 Individualrechtliches Anspruchsrecht des Arbeitnehmers

Wechseln beim Outsourcing Arbeitnehmer den Arbeitgeber, gehen die individuellen Rechte und Pflichten des Arbeitnehmers für ein Jahr unverändert über und dürfen nicht zum Nachteil des Arbeitnehmers verändert werden (§ 613a Abs. 1 Satz 2 BGB). "Ist § 613a Abs. 1 Satz

---

1 Schiefer, B., a.a.O., S. 90.

2 Vgl. Brandmüller, G. (a), *Betriebsaufspaltung - Die aktuelle Rechtsform*, Losebl., Freiburg 1994, Gruppe 2/B, S. 426.

3 Vgl. BAG, Urteil vom 22. 04. 1993 - 2 AZR 313/92, in: DB 1994, S. 941-944.

4 Vgl. wie Anmerkung 3.

2 BGB mangels Tarifbindung des Arbeitnehmers nicht anwendbar, so entfällt das in dieser Vorschrift enthaltene Änderungsverbot, so daß vor Ablauf eines Jahres nach Betriebsübergang Änderungsvereinbarungen zum Nachteil des Arbeitnehmers getroffen werden können. Die Arbeitnehmer können jedenfalls dann mit dem Betriebserwerber Arbeitsverträge mit ungünstigeren Bedingungen abschließen, wenn hierfür sachliche Gründe bestehen."[1]

Die individuellen Rechte und Pflichten des Arbeitnehmers bestehen aus den persönlich vereinbarten arbeitsvertraglichen Verabredungen sowie den zum Zeitpunkt des Outsourcing geltenden tarifvertraglichen und betriebsvereinbarten Rechten. Letztere gelten soweit, wie sie zum Zeitpunkt des Überganges auf den einzelnen Arbeitsvertrag transformiert werden können. Spätere Änderungen des Tarifvertrages haben keinen Einfluß auf das übernommene Arbeitsverhältnis. Beschlossene Änderungen gelten jedoch mit dem späteren Wirkungstermin.[2] Die Vorschrift greift nur dann für die tarifvertraglichen Bedingungen, wenn beim neuen Arbeitgeber der Tarifvertrag nicht kollektivrechtlich gilt.[3] Voraussetzung für die Fortgeltung des Tarifvertrages ist jedoch, daß der Arbeitnehmer der tarifvertraglich zuständigen Arbeitnehmervertretung angehört und der neue Arbeitgeber in dem tarifschließenden Verband organisiert ist. Der Fortbestand des Tarifvertrages kann z.B. beim Konzern-Outsourcing in einem Interessenausgleich/Sozialplan für die übergehenden Arbeitnehmer festgelegt werden. Handelt es sich aber beim Arbeitnehmerübergang um eine individualrechtliche Fortgeltung des Tarifvertrages gemäß § 613a Abs. 1 Satz 2 BGB, tritt der neue Arbeitgeber an die Stelle des alten Arbeitgebers und wird Schuldner aller Ansprüche des einzelnen Arbeitnehmers. Der alte Arbeitgeber haftet dann nur für Ansprüche, die bis zum Übergang entstanden sind und vor Ablauf eines Jahres nach diesem Zeitpunkt fällig werden (§ 613a Abs. 2 BGB). Da der neue Arbeitgeber in sämtliche Rechte und Pflichten der auf ihn übergegangenen Arbeitsverhältnisse eintritt, richten sich z.B. die Betriebszugehörigkeit, die Lohn-/

---

1 BAG, Urteil vom 04. 03. 1993 - 2 AZR 507/92, in: NZA 1994, S. 260-264, hier. S. 262; vgl. BAG, Urteil vom 12. 05. 1992 - 3 AZR - 247/91, in: DB 1992, S. 2038 f; BAG, Urteil vom 12. 05. 1992 - 3 AZR - 247/91, in: NZA 1992, S. 1080 f.

2 Vgl. Kania, T., *Tarifeinheit bei Betriebsübergang?*, in: Der Betrieb, 47. Jg., Nr. 10, 1994, S. 529-534, hier S. 530.

3 Vgl. wie Anmerkung 2, S. 529.

Gehaltseinstufung und die Versorgungsanwartschaften jeweils nach der bisherigen Handhabung.

Gehen bei dem Übergang des Arbeitsverhältnisses Urlaubsansprüche des Arbeitnehmers mit über, erlöschen diese durch das Outsourcing nicht (§ 613a Abs. 1 Satz 1 BGB).[1] Da der alte Arbeitgeber neben dem neuen Arbeitgeber für alle Verpflichtungen aus den zum Zeitpunkt des Überganges bestehenden Arbeitsverhältnissen haftet (§ 613a Abs. 2 BGB), bestehen die Urlaubsansprüche gegen den alten Arbeitgeber. Letzterer kann jedoch Urlaub in Form von bezahlter Freizeit nicht mehr gewähren. Somit ist er verpflichtet, dem neuen Arbeitgeber, der den Urlaub gewährt, einen monetären Ausgleich zu leisten.

Hat ein Arbeitnehmer mit seinem alten Arbeitgeber eine nachvertragliche Wettbewerbsabrede gemäß §§ 74 ff. HGB in seinem Arbeitsvertrag vereinbart, geht diese mit dem Arbeitsverhältnis gemäß § 613a BGB über, da sie mit dem Arbeitsverhältnis verknüpft ist.[2] Inwieweit die Wettbewerbsabrede gültig ist, kann an dieser Stelle nicht dargestellt werden, da hierzu bisher keine höchstrichterliche Entscheidung vorliegt.

Der "status quo" eines Arbeitnehmers wie beispielsweise ein vom Arbeitgeber verliehener Titel, eine besonders komfortable Arbeitsplatzgestaltung, ein Dienstwagen oder bestimmte Vollmachten stellen keine Rechte im Sinne des § 613a BGB dar. Sie müssen nicht übernommen werden. Der Dienstwagen nimmt in diesem Rahmen eine Sonderstellung ein, wenn er auch privat benutzt werden durfte. Die private Nutzung stellt ein Entgelt dar und ist beim Übergang entsprechend vom neuen Arbeitgeber zu berücksichtigen.[3] Sozialeinrichtungen, Darlehen etc. stellen weitere Leistungen eines Arbeitgebers für seine Arbeitnehmer dar. Sie sind meist allgemeine Motivationsfaktoren oder allgemeine Treuedienstleistungen, die in einem freiwilligen Kollektivvertrag geregelt sind. Sie sind aber keine Rechte

1 Vgl. Leinemann, W. und Lipke, G.-A., *Betriebsübergang und Urlaubsanspruch*, in: Der Betrieb, 41. Jg., 1988, S. 1217-1222.

2 Vgl. Nägele, S., *Die Wettbewerbsabrede beim Betriebsinhaberwechsel*, in: Betriebs-Berater, 44. Jg., Nr. 21, 1989, S. 1480-1481.

3 Vgl. Borngräber, H., a.a.O., S. 91.

und Pflichten im Sinne des § 613a BGB, so daß kein Anspruch auf Übernahme solcher Leistungen besteht.

Bezieht ein Arbeitnehmer Versorgungsleistungen, wie z.B. Treuedienstunterstützung aus einer Unterstützungskasse des alten Arbeitgebers, entfallen diese Ansprüche beim Übergang zum neuen Arbeitgeber, sofern nicht die Versorgungskasse übergeht.[1] Gemäß § 613a BGB hat der neue Arbeitgeber in diesem Fall die Versorgungsleistungen in dem Rahmen zu übernehmen, wie der alte Arbeitgeber Zusagen getroffen hat.[2] Erhält der Arbeitnehmer vom neuen Arbeitgeber eine eigene Versorgungszusage, ist der neue Arbeitgeber nicht verpflichtet, bei der Berechnung die Beschäftigungszeiten beim alten Arbeitnehmer anzurechnen.[3]

2.1.2.4 Ablösung individualrechtlicher Anspruchsrechte

Die individualrechtlichen Anspruchsrechte des übergehenden Arbeitnehmers können vor Ablauf eines Jahres durch tarifvertragliche und betriebsvertragliche Rechtsnormen beim neuen Arbeitgeber abgelöst werden (§ 613a Abs. 1, Satz 3 BGB).[4] Die Ablösung ist nur möglich, wenn der übergehende Arbeitnehmer und der neue Arbeitgeber Kraft Mitgliedschaft in den tarifschließenden Parteien oder Kraft allgemeinverbindlicher Erklärung (§ 5 TVG) an den geltenden Tarifvertrag gebunden sind.[5] Der neue Arbeitgeber hat bei Tarifbindung nur die Möglichkeit, für alle Arbeitnehmer in seinem Haus die gleichen Ar-

---

1 Vgl. Blum, E., *Das rechtliche Schicksal einer Aussicht auf Leistungen einer Unterstützungskasse bei Betriebsübergang*, in: Der Betrieb, 33. Jg., 1980, S. 354-355; BAG, Urteil vom 15. 03. 1979 - 3 AZR 859/77, in: NJW 1979, S. 2533; BAG, Urteil vom 15. 03. 1979 - 3 AZR 859/77, in: DB 1979, S. 1462.

2 Vgl. BAG, Beschluß vom 05. 05. 1977 - 3 ABR 34/76, in: NJW 1977, S. 2326; BAG, Beschluß vom 05. 05. 1977 - 3 ABR 34/76, in: BB 1977, S. 1251; BAG, Beschluß vom 05. 05. 1977 - 3 ABR 34/76, in: DB 1977, S. 1803.

3 Vgl. BAG, Urteil 30. 08. 1979 - 3 AZR 58/78, in: NJW 1980, S. 416.

4 Vgl. Junker, M., *Die auf einer Betriebsvereinbarung beruhende Altersversorgung beim Betriebsübergang*, in: Recht der Arbeit, 46. Jg., Nr. 4, 1993, S. 203-209, hier S. 207.

5 Vgl. Kania, T., a.a.O., S. 530.

beitsbedingungen zu schaffen.[1] Es gilt bei der Angleichung der allgemeine Vorrang des Tarifvertrages vor den Betriebsvereinbarungen.[2] Darüber hinaus darf auf ein Arbeitsverhältnis jeweils nur ein Tarifvertrag Anwendung finden.[3] Bei einer möglichen Auswahl eines Tarifvertrages ist dem spezielleren Tarifvertrag der Vorrang zu geben.[4]

2.1.2.5 Übergang von Versorgungsanwartschaften

Besteht für die Arbeitnehmer beim alten Arbeitgeber zum Zeitpunkt des Überganges eine Versorgungsanwartschaft, geht diese nach § 613a BGB über.[5] Für Personen, die nicht unter § 613a BGB fallen, wie z.B. Geschäftsführer, sind die Versorgungsanwartschaften individuell auf den neuen Arbeitgeber überzuleiten.[6]

Der neue Arbeitgeber hat z.B. Anspruch auf eine Ausgleichszahlung für die übernommenen Anwartschaften. Der Ausgleich erfolgt in der Regel durch eine Vergütung in Höhe der bisher beim alten Arbeitgeber gebildeten Pensionsrückstellungen (Barzahlung) oder einer Verrechnung mit zukünftigen Zahlungen.[7] Eine Aufspaltung der Anwartschaften auf den alten und den neuen Arbeitgeber ist aus steuerlichen Gründen nicht möglich, da gemäß § 613a BGB die Ansprüche des Arbeitnehmers in vollem Umfang auf den neuen Arbeitgeber übergehen. Vertraglich wäre eine Regelung zwischen dem neuen Arbeitgeber, dem alten Arbeitgeber und dem einzelnen Arbeitnehmer denkbar, wonach die Pensionsanwartschaft bis zum Übergang beim alten

1 Vgl. Junker, M., a.a.O., S. 207.

2 Vgl. Ingenfeld, G. (a), a.a.O., S. 271.

3 Vgl. BAG, Urteil vom 14. 06. 1989 - 4 AZR 200/89, in: DB 1990, S. 129.

4 Vgl. BAG, Urteil vom 14. 06. 1989 - 4 AZR 200/89, in: DB 1990, S. 129; BAG, Urteil vom 20. 03. 1991 - 4 AZR 455/90, in: DB 1991, S. 1779.

5 Vgl. Quack, N., *Begrenzung der Nachhaftung für betriebliche Altersversorgung durch eine Verjährungsvereinbarung*, in: Betriebs-Berater, 34. Jg., Nr. 28, 1979, S. 1457-1459; BAG, Urteil vom 24. 03. 1977 - 3 AZR 649/76, in: BB 1977, S. 1202; BAG, Urteil vom 24. 03. 1977 - 3 AZR 649/76, in: DB 1977, S. 1466.

6 Vgl. Brandmüller, G. (a), a.a.O., Gruppe 3, S. 93.

7 Vgl. Lemitz, H.-G., *Bewertung von Versorgungssverpflichtungen bei Veräußerung oder Erwerb von Betrieben*, in: Betriebs-Berater, 37. Jg., Nr. 18, 1982, Beilage 8.

Arbeitgeber verbleibt. Für die Unternehmen wären dann getrennte Pensionsrückstellungen zu bilden.[1]

2.1.2.6 Weitergabe von Personaldaten

Die Personaldaten der Arbeitnehmer, die beim Outsourcing den Arbeitgeber wechseln, dürfen nicht ohne Einwilligung des Betroffenen weitergegeben werden. Der Anspruch beruht auf dem allgemeinen Persönlichkeitsrecht aus Art. 1 und 2 GG. Das allgemeine Persönlichkeitsrecht umfaßt unter anderem den Schutz der Offenlegung personenbezogener Daten einschließlich der Daten, die der Arbeitgeber in zulässiger Weise erlangt hat. Daraus ergibt sich, daß personenbezogene Daten des Arbeitnehmers allein im Kenntnisbereich der Partei verbleiben, die sie speichert (vergleiche auch BDSG). Für das Outsourcing resultiert daher die Notwendigkeit der Genehmigung durch die betroffene Person hinsichtlich der Übergabe ihrer Personaldaten an eine andere Partei.[2]

2.2 Arbeitnehmerüberlassung

Im Rahmen des Outsourcing kann eine Arbeitnehmerüberlassung zum Tragen kommen, wenn Mitarbeiter einer Vertragspartei bei der anderen Vertragspartei Tätigkeiten ausüben und dort betriebliche Erfordernisse erledigen,[3] ohne daß ein Arbeitgeberwechsel durch Betriebsübergang gemäß § 613a BGB vorliegt.[4] Eine Arbeitnehmerüberlassung liegt gemäß § 1 AÜG dann vor, wenn ein Arbeitgeber (Verleiher) einem Dritten (Entleihern) Arbeitnehmer (Leiharbeitnehmer) zur Arbeitsleistung überläßt. Sie erschöpft sich also im bloßen Zurverfügungstellen geeigneter Arbeitskräfte, die der Dritte nach eigenen betrieblichen Erfordernissen in seinem Betrieb einsetzt. Unerheblich ist dabei, ob die Arbeitnehmerüberlassung Hauptzweck, d.h. das Gewerbe des Verleihers ist oder nicht. Bei wiederholter Überlassung durch einen Verleiher ist daher grundsätzlich Gewerbsmäßigkeit anzunehmen. Die Gewerbsmäßigkeit ist auch gegeben, wenn es sich bei

---

1 Vgl. Brandmüller, G. (a), a.a.O., Gruppe 7.6, S. 31-33.

2 Vgl. Abel, R., *Weitergabe von Personaldaten an eine überbetriebliche Prüfstelle*, in: Recht der Datenverarbeitung, 6. Jg., Nr. 1, 1990, S. 39-40.

3 Vgl. Kilian, W. und Liedtke, W., *Arbeitsrecht*, in: Kilian, E., und Heussen, B., Computerrechts-Handbuch, Teil 7, München 1994, Nr. 70, Rdnr. 25-26.

4 Vgl. Jobs, F. und Horchler, H., a.a.O., S. 108-109.

der Arbeitnehmerüberlassung um eine im Geschäftsinteresse liegende Kundenserviceleistung handelt.[1] Der Mitarbeiter muß aber organisatorisch in das andere Unternehmen eingebunden sein und mehr als lediglich Beraterfunktionen oder Projektleitungstätigkeiten wahrnehmen.[2] Eine Arbeitnehmerüberlassung liegt vor, wenn z.B. ein Mitarbeiter eine DV-Anwendung über einen Zeitraum bei der anderen Vertragspartei betreut.[3]

3. Mitwirkungs- und Mitbestimmungsaspekte beim Outsourcing

3.1 Gesellschaftsrechtliches Mitwirkungsrecht

Mitwirkungsrechte beim Outsourcing können entstehen, wenn ein wesentlicher Teil eines Unternehmens oder die unternehmerisch wichtige Datenverarbeitung fremdbezogen wird.[4]

3.1.1 Outsourcing auf eine Tochter-/ Schwestergesellschaft

Beabsichtigt ein Unternehmen einen wesentlichen Vermögensteil (unterster Richtwert ist 10 % des Vermögens)[5] wie z.B. die Datenverarbeitung auf eine Tochtergesellschaft zu verlagern, ist hierfür der

---

1 Vgl. Bundesanstalt für Arbeit, *Merkblatt zur Abgrenzung zwischen Arbeitnehmerüberlassung und Entsendung von Arbeitnehmern im Rahmen von Werks- und selbständigen Dienstverträgen soweit anderen Formen drittbezogenen Personaleinsatzes*, vom 7. August 1972, veröffentlicht im BGBl I S. 1393 ff; und Anlage: *Durchführunganweisungen (DA) zum Arbeitnehmerüberlassungsgesetz (AÜG) - (Teil-DA zu § 1 AÜG)*, Runderlaß der Bundesanstalt für Arbeit, Nr. 72/86 vom 5. Mai 1986, im Dienstblatt der Bundesanstalt für Arbeit vom 5. Mai 1986.

2 Vgl. Heussen, B. (e), *Leistungsstörungen und Gewährleistung*, in: Kilian, W. und Heussen, B., Computerrechts-Handbuch, München 1994, Teil 4, Nr. 45, Rdnr. 25-26.

3 Vgl. Zahrnt, Ch. (b), *Arbeitnehmerüberlassung - Abgrenzungskriterien der Bundesanstalt für Arbeit bei Softwareleistungen*, in: Computer und Recht, 7. Jg., Nr. 12, 1991, S. 736-739; Langert-Stein, R., *Datenverarbeitung und Arbeitnehmerüberlassung*, in: Computer und Recht, 8. Jg., Nr. 2, 1992, S. 97-101.

4 Vgl. Hirte, H., *Gesellschaftsrechtliche Fragen des Outsourcing - Grenzen und Folgen der Auslagerung der Datenverarbeitung*, in: Computer und Recht, 8. Jg., Nr. 4, 1992, S. 193-198, hier S. 193.

5 Vgl. wie Anmerkung 4, S. 195.

qualifizierte Mehrheitsbeschluß der Hauptversammlung- beziehungsweise der Gesellschaftsbeschluß der ausgliedernden Gesellschaft herbeizuführen (§ 119 Abs. 2 AktG). Gleiches gilt auch im GmbH-Recht.[1] Der Grund für die Notwendigkeit einer Zustimmung der Gesellschafter liegt in der Verkürzung ihrer Mitwirkungs- und Einflußrechte.[2] Inwieweit der Aufsichtsrat ein Mitwirkungsrecht beim Outsourcing hat, ist noch nicht entschieden.

3.1.2 Outsourcing an einen selbständigen Dienstleister

Beabsichtigt ein Unternehmen z.B. die Datenverarbeitung auf ein selbständiges Unternehmen durch vertragliche Beziehung zu verlagern, sieht das geltende Recht keine Zustimmung der Gesellschafterversammlung vor. Bei einem solchen Outsourcing-Vertrag handelt es sich um eine Geschäftsführungsmaßnahme, die die Geschäftsführung nach § 76 AktG bzw. § 37 GmbHG ohne Zustimmung der Gesellschafterversammlung durchführen darf.[3] Wird aber soviel Datenverarbeitung von der Geschäftsführung verlagert, daß das Unternehmen in den Hauptfunktionen eigenständig handlungsunfähig wird, ist auch hier die Zustimmung der Gesellschafterversammlung einzuholen. Ob beim Outsourcing der Datenverarbeitung ein solcher Umfang vorliegt, ist von der Ausgestaltung des Outsourcing-Vertrages abhängig.

3.2 Mitbestimmung des Betriebsrates

Bei einer Betriebsänderung wie es das Outsourcing darstellen kann, müssen zahlreiche Maßnahmen zeitlich und inhaltlich aufeinander abgestimmt werden. Ob und wann das Mitbestimmungsrecht des Betriebsrates Anwendung findet, hängt von unterschiedlichen Faktoren ab. Das Mitbestimmungsrecht setzt voraus, daß ein Betriebsrat existiert (§ 90 und § 111 f. BetrVG). Eine nach dem Beginn einer Maßnahme installierte Institution hat keine nachträglichen Mitwirkungsrechte wie z.B. nachträgliche Forderung nach einem Sozialplan. Der Outsourcer hat den Betriebsrat über Betriebsänderungen zu unterrichten und mit ihm über die Maßnahmen zu beraten (§ 90 und §

---

1 Vgl. Hirte, H., a.a.O., S. 194.

2 Vgl. wie Anmerkung 1, S. 194.

3 Vgl. wie Anmerkung 1, S. 195.

111 f. BetrVG).[1] Mitbestimmungspflichtig sind Maßnahmen, die eine Änderung des Betriebes zum Gegenstand haben. Dazu zählen quantitative und qualitative Veränderungen der organisatorischen Einheit, der Betriebsmittel, des Betriebszweckes und der Arbeitnehmerzahlen.[2] Eine Betriebsveränderung im Sinne des § 90 Abs. 1 Nr. 2 BetrVG ist z.B. die Umstellung der EDV-unterstützten Personalabrechnung von Off-Line- auf On-Line-Betrieb.[3] Die Information der Veränderung hat rechtzeitig (§ 90 Abs. 2 BetrVG) und unter Vorlage der erforderlichen Unterlagen zu erfolgen (§ 90 Abs. 1 BetrVG), so daß Vorschläge und Bedenken des Betriebsrates bei der Planung berücksichtigt werden können.

Während eine Ausgliederung eines Betriebes oder Betriebsteiles immer eine grundlegende Betriebsänderung beim Outsourcer darstellt (§ 90 und § 111 Satz 2 Nr. 4 BetrVG), sind bei der Auslagerung zwei Outsourcing-Aktivitäten zu unterscheiden. Die Auslagerung stellt eine Betriebsänderung dar (§ 90 und § 111 Satz 2 Nr. 4 BetrVG), wenn z.B. technische und systemtechnische Dienstleistungen fremdbezogen werden und ein Arbeitnehmerübergang (§ 613a BGB) stattfindet. Dagegen findet keine Betriebsänderung statt, wenn z.B. eine DV-Service-Leistung (Backup-Dienstleistung, etc.) oder eine DV-Projekt-Dienstleistung fremdbezogen wird, da durch diese Outsourcing-Aktivität kein wesentlicher Betriebszweck weiterverfolgt wird.

3.2.1 Zeitpunkt der Unterrichtung des Betriebsrates

Der Outsourcer hat den Betriebsrat über seine Betriebsänderung rechtzeitig zu unterrichten (§ 90 und § 111 Satz 1 BetrVG). Die Unterrichtung des Betriebsrates hat vor der Durchführung der Betriebsänderung und nach der Entschlußfassung für die Outsourcing-Maßnahme zu erfolgen. Für eine juristische Person ist dementsprechend der Entscheidungstermin von Vorstand beziehungsweise Geschäftsführung maßgebend. Eine Genehmigung des Aufsichtsrates oder

1 Vgl. Schneider, J., *Praxis des EDV-Rechts: Recht der Beschaffung, des Betriebs, der Wartung und Pflege von Computeranlagen und -programmen, insbesondere EDV-Vertragsrecht*, Köln 1990, S. 103 f.

2 Vgl. Bauer, J.-H. (b), *Aktuelle Probleme des Personalabbaus im Rahmen von Betriebsänderungen (Teil I)*, in: Der Betrieb, 47. Jg., Nr. 4, 1994, S. 217-227, hier S. 218.

3 Vgl. Linnenkohl, K., *Erweiterte Unterrichtungs- und Beratungsrechte bei neuen Techniken*, in: Computer und Recht, 7. Jg., Nr 2, 1991, S. 100-101.

Beirates etc. ist nicht erforderlich. Ebensowenig besteht keine Unterrichtungspflicht, wenn das Outsourcing-Vorhaben noch im Stadium von Vorüberlegungen oder Planspielen ist.[1]

3.2.2 Mitbestimmung des Betriebsrates beim Planungsprozeß

Der Betriebsrat des Outsourcers besitzt gegebenenfalls Informations- und Mitbestimmungsrechte während des Planungsprozesses der Ausgliederung und Auslagerung, wenn personenbezogene Daten betroffen sind. Gleiches gilt für die Einführung und Anwendung von technischen Einrichtungen, die dazu bestimmt sind, das Verhalten oder die Leistung der Arbeitnehmer zu überwachen (§ 80 Abs. 2; § 87 Abs. 1 Nr. 6 BetrVG). Daneben stehen ihm in dieser Phase Kontrollrechte zu (§ 80 Abs. 1 Nr. 1 BetrVG).

3.2.3 Mitbestimmung bei personenbezogener Auftragsdatenverarbeitung

Vereinbaren Outsourcing-Partner personenbezogene Datenverarbeitung im Auftrag, haben die Vertragsparteien zu berücksichtigen, daß der Betriebsrat des Outsourcers über die Einhaltung der BDSG-Vorschriften nach § 80 Abs. 1 Nr. 1 BetrVG zu wachen hat.[2]

3.2.4 Mitbestimmung bei der Personalkontrolle

Gemäß § 87 Abs. 1 Nr. 6 BetrVG hat der Betriebsrat ein Mitbestimmungsrecht bei der Einführung und Anwendung von technischen Einrichtungen, die dazu geeignet sind, das Verhalten oder die Leistung der Arbeitnehmer zu überwachen.[3] Letzteres kann gegeben sein, wenn der Outsourcer zur Ermittlung beziehungsweise Kontrolle des Dienstleisters die in Anspruch genommenen DV-Leistungen seiner

---

1 Vgl. Bauer, J.-H. (b), a.a.O., S. 222; Linnenkohl, K. und Töpfer, A., *Der Betriebsrat als Planungspartner*, in: Betriebs-Berater, 48. Jg., Nr. 20, 1986, S. 1301-1305.

2 Vgl. Schneider, J., a.a.O., S. 103-105.

3 Vgl. Jobs, F., *Die Mitbestimmung des Betriebsrates bei Personalinformationssystemen*, in: Jobs, F. und Samland, J. (Hrsg.), Personalinformationssysteme in Recht und Praxis, Stuttgart 1984, S. 119-152, hier S. 123.

Arbeitnehmer aufzeichnet und auswertet.[1] Das Mitbestimmungsrecht des Betriebsrates liegt insgesamt bei der Einführung und der Anwendung der Leistungserhebung sowie der weiteren Verwendung der auf diese Weise erhobenen Daten vor.[2]

3.2.5 Zuständigkeiten des Gesamt- oder Konzernbetriebsrats

Welcher Betriebsrat hinsichtlich des Mitwirkungsanspruches beim Outsourcing Ansprech- und Verhandlungspartner gegenüber dem Outsourcer ist, hängt vom Umfang des Outsourcing-Potentials ab. Grundsätzlich gilt, daß sich der ortsnähere Betriebsrat mit den betriebsverfassungsrechtlichen Aspekten zu befassen hat.[3] Beim Outsourcing in Form einer Auslagerung (z.B. technischer Dienstleistungen) ist der unmittelbar betroffene Betriebsrat zuständig. Wird Outsourcing in Form einer Ausgliederung (z.B. kompletter Rechenzentrums-Dienstleistungen) in mehreren Betrieben/Unternehmen einer Unternehmensgruppe betrieben, ist in der Regel der Gesamtbetriebsrat Verhandlungsorgan, wenn die einzelnen Betriebsräte nicht in der Lage sind, die Angelegenheiten gemeinsam zu regeln (§ 50 BetrVG). Der Konzernbetriebsrat ist Verhandlungsorgan, wenn in einem Konzern mehrere Betriebsverfassungen von verschiedenen Konzernunternehmen beim Outsourcing betroffen sind oder er vom Gesamtbetriebsrat beauftragt worden ist (§ 58 BetrVG).[4]

3.2.6 Ansprüche des Wirtschaftsausschusses

Der Wirtschaftsausschuß des Outsourcers (§ 106 Abs. 1 BetrVG) hat Anspruch auf Unterrichtung und Beratung, wenn durch das Outsourcing:[5]

- eine Änderung der Betriebsorganisation oder des Betriebszweckes stattfindet, § 106 Abs. 3 Nr. 9 BetrVG und/oder

---

1 Vgl. BAG 06. 12. 1983 - BAGE 44 S. 285 = AP Nr. 7 zu § 87 BetrVG 1972 Überwachung.

2 Vgl. Gola, P., *Handbuch zum Arbeitnehmerdatenschutz: Rechtsfragen und Handlungshilfen für die betriebliche Praxis*, Köln 1989, S. 207-208.

3 Vgl. BAG AP Nr. 12.

4 Vgl. Ingenfeld, G. (a), a.a.O., S. 291-292.

5 Vgl. Ingenfeld, G. (a), a.a.O., S. 288.

- eine wesentliche Berührung der Arbeitnehmerinteressen vorliegt, § 106 Abs. 3 Nr. 10 BetrVG - eine Berührung in diesem Sinne liegt vor, wenn ein Arbeitnehmerübergang stattfindet (§ 613a BGB). -

Die Unternehmensleitung des Outsourcers hat die Mitarbeiter über das geplante Outsourcing-Vorhaben rechtzeitig und umfassend zu unterrichten und eine Beratung durchzuführen (§ 106 Abs. 2 BetrVG). Der Informations- und Beratungsanspruch besteht hinsichtlich der wirtschaftlichen Angelegenheit des Outsourcing-Vorhabens, besonders im Hinblick auf die Auswirkungen auf die Personalplanung (§ 106 Abs. 2 BetrVG).[1] Der Zeitpunkt der Unterrichtung liegt im Planungsstadium des Vorhabens.[2]

3.2.7 Verspätung der Unterrichtspflichten

Die Verletzung oder Verspätung der Unterrichtspflichten gegenüber dem Betriebsrat und dem Wirtschaftsausschuß stellt nach § 90 Abs. 1, 2 Satz 1, § 92 Abs. 1 Satz 1 oder § 111 BetrVG beziehungsweise nach § 106 Abs. 2 BetrVG eine Ordnungswidrigkeit dar (§ 121, Abs. 1 BetrVG). Diese kann mit einer Geldbuße bis zu 20.000 DM geahndet werden (§ 121, Abs. 2 BetrVG). Die Verletzung der Beratungspflicht hat dagegen keine ordnungsrechtlichen Konsequenzen.

3.3 Interessenausgleich und Sozialplan

Der Anspruch auf einen Interessenausgleich und einen Sozialplan besteht, wenn durch das Outsourcing eine Betriebsänderung gemäß § 111 BetrVG durchgeführt wird und in dem Betrieb in der Regel mehr als 20 wahlberechtigte Arbeitnehmer beschäftigt sind. Wahlberechtigt sind alle Arbeitnehmer, die das 18. Lebensjahr vollendet haben (§ 7 BetrVG). Maßgebend für die Zahl der wahlberechtigten Arbeitnehmer ist die normale Beschäftigtenzahl des Betriebes. Sie setzt sich aus einem Rückblick und einer zukünftigen Einschätzung zusammen.[3] Sind in dem Betrieb weniger als 21 wahlberechtigte Arbeitnehmer beschäftigt, bleibt es den Betriebspartnern überlassen, einen freiwilligen Sozialplan gemäß § 88 BetrVG zu vereinbaren. Ein Anspruch auf einen Interessenausgleich und einen Sozialplan haben die Arbeit-

---

1 Vgl. Ingenfeld, G. (c), *Die Betriebsausgliederung aus der Sicht des Arbeitsrechts*, Diss., Bergisch Gladbach/Köln 1992, S. 14.

2 Vgl. Linnenkohl, K. und Töpfer, A., a.a.O., S. 1302.

3 Vgl. Bauer, J.-H. (b), a.a.O., S. 218.

nehmer, die zum Dienstleister überwechseln sowie die verbleibenden Arbeitnehmer im Restbetrieb des Outsourcers.

Die Entscheidung, ob eine Betriebsänderung vorliegt, ergibt sich aus der Veränderung und deren Folgen. Die Vergabe von einzelnen (Dienst-)Leistungen, wie DV-Service-Leistungen (Backup-Dienstleistungen etc.) oder Übergaben von technischer Infrastruktur (Rechner etc.), stellt beispielsweise keine grundlegende oder wesentliche Betriebsveränderung dar.[1] In diesem Fall muß durch einzelvertragliche Regelung eine Umsetzung von einzelnen Arbeitnehmern erfolgen.[2] Eine wesentliche Betriebsänderung liegt vor, wenn die, durch die Rechtsprechung und aus § 17 KSchG entwickelte, 5 % Grenze personeller Veränderungen in dem Unternehmen vorliegt.[3] Solange die personalbezogene 5 % Grenze nicht überstiegen wird, liegt keine wesentliche Betriebsänderung vor und es besteht damit kein Anspruch auf einen Sozialplan gemäß § 112 ff BetrVG.

In § 112 BetrVG sind die Mitwirkungsrechte des Betriebsrates bei Interessenausgleich und Sozialplan über eine Betriebsänderung geregelt. Unter einem Interessenausgleich ist die Einigung über die Entscheidung der Betriebsänderung zu verstehen. Er beinhaltet die Eckdaten für die Betriebsänderung.[4] Der Sozialplan ist die Einigung über den Ausgleich oder die Milderung der wirtschaftlichen Nachteile, die für den Arbeitnehmer infolge der geplanten Betriebsänderung besteht (§ 112 Abs. 1, Satz 2 BetrVG). Kommt ein Interessenausgleich oder Sozialplan nicht innerbetrieblich zustande, so kann die Ausgestaltung des Sozialplans notfalls über den Spruch einer Einigungsstelle herbeigeführt werden (§ 112 Abs. 4 BetrVG). Bei dem Interessenausgleich kann die Einigungsstelle im Streitfall nur auf eine gütliche Einigung hinwirken (§ 112 Abs. 3 BetrVG). Die Zuständigkeit für Interessenausgleich und Sozialplan auf der Arbeitnehmerseite ist

---

1 Vgl. BAG, Beschluß vom 06. 12. 1988 - 1 ABR 47/87, in: NZA 1989, S. 399.

2 Vgl. Falkenberg, R.-D., *Auswirkungen des § 613a BGB in der betrieblichen Praxis*, in: Der Betrieb, 33. Jg., Nr. 14, 1980, S. 783-786, hier S. 783.

3 Vgl. Henssler, M., *Aufspaltung, Ausgliederung und Fremdvergabe*, in: Neue Zeitschrift für Arbeitsrecht, 11. Jg. Nr. 7, 1994, S. 294-305, hier S. 304.

4 Vgl. BAG AP Nr. 41 zu § 112 BetrVG 1972, in: NZA 1988, S. 203.

jeweils von dem Umfang der Betriebsänderung abhängig. Betrifft z.B. die Betriebsänderung mehrere Betriebe eines Konzerns oder einer Unternehmensgruppe, ist entsprechend der Konzern- oder Gesamtbetriebsrat verhandlungsberechtigt. Damit soll der Gleichbehandlungsgrundsatz gegenüber den Angehörigen der betroffenen Betriebe hergestellt werden.[1] Werden im Rahmen einer Betriebsänderung die Betriebsverfassungsrechte bei der Durchführung nicht berücksichtigt, drohen dem Outsourcer durch den zuständigen Betriebsrat folgende Konsequenzen:[2]

- ein Nachteilsausgleich nach § 113 Abs. 3 BetrVG,
- eine Erzwingung eines Sozialplans nach § 112 BetrVG oder
- unter Umständen eine Unterlassungsverfügung im Wege eines einstweiligen Rechtsschutzes wegen Mißachtung der Rechte der Betriebsratsorgane durch die Arbeitsgerichte.[3]

Wenn der zuständige Betriebsrat rechtzeitig eingeschaltet und informiert wird, ergibt sich für ihn die Möglichkeit, die Entscheidungsgrundlagen und -inhalte nachzuvollziehen. Für die nachfolgenden Entscheidungen ist er damit in die Lage versetzt, die zu erwartenden Auswirkungen abzuschätzen.

In der Praxis werden Interessenausgleich und Sozialplan während der Verhandlungen sehr oft zusammengefaßt. Es empfiehlt sich aber beides in getrennten Urkunden niederzulegen, da getrennte Anspruchsgrundlagen bestehen. Aus dem Sozialplan ergeben sich für die einzelnen Arbeitnehmer unmittelbare Ansprüche hinsichtlich eines Nachteilsausgleichs gegen den Unternehmer. Er hat die Wirkung einer Betriebsvereinbarung (§ 112 Abs. 1 S. 2 BetrVG) und die Stellung als eine Betriebsvereinbarung besonderer Art.[4] Der Interessenausgleich ist eine kollektive Sondervereinbarung besonderer Art, keine Betriebsvereinbarung. Ein Abweichen vom Interessenausgleich hat zur Folge, daß der Outsourcer dadurch zum Nachteilsausgleich nach § 113 BetrVG verpflichtet ist und neu über den Sozialplan verhandelt werden

1 Vgl. BAG AP Nr. 11 zu § 112 BetrVG 1972, in: NJW 1982, S. 69.

2 Vgl. Ingenfeld, G. (a), a.a.O., S. 291.

3 Vgl. LAG Frankfurt a.M., Beschluß vom 30. 08. 1984 - 4 Ta BVGa 114/84, in: DB 1985, S. 178; LAG Hamburg, Beschluß vom 05. 02. 1986 - 4 Ta BV 12/85, in: DB 1986, S. 598.

4 Vgl. BAG AP Nr. 2, 7 zu § 112 BetrVG.

muß. Interessenausgleich und Sozialplan sind schriftlich niederzulegen und vom Outsourcer und dem betreffenden Betriebsrat nach Beschlußfassung zu unterzeichnen (§ 112 Abs. 1 BetrVG). Der Abschluß des Interessenausgleichs und des Sozialplans haben grundsätzlich vor der Durchführung der Betriebsveränderung zu erfolgen. Lediglich wenn der Abschluß des Sozialplans durch den Spruch einer Einigungsstelle aufgestellt wird, darf die Betriebsänderung inzwischen durchgeführt werden.[1]

3.3.1 Gegenstand des Interessenausgleichs

Ein Interessenausgleich für Outsourcing-Aktivitäten hat die, für die Betriebsänderungen relevanten zeitlichen, sachlichen und personenbezogenen Daten beziehungsweise Informationen zu enthalten. Dementsprechend enthält in der Regel ein ordnungsgemäßer Interessenausgleich ein grobes Phasenkonzept für die Durchführung, einschließlich eines Zeitplans beziehungsweise der Zeitpunkte für die Übergabe/ Veränderung von technischer Infrastruktur und der Überleitung von Arbeitnehmern zum Dienstleister. Eine Übersicht über die Verantwortungsverteilung bei der Überleitung, eine Beschreibung über die stufenweise Personalreduzierung aus dem betroffenen Betriebsteil und deren Umsetzung in andere Beschäftigungsfelder ist ebenfalls oft Bestandteil eines Interessenausgleichs. Die neu entstehenden Tätigkeiten beim Outsourcer sollten im Rahmen eines Verteilungsplanes in den Interessenausgleich einfließen.

3.3.2 Gegenstand des Sozialplans

Der Sozialplan für ein Outsourcing-Vorhaben ist nach zwei Zielgruppen zu unterscheiden. Zum einen sind die Arbeitnehmer, die vom Outsourcer zum Dienstleister oder in ein neu zu gründendes Dienstleistungsunternehmen wechseln und zum anderen die Arbeitnehmer, die in dem Restbetrieb beim Outsourcer verbleiben, von einem Sozialplan betroffen.

3.3.2.1 Sozialplan für den übergehenden Betriebsteil

Für die Arbeitnehmer, die zu einem anderen Arbeitgeber überwechseln - z.B. zu einem Dienstleister oder in ein zu gründendes neues Dienstleistungsunternehmen -, ist im Sozialplan festzulegen, welche Funktionen und welche Arbeitnehmer zu welchem Zeitpunkt über-

---

1 Vgl. BAG AP Nr. 5 zu § 112 BetrVG 1972.

gehen. Weiterhin ist festzulegen, ob oder welche Tarifbindung herzustellen ist und mit welchen Rechten und Pflichten die Arbeitsverhältnisse der überwechselnden Arbeitnehmer übergehen. So kann vereinbart werden, daß die Arbeitsverhältnisse unverändert auf das neue Unternehmen übergehen (§ 613a BGB). Darüber hinaus ist zu regeln, wie die Mehraufwendungen durch einen Beschäftigungsortswechsel für die übergehenden Arbeitnehmer zu erfolgen hat. Zu berücksichtigen sind z.B. höhere Anfahrtskosten, eventuelle Umzugskosten und ein Mietkostenausgleich für höhere Mietaufwendungen. Bei einer Ausgliederung in ein neu zu gründendes Dienstleistungsunternehmen ist ferner festzulegen, wie lange die geltenden Betriebsvereinbarungen wie z.B. Vergütungsbestimmungen, Sonderzahlungen, Werksangehörigkeitsgeschäfte und Altersversorgungsregelungen ihre Gültigkeit haben, bzw. bis wann neue Betriebsvereinbarungen zu schaffen sind. Bei der Übergabe der Arbeitnehmer ist besondere Sorgfalt zu wahren und Härtefälle sind zu vermeiden.

3.3.2.2 Sozialplan für den verbleibenden Betriebsteil

Für die Arbeitnehmer, die beim Outsourcer verbleiben, ist in einem Sozialplan aufzustellen, welche Funktionen und Arbeitnehmer nicht übergehen und wie gegebenenfalls noch vorhandene Teilfunktionen sowie die entstehenden neuen Aufgaben auf neue Stellen beziehungsweise andere Funktionsbereiche verteilt werden. Ferner sind z.B. die Kriterien für eine Personalanpassung und der Umgang mit widersprechenden Arbeitnehmern darzustellen. Im Rahmen einer Personalanpassung sind die Leistungen für eine Aufhebung, Versetzung und Anpassung (Qualifizierung) an einen neuen Arbeitsplatz zu vereinbaren. Erfolgen z.B. Versetzungen von Arbeitnehmern auf nicht gleichwertige Arbeitsplätze, so sind die Ausgleichsansprüche für eine Herabgruppierung im Sozialplan zu fixieren. Kommt es bei der Versetzung von Arbeitnehmern zu einem Betriebswechsel einschließlich eines Ortswechsels, ist für diesen Fall festzulegen, welche Mehraufwendungen und in welcher Höhe sie übernommen werden.

3.3.2.3 Rahmensozialplan für das Outsourcing

Betreibt das Unternehmen Outsourcing in abgeschlossenen Abschnitten oder für unterschiedliche Funktionseinheiten, besteht die Möglichkeit, einen Rahmensozialplan mit dem Betriebsrat abzuschließen. Dadurch können die einzelnen Verhandlungsphasen für den jeweiligen Sozialausgleich bei einer Outsourcing-Aktivität verkürzt werden. Der Rahmensozialplan gibt dann abstrakte Verfahrens- und Sachgrundsätze für die einzelnen geplanten Betriebsänderungen vor.[1] Der Rahmensozialplan hat für den Outsourcer eine bindende Wirkung, die vom Betriebsrat als Mindeststandard für die aktuelle Betriebsänderung verlangt werden kann.[2]

3.3.2.4 Sozialplan bei einem neugegründeten Unternehmen

In den ersten vier Jahren eines neugegründeten Unternehmens kann die Unternehmensleitung Betriebsänderungen durchführen, ohne daß ein Sozialplan aufzustellen ist (§ 112a Abs. 2 BetrVG). Die Befreiung gilt auch für eine Betriebsänderung in einem Unternehmen, das von einem anderen (noch nicht vier Jahre alten Unternehmen) übernommen wurde und selbst schon länger als vier Jahre besteht.[3] Die Ausnahme für einen (erzwingbaren) Sozialplan setzt aber für das Unternehmen andere Maßnahmen, wie z.B. die Aufstellung eines Interessenausgleichs oder die Unterrichtung- und Beratungspflicht aus § 111 BetrVG nicht außer Kraft. Für Unternehmen und Konzerne, die umstrukturieren und in diesem Zusammenhang Neugründungen vornehmen, gilt die Befreiung von der (erzwingbaren) Sozialplanregelung aus § 112a Abs. 2 Satz 1 BetrVG nicht (§ 112a Abs. 2 Satz 2 BetrVG).

3.3.2.5 Rechtskontrolle des Sozialplans

Wird im Verfahren der Erstellung des Sozialplans die Einigungsstelle aktiv und wird der Sozialplan nach dem Ermessen der Einigungsstelle festgelegt, kann eine Partei binnen einer Frist von zwei Wochen nach Zuleitung beim Arbeitsgericht die Überschreitung der Grenzen des Ermessens geltend machen (§ 76 Abs. 5 BetrVG). Der Antrag auf die arbeitsgerichtliche Rechtskontrolle darf dabei nicht von einem einzelnen betroffenen Arbeitnehmer gestellt werden.[4]

---

1 Vgl. Däubler, W., *Nachträgliche Kürzung von Sozialplanansprüchen*, in: Neue Zeitschrift für Arbeitsrecht, 2. Jg., 1985, Nr. 17, S. 545-551, hier S. 546.

2 Vgl. Bauer, J.-H. (b), a.a.O., S. 225.

3 Vgl. BAG, Beschluß vom 13. 06. 1989 - 1 ABR 14/88, in: BB 1990, S. 418; BAG, Beschluß vom 13. 06. 1989 - 1 ABR 14/88, in: DB 1989, S. 2335.

4 Vgl. wie Anmerkung 2, S. 227.

3.4 Betriebsverfassungsrechtliche Situation nach der Übergabe von Leistung

Nach der Abwicklung der Übergabe von z.B. technischer Infrastruktur und der Überleitung von einzelnen oder Gruppen von Arbeitnehmern zum Dienstleister kann sich eine veränderte betriebsverfassungsrechtliche Situation in dem Restbetrieb des Outsourcers ergeben. Eine Veränderung tritt ein, wenn z.B. eine bestimmte Arbeitnehmerzahl im Restbetrieb unterschritten wird und eine grundlegende Änderung der Betriebsorganisation, des Betriebszweckes oder der Betriebsanlagen stattgefunden hat (§ 111 Satz 2 Nr. 4 BetrVG).

3.4.1 Grenzen und Auswirkungen der Verminderung von Arbeitnehmerzahlen im Restbetrieb des Outsourcer

Grundsätzlich treten Veränderungen von betriebsverfassungsrechtlichen Arbeitnehmervertretungen ein, wenn die Zahl der ständigen Arbeitnehmer im Restbetrieb unter eine bestimmte Anzahl sinkt. Es ergeben sich folgende Konsequenzen aus dem Unterschreiten der verschiedenen Grenzen:

- weniger als 1.000 ständige Arbeitnehmer
Werden in einem Betrieb weniger als 1.000 Arbeitnehmer beschäftigt, entfällt das Initiativrecht für die Auswahlrichtlinie gemäß § 95 Abs. 2 BetrVG.

- weniger als 100 ständige Arbeitnehmer
Sind nach einer Überleitung von Arbeitnehmern in dem Restbetrieb weniger als 100 Arbeitnehmer beschäftigt, ist die Existenz eines Wirtschaftsausschusses nicht mehr begründet (§ 106 Abs. 1 BetrVG).

- weniger als 21 ständige Arbeitnehmer
Nach vollzogener Überleitung von Arbeitnehmern kann die Situation auftreten, daß in dem Restbetrieb weniger als 21 wahlberechtigte Arbeitnehmer beschäftigt sind. Diese Situation hat zur Folge, daß der Betriebsrat z.B. für spätere Outsourcing-Aktivitäten keine Mitwirkungsrechte mehr hat (§ 111 Satz 1 BetrVG), sondern nur noch zu unterrichten ist (§ 80 Abs. 2 BetrVG).[1] Darüber hinaus

---

1 Vgl. Ingenfeld, G. (a), a.a.O., S. 291.

besteht bei zukünftigen Betriebsänderungen kein Anspruch mehr auf einen Interessenausgleich und einen Sozialplan.

- weniger als fünf ständige Arbeitnehmer
Bei weniger als fünf Arbeitnehmern nach vollzogener Überleitung von Arbeitnehmern entfällt die Berechtigung auf eine Betriebsratsinstitution (§ 1 BetrVG). Darüber hinaus kann der allgemeine Kündigungsschutz eingeschränkt werden (§ 23 Abs. 1 KSchG) wenn diesbezüglich keine Betriebsvereinbarung besteht.

- Zahl der Betriebsratsmitglieder
Sinkt die Zahl der Arbeitnehmer in einem Restbetrieb unter eine bestimmte Zahl, ändert sich die Mitgliederzahl des Betriebsrates (§ 9 BetrVG) sowie die Freistellung von Betriebsratsmitgliedern (§ 37 Abs. 2 BetrVG).

3.4.2 Auswirkungen des Outsourcing auf die Stellung des Betriebsrates

Die Stellung des Betriebsrates im Unternehmen des Outsourcers kann vom Outsourcing tangiert werden. Sinkt z.B. die Zahl der regelmäßig beschäftigten Arbeitnehmer oder ist die notwendige Zahl der Betriebsratsmitglieder im Restbetrieb nicht mehr verblieben, wird eine Neuwahl notwendig (§ 9 und § 13 Abs. 2 Nr. 1 und 2 BetrVG). Der bestehende Betriebsrat verbleibt jedoch in seinem Amt, bis ein neuer Betriebsrat gewählt und das Wahlergebnis bekanntgegeben ist (§ 21 und § 22 BetrVG).[1] Wechselt ein Betriebsratsmandatinhaber nach § 613a BGB den Arbeitnehmer, erlischt sein Mandat. Der Arbeitnehmer steht auch dann nicht mehr für die Wahl des Betriebsrates zur Verfügung, wenn er dem Outsourcer für eine längere Zeit vom Dienstleister überlassen wird (§ 24 Abs. 1 Ziffer 4 BetrVG).[2] Weiterhin kann der übergehende Arbeitnehmer sein Betriebsratsmandat auch nicht beim Dienstleister ausüben. Es besteht insoweit kein Restmandat des Betriebsrates zur Wahrnehmung von Betriebsratsaufgaben gegenüber dem Dienstleister, auch nicht für eine Übergangszeit.[3] Entsprechen-

---

1 Vgl. Ingenfeld, G. (c), a.a.O., S. 300; Sowka, H.-H., *Betriebsverfassungsrechtliche Probleme der Betriebsaufspaltung*, in: Der Betrieb, 41. Jg., Nr. 25, 1988, S. 1318-1322, hier S. 1318.

2 Vgl. Landes Arbeitsgericht Hamburg, Beschluß vom 02. 11. 1988 - H 4 Ta BV 6/88, in: BB 1989, S. 916.

3 Vgl. BAG, Urteil vom 23. 11. 1988 - 7 AZR 121/88, in: BB 1989, S. 1054.

des gilt bei einer umfangreichen Betriebsänderung (§ 111 Satz 2 Nr. 4 BetrVG),[1] da ein Betriebsratsmandat an die Identität des Betriebes gebunden ist und nicht innerhalb eines Unternehmens auf einen anderen Betrieb ausgedehnt werden kann.[2]

3.5 Kollektivvertragliche Vereinbarungen

Kollektivvertragliche Vereinbarungen die hinsichtlich des Outsourcing geschlossen werden, stellen freiwillige Betriebsvereinbarungen gemäß § 88 BetrVG dar. Diese werden meistens zur Regelung eines Fremdfirmeneinsatzes oder für die Abwicklung des Arbeitnehmerüberganges beim Outsourcing vereinbart.

3.5.1 Betriebsvereinbarung über Fremdfirmeneinsatz

Betriebsvereinbarungen über einen Fremdfirmeneinsatz wurden wie z.B. bei der Bayer AG abgeschlossen,[3] um einen Dialog und Konsens zwischen dem Arbeitgeber und den Betriebsräten über den Einsatz von Fremdfirmen zu erreichen. Allgemein trifft man diese Vereinbarung, "um darauf hinzuwirken, daß [ein] Fremdfirmeneinsatz nur da erfolgt, wo die Möglichkeiten eines eigenen Personaleinsatzes ausgeschöpft sind."[4] Beispielsweise werden geregelt:

- Die Beteiligung der Arbeitnehmervertretungen bei der unternehmensweiten und örtlichen Personalplanung.
- Die Grundsätze des Fremdfirmeneinsatzes.
- Das Einsichts- und Kontrollrecht in die Verträge, die zwischen dem Unternehmen und dem Dienstleister abgeschlossen wurden.

Für das Outsourcing bedeutet das, daß der Outsourcer die Vorgaben der Betriebsvereinbarung zu berücksichtigen hat.

---

1 Vgl. Arbeitsgericht Bochum, Beschluß vom 14. 10. 1986 - 3 BV 27/86, in: BB 1987, S. 968.

2 Vgl. Brandmüller, G. (a), a.a.O., Gruppe 7.6, S. 48.

3 Vgl. Laux, P. und de Win, T., *Fremdfirmeneinsatz - ein Regelungsvorschlag aus der betrieblichen Praxis*, in: Der Betriebsrat, o. Jg., Nr. 2, 1994, S. 28-30.

4 Wie Anmerkung 5, S. 28.

3.5.2 Betriebsvereinbarung über die Abwicklung des Arbeitnehmerüberganges

Betriebsvereinbarungen, die geschlossen werden um den Arbeitnehmerübergang kollektivvertraglich festzulegen, dürfen nur die Form und Frist des Widerspruches regeln. Unzulässig ist es, durch einen Kollektivvertrag die Anwendbarkeit des § 613a BGB auszuschließen oder die Beendigung von Arbeitsverhältnissen anzuordnen. Weiterhin besteht auch keine Möglichkeit, den Arbeitnehmerwiderspruch kollektivvertraglich auszuschließen oder die individuelle Zustimmung des Arbeitnehmers auf diese Weise zu ersetzen.[1]

4. Betriebsaufspaltung beim Outsourcing

4.1 Gestaltung der Betriebsaufspaltung

Eine Betriebsaufspaltung im Rahmen des Outsourcing wird z.B. beim Konzern-Outsourcing oder Joint Venture durchgeführt. Ein Outsourcing-Vorhaben als Betriebsaufspaltung zu gestalten, bedeutet steuer- und haftungsrechtliche sowie organisatorische Vorteile. Als Betriebsaufspaltung gilt die Splittung eines Unternehmens in mindestens zwei eigenständige Unternehmen. Handelsrechtlich entstehen auf diese Weise zwei rechtlich selbständige Unternehmen, wobei allerdings in der Regel dieselben natürlichen oder juristischen Personen an beiden Unternehmen (direkt oder indirekt) in gleichem Umfang beteiligt sind.[2] Entscheidend für die Betriebsaufpaltung ist die Verpachtung einer wesentlichen Betriebsgrundlage.[3] Da dies für eine Betriebsaufspaltung genügt, wird ein solcher Vorgang gegebenenfalls mehrmals wiederholt.[4] Eine wesentliche Betriebsgrundlage ist *ein wirtschaftlich gewichtiges Gut*, daß zur Erreichung des Betriebszweckes erforderlich ist.[5] Dieses Wirtschaftsgut hat dann eine besondere Gewichtung, wenn es nicht jederzeit durch ein gleichwertiges Wirtschaftsgut, z.B. durch Miete oder Kauf, ersetzbar oder austauschbar ist.[6] Nachfolgend einige

---

1 Vgl. Seiter, H., a.a.O, S. 99 - 100; Bauer, J.-H. (a), a.a.O., S. 367.

2 Vgl. BVerfG, 12. 03. 1985, BVerfGE 69, 188 = BStbl II 1985, S. 475.

3 Vgl. Heidemann, O., *Sachliche Verflechtung bei Betriebsaufspaltung*, in: Die Information über Steuer und Wirtschaft, 47. Jg., Nr. 4, 1993, S. 75-80.

4 Vgl. BFH, 21.5.1974 - VIII R 57/70; BFHE 112, 391 = BStBl II 1974, 613; Brandmüller, G. (a), a.a.O., Gruppe 5.3, S. 96a-96c.

5 Vgl. Heidemann, O., a.a.O., S. 79.

6 Vgl. wie Anmerkung 5, S. 75.

exemplarische, richterlich entschiedene Beispiele für den Begriff der wesentlichen Betriebsgrundlage, die für das Outsourcing von Bedeutung sind.[1]

Positiv entschiedene wesentliche Betriebsgrundlagen sind z.B.:
- Fabrikationsgrundstücke, bei denen es nicht erforderlich ist, daß die Betriebshalle noch, oder ausschließlich von dem Betriebsunternehmen genutzt werden kann.[2]
- Die Anmietung unmittelbar nach der Errichtung eines Betriebsgebäudes, da hieraus zu folgern ist, daß Grundstück und Gebäude auf die Bedürfnisse des Betriebsunternehmens zugeschnitten sind.[3]
- Die Überlassung von Patenten, wenn der Anteil der Umsätze aus der Patentverwertung am Gesamtumsatz der Betriebs-GmbH 30 % beträgt.[4]

Negativ entschiedene wesentliche Betriebsgrundlagen sind z.B.:
- Betriebsgebäude, sofern die Tätigkeit der Betriebsgesellschaft ebensogut in Räumen eines fremden Vermieters hätte ausgeübt werden können[5] (Fehlen von Spezialeinrichtungen).
- Gebäude, die nicht für die besonderen Zwecke des Betriebsunternehmens hergerichtet sind.[6]

Direkte gesetzliche Vorgaben gibt es für die Betriebsaufspaltung nicht. Lediglich für hundertprozentige Tochtergesellschaften der Treuhandanstalt gilt die Anwendung des Spaltungsgesetzes (SpalG).[7] Auch die direkte Anwendung des Umwandlungsgesetzes (UmwG) ist nicht

1 Vgl. Brandmüller, G. (a), a.a.O., Gruppe 5.3, S. 92 f; Heidemann, O., a.a.O., S. 76-77.

2 Vgl. BFH, 16. 12. 1992 - XI R 15/92.

3 Vgl. BFH, 07. 08. 1992 -III R 80/89; BFH/NV 1993, S. 169; BFH/NV 1993, S. 160.

4 Vgl. FG Saarland, 15. 10. 1986 - I 239/84; EFG 1987, S. 131.

5 Vgl. BFH, 18. 05. 1966, StRK R 257 zu § 2 Abs. 1 GewStG; BFH, 11. 11. 1970 - I R 101/69; BFHE 100, 411 = BStBl II 1971, 61; FG Baden-Württemberg, 09. 02. 1971, EFG 1971, S. 549.

6 Vgl. BFH, 25. 10. 1988 - VIII R 339/82, in: BB 1989, S. 199.

7 Vgl. Brandmüller, G. (a), a.a.O., Sonderfragen, Gruppe 7.7, S. 3; Spaltungsgesetz vom 05. 04. 1991, BGBl I 1991, S. 854 ff.

möglich, da eine Umwandlung die Übertragung des gesamten Vermögens bei gleichzeitigem Erlöschen der umzuwandelnden Gesellschaft bedingt, §§ 46 ff. UmwG.[1] Aufgrund der 6. EG-Richtlinie vom 17. Dezember 1982 zur Koordinierung des Gesellschaftsrechts (Spaltungsrichtlinie) ist der deutsche Gesetzgeber zwar verpflichtet, das nationale Umwandlungsrecht zu ergänzen, dies ist bisher aber noch nicht erfolgt. Mit der individuellen Ausgestaltung der Betriebsaufspaltung wird die Reichweite der dazugehörigen Aktivitäten deutlich. Im weiteren werden daher lediglich die Grundstrukturen der Betriebsaufspaltung aufgezeigt.

4.2 Grundformen der Betriebsaufspaltung

Im Rahmen der Betriebsaufspaltung können mehrere grundsätzliche Erscheinungsformen auftreten. Neben den Grundformen gibt es einige Varianten für Familienunternehmen, die aufgrund Ihrer mangelnden Bedeutung für das Outsourcing hier nicht dargestellt werden. Die Grundformen klassifizieren die Betriebsaufspaltung nach ihrer Ausgangs- und Anwendungssituation. Das Ziel der einzelnen Betriebsaufspaltungen ist es, durch organisatorische Maßnahmen eine Gewinnmaximierung zu erreichen. Die nachfolgenden Darstellungen zeigen die Grundformen der Betriebsaufspaltung.[2]

- Echte Betriebsaufspaltung

Die Aufspaltung eines Unternehmens in Besitz- und Betriebsgesellschaft stellt die echte Form der Betriebsaufspaltung dar. Dabei wird aus einem Unternehmen, das als Personengesellschaft (OHG, KG) existiert, eine Betriebsgesellschaft in Form einer Kapitalgesellschaft (AG, GmbH) ausgegliedert. Die Personengesellschaft (Besitzgesellschaft) behält das Anlagevermögen (z.B. Grundstücke, Gebäude, maschinelle Anlagen). Letzteres, beziehungsweise mindestens *eine* wesentliche Betriebsgrundlage, wird von der Besitzgesellschaft an die neugegründete Betriebsgesellschaft verpachtet.

- Unechte Betriebsaufspaltung

Bei der unechten Betriebsaufspaltung verbinden sich zwei selbständige Unternehmen durch eine Betriebsaufspaltung. Dabei verpachtet ein Unternehmen (Besitzunternehmen) eine wesent-

1 Vgl. Brandmüller, G. (a), a.a.O., Gruppe 4, S. 34.

2 Vgl. Brandmüller, G. (a), a.a.O., Gruppe 3.2, S. 1-15.

liche Betriebsgrundlage an das andere Unternehmen (Betriebsunternehmen). Steuerlich wird die unechte Betriebsaufspaltung der echten Betriebsaufspaltung gleichgesetzt.[1]

- Umgekehrte Betriebsaufspaltung
Eine umgekehrte Betriebsaufspaltung liegt vor, wenn die Gesellschafter einer Kapitalgesellschaft eine Personengesellschaft gründen und dieser mindestens eine wesentliche Betriebsgrundlage verpachtet wird. Neben den Vorteilen der Betriebsaufspaltung besteht auch die Möglichkeit, die gewerbesteuerpflichtige Organschaft zu nutzen, so daß die Kapitalgesellschaft selbst nicht gewerbesteuerpflichig ist.[2]

- Vermögensrechtliche Betriebsaufspaltung
Eine vermögensrechtliche Betriebsaufspaltung[3] liegt vor, wenn eine bestehende Kapitalgesellschaft (Besitzgesellschaft) mindestens eine wesentliche Betriebsgrundlage an eine zweite Kapitalgesellschaft (Betriebsgesellschaft) verpachtet und beide Gesellschaften von den selben Gesellschaftern beherrscht werden. Die steuerrechtlichen Grundsätze der Betriebsaufspaltung können aber nur dann gewahrt werden, wenn die Betriebsgesellschaft nicht durch die Gesellschafter der Besitzgesellschaft gegründet wird, sondern die Besitzgesellschaft selbst Gesellschafterin der Betriebsgesellschaft ist.[4]

Die angewendete Form der Betriebsaufspaltung beim Outsourcing wird von den vorliegenden Rechtsformen der beteiligten Unternehmen, den Zielen des Outsourcing und gegebenenfalls dem zu gründenden Dienstleistungsunternehmen oder Joint Venture-Unternehmen bestimmt.

---

1 Vgl. BFH, 20. 09. 1973, BFHE 110, 368, in: BStBl II 1973, S. 864.

2 Vgl. Brandmüller, G. (a), a.a.O., Gruppe 3.2, S. 7.

3 Die vermögensrechtliche Betriebsaufspaltung wird in der Literatur auch kapitalistische Betriebsaufspaltung genannt (siehe z.B. Brandmüller, G. (a)).

4 Vgl. FG Rheinland-Pfalz, 29. 05. 1980, in: EFG 1980, S. 560; BFH, 20. 05. 1988, BFHE 153, 481, in: BStBl II 1988, S. 739; Brandmüller, G. (a), a.a.O., Gruppe 3.2, S. 14.

4.3 Anwendung der Betriebsaufspaltung beim Outsourcing

Ein Anwendungsbeispiel für eine vermögensrechtliche Betriebsaufspaltung im Rahmen des Outsourcing ist gegeben, wenn ein Konzern (AG) (Besitzgesellschaft) eine wesentliche Betriebsgrundlage, wie z.B. die DV-Anlage, Kommunikationssysteme und deren zentrale Steuerung sowie Unterbringung einschließlich des Betriebsgebäudes an ein neugegründetes Dienstleistungsunternehmen (Betriebsunternehmen) verpachtet und das Dienstleistungsunternehmen von dem Konzern gegründet wird.[1]

Die umgekehrte Betriebsaufspaltung wird z.B. für die Bildung eines Joint Venture-Unternehmens genutzt. Bei der Gründung eines Joint Venture-Unternehmens durch mehrere Besitzunternehmen besteht die Möglichkeit, den gewerbesteuerlichen Vorteil (Freibetrag) für Personenunternehmen mehrfach in Anspruch zu nehmen (§ 11 Abs. 1 GewStG).[2]

4.4 Wirtschaftliche Aspekte der Betriebsaufspaltung beim Outsourcing

Die wirtschaftlichen Aspekte der Betriebsaufspaltung sind in die sechs folgenden Schwerpunkte einzuteilen. Die einzelnen Punkte werden beim Outsourcing unterschiedlich gewichtet genutzt. Die Kombination hängt jeweils von der individuellen Ausgangssituation und den mit dem Outsourcing verfolgten Zielen der Unternehmen ab.

4.4.1 Nutzung struktureller Vorteile bei der Betriebsaufspaltung

- Rechtsformwahl

Im Rahmen der Betriebsaufspaltung ist bei der Festlegung der Rechtsform für das neu zu gründende Unternehmen an die Auswirkungen auf die Kreditwürdigkeit, wie z.B. der Börsenfähigkeit oder der Haftungsbeschränkung durch eine Rechtsform (vgl. Abschnitt 4.4.3) zu denken.

---

1 Vgl. Märkle, R., *Neue Rechtsprechung zur Betriebsaufspaltung*, in: Betriebs-Berater, 49. Jg., Nr. 12, 1994, S. 831-841, hier S. 835.

2 Vgl. BFHE 125, 280, in: BStB II 1978, S. 545.

- Standortwahl
Bei der Standortwahl für das neu zu gründende Unternehmen sind die umfassenden Förderungsmaßnahmen für besondere Regionen zu berücksichtigen, wie z.B. das Investitionszulagen- oder das Fördergebietsgesetz in den neuen Bundesländern. Förderungsmaßnahmen sind z.B. Sonderabschreibungen und steuerfreie Rücklagen.

- Kollektivvereinbarungen
Bei einer Betriebsaufspaltung gehen die arbeitsvertraglichen Rechte und Pflichten gemäß § 613a BGB auf das neugegründete Unternehmen über. Die Kollektivvereinbarungen wirken aber nicht auf das neugegründete Unternehmen weiter. Es ist dadurch nicht kollektivvertraglich gebunden und kann frei über seine Zugehörigkeit entscheiden, soweit nicht durch den Interessenausgleich/Sozialplan etwas anderes verabredet wird.

- Prüfungs- und Publizitätspflicht
Unternehmen, die in der Rechtsform einer Aktiengesellschaft oder Kommanditgesellschaft auf Aktien geführt werden, unterliegen einer Prüfungs- und Publizitätspflicht (§ 316 HGB). Kleine und mittelgroße Kapitalgesellschaften unterliegen einer erweiterten Prüfungs- und Publizitätspflicht (§ 267 HGB). Durch eine Ausgliederung fällt das Besitzunternehmen in der Regel aus dieser Prüfungs- und Publizitätspflicht heraus und das neu gegründete Betriebsunternehmen wird nicht in die Prüfungs- und Publizitätspflicht einbezogen.

4.4.2 Steuerliche Gesichtspunkte bei der Betriebsaufspaltung

Bei der Betriebsaufspaltung können steuerliche Vorteile in Anspruch genommen werden. Wenn das Betriebsunternehmen beispielsweise in Form einer Kapitalgesellschaft geführt wird, sind die Gesellschafter-Geschäftsführergehälter als Betriebsausgaben zu verbuchen.[1] Weiterhin können Pensionsrückstellungen für die Gesellschafter-Geschäftsführer ertragssteuerlich geltend gemacht werden.[2] Hinsichtlich des Gewerbekapitalfreibetrages können Besitz- und Betriebsunternehmen die Freibeträge gemäß § 13 Abs. 1 Satz 2 GewStG in Anspruch

1 Vgl. Brandmüller, G. (a), a.a.O., Gruppe 3.3, S. 36-37.

2 Vgl. BFH, 28. 04. 1982 - I R 51/76; BFHE 135, 519, in: BStBl II 1982.

nehmen. Darüber hinaus verdoppelt sich der Abzugsbetrag für die Dauerschulden (§ 8 Nr. 1 GewStG).

Das Ergebnis eines Steuerbelastungsvergleiches von BRANDMÜLLER zeigt, daß zwischen Personengesellschaft, Kapitalgesellschaft und Betriebsaufspaltung letztere die vorteilhafteste Unternehmensform ist, wenn:[1]

- das Betriebsunternehmen (Dienstleistungsunternehmen) als GmbH und mit so wenig Eigenkapital wie möglich ausgestattet wird,
- Gesellschafter-Geschäftsführergehälter gezahlt und die Angemessenheitsgrenzen ausgeschöpft werden,
- Pensionszusagen gegeben werden und
- kontinuierlich mit Gewinn zu rechnen ist.

4.4.3 Haftungsbeschränkungen bei der Betriebsaufspaltung

Im Rahmen der Ausgliederung kann durch eine Betriebsaufspaltung eine Haftungsbeschränkung herbeigeführt werden. Die Haftungsbeschränkung erfolgt durch die Herausnahme des ganzen oder teilweisen Anlagevermögens. Die Rechtsform des neu gegründeten Betriebsunternehmens (Dienstleistungsunternehmen) ist meist eine GmbH oder eine GmbH & Co. KG. Die Besitzgesellschaft ist Eigentümer des Anlagevermögens und verpachtet das Anlagevermögen an das Betriebsunternehmen. Damit ist der Zugriff auf das Anlagevermögen des Betriebsunternehmens durch Gläubiger entzogen. Die Besitzgesellschaft erhält ein Pachtentgelt, das weitestgehend von dem Ergebnis des Betriebsunternehmens unabhängig ist. Bei der Betriebsaufspaltung ist darauf zu achten, daß nicht ein verbundenes Unternehmen oder ein qualifizierter faktischer Konzern entsteht (§ 15 AktG). Ein verbundenes Unternehmen oder ein qualifizierter faktischer Konzern liegt vor, wenn das herrschende Besitzunternehmen die Geschäfte des abhängigen Betriebsunternehmens dauernd und umfassend führt.

1 Vgl. Brandmüller, G. (a), a.a.O., Gruppe 3.3, S. 42.

4.4.4 Organschaft bei der Betriebsaufspaltung

Eine Organschaft ist eine steuerliche Institution und existiert im Körperschaftsteuergesetz, Gewerbesteuergesetz und Umsatzsteuergesetz.[1] Die Organschaft ist ein Zusammenschluß von mehreren rechtlich selbständigen, wirtschaftlich aber unselbständigen Unternehmen (Organgesellschaften) zu einem übergeordneten Unternehmen (Organträger),[2] mit dem Ziel, negative Steuererträge auswertbar zu nutzen. Voraussetzung für eine Organschaft ist, daß eine finanzielle, wirtschaftliche und organisatorische Eingliederung der Unternehmen vorliegt, wie z.B. bei verbundenen Unternehmen (§ 15 AktG).

Im Rahmen der Betriebsaufspaltung beim Outsourcing treffen die drei Voraussetzungen nur beim Konzern-Outsourcing zu. Bei dieser Outsourcing-Form ist eine Organschaft aber nicht immer wünschenswert. Eine körperschaftsteuerliche Organschaft ist in keinem Fall anzustreben, da für den Abschluß ein Gewinnabführungs- und Verlustübernahmevertrag Voraussetzung ist (§§ 14 ff. KStG). Ein solcher Vertrag würde die erzielte Haftungsbeschränkung durch die Betriebsaufspaltung wieder aufheben. Eine umsatzsteuerliche Organschaft liegt zwischen dem Besitz- und Betriebsunternehmen regelmäßig vor (§ 2 Abs. 2 Nr. 2 UStG). Die Folge ist, daß zwischen dem Besitz- und Betriebsunternehmen kein umsatzsteuerpflichtiger Leistungsaustausch stattfindet. Die Umsatzsteuererklärung wird von dem Besitzunternehmen für beide Unternehmen erstellt. Eine gewerbesteuerliche Organschaft ist in der Regel anzustreben, da der Gewinn dann nur dem Organträger (Besitzunternehmen) zugerechnet wird (§ 2 Abs. 2 Nr. 2 Satz 2 GewStG) und z.B. die Pachteinnahmen dadurch nicht der Besteuerung unterliegen.

4.4.5 Besonderheit der Arbeitnehmerüberlassung bei einer Betriebsaufspaltung

Die Arbeitnehmerüberlassung nimmt bei der Betriebsaufspaltung eine Sonderstellung aufgrund der Beziehung zwischen den verbundenen Besitz- und Betriebsunternehmen ein. Bei einer Arbeitnehmerüberlassung liegt keine Arbeitsvermittlung im Sinne von § 13 und § 228 AFG sowie keine gewerbsmäßige Arbeitnehmerüberlassung im Sinne von

1 Vgl. Deppe, H., *Organschaft*, in: Lück, W., Lexikon der Betriebswirtschaft, Landsberg am Lech 1983, S. 830-831.

2 Vgl. Gabler-Wirtschafts-Lexikon, *Organschaft*, 11. Aufl., Bd. 4, Wiesbaden 1988, S. 608-617.

§ 1 AÜG vor, da das Betriebsunternehmen den Arbeitnehmer zur Erledigung von Aufgaben überläßt und dem Besitzunternehmen lediglich die entstandenen Kosten ersetzt.[1]

Eine Arbeitnehmerüberlassung kann im Rahmen der Betriebsaufspaltung erforderlich werden, wenn z.B. ein Arbeitnehmer seinem Übergang gemäß § 613a BGB widerspricht, sein Tätigkeitsbereich aber mit übergegangen ist. Es kann für den betreffenden Arbeitnehmer ein Leiharbeitsverhältnis zwischen dem Outsourcer und Dienstleister geschlossen werden. Die Zustimmung des Arbeitnehmers für das Leihverhältnis ist nicht erforderlich. Weigert sich der Arbeitnehmer für den Dienstleister tätig zu werden, ist eine Kündigung aus zwingenden betrieblichen Gründen möglich.[2]

Experten sind in der Praxis oft von Arbeitnehmerüberlassung betroffen. Sie verbleiben nicht selten beim Outsourcer, da sie dort ihren Haupttätigkeitskreis haben. Dem Dienstleister wird der Experte für eine anfallende spezielle Aufgaben per "internen" Leiharbeitsverhältnis überlassen.

4.4.6 Aufwand für eine Betriebsaufspaltung

Der Aufwand für eine Betriebsaufspaltung liegt primär in der Organisation der Abwicklung und den damit verbundenen Kosten, wie Rechtsanwalts- und Steuerberatungshonorare, Notarkosten, Kosten für Bewertungsgutachten, Gesellschaftssteuer usw.

5. Bilanz- und steuerliche Aspekte beim Outsourcing

5.1 Überblick

Der Outsourcer kann durch Outsourcing seine Vermögenslage umstrukturieren und durch gezielte Substanzabgänge wie z.B. Bilanzierung selbsterstellter Software oder dem Nutzen von Wirtschaftsgütern des Dienstleisters, seine Liquidität verbessern. Den Arbeitnehmerübergang kann er durch gezielte Maßnahmen wie z.B. Abstandszahlungen oder Entschädigungen beeinflussen. Auf alle Maßnahmen wirken aber spezifische steuerliche und/oder bilanztechnische Vor-

---

1 Vgl. Brandmüller, G. (b), *Die Betriebsaufspaltung nach Handels- und Steuerrecht*, 4. Aufl., Heidelberg 1980 Tz. 10.

2 Vgl. Birk, R., *Arbeitsrechtliche Probleme der Betriebspaltung*, in: Betriebs Berater, 31. Jg., Nr. 26, 1976, S. 1227-1232, hier S. 1227; Brandmüller, G. (a), Gruppe 7.6, S. 52-53.

gaben ein. Diese individuellen Gegebenheiten sind bei der Umsetzung besonders zu berücksichtigen.

5.2 Übergabe von Hard- und Software

Bei der Übergabe von DV-Systemen ist darauf zu achten, daß Hard- und Software zwei unterschiedliche, selbständige Wirtschaftsgüter beziehungsweise Vermögensgegenstände sind. Hardware ist ein materielles Wirtschaftsgut. Dagegen gilt Software als immaterielles Wirtschaftsgut. Der BFH unterscheidet bei seiner Betrachtung der Software nicht in Betriebssystem-, Standard-Anwendungs- oder Individual-Software. Es wird lediglich zu Trivialprogrammen abgegrenzt. Ein Trivialprogramm ist ein Programm, dessen Anschaffungskosten nicht mehr als DM 800,- betragen (§ 31a Abs. 1 Satz 4 und 5 EStR).[1] Die Übergabe von Hardware an den Dienstleister erfolgt in der Praxis häufig zu dem Verkaufspreis, der durch den Buchwert beim Outsourcer bestimmt wird. Diese Praxis wird angewendet, um keine steuerlichen Belastungen aus einer Gewinnrealisierung beim Outsourcer hervorzurufen. Der Buchwert wird für die Vertragsverhandlung durch einen testierten Bilanzauszug bescheinigt. Der Verkaufspreis ist für den Dienstleister der zu bilanzierende Anschaffungspreis (§ 6 Abs. 1 Nr. 1 Satz 1 EStG und § 247 Abs. 2 HGB). Die Übergabe von Hardware zum Buchwert des Outsourcers kann eine Fehlbewertung des realistischen Wertes für die eine oder andere Vertragspartei nicht ausschließen. Bei entsprechenden Zweifeln empfiehlt sich eine Neubewertung, die gegebenenfalls durch einen Sachverständigen durchzuführen ist (vgl. Kapitel IV, Abschnitt 1).

Bei der Übergabe von Software ist zwischen selbsterstellter und erworbener Software zu unterscheiden. Hinsichtlich erworbener Software ist darauf zu achten, daß bei der Übergabe nicht gegen die Lizenzbedingungen der Hersteller verstoßen wird, wie z.B. gegen ein Verbot der Lizenzübertragung auf Dritte. In solchen Fällen muß bei der Umstellung auf Outsourcing der Wert mit Null angesetzt werden. Der Übergabe von selbsterstellter Software geht eine Bewertung voraus. Das Outsourcing von selbsterstellter Software ermöglicht dem Outsourcer, durch die Bilanzierung erstmals die aufgewendeten Kosten zu aktivieren und dadurch einen Liquiditätszuwachs zu erzielen (§ 248 Abs. 2 HGB und § 5 Abs. 2 EStG). Teilleistungen bezie-

1 Vgl. BMF-Schreiben vom 20. 01. 1992 - IV B2 - S 2180 - 1/92, in: DB 1992, S. 450.

hungsweise unfertige Leistungen, wie z.B. Software-Engineeringleistungen sind wie unfertige Erzeugnisse zu behandeln, auch wenn die Aufwendungen zu immateriellen Wirtschaftsgütern geführt haben.[1] (Mögliche Bewertungsmethoden für Übergabeleistungen, siehe Kapitel IV, Abschnitt 1.)

5.3 Leasing-Verhältnisse

Die Übergabe von Leasing-Objekten und der damit verbundene Leasing-Nehmerwechsel kann aufgrund der vorliegenden vertraglichen Bindung des Outsourcers besondere Aktivitäten hervorrufen. Die Praxis zeigt, daß Leasing-Verhältnisse oft so gestaltet werden, daß aus vertragsrechtlichen Gründen keine Übergabe an Dritte möglich ist, die Zustimmung des Leasing-Gebers eingeholt oder die Übergabe nur angezeigt werden muß. Dabei spielen die verschiedenen Leasing-Vertragsformen, wie z.B. Vollamortisationsverträge (geregelt im Mobilien-Leasing-Erlaß vom 19. April 1971), Teilamortisations- oder kündbare Leasing-Verträge (beide geregelt im Teilamortisationserlaß vom 22. Dezember 1975) eine untergeordnete Rolle.[2] Die Übergabebedingungen sind individuell zu prüfen. Kann vom Grundprinzip des Leasing-Verhältnisses eine Übergabe des Leasing-Objektes stattfinden, sind diese Leasing-Verhältnisse jeweils detailliert zu klären. Dabei ist für das Outsourcing wesentlich, wer wirtschaftlicher Eigentümer des Leasing-Objektes ist (§ 39 Abs. 2 Nr. 1 AO). Ist der Outsourcer wirtschaftlicher Eigentümer, kann der Dienstleister in den Vertrag eintreten. Er hat dann die vorliegenden steuerlichen Zurechnungskonsequenzen, wie z.B. die Aufsplittung der Leasing-Rate in einen Zins- und Kostenanteil sowie den Tilgungsanteil,[3] zu übernehmen. Erfolgt die Zurechnung des Wirtschaftsgutes beim Leasing-Geber und liegt praktisch eine Gebrauchsüberlassung vor, kann der Dienstleister aus steuerlichen Gründen die Leasing-Bedingungen einfach übernehmen. Die Leasing-Kosten stellen beim Outsourcer Betriebsausgaben dar, die durch das Outsourcing auf den Dienstleister übertragen werden.[4]

---

1 Vgl. BMF-Schreiben vom 16. 03. 1979 - IV B 2 - S 2170 - 31/79, in: DB 1979, S. 625.

2 Vgl. Brzuska, W., *EDV-Leasing - Besonderheiten beim Software-Leasing*, in: Computer und Recht, 5. Jg., Nr. 3, 1989, S. 223-227, hier S. 224.

3 Vgl. Leasing-Erlaß vom 19. April 1971 unter V.1.

4 Vgl. Sorgenfrei, U., *Steuerliche Aspekte bei Outsourcing-Vorgängen*, in: Köhler-Frost, W. (Hrsg.), Outsourcing - Eine strategische Allianz besonderen Typs, Berlin 1993, S.49-57, hier S. 56-57.

5.4 Zahlungen bei Arbeitnehmerübernahme gemäß § 613a BGB

Beim Outsourcing können Zahlungen in Verbindung mit dem Arbeitnehmerübergang gemäß 613a BGB an einen Arbeitnehmer erforderlich werden. So z.B. eine Zahlung für den Abkauf des Widerspruchsrechts gegen den Betriebsübergang und Ausgleichsansprüche für Pensionsansprüche aus dem früheren Arbeits-/Dienstverhältnis. Die Zahlung für den Abkauf des Widerspruchsrechts gegen den Betriebsübergang stellt für den Arbeitnehmer keine steuerfreie Abfindung dar, da die Zahlung nicht wegen einer vom Arbeitgeber veranlaßten oder gerichtlich ausgesprochenen Auflösung des Arbeits-/Dienstverhältnisses erfolgt (§ 3 Nr. 9 EStG). Die Ausgleichszahlungen von Pensionsansprüchen aus einem früheren Arbeits-/ Dienstverhältnis von einem Dienstleister an einen übernommenen Arbeitnehmer fließen dem Arbeitnehmer als Einkünfte aus dem Dienstverhältnis zu und unterliegen voll der Lohnsteuerpflicht.[1]

5.5 Abfindungen für ausscheidende Arbeitnehmer

Abfindungszahlungen für ausscheidende Arbeitnehmer werden beim Outsourcing durch einen Sozialplan geregelt oder beruhen auf einer Eigeninitiative des Outsourcers für freiwillig ausscheidende Arbeitnehmer. Die freiwilligen Zahlungen gelten ebenso als Abfindung, da der Arbeitgeber die entscheidende Ursache für die Beendigung des Arbeitsverhältnisses gesetzt hat.[2] Die Abfindungszahlungen sind in der Höhe des nach § 3 Nr. 9 EStG bestimmten Umfanges steuerfrei. Bei Zahlungen höherer Beträge unterliegt der Betrag einem ermäßigten Steuersatz gemäß § 24 Nr. 1 und § 34 EStG.

5.6 Sonderzahlungen an Arbeitnehmer

Sonderzahlungen an Arbeitnehmer kommen für die Abgeltung von nicht verfallbaren Versorgungsanwartschaften und Änderungskündigungen in Betracht. In beiden Fällen sind die Zahlungen in vollem Umfang steuerpflichtig.[3]

---

1 Vgl. Sorgenfrei, U., a.a.O., S. 50-52.

2 Vgl. BFH 11. 01. 1980, in: BStBl. II 1980, S. 205.

3 Vgl. BFH 21. 06. 1990, in: Finanz-Rundschau 1990, S. 749; Sorgenfrei, U., a.a.O., S. 52.

5.7 Arbeitnehmerüberlassung

Bei der Arbeitnehmerüberlassung im Rahmen des Outsourcing ist aus steuerlicher Sicht darauf zu achten, daß grundsätzlich das Entleiher-Unternehmen für die anfallende Lohnsteuer haftet (§ 42d Abs. 6 - 8 EStG). Die grundsätzliche Haftung des Entleihers entfällt, sofern eine erlaubte Arbeitnehmerüberlassung vorliegt (§ 42d Abs. 6 Satz 2 EStG). Eine erlaubte Arbeitnehmerüberlassung liegt bei ordentlicher Mitteilung der Namen der Leiharbeitnehmer, des Namens des Verleihers sowie des Beginns und des Endes der Arbeitnehmerüberlassung an die Krankenkasse und an das Arbeitsamt vor. Bei einer konzerninternen Arbeitnehmerüberlassung entfällt die Haftung für die Lohnsteuer des Entleiher-Unternehmens (§ 42d Abs. 1 EStG in Verbindung mit § 1 Abs. 3 AÜG).[1]

5.8 Dauerleistung

Der Outsourcer ist beispielsweise nach der Übergabe von Hard- und Software nicht mehr wirtschaftlicher Eigentümer und verliert dadurch sein Bilanzierungsrecht. Maßgebend für die Vermögenszugehörigkeit von Wirtschaftsgütern in der Bilanz des Outsourcers ist die Verfügungslage über den Vermögensgegenstand. Ein Vermögensgegenstand ist dem Outsourcer dann zuzurechnen, wenn er wie ein Eigentümer auf Dauer wirtschaftlich relevante Nutzungs- und Verwertungsrechte ausüben darf.[2] Ein Outsourcer hat z.B. keinen wesentlichen Einfluß mehr, wenn er als Mandant beim Dienstleister auf einem Rechnersystem geführt wird und bei einem Wechsel eines Softwarereleases vertraglich an die Umstellung gebunden ist. Das geschlossene Dauerschuldverhältnis für die Lieferung der Dauerleistung stellt dann bilanztechnisch eine Nutzungsüberlassung mit sofortigen Ausgaben dar. Ein Nutzungsverhältnis, bei dem der Anwender nicht wirtschaftlicher Eigentümer ist, gilt als ein schwebendes Geschäft. Schwebende Geschäfte erscheinen nicht in der Bilanz, lediglich im Anhang von Kapitalgesellschaften (§ 285 Nr. 3 HGB).[3]

Der Outsourcer hat z.B. die Möglichkeit durch die Übergabe von Hard- und Software und den Bezug von einer/mehrerer Dauerleistungen, die eine sofortige Ausgabe bewirken, seine Vermögenslage zugunsten

---

1 Vgl. Sorgenfrei, U., a.a.O., S. 52-53.

2 Vgl. HFA 1/1973, III; WPg 1973, S. 101.

3 Vgl. Götz, J., *Steuerrecht*, in: Kilian, W. und Heussen, B., Computerrechts-Handbuch, München 1994, Teil 9, Gruppe 92, Rdnr. 1 ff.

einer verbesserten Liquidität zu verschieben. Darüber hinaus können z.B. benötigte Rücklagen für zukünftige Investitionen reduziert werden. Verändert sich durch das Outsourcing die wirtschaftliche Eigentumslage nicht, hat der Outsourcer entsprechend seinen Vermögensverhältnissen zu bilanzieren.

5.9 Gemeinsame Softwareentwicklung

Die gemeinsame Softwareentwicklung, wie sie z.B. bei der Strategischen Allianz häufig auftritt, erfordert für die bilanz- und steuerrechtliche Einordnung des Endproduktes eine exakte Abgrenzung. Diese Abgrenzung hat vor dem Hintergrund der nicht möglichen Bilanzierung für die Eigenfertigung zu erfolgen (§ 248 Abs. 2 HGB und § 5 Abs. 2 EStG). Entscheidend für die Einordnung ist, wer die Regie (Verantwortlichkeit und Risiko) bei der Programmerstellung übernimmt. Wer detaillierte Anweisungen für die Programmentwicklung gibt, Rechnerzeit zur Verfügung stellt etc., ist bilanzrechtlich der Ersteller. Für den anderen Vertragspartner stellen die unterstützenden Tätigkeiten Arbeitsaufwand oder sonstigen Aufwand dar.[1]

1 Vgl. Sorgenfrei, U., a.a.O., S. 54.

IV Managementaspekte beim Outsourcing

1. Bewertung von DV-Produkten

Die Bewertung von Übergabeleistungen, wie z.B. der Transfer von Hard-, Software und Peripheriegeräten, spielt beim Outsourcing eine besondere Rolle. Differenzen bei der Bewertung können zu Verzögerungen oder zum Abbruch der Abwicklung des Outsourcing-Projektes führen. Die Problematik taucht in der Praxis auf, wenn die Vertragsparteien sich bei Übergabeleistungen nicht auf den Buchwert einigen können, da dieser nicht dem Marktpreis entspricht. Die Bewertungsproblematik für z.B. Hardware beruht auf den schnell verfallenden Marktpreisen. Einen akzeptierten Markt für gebrauchte DV-Produkte gibt es nur in einem sehr begrenzten Maße. Bevor die Bewertung durch die Verhandlungsparteien stattfinden kann, ist Klarheit darüber zu schaffen, auf welchen Wertbegriff und damit verbundene Wertermittlungsformeln zurückgegriffen werden soll. Für die Bewertung der Übergabeleistungen von (Teil-)DV-Systemen bieten sich Zeit- oder Verkehrswert an, da bei diesen Werten primär auf den Wert des Objektes am Bewertungsstichtag abgestellt wird.[1] Daneben werden weitere Wertbegriffe unterschieden wie z.B.:[2]

Anschaffungswert

"Der Anschaffungswert umfaßt die Kosten, die zur Zeit der Anschaffung aufgewendet werden mußten, um das System zu beschaffen. Zum Anschaffungswert gehören auch etwaige Nebenausgaben wie Steuern, Zölle, Fracht und Installationskosten."

Neuwert

"Der Neuwert umfaßt die Kosten, zu denen das konkrete System oder ein System gleicher Art und Güte am Bewertungsstichtag im neuen und untadeligen Zustand zu beschaffen wäre, einschließlich der Nebenkosten."

---

1 Vgl. Zimmermann, A. (a), *Die Bewertung von EDV-Produkten*, in: Computer und Recht, 10. Jg., Nr. 1, 1994, S. 53-57, hier S. 53.

2 Definitionen entnommen wie Anmerkung 1, S. 53ff.

Wiederbeschaffungswert
"Der Wiederbeschaffungswert umfaßt die Kosten, die aufgewendet werden müssen, um am Bewertungsstichtag ein gleichartiges und gleichwertiges System unter Berücksichtigung des Alters und Zustandes wiederbeschaffen und betriebsbereit herstellen zu können. Je nach Verfügbarkeit oder vertraglichen Regelungen, kann der Wiederbeschaffungswert dem Neuwert entsprechen."

Rumpfwert
"Ein funktionierendes System, welches bereits die übliche technische Grenznutzungsdauer überschritten hat, wird gegebenenfalls mit einem Rumpfwert anzusetzen sein, sofern es noch eingesetzt wird."

Restwert
"Der Restwert ist der Wert eines Systems, das für seinen ursprünglichen Verwendungszweck nicht mehr benutzt werden kann oder soll (z.B. wegen eines Schadens oder des Alters) abzüglich des Aufwandes für die Verwertung. Der Restwert kann auch negativ sein (Entsorgungskosten)."

Eine Wertermittlung hat alle tatsächlich, rechtlich und wirtschaftlich beeinflussenden Umstände anzugeben und zu berücksichtigen. Auf finanzielle Besonderheiten, wie z.B. beim Leasing, ist zu achten. Die allgemeinen Angaben umfassen den Zweck der Wertermittlung (Verkaufs-, Beleihungs-, Versicherungszweck etc.) und den Bewertungsstichtag.

1.1 Methodik der Wertermittlung

Die Basis der Wertermittlung ist die genaue Beschreibung des Objektes. Besonders darzustellen ist, ob das Objekt als einzelnes Objekt, Teilobjekt oder im Rahmen eines Systems bewertet wird. Aus bilanzrechtlicher Sicht ist bei DV-Systemen nach Hard- und Software zu unterscheiden.[1] Bei der Beschreibung sind die allgemeinen charakteristischen Daten, die betriebscharakteristischen- und die spezifischen Daten anzugeben. Zu den allgemein charakteristischen Daten gehören Art der Anlage, charakterisierende Leistungsmerkmale und Herstellerdaten. Als betriebscharakteristisch bezeichnet man Daten

1 Vgl. BMF-Schreiben vom 20. 01. 1992 - IV B2 - S 2180 - 1/92, in: DB 1992, S. 450.

wie Betriebseinsatz der Anlage sowie den Umfang der Anlage und deren Installation. Spezifische Daten sind z.B.: allgemeiner Zustand, durchgeführte Maßnahmen zur Erhaltung oder Verbesserung, erreichbare Arbeitsqualität, allgemeine und spezielle Verfügbarkeit.[1]

1.1.1 Zeitwert

Der Zeitwert ist der Wert, bei dem das Alter, die übliche wirtschaftliche Grenznutzungsdauer (oder technische Lebensdauer) und der Betriebszustand berücksichtigt werden. Der Zeitwert wird nach der Formel ermittelt:[2]

Zeitwert = Neuwert x Zeitwertfaktor x Gebrauchswertfaktor

Neuwert

Der Neuwert wird durch den Vergleich mit dem Neupreis korrespondierender Anlagen ermittelt.

Zeitwertfaktor

"Im Gegensatz zur Bewertung anderer Wirtschaftsgüter ist der technische Wertverlauf im typischen Nutzungsbereich linear und nicht degressiv. Für den Bereich zwischen ca. 15 % und 85 % der zu erwartenden Lebensdauer, kann folgende Funktion zur Berechnung des Zeitwertfaktors herangezogen werden:

Zeitwertfaktor = 0,9 - 0,8 x L,

dabei ist L = bisherige Nutzungsdauer / Grenznutzendauer."[3]

Die Grenznutzendauer liegt bei DV-Systemen etwa zwischen drei und sechs Jahren. Sie ist aber individuell unter Berücksichtigung von z.B. Geräteart, Qualität, Hersteller, Marktsituation und Serviceverfügbarkeit festzulegen.

Am Anfang und am Ende der Nutzungsdauer sind besondere Werteinflußfaktoren zu berücksichtigen. Zu Beginn wird eine erhöhte Werterhaltung durch die Garantie gegeben. Am Ende der

---

1 Vgl. Zimmermann, A. (a), a.a.O., S. 54.

2 Vgl. wie Anmerkung 1, S. 56-57.

3 Wie Anmerkung 1, S. 53.

Nutzungsdauer (ab ca. 85 %) ist mit einer erhöhten Instandhaltung zu rechnen.

Gebrauchswertfaktor
"Der Gebrauchswertfaktor berücksichtigt den aktuellen Zustand und die Nutzbarkeit eines funktionsfähigen Systems zum Bewertungsstichtag. Dieser setzt sich aus mehreren zu gewichtenden Einzelfaktoren zusammen. Dabei beschreibt der Wert 1,0 (entspricht 100 %) den altersbedingten Normalzustand. Ein Faktor < 1,0 stellt einen schlechteren als den Normalzustand dar. Bestimmte Faktoren können auch einen Wert > 1,0 annehmen (z.B. Erhaltungszustand eines ungebrauchten Gerätes). Eigenschaften, die durch Faktoren bewertet werden, sind z.B.:

Funktionsfähigkeit, Verfügbarkeit von Service und Ersatzteilversorgung, funktionaler Erhaltungszustand, optisches Erscheinungsbild, Marktgängigkeit, Ausstattung, Zubehör, Kompatibilität, Verfügbarkeit von Software, etc."[1]

Zur Vereinfachung der Ermittlung können einzelne Gebrauchswertfaktoren zusammengefaßt werden. Dieses ist aber von Fall zu Fall zu überprüfen. Ein Büro hat bei dreijähriger Nutzung den Gebrauchswertfaktor = 1,0, während dieser Parameter aber bei einer Werkshalle unter Berücksichtigung der Umfeldbedingungen = 0,5 beträgt.[2]

1.1.2 Vereinfachte Methode zur Zeitwertermittlung

Die vereinfachte Zeitwertfestlegung erfolgt ohne Ermittlung des einzelnen Zeitwert- und Gebrauchswertfaktors und kann der nachfolgenden Tabelle entnommen werden (siehe Tabelle 15). Je nach Einschätzung der Zeitwert- und Gebrauchswertfaktoren ist der Prozentsatz innerhalb der einzelnen Bandbreite auszuwählen.[3]

1 Vgl. Zimmermann, A. (a), a.a.O., S. 56.

2 Vgl. wie Anmerkung 1, S. 56.

3 Vgl. wie Anmerkung 1, S. 56.

Tab. 15 Zeitwerttabelle für DV-Systeme[1]

	Nutzungsdauer			
	über 5 Jahre	5 Jahre	4 Jahre	3 Jahre
	Zeitwert (Prozentsatz des Neupreises*)			
im 1. Jahr	75 - 80	65 - 80	60 -75	55 - 70
im 2. Jahr	60 - 70	50 - 60	40 - 55	35 - 50
im 3. Jahr	45 - 55	35 - 45	25 - 35	20 - 35
im 4. Jahr	30 - 40	20 - 30	15 - 25	10 - 20
im 5. Jahr	20 - 30	10 - 20	10 - 15	5 - 10
im 6. Jahr	10 - 20	10 - 15	5 - 10	0

Als Neupreis sind dabei die Wiederbeschaffungskosten für ein gleiches Gerät oder, sofern das Gerät nicht im Handel ist, für ein Gerät gleicher Güte und gleicher Leistung anzusetzen, keinesfalls der ursprüngliche Anschaffungswert.

1.1.3 Verkehrswert

Der Verkehrswert eines Systems bestimmt sich durch die jeweilige Marktlage. In diesem Wert sind alle Umstände, die den Preis beeinflussen können, berücksichtigt. Persönliche oder außerordentliche Verhältnisse werden nicht mit einbezogen. Erforderlich ist für die Wertermittlung daher die genaue Kenntnis des Marktes. Jedoch ist es auch möglich, daß es keinen Markt für das System gibt. Zur Ermittlung des Verkehrswertes ist dann in der Regel im Vorfeld der Zeitwert zu bestimmen. Über diesen Faktor wird versucht, je nach Alter und Beschaffenheit, das System am Markt einzuordnen. Dabei sind deutliche Abweichungen vom Zeitwert möglich.[2]

1.2 Bewertung von Software

Die Bewertung von Software ist nach Standardsoftware und Individualsoftware vorzunehmen. Bei der Bewertung der Individualsoftware ist das oben genannte Schema nur beschränkt anwendbar. Sie ist entsprechend der vorgegebenen Situation individuell zu bewerten. Der Neupreis für Standardsoftware wird unter anderem nach dem oben angegebenen Schema ermittelt. Für die Ermittlung des Zeitwertes sind das Release und die Verfügbarkeit von Support sowie Updates ent-

1 Entnommen aus, Zimmermann, A. (a), a.a.O., S. 56.

2 Vgl. wie Anmerkung 1, S. 57.

sprechend der vorgegebenen Situation individuell zu bewerten. Der Neupreis für Standardsoftware wird unter anderem nach dem oben angegebenen Schema ermittelt. Für die Ermittlung des Zeitwertes sind das Release und die Verfügbarbeit von Support sowie Updates entscheidend, nicht das Alter der Software. Bei dem Verkehrswert ist zu berücksichtigen, daß Hersteller eine Übertragung auf Dritte untersagen können.[1]

2. Abrechnungsarten von Outsourcing-Leistungen

Die Outsourcing-Leistungen sind zum Teil sehr individuell und im Umfang unterschiedlich zusammengesetzt (siehe Untersuchungsergebnisse). Entsprechend der Vielfalt haben sich unterschiedliche Abrechnungsverfahren entwickelt. Bei DV-Outsourcing-Leistungen sind Einzel-, Terminal-, DV-Funktions- und DV-Prozeßkostenverrechnung zu unterscheiden. Diese einzelnen Abrechnungsverfahren basieren auf den in der DV üblichen DV-Kosten- und Leistungsverrechnungen und bestehen somit aus einer funktionalen Beschreibung und den Angaben zu den Leistungsdaten.[2] Die Abrechnungsverfahren für Funktions- und Prozeß-Outsourcing-Leistungen bauen wiederum auf der DV-Outsourcing-Kostenverrechnung auf. Nachfolgend wird zuerst die funktionale Leistungsbeschreibung vorgestellt und anschließend werden die einzelnen Abrechnungsarten beschrieben.

2.1 Funktionale Leistungsbeschreibung

Die funktionale Leistungsbeschreibung muß bei jeder Art von Abrechnungsverfahren erfolgen. Sie dient der Darstellung der objektiven Eigenschaften einer Leistung, wie z.B. eines DV-Systems. Die Beschreibung umfaßt z.B. die Darstellung der Menge der ausführbaren Tätigkeiten, die Korrektheit der Ausführung von Arbeiten und ergonomische Eigenschaften.[3] Beispiele für diese Eigenschaften sind:

Menge der ausführbaren Tätigkeiten

Die Beschreibung enthält die Tätigkeiten, die mit dem DV-System ausgeführt werden können, z.B. Durchführung von Datenbankab-

---

1 Vgl. Zimmermann, A. (a), a.a.O., S. 57.

2 Vgl. Dirlewanger, W. (a), *Leistungsbeschreibung und Leistungsmessung im DV-Bereich (I)*, in: Computer und Recht, 4. Jg., Nr. 7, 1988, S. 588-591, hier, S. 588.

3 Vgl. Dirlewanger, W. (d), *Messung und Bewertung der DV-Leistung - auf Basis der Norm DIN 66 273*, Heidelberg 1994, S. 7-8.

fragen, Gehaltsberechnungen, Buchungsvorgängen. Darüber hinaus ist zu beschreiben, in welcher Form das System die Tätigkeiten ausführt. Es werden die Betriebsarten in Dialogbetrieb und Stapelverarbeitung unterschieden. Der Dialogbetrieb ist eine Verarbeitungsart, bei der die Aufträge im Wechsel zwischen dem Erteilen von Teilaufträgen und den Antworten abgewickelt werden, wobei der Benutzer gegebenenfalls die Auftragsbeschreibung fortschreibt. Auf die Eingabe des Benutzers antwortet das System sofort und unmittelbar. Die Stapelverarbeitung erledigt die einzelnen Benutzeraufträge nicht im Dialog mit dem Benutzer in Echtzeitverarbeitung, sondern die anfallenden Daten und Aufträge werden in sogenannten Stapeln gesammelt und dann in einem Schub ausgeführt.[1]

Korrektheit der Ausführbarkeit von Arbeiten
Der Gesichtspunkt der Korrektheit der Ausführbarkeit von Arbeiten muß darstellen, inwieweit das DV-System zwischen richtigen Ergebnissen und unvollständigen beziehungsweise unkorrekten Ergebnissen unterscheidet.

Ergonomische Eigenschaften
Die Darstellung der ergonomischen Eigenschaften beinhaltet die Gestaltung der Interaktion zwischen Mensch und Maschine. Dabei ist insbesondere darauf einzugehen, in welchem Umfang die speziellen Aufgaben dem Benutzer angepaßt werden können.

2.2 DV-Outsourcing
Die einzelnen Abrechnungsverfahren für die DV-Outsourcing-Leistungen werden nachfolgend vorgestellt (zusammenfassende Übersicht siehe Abbildung 21).

2.2.1 Einzelkostenabrechnung
Bei der Einzelkostenabrechnung werden die einzelnen Teilleistungen unterschieden in die technischen Leistungseinheiten wie Rechnerleistung, Software-Nutzung, Druckleistung, Datenübertragungsleistungen und operative Dienstleistungen wie Operating, User-Helpdesk-, Wartungs-, Schulungs- sowie Entwicklungs-Leistungen. Im folgenden werden die einzelnen Abrechnungsarten für die Teilleistungen sowie deren Qualitäts- und Servicelevel dargestellt.

1 Vgl. DIN 44.300.

Abb. 21 Abrechnungsarten für technische Outsourcing-Leistungen

Abrechnungsarten für technische Outsourcing-Leistungen

Einzelkosten-verrechnung:

Rechnerleistung:

Arbeitsgeschwindigkeit in MIPS bei einer bestimmten Rechnerarchitektur

CPU - Zeit in:

genutzte Zeit in CPU-Sekunden(Minuten)	bereitgestellte Zeit in CPU-Stunden

nominelle CPU-Leistung

Speicherplatz in Byte:

genutzter Speicherplatz	bereitgestellter Speicherplatz

Qualitätslevel: Verfügbarkeit in Prozent

Software-Nutzung: Lizenzkosten für die Anzahl:
- DV-Systeme
- Terminals/Nutzer

DV-Systemleistung

Servicelevel: DV-Systemleistung nach DIN 66 273 (Durchsatzwert und Auftragsdurchlaufzeit)

Druckleistungen: nach gedruckten Zeilen oder Seiten (Qualität in DPI)

Datenübertragungsleistungen:

Wählverbindung: Bereitstellungspreis, Verbindungszeit, Tarifzeit und übermitteltes Datenvolumen in Bit (Qualitätsmerkmal: Bitfehlerrate)	Standleistung: bereitgestellte Leistungskapazität und Entfernung (Qualitätsmerkmale: Verfügbarkeit und Bitfehlerrate)

Terminalkosten-verrechnung:	Rechnerleistung + Software-Nutzung für einen spezifischen Terminal wie z.B.: - Lohn- und Gehaltsabrechnung - Buchhaltung
DV-Funktionskosten-verrechnung:	für eine Aufgabe wie z.B.: - Datenbankabfrage - Gehaltsberechnung
DV-Prozeßkosten-verrechnung:	für eine Produktionseinheit wie z.B.: - Stück Hinterachse - Hektoliter Mineralwasser

2.2.1.1 Technische Leistungseinheiten

2.2.1.1.1 Rechnerleistung

Die Rechnerleistung besteht aus der CPU-Leistung und Speicherplatz (siehe Kapitel II Abschnitt 5.1.1). Der Speicherplatz wird in bereitgestellter oder genutzter Kapazität berechnet. Die CPU-Leistung ist in der nominellen Leistungsfähigkeit angegeben und auf die Zeit bezogen. Bei der Berechnung der Zeit wird unterschieden in bereitgestellter oder genutzter CPU-Zeit.

Die Angaben zu der nominellen Leistungsfähigkeit umfassen den Rechnertyp und die Arbeitsgeschwindigkeit in MIPS (engl. Millions of Instructions per Second, dt. 1 Million Befehle pro Sekunde).[1] Die Angaben zum Rechnertyp basieren auf der Beschreibung der Rechnerarchitektur, das heißt auf Angaben zum Aufbau und funktionalem Verhalten.[2] Bei der Betrachtung der MIPS-Zahl ist zu beachten, daß sie stark von der individuellen Gestaltung der Rechnerarchitektur abhängig ist. Sie wird geprägt von den verwendeten Maschinenbefehlen und dem verwendeten Testprogramm.

Bei der Ermittlung der MIPS-Zahl werden zwei grundsätzlich verschiedene Methoden unterschieden. Die MIPS-Zahl als Maximaldurchsatz-MIPS-Zahl wird als Kehrwert der kürzesten Ausführungszeit aller Maschinenbefehle gebildet. Sie stellt dann den theoretischen Maximaldurchsatz dar. Die MIPS-Zahl als anwendungsorientierte Durchsatz-MIPS-Zahl wird als Kehrwert einer gemittelten Ausführungszeit, die durch ein Mix (ein Programm mit einem bestimmen Mix von z.B. 13 Befehlstypen - nach GIBSON), Benchmark (ein standardisiertes Programmpaket, z.B. LINPACK) oder durch ein selbst erstelltes Testprogramm ermittelt.[3]

---

1 Vgl. Bauer, W., *Rechnerarchitektur - Begriff und Parameter*, in: Handbuch der Modernen Datenverarbeitung, 19. Jg., Nr. 107, 1982, S. 3-9, hier. S. 5.

2 Vgl. Zucker, W. F., *Entwicklung der Rechnerarchitekturen*, in: Handbuch der Modernen Datenverarbeitung, 26. Jg., Nr. 150, 1989, S. 59-76; Görling, H. und Jókay, Z., *Rechnerarchitektur - ein Überblick*, in: Handbuch der Modernen Datenverarbeitung, 29. Jg., Nr. 164, 1992, S. 3-15.

3 Vgl. Bode, A., *MIPS*, in: Krückeberg, F. und Spaniol, O. (Hrsg.), Lexikon Informatik und Kommunikationstechnik, Düsseldorf 1990, S. 400; Schnabel, B., *Was leistet ein Rechner wirklich?*, in: Markt & Technik, 8. Jg., Nr. 12, 1991, S. 43-45.

Durch die spezifische Testdefinition sind MIPS-Zahlen nominell auf den Rechner bezogen und nur bedingt zum Vergleich geeignet. Diese Situation erschwert beim Outsourcing den Vergleich von Angeboten und die Outsourcing-Vertragsverhandlungen. Es ist daher zwingend notwendig, bei der MIPS Definition das Ermittlungsverfahren und das verwendete Testprogramm anzugeben.

2.2.1.1.2 Software-Nutzung

Die Software wird unterschieden in Systemsoftware und Standard Anwendungssoftware (siehe Kapitel II Abschnitt 5.1.1). Aus handels- und steuerrechtlicher Sicht ist Software ein immaterielles Wirtschaftsgut und die Nutzung wird über eine Lizenzgebühr verrechnet (siehe Kapitel III, Abschnitt 5.2). Die Lizenzgebühren für eine Systemsoftware-Nutzung beziehen sich auf ein DV-System. Bei einer Standard Anwendungssoftware-Nutzung ist sie darüber hinaus mit einer bestimmten Terminal- oder Nutzerzahl verknüpft.

2.2.1.1.3 Druckleistungen

Druckleistungen werden im Rahmen des Outsourcing nach Zeilen oder Seiten abgerechnet. Der Qualitätsstandard wird in DPI (engl. Dots Per Inch, dt. Punkte je Zoll) angegeben.

2.2.1.1.4 Datenübertragungsleistungen

Bei der Darstellung der Kostenberechnung für die Datenübertragungsleistungen wird auf die Verfahren der Telekom zurückgegriffen, da sie das Netzmonopol in der Bundesrepublik Deutschland besitzt (siehe Kapitel II, Abschnitt 5.1.1). Unterschieden werden die Datenübertragungsleistungen im Grundprinzip in Wählverbindungen und Standverbindungen. Die Kosten für Wählverbindungen werden ermittelt aus dem Bereitstellungspreis für die Leitung, Verbindungszeit, Tarifzeit und übermitteltes Datenvolumen in Bit. Für eine Standleitung ergeben sich die Kosten aus der bereitgestellten Leitungskapazität und der Entfernung. Die Qualitätsmerkmale sind Verfügbarkeit und Bitfehlerrate.[1]

1 Vgl. Telekom (Hrsg.) (a), *Leistungsbeschreibungen und Tariflisten für Datendirektverbindungen und Wählverbindungen*, o.O., Stand 93/94; Telekom (Hrsg.) (b), *Das Telekom-Buch*, o.O., Stand 93/94.

2.2.1.2 Dienstleistungen

Das Verrechnen der Dienstleistungen wird in der Outsourcing-Praxis sehr individuell gehandhabt. Zum Beispiel werden Operating-, User-Helpdesk-, Wartungs-, Schulungs- und Entwicklungs-Leistungen nach Zeitaufwand in Mannstunden, -tagen oder pauschal abgerechnet. Andererseits sind die Kosten für die Operating-, User-Helpdesk- und Wartungs-Leistungen sehr oft in den technischen Leistungen enthalten, so daß ein (Teil-)Pauschalpreis für eine Teilleistung entsteht. Die Kosten für Schulungsleistungen werden in Stunden beziehungsweise pauschal abgerechnet oder sind in die Kosten für eine Neuinstallation (Projektkosten) einbezogen. Unterschieden wird bei den Schulungen nach Einführungs- und Vertiefungskursen, wobei die Vertiefungskurse sehr oft nach Aufwand abgerechnet werden. Softwareentwicklungskosten werden generell nach den in Anspruch genommenen Kapazitäten, wie z.B. Entwicklungs-Mannstunden oder -tagen sowie genutzten DV-System-Zeit verrechnet.

2.2.1.3 Qualitäts- und Servicelevel von technischen Leistungen

Die Qualität der technischen Outsourcing-Leistung wird entsprechend des technischen Leistungsumfanges beurteilt. Bei einer Rechnerleistung wird die Verfügbarkeit gemessen und als Qualitätslevel ausgedrückt. Eine Rechnerleistung einschließlich Software, auch DV-Systemleistung genannt, wird anhand ihres Servicelevels beschrieben.

2.2.1.3.1 Qualitätslevel

Unter dem Qualitätslevel wird die Verfügbarkeit, das heißt der Grad des störungsfreien Betriebes eines Rechners, verstanden. Bei der Betrachtung wird davon ausgegangen, daß ein Rechner entweder im Zustand der vollen Funktionsfähigkeit ist oder sich in Reparatur befindet. Die Verfügbarkeit ist der Quotient aus der mittleren Dauer der Funktionszeit (MFZ) und der Summe aus der MFZ und der mittleren Dauer der Reparaturzeit (MRZ).[1]

1 Vgl. Zuverlässigkeitsgrößen in: Dirlewanger, W. (b), a.a.O., S. 777.

$$Verfügbarkeit = \frac{MFZ}{(MFZ + MRZ)}$$

Betrachtet wird eine definierte Periode. Für Rechner, die bei einem Funktionsausfall nicht vollständig ausfallen, sondern mit verringerter Leistung weiterarbeiten können, ist eine Leistungsgrenze zu definieren, die als nicht mehr ausreichend für die Volleistung gilt. Der Nachweis einer Funktionsbeeinträchtigung wird durch eine systematische Ausfallprotokollierung des Rechners erbracht.[1] Die Verfügbarkeit ist das derzeit am häufigsten verwendete Qualitätsmaß für Rechnerleistungen in Outsourcing-Verträgen.

2.2.1.3.2 Servicelevel

Der Servicelevel beschreibt die am Endbenutzer orientierte DV-Leistung.[2] Dabei wird ausschließlich der Bedarf des Benutzers in Form des Durchsatzwertes sowie der Auftragsdurchlaufzeit eines DV-Systems betrachtet. Diese Merkmale eines DV-Systems werden gemäß DIN 66 273 DV-Leistung genannt. Der Durchsatzwert ist das Leistungsmaß für die Aufträge, die das DV-System innerhalb einer gegebenen Zeit abwickelt, z.B. die Berechnung von fünfzig Gehaltsabrechnungen (mindestens) in einer Stunde. Die Auftragsdurchlaufzeit ist die Zeit, die das DV-System für die Erledigung einer bestimmten Aufgabe benötigt. Als Beispiel gilt die Bearbeitung einer Gehaltsabrechnung in einer bestimmten Zeit. Andere technische Daten eines DV-Systems werden in der Norm für die Bestimmung der DV-Leistung nicht verwendet. Insbesondere technische oder interne DV-Leistungsgrößen, wie z.B. MIPS-Zahl, CPU-Auslastung, sind in der Norm nicht beschrieben.[3] Die Definition des Servicelevels (DV-Leistung) nach der DIN 66 273 ist zur Zeit noch nicht sehr verbreitet. Der Servicelevel steht aber bei den Dienstleistern zur Diskussion und wird in naher

---

1 Vgl. Dirlewanger, W. (b), a.a.O., S. 777.

2 Vgl. Dirlewanger, W. (e), *Nutzen der Performance-Norm DIN 66 273 für die DV-Kosten- und Leistungsrechnung*, Vortrag/Vortragsdokumentation der Veranstaltung: Verrechnung von DV-Leistungen - Verursacherorientierung und Transparenz, 27. und 28. April 1994, München.

3 Vgl. Dirlewanger, W. (d), a.a.O., S. 14 ff.

Zukunft als ein Qualitätsmerkmal für Outsourcing-Leistungen Verwendung finden.[1]

2.2.2 Terminalkostenverrechnung

Bei der Terminalkostenverrechnung werden die Kosten für die CPU-Leistung und Software-Nutzung auf die Anzahl der Terminals umgelegt. Der Outsourcer zahlt z.B. für die Anzahl angeschlossener Terminals im Bereich Lohn- und Gehaltsabrechnung, Buchhaltung etc. Alle anderen Verbrauchskapazitäten und -güter werden über Einzelkosten oder pauschal abgerechnet.

2.2.3 DV-Funktionskostenverrechnung

Die DV-Funktionskostenverrechnung erfolgt über ein Job Accounting. Ein Job ist eine DV-Leistung aufgrund eines vom Benutzer erteilten Auftrages[2] wie z.B. einer Datenbankabfrage oder einer Gehaltsberechnung. Eine Job Accounting-Software übernimmt das Zählen der angestoßenen Jobs und liefert ein Protokoll. Der Outsourcer zahlt somit für tatsächlich genutzte Rechneraktivitäten und ist darüber hinaus in der Lage, die genutzten DV-Kapazitäten dem Verursacher in seinem Unternehmen direkt zuzuordnen.

2.2.4 DV-Prozeßkostenverrechnung

Bei der DV-Prozeßkostenverrechnung werden die Kosten eines DV-Prozesses pro Produktionseinheit gemessen und z.B. auf Stückzahl, Gewicht, Hektoliter umgelegt. Eine DV-Prozeß-Leistung für einen Produktionsbetrieb besteht aus den einzelnen DV-Komponenten wie z.B. CAD, PPS, Materialwirtschaft, NC-Maschinensteuerung, Vertriebssteuerungssystem. Der Dienstleister liefert alle für die Produktion erforderlichen DV-Leistungen zu einem definierten Servicelevel, einschließlich der Qualifizierung der Endanwender, und berechnet die Kosten für jeweils eine Produktionseinheit.

---

1 Vgl. Xephon - Broschüre (Hrsg.), *Der Dinosaurier Mythos - Warum der Mainframe die kostengünstigste Lösung für die meisten Organisationen ist*, 2. Aufl., 1994, S. 4, in der Bundesrepublik Deutschland vertreten durch S.C.I.C. - Aichach.

2 Vgl. DIN 44.300.

2.3 Funktions- und Prozeß-Outsourcing

Die Abrechnung von Funktions- und Prozeß-Outsourcing-Leistungen erfolgt pro produzierter Einheit beziehungsweise produziertem Stück oder der abgewickelten Aufgabe, z.B. Lohn- und Gehaltsabrechnung, Logistik-Dienstleistung etc. Die Kosten umfassen somit alle Kosten für die benötigten DV-Aktivitäten und betriebswirtschaftlichen Aufgaben.

3. Entstehung von Outsourcing-Nutzen

Die Entstehung des Outsourcing-Nutzens basiert auf der Tatsache, daß der Einsatz von DV-Techniken, bedingt durch ihren fortlaufenden hohen Kostenaufwand, für viele Unternehmen an die Grenze der Finanzierbarkeit stößt. Zu dem Verhältnis der Nutzen-Entwicklung zum Umfang der Anwendungsgebiete der DV-Techniken, hat DIEBOLD Untersuchungen durchgeführt, die den Schnittpunkt der Kosten- und der Nutzenkurve zeigt. Nach diesem Schnittpunkt steigen die Kosten für die Verwirklichung der DV-Komplexität extrem an, und der Nutzeneffekt fällt sehr stark ab (siehe Abbildung 22).[1] Zur Kompensation des Nutzenverlustes entwickelten beziehungsweise entwickeln sich Standards, wie z.B. Standard-Anwendungssoftware, die es ermöglichen, Leistungen zusammenzufassen. Durch die Zusammenlegung einzelner unternehmensinterner Dienstleistungen bei externen Dienstleistern entsteht der Outsourcing-Nutzen. Dieser Prozeß wird im nachfolgenden aufgezeigt.

- Beim DV-Outsourcing entsteht der Nutzen z.B. durch die Zusammenfassung von gleichen technischen und systemtechnischen Dienstleistungen sowie DV-Service-Leistungen.

- Beim Funktions-Outsourcing entsteht der Nutzen durch die Zusammenfassung von branchenübergreifenden Aufgaben, wie z.B. Lohn- und Gehaltsabrechnungen.

- Beim Prozeß-Outsourcing entsteht der Nutzen durch die Zusammenfassung von einzelnen, aufeinanderfolgenden, funktionalen und branchenspezifischen Aufgaben zu einer neuen Dienstleistung, wie z.B. der Logistik-Dienstleistung.

---

1 Vgl. Dernbach, W., *Komplexitätsreduzierung: Warum Sie ihrer DV eine Abmagerungskur verschreiben sollten*, in: Kompetenz - Diebold Management Journal, 1991, Heft 13, S. 33 ff.

Der Nutzen ergibt sich in diesen Fällen aus einer technischen Größenersparnis, durch gemeinsame Nutzung von technischen und systemtechnischen DV-Dienstleistungen sowie von speziell gebündeltem Know-how.

Abb. 22 Entwicklung des Nutzen-/Kostenverhältnisses bei steigender Komplexität der DV-Techniken
Quelle: Diebold-Untersuchungen[1]

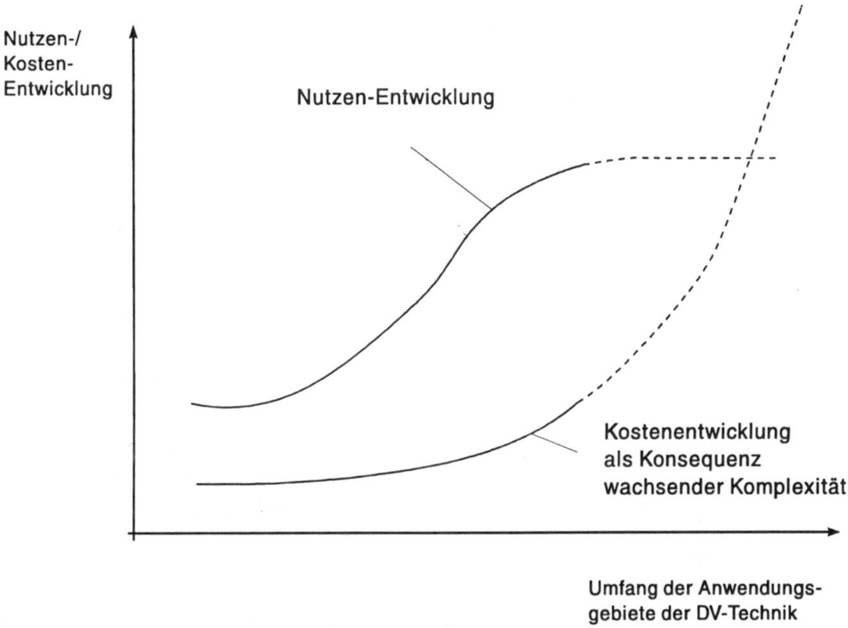

3.1 Größenersparnis

Der primäre Nutzen für nahezu alle Outsourcing-Leistungen entsteht durch die Zusammenführung von Rechnerleistung, wodurch die Betriebskosten pro MIPS erheblich sinken. Das national umfangreichste und bekannteste Projekt in diesem Rahmen wurde vom Daimler-Benz-Konzern durchgeführt. Das debis Systemhaus hat Anfang der 90er Jahre die ehemals 50 Rechenzentrums-Standorte des Konzerns, mit jeweils 10 bis 20 MIPS Gesamtleistung, in 12 Groß-Rechenzentren,

1 Dernbach, W., a.a.O., S. 33.

deren Rechner-Ausstattung jeweils mindestens 200 MIPS Gesamtleistung aufweisen, zusammengefaßt. Es stellte sich heraus, daß die Betriebskosten pro MIPS in den kleinen Rechenzentren drei- bis viermal so hoch waren wie in den zusammengefaßten Groß-Rechenzentren.[1] Durch die Zusammenführung konnten rund 95 Millionen Mark im Jahr eingespart werden.[2] Abb. 23 zeigt die jährlichen Kosten pro MIPS bei zunehmender Rechenzentrums-Größe für das Beispiel. Daraus ergibt sich ein Kostenvorteil, der auf eine Größenersparnis durch die Rechnerleistung beruht.[3] Allerdings kann ein Dienstleister im Rahmen des Outsourcing seine Verdienstspanne nur begrenzt weitergeben. Er hat den Gewinn, (Re-)Investitionen etc. einzukalkulieren.[4]

3.2 Gemeinsame Nutzung

Ein weiterer Nutzen entsteht durch die gemeinsame Inanspruchnahme technischer und systemtechnischer Dienstleistungen. Dabei ist entscheidend, daß die Gesamtkosten einer gemeinsamen Nutzung kleiner sind, als die Summe bei getrennter Nutzung. Voraussetzung ist aber eine Größenersparnis von mindestens einem Produktionsfaktor.[5] Ein Dienstleister mit einem 200 MIPS-Rechner kann z.B. 5 Outsourcer mit der jeweilig beanspruchten Rechnerleistung von 40 MIPS versorgen. Dem Dienstleister entstehen dabei aber lediglich Kosten für ein Rechenzentrum, eine Hard-, eine Systemsoftware und einen Mitarbeiterstab für das Operating. Bei der Anwender-Software kann er gegebenenfalls als Großkunde Vorteile in Anspruch nehmen. Der Fixkostenblock des Dienstleisters wird so auf fünf Kunden verteilt.[6]

---

1 Vgl. Achinger, K.-H. (a), *Fremdbezug von DV-Leistungen - Pragmatischer Ansatz für größtmögliche Effizienz in der Informatik*, in: debis (Hrsg.), Fremdbezug von DV-Leistungen, Fachdokumentation zum 1. debis Management-Forum '91 vom 05.09.1991, S. 68 - 122, hier S. 91-92.

2 Vgl. Achinger, K.-H. (b), *Konzentration auf das Wesentliche - Interview mit Henkel, N. und Schrader, A.*, in: Office Management, 39. Jg. Nr. 10, 1991, S. 84-86, hier S. 85.

3 Vgl. Hanker, J., *Die strategische Bedeutung der Informatik für Organisation - Industrieökonomische Grundlagen des strategischen Informationsmanagements*, Stuttgart 1990, S. 286-287.

4 Vgl. Dirlewanger, W. (c), *Outsourcing-Quelle der Hoffnung?*, in: Kommunikations- und EDV-Sicherheit, 7. Jg., Nr. 3, 1992, S. 187-192, hier S. 192.

5 Vgl. Hanker, J., a.a.O., S. 104-105.

6 Vgl. Herbers, R., a.a.O., S. 33-34.

Neben diesen Kostenvorteilen bekommt der Outsourcer vom Dienstleister eine garantierte Verfügbarkeit beziehungsweise einen bestimmten Servicelevel vertraglich zugesichert.

Abb. 23 MIPS-Preis bezogen auf die Rechenzentrums-Größe
Quelle: Achinger[1]

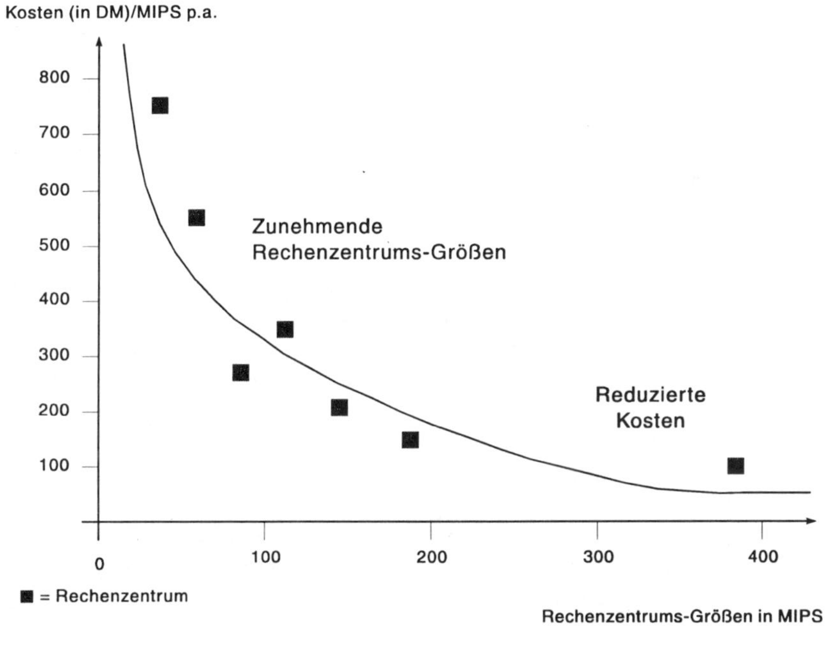

Ein Kostenvergleich zwischen SAP-Outsourcing und internem SAP-Einsatz wurde von der Gesellschaft für Projektmanagement mbH GfP - Hamburg, im Auftrag von tele-daten-service GmbH - Heilbronn, bei ca. 40 mittelgroßen Unternehmen, die jeweils IBM/370-Anwender sind, durchgeführt. Die Untersuchung ergab bei etwa 100 Terminals im SAP-Betrieb monatliche Kosten von ca. 2.500 DM je Terminal. Im Rahmen von entsprechenden Outsourcing-Projekten lagen die monat-

1 Entnommen aus: Achinger, K.-H. (a), a.a.O., S. 111.

lichen Terminalkosten bei ca. 950 DM (siehe Abbildung 24). In diesen Kosten sind die Aufwendungen für die gesamte Hard- und Systemsoftware, die SAP-Lizenzkosten und die Personalkosten enthalten. Nicht berücksichtigt sind beim Eigenbetrieb die Kosten für Klima, Energie, Raum, Sicherheit und Material. Im Rahmen des Outsourcing-Projektes sind die Kosten für die Koordination, Ablauforganisation, Controlling und Netzkosten nicht enthalten.[1] Bei dem Outsourcing in dieser Form werden beim Outsourcer Hard- und Softwarekapazitäten sowie Personal frei. Diese Kapazitäten stehen dann anderweitig zur Verfügung. In der Praxis wird diese Outsourcing-Form besonders bei mittelgroßen Unternehmen genutzt, eine Unterdimensionierung der DV zu beheben[2] oder eine Umstellung auf eine leistungsfähigere Hardware und modernere Standard-Anwendungssoftware vorzunehmen. In diesem Fall tritt nur bedingt ein sofortiger Kostenvorteil ein, da der Outsourcer neben der Umstellung auf Outsourcing, auch die Einführung einer Standard Anwendungssoftware zu bewältigen hat.

3.3 Nutzen von Betriebserfahrungen und Know-how

Der aus Betriebserfahrung gewonnene Nutzen ist im Bereich der DV-Techniken umfangreich. Er entsteht im Rahmen des Outsourcing durch die Konzentration von DV-Techniken bei den Dienstleistern, da sie die DV als Kerngeschäft betreiben. Die Dienstleister entwickeln somit spezielles Know-how, im Rechenzentrums-Betrieb, bei der Softwareentwicklung, der DV-Projektabwicklung etc. Dieses spezielle Know-how versetzt sie in die Lage, einen zusätzlichen Nutzen zu erzielen. Ein Outsourcer profitiert von diesem Know-how direkt z.B. durch eine Inanspruchnahme von Experten oder indirekt durch höhere Qualität der Outsourcing-Leistung.

1 Zahlen der Analyse veröffentlicht in: Outsourcing für mittlere Unternehmen, in: Office Management, 39 Jg., Nr. 10, 1991, S. 87; auch vgl. Streicher, H., a.a.O., S. 69.

2 Vgl. Dirlewanger, W. (c), a.a.O., S. 192.

Abb. 24 Monatliche DV-Kosten je Terminal für SAP-Nutzer
Quelle: tds[1]

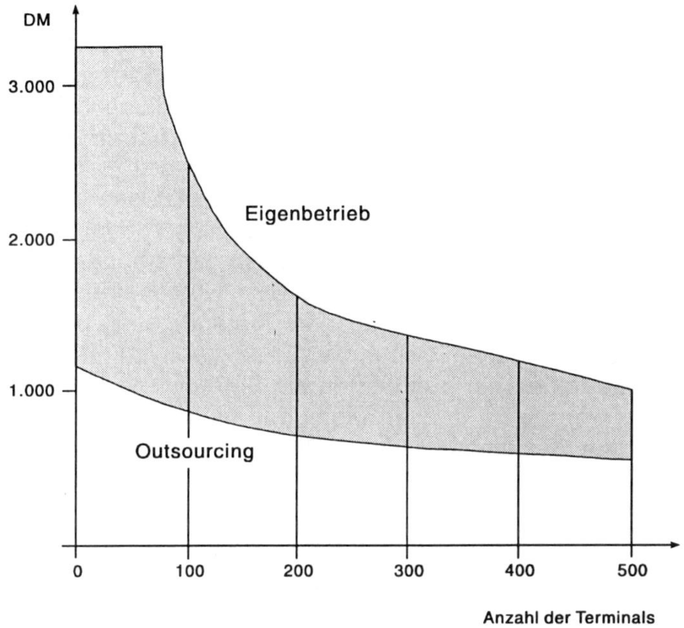

1 Entnommen aus: Streicher, H., a.a.O., S. 69.

4. Outsourcing-Entscheidungs-Konzept

Die Entscheidung Outsourcing zu betreiben, hängt von mehreren Faktoren ab. Einerseits ist der direkte Nutzen (eine Kosteneinsparung) bestimmend, andererseits beeinflussen die Wertigkeit der indirekten und relativen Nutzeneffekte sowie die Risiken jeweils die Entscheidung. Diese Entscheidung erfordert umfangreiche Analyse- und Bewertungstätigkeiten. Zu der methodischen Ermittlung der gesamten Entscheidungsfaktoren für ein Outsourcing-Vorhaben ist die klassische Make-or-Buy-Entscheidung[1] oder Make-or-Buy-Entscheidung aus transaktionstheoretischer Sicht nur begrenzt geeignet.[2] Erstgenannte Methode beruht ausschließlich auf den herkömmlichen Kostenvergleichs- und Wirtschaftlichkeitsberechnungsmethoden und berücksichtigt nicht die indirekten und relativen Nutzeneffekte sowie die Transaktionskosten. Die zweitgenannte Methode stellt primär auf die Transaktionskosten ab, läßt aber die Wirkung von indirekten und relativen Nutzeneffekten nur begrenzt in die Betrachtung einfließen. Darüber hinaus werden bei beiden Methoden nicht die Effekte der partnerschaftlichen Beziehung und der Risikobewertung in die Entschei-

---

1 Vgl. zur Make-or-buy-Theorie: Ludwig, B. D., *"Make or buy" interner Dienstleistungen*, in: Hess, W. (Hrsg.) "Make or buy": Eine neue Dimension der strategischen Führung, Zürich 1989, S. 45-56; Hess, W., *Grundstruktur der Thematik "Make or buy"*, in: Hess, W. (Hrsg.), "Make or buy": Eine neue Dimension der strategischen Führung, Zürich 1989, S. 2-19.

2 Vgl. zur Transaktionskosten-Theorie: Picot, A. (a), *Ein neuer Ansatz zur Gestaltung der Leistungstiefe*, in: Zeitschrift für betriebswirtschaftliche Forschung, o. Jg., 1991, Heft 4, S. 336-357; Picot, A., Reichwald R. und Schönecker H. G. (a), *Eigenerstellung oder Fremdbezug von Organisationsleistung - ein Problem der Unternehmensführung (I)*, in: Office Management, 35. Jg., 1985, Heft 9, S. 818-821; Picot, A., Reichwald R. und Schönecker H. G. (b), *Eigenerstellung oder Fremdbezug von Organisationsleistung - ein Problem der Unternehmensführung (II)*, in: Office Management, 35. Jg., 1985, Heft 10, S. 1029-1034; Picot, A. (b), *Transaktionskostenansatz in der Organisationstheorie: Stand der Diskussion und Aussagewert*, in: Die Betriebswirtschaft, 42. Jg., 1982, Nr. 2, S. 267-284; Picot, A. (c), *Transaktionskosten*, in: Die Betriebswirtschaft, 45. Jg., 1985, Nr. 2, S. 224-225; Picot, A. (d), *Zur Bedeutung allgemeiner Theorieansätze für die betriebswirtschaftliche Information und Kommunikation: Der Beitrag der Transaktionskosten- und Principal-Agent-Theorie*, in: Kirsch, W., Picot, A. (Hrsg.), Die Betriebswirtschaftslehre im Spannungsfeld zwischen Generalisierung und Spezialisierung, Wiesbaden 1989, S. 361-371; Picot, A., und Maier, M., Analyse- und Gestaltungskonzepte für das Outsourcing, in: Information Management, o. Jg., Nr. 4, 1992, S. 14-27.

dungsfindung einbezogen. Für die Entscheidung einer unternehmerischen Optimierung durch Outsourcing ist aufgrund der umfangreichen Einflüsse und Wirkungszusammenhänge ein mehrstufiges Analyse- und Bewertungskonzept erforderlich. Die wesentlichen Einflüsse und Wirkungszusammenhänge sowie methodischen Konzepte werden im - folgenden charakterisiert.

4.1 Potential-Analyse

Die Potential-Analyse ist eine Weiterentwicklung und Spezialisierung der Normstrategie aus der Transaktionskostentheorie.[1] Sie dient der Bestimmung von Dienstleistungen, die fremdbezogen werden können. Für diese Leistungen ist dann ein Outsourcing-Angebot einzuholen und die Nutzenwerte festzustellen. Das Potential-Analysekonzept besteht aus der Ist-Zustands-, Portfolio- und der Kenngrößen-Analyse.

4.1.1 Ist-Zustandsanalyse

4.1.1.1 Ist-Analyse

Die Ist-Analyse ist die Fortsetzung der Grob-Untersuchung aus der Vorstudie (siehe Abschnitt 5.3.1). Sie hat alle unternehmensinternen Dienstleistungen aus Problembereichen zu erfassen und strukturiert abzubilden. Der Detaillierungsgrad darf eine Dienstleistung nicht unterschreiten. Eine Dienstleistung umfaßt alle für deren Erfüllung erforderlichen Teilleistungen. Als Abgrenzungskriterium für die Zuordnung von Teilleistungen und der Darstellung als eigenständige Dienstleistung kann z.B. die Finanzbudgetierung für die Dienstleistungen herangezogen werden. Somit ist gewährleistet, daß die tatsächliche Struktur und der Umfang der Dienstleistungen unternehmensspezifisch abgebildet werden. Es kann sich beispielsweise bei einem Vergleich unternehmensspezifischer Ist-Zustandsbeschreibungen ergeben, daß bei Unternehmen A die Dienstleistung Lohn- und Gehaltsabrechnung einschließlich der DV-Ressourcen betrachtet wird und bei Unternehmen B die Lohn- und Gehaltsabrechnung sowie die DV-Leistungen als eigenständige Dienstleistungen behandelt werden. Entsprechend der unternehmensspezifischen Struktur sind die Dienstleistungen zu definieren. Als Merkmal der Strukturierung der Dienstleistungen dient die Häufigkeit der Leistungserbringung wie z.B. Dauer- oder Projektleistung.

---

1 Vgl. Gerhardt, T., Nippa, M. und Picot, A., *Die Optimierung der Leistungstiefe*, in: Harvard manager, 14. Jg., Nr. 3, 1992, S. 136-142.

Beispiele:

Dauerleistung
- Lohn- und Gehaltsabrechnung
- Geschäfts- und Finanzbuchhaltung
- DV-Leistungen
- Transportleistungen
- Kantine

Projektleistung
- Messe-Präsentation
- Konstruktions-Leistungen
- Softwareentwicklung

Der nächste Schritt ist die Ermittlung der wirtschaftlichen Bedeutung und der Risiken des Fremdbezuges der einzelnen Dienstleistungen.

4.1.1.2 Ermittlung der wirtschaftlichen Bedeutung

Die Einschätzung der wirtschaftlichen Bedeutung einer Dienstleistung hat einerseits mit der Einordnung ihrer Spezifika und andererseits anhand ihrer Stärken und Schwächen zu erfolgen.

4.1.1.2.1 Spezifikum einer Dienstleistung

Bei der Einschätzung der Spezifika einer Dienstleistung reicht die Skala von standardisiert bis unternehmensspezifisch. Eine standardisierte Dienstleistung ist durch einen relativ einfachen Austausch der leistungsbringenden Elemente gekennzeichnet, wie Standard-Software, Arbeitskräfte etc. Im Gegensatz dazu sind bei unternehmensspezifischen Dienstleistungen spezielle Leistungselemente, wie z.B. Spezial-Software und Experten-Know-how erforderlich. Je höher der Standardisierungsgrad, desto leichter kann ein Fremdbezug vorgenommen werden.

4.1.1.2.2 Stärken und Schwächen einer Dienstleistung

Die Einschätzung der Stärken und Schwächen einer Dienstleistung erfolgt mit einer Stärken- und Schwächen-Analyse.[1] Sie dient der systematischen Untersuchung der Dienstleistung auf ihre Abweichungen

---

1 Vgl. Finkbeiner, B., *Outsourcing aus der Sicht des Anbieters*, Vortrag/Vortragsdokumentation der Veranstaltung: Outsourcing - Die wirtschaftliche Alternative, 30. Juni 1993 Stuttgart.

von den Sollvorgaben. Diese Vorgaben sind z.B. Finanzbudget, Qualitätsstandard (bei DV-Techniken der Servicelevel), Termintreue/Verfügbarkeit, Know-how-Standard etc. Als Stärke gilt in diesem Zusammenhang, wenn eine Dienstleistung den Sollvorgaben entspricht oder von diesen im positiven Sinne abweicht. Als Schwäche wird ein negatives Unterschreiten von Sollvorgaben gewertet. Die Einschätzungen der Dienstleistungen müssen vorurteilslose Standortbestimmungen sein. Gegebenenfalls sind auch Vergangenheits- und Zukunftswerte in die Betrachtung einzubeziehen.[1] Je umfangreicher eine Dienstleistung auf der negativen Seite von den Sollvorgaben abweicht, desto eher eignet sie sich zum Fremdbezug. Durch diesen kann dann über vertragliche Regelungen die gewünschte Qualität und Quantität der Dienstleistung sichergestellt werden. Weicht eine Dienstleistung positiv von den Sollvorgaben ab, ist zu überprüfen, ob sie auf dem Markt Dritten zur Verfügung gestellt werden kann.

Die Ermittlung des Standardisierungsgrades und Einschätzung der Stärke/Schwäche einer Dienstleistung ist in dem Parameter wirtschaftliche Bedeutung mit der Skalierung sehr niedrig, niedrig, hoch und sehr hoch zusammenzufassen. Dabei bedeutet eine hohe Standardisierung und negative Abweichung von den Sollvorgaben eine sehr niedrige wirtschaftliche Bedeutung für das Unternehmen. Eine spezielle Dienstleistung und positive Abweichung von den Sollvorgaben hat dagegen eine sehr hohe wirtschaftliche Bedeutung.

4.1.1.3 Ermittlung der Barrieren des Fremdbezuges

Die Ermittlung der Barrieren des Fremdbezuges für Dienstleistungen erfolgt über eine systematische Analyse und Bewertung der Wettbewerbsfaktoren. Ein Wettbewerbsfaktor ist für den Erfolg oder Mißerfolg eines Unternehmens maßgeblich bestimmend. Im Rahmen des Outsourcing sind die Faktoren Know-how-Verlust und rechtliche Aspekte als Barrieren von wesentlicher Bedeutung. Sie sind entsprechend ihrer Gewichtung in eine Skalierung von sehr niedrig, niedrig, hoch und sehr hoch für den Unternehmenserfolg einzuordnen. Beispielsweise kann der Know-how-Verlust von speziellen Programmierkenntnissen von sehr niedriger Bedeutung sein. Dagegen ist der Verlust spezieller Struktur- und Organisationskenntnisse über systemtechnische Zusammenhänge der DV-Techniken meist von sehr hoher Bedeutung. Bei den rechtlichen Aspekten können Fakten wie z.B. Patentrechte/Li-

---

1 Vgl. Finkbeiner, B., a.a.O, Vortrag/Vortragsdokumentation.

zenzrechte, vertragliche Rechte (Tarifvertrag, Rationalisierungsabkommen, Betriebsvereinbarungen) vorliegen, die sehr hohe Barrieren des Fremdbezuges darstellen und nur langfristig geändert werden können.

4.1.2 Bestimmung der Outsourcing-Leistung

Die Bestimmung von Dienstleistungen, für die sich ein Fremdbezug eignet, wird anhand einer Portfolio-Analyse[1] vorgenommen. Diese erfolgt mit Hilfe der 2 x 2 Portfolio-Felder-Matrix, bei der in die Spalten die Barrieren des Fremdbezuges und in die Zeilen die wirtschaftliche Bedeutung abgetragen werden. Durch den zweidimensionalen Ansatz erhält jeder der Quadranten einc differenzierte Bedeutung hinsichtlich des Fremdbezugsniveaus. Aus der Einordnung der Dienstleistungen in die Quadranten ergibt sich die mögliche optimale Outsourcing-Form. Dabei gilt: je höher die Barriere des Fremdbezuges und die wirtschaftliche Bedeutung ist, desto höher ist der Kooperationsgrad der Outsourcing-Beziehung. Den maximalen Kooperationsgrad weist das Konzern-Outsourcing und den minimalen Kooperationsgrad die Dienstleistungs-Partnerschaft auf. Abbildung 25 zeigt das Outsourcing-Portfolio. Die Quadranten werden im Anschluß charakterisiert und beispielhafte Einordnungen von Dienstleistungen aufgezeigt.

Quadrant 1: strategische Dienstleistungen

In Quadrant 1 sind die Dienstleistungen einzuordnen, die eine hohe wirtschaftliche Bedeutung und Barrieren für den Fremdbezug aufweisen. Sie sollten nicht fremdbezogen werden, da es sich um die Kernkompetenzen und somit um unternehmensspezifische Dienstleistungen handelt.

Beispiele:

<u>Strategische Management-Dienstleistungen</u>

Strategische Management-Dienstleistungen beinhalten Grundsatzentscheidungen über Aufbau- und Ablauforganisation und Einsatz von (DV-)Techniken sowie die damit verbundenen Investitionsentscheidungen. Organisationsaufgaben sind die Kernprobleme eines Unternehmens. "Sie müssen im Unternehmen

1 Vgl. VDI Zentrum Wertanalyse (Hrsg.), *Wertanalyse Idee - Methode - System*, 4. Aufl., Düsseldorf 1991, S. 336-337.

gelöst werden, sicherlich mit Hilfe externer Berater, aber unter Mitwirkung und Verantwortlichkeit des internen Managements".[1]

Individualsoftware

Individualsoftware sind Programme, die nach spezifischen Anforderungen entwickelt worden sind und somit eine hohe Spezifität aufweisen.[2] Sie dienen dem Erhalt und Ausbau von Wettbewerbsvorteilen.

Der Fremdbezug dieser Dienstleistungen würde einen hohen Know-how-Verlust und wirtschaftlich wie strategisch für das Unternehmen einen Kompetenzverlust bedeuten. Inwieweit bei der Individualsoftware wirklich ein Know-how-Vorsprung besteht, ist jedoch sehr intensiv zu prüfen. Bei einem großen Know-how-Vorsprung eigenentwickelter Software ist eine Vermarktung zu empfehlen.

Quadrant 2: allgemein-standardisierte Dienstleistungen

In Quadrant 2 sind die Dienstleistungen einzuordnen, die über eine geringe wirtschaftliche Bedeutung und niedrige Barrieren für den Fremdbezug verfügen. Diese Leistungen stellen das geeignete Outsourcing-Potential dar. Es sind allgemein-standardisierte Dienstleistungen und häufig handelt es sich um Dauerleistungen. Sie werden in nahezu allen Unternehmen mehr oder weniger erbracht.

Beispiele:

DV-Dienstleistungen

- alle standardisierten DV-Leistungen, wie Rechnerleistung, Standard Anwendungssoftware, Service-Leistungen, etc.

Funktions- und Prozeß-Dienstleistungen

- Kantine, Sicherheitsdienst, Lohn- und Gehaltsabrechnung, Logistikdienstleistungen, Finanzdienstleistungen etc.

1 Scharfenberg, H., *Intern oder Extern?*, in: Office Management, 42. Jg., Nr. 1-2, 1992, S. 3.

2 Vgl. Jamin, W., a.a.O., S. 165.

Quadrant 3: individuelle Dienstleistungen
In Quadrant 3 sind die Dienstleistungen einzuordnen, deren Barrieren für den Fremdbezug eine hohe Bedeutung beizumessen sind, die aber aus wirtschaftlicher Sicht relativ wenig direkten Nutzen erbringen.

Beispiele:
- Implementierung von Software, Umstellung auf Standard-Software, Migration von DV-Techniken, Software-Entwicklungsleistung

Quadrant 4: Inhouse-standardisierte Dienstleistungen
In Quadrant 4 sind die Dienstleistungen einzuordnen, die wirtschaftlich von hoher Bedeutung sind, aber relativ geringe Barrieren für den Fremdbezug aufweisen.

Beispiele:
- Individualsoftware für interne standardisierte Dienstleistungen, für die es auf dem Markt keine Standardsoftware gibt. Sie können beispielweise zu Konzern- oder Branchenlösungen weiterentwickelt und vermarktet werden.

Nach der Ermittlung möglicher Dienstleistungen für den Fremdbezug und deren Outsourcing-Form sind die spezifischen Kenngrößen zu ermitteln.

4.1.3 Ermittlung der Kenngrößen

Die Ermittlung der Kenngrößen von Dienstleistungen bringt exakte Kenntnisse über ihre Struktur. Sie besteht aus der Erfassung und Beschreibung aller Teilleistungen einer Dienstleistung. Die analysierten Daten dienen dem Einholen von Angeboten und deren Vergleich. Zu Beginn der Datensammlung ist festzulegen, welche Angaben erfaßt und dargestellt werden sollen. Vor der Datenerhebung sollten auf dem Outsourcing-Markt - soweit es ihn gibt -, auf Messen oder bei befreundeten Firmen Informationen über das Angebot möglicher Outsourcing-Lösungen, über bereits realisierte Projekte und über Erfahrungen eingeholt werden. Dadurch kann die Erfassung der Kenngrößen wesentlich zielgerichteter vorgenommen werden.

Abb. 25 Outsourcing-Portfolio

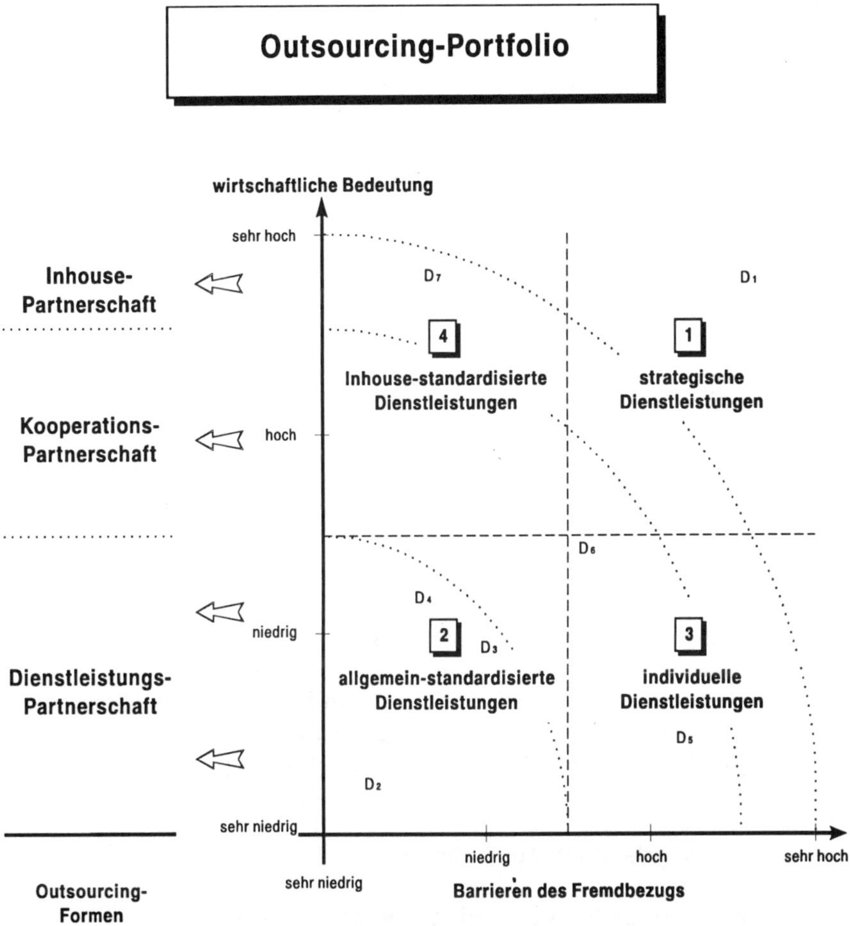

Einordnungs-Beispiele:

D1 = Strategische Unternehmensplanung

D2 = Rechnerleistung

D3 = Lohn- und Gehaltsabrechnungen

D4 = Standard DV-Leistungen/ Standard Anwendungssoftware

D5 = Anwendungs-Software-Entwicklung

D6 = DV-Migration

D7 = Konzern-Daten-/Informations-system

Beispiel 1:
Ursprünglich sollte in einem Unternehmen der Bereich Lohn- und Gehalt hinsichtlich der Einsatzmöglichkeit für eine Standard-Anwendungssoftware analysiert werden. Die Informationsveranstaltung zweier Dienstleister und Gespräche mit Geschäftsfreunden, führte jedoch zu folgenden Überlegungen:

a) nicht nur eine Standardsoftware einzuführen, sondern auch die vorgelagerte Betriebsdatenerfassung und nachgelagerte Informationsübermittlung an die Versicherungen, Banken etc. mit einer Standardsoftware abzuwickeln. Diese technische und systemtechnische Dienstleistung auf den Dienstleister zu übertragen.

b) die gesamte Lohn- und Gehaltsberechnung einschließlich der systematischen Datenerfassung und Auszahlung, das heißt, technische und systemtechnische sowie die betriebswirtschaftliche Dienstleistung von einem Dienstleister fremdzubeziehen und sie somit als ganze Dienstleistung einzukaufen.

Beispiel 2:
Ursprünglich sollte in einem Unternehmen eine Rechnerleistung erhöht werden. Der Messebesuch und ein Gespräch mit dem Hardware-Hersteller zeigte, daß inzwischen die Rechnerleistungen einschließlich der Software als standardisierte Dienstleistung angeboten wird. Die Information durch den Hardware-Hersteller und mehrerer Beratungsunternehmen führte zu der Überprüfung folgender Alternativen,

a) die Rechnerleistung zu erhöhen

b) die Rechnerleistung zukünftig fremdzubeziehen.

Im Hinblick auf die Ermittlung der Nutzenwerte ist zu empfehlen, die Risiken/Nachteile eines Fremdbezuges schon bei der Stammdatenerfassung aufzugreifen und zunächst außerhalb der Stammdatendarstellung zu notieren.

Inhalt der Erfassung:
Anhand der bestimmten Dienstleistung und damit des Outsourcing-/ Projektauftrages ist festzulegen, welche einzelnen Teilleistungen erfaßt und analysiert werden sollen. Um eine schärfere Abgrenzung zu

erreichen, legt man fest, welche Teilleistungen nicht in die Untersuchung einbezogen werden, wie Softwareentwicklung, Kommunikationstechniken etc.

Zu erfassen sind im einzelnen:

- Leistungsbeschreibung
- das technische und systemtechnische Ausrüstungs-Profil
    - exakte technische Daten
    - Mengengerüst
- rechtliche Informationen/Daten
- Kosten

Beispiel: Rechenzentrumsdienstleistung - Ist-Daten
Das Unternehmen betreibt ein kommerzielles Rechenzentrum auf der Basis der IBM-Betriebssysteme VM/ESA und VSE/SP mit ca. 120 angeschlossenen Terminals. Die Hardware besteht vorwiegend aus Komponenten von IBM. Bei der Anwendungssoftware werden vorwiegend kommerzielle Standardprodukte von IBM und SAP eingesetzt.

Zur Beschreibung des Rechenzentrum-Profils für den Fremdbezug werden die Leistungsbeschreibung und die Rechenzentrums-Kenngrößen benötigt:

<u>Leistungsbeschreibung:</u>
Das Rechenzentrum versorgt die Endanwender mit einwandfrei funktionierenden Anwendungssystemen, für z.B. Fakturierung, Finanzbuchhaltung, Vertriebssteuerung. Im Rahmen der Rechenzentrumsdienstleistungen werden die folgenden Teil-Dienstleistungen erbracht:

- Konzeption, Planung, Beschaffung, Bereitstellung, Betreuung, Optimierung und Wartung von Rechnerleistung, Systemsoftware und Standard Anwendungssoftware

- Problem-, Kapazitäts- und Leistungsmanagement

- Sicherheitsmanagement durch Zugriffschutzverfahren zur Sicherung der Identifizierung und Authentisierung der Anwender sowie Protokolldaten

- Arbeitsvorbereitungsleistungen wie die Jobablaufsteuerung etc.

- Arbeitsnachbereitung wie den Datenträgeraustausch mit anderen Institutionen (Banken, Versicherungen) etc.

- Erstellung von Druckleistungen

Beispiel für die einzelnen Kenngrößen eines Rechenzentrums:

<u>Rechenzentrums-Kenngrößen:</u>
- technische und systemtechnische Daten
- Mengengerüst
- rechtliche Informationen/Daten
- Kosten

Beschreibung: Daten:

<u>CPU:</u>
- Hersteller
- Typ/Modell
- Leistung (MIPS)
- Hauptspeicher (MB)
- Speichererweiterung (MB)
- Externer Speicher (Typ)
  - Plattenperipherie
    - Anzahl
    - Kapazität/Belegung
  - Kassetten (Typ)
    - Anzahl Laufwerke
    - Anzahl Roboter (Typ)

- Kanäle
  - Anzahl
  - Art

- Jahresverbrauch (CPU-Stunden)
- CPU-Auslastung
- Transaktionen/Tag
- Betriebszeiten
- Schichteinteilung
- Verfügbarkeit
- Antwortzeitverhalten

- Zugelassene User
- Anzahl Bildschirme
- Anzahl Batch/Monat

- Vertragsart: Miete/Leasing/Eigentum (Preis/Kosten)
- Vertragspartner
- Vertragslaufzeit (Monate)
- Buchwert
- Zeitwert

- Wartungspartner
    - Vertragslaufzeit
    - Wartungskosten

<u>Drucker/Plotter:</u>
- Laserdrucker (Typ)
    - Anzahl
    - Druckvolumen (Seiten/Tag)
- Kettendrucker (Typ)
    - Anzahl
    - Druckvolumen (Seiten/Tag)
- Plotter (Typ)
    - Anzahl
    - Druckvolumen (Seiten/Tag)

<u>Sonstige Hardware:</u>
- Scanner
- etc.

<u>Software:</u>
- Systemsoftware (Typ)
    - Lizenzbedingungen
- Anwendungssoftware (Typ)
    - Lizenzbedingungen

<u>Daten-/Datenträgeraustausch:</u>
- Banken
- Krankenkassen
- Rentenversicherung
- sonstige

Personalkosten:

- Leitung/Verwaltung
  - RZ-Leitung
  - Sekretariat
  - Verwaltung
  - sonstige
- RZ-Betrieb
  - Leitung
  - System-/Peripheriebetrieb
  - Systembedienung/Operating
  - Technik (Hardware/Haustechnik)
- Anwenderdienste
  - Leitung
  - Administration/Betriebsplanung
  - Arbeitsvorbereitung
  - Benutzerservice/User Help Desk
  - Datenbankverwaltung
- Systemprogrammierung
  - Leitung
  - Basissystem-Ebene
  - System-Ebene
  - Datenschutz/-sicherheit
- Netzdienste
  - Leitung
  - Kommunikationstechniken
  - Systemprogrammierung-Netz
  - User Help Desk

Raumkosten:

- Maschinenraum
- Lagerraum
- Datenschutzraum
- Technikräume
- Büroräume

Zusatzsoftware:

- Job-Management-Software
- Output-Management-Software
- Print-Management-Software
- Ressourcen-Management-Software
- Security-Management-Software
- File-Transfer-Management-Software

- Service-Management-Software
- Programm-Management-Software

Erhebungsmethoden:
Die Erhebungsmethoden für die benötigte Informations- und Datenerfassung sind einerseits das Unterlagenstudium andererseits das Interview und die Konferenz. Das Unterlagenstudium eignet sich für die Ermittlung der technischen Daten. Das Interview und die Konferenz sind die vorherrschenden und ergiebigsten Methoden für die Ermittlung der Daten und Information für die Leistungsbeschreibung. Durch sie lassen sich unter anderem die offenen und versteckten Argumente (Vor- und Nachteile sowie Risiken) für und gegen das Outsourcing erkennen. Beim Unterlagenstudium werden die vorhandenen schriftlichen Unterlagen ausgewertet und gegebenenfalls durch Tests ergänzt. Unterlagen in diesem Sinne sind z.B.:

- technische Leistungsbeschreibungen, Handbücher
- technische Verfahrensbeschreibungen, Leistungsprotokolle
- Organisationshandbücher und -pläne
- Verträge

Nachdem die Dienstleistungsstammdaten ermittelt worden sind, ist ein Outsourcing-Katalog für den Fremdbezug zu erstellen. Er enthält alle Daten und Fakten, die den Fremdbezug der Dienstleistung bestimmen und dient als Vorlage/Information für die Angebotserstellung der Dienstleister. Anhand einer Marktübersicht von Dienstleistern, wie z.B. ISIS Firmen Report[1] oder einer selbst durchgeführten Marktanalyse, läßt sich eine Vorauswahl von Dienstleistern treffen. Anschließend erfolgt das Einholen eines Angebotes. Die Erstellung des Angebotes zieht sich meist über einen Zeitraum von einigen Wochen/Monaten hin, in denen mehrere Gespräche zwischen Dienstleister und Outsourcer stattfinden. Sie dienen dem gegenseitigen Informationsaustausch. Nach Fertigstellung des Angebotes wird es in den meisten Fällen dem Outsourcer durch den Dienstleister präsentiert, um Fehlinterpretationen vorzubeugen. Der Outsourcer überprüft im nächsten Schritt die Nutzenwerte des Angebotes und das Profil des Dienstleisters, bevor die Entscheidung getroffen wird. Im folgenden werden die Ermittlung der Nutzenwerte und die Wahl des Dienstleisters charakterisiert.

---

1 Vgl. Nomina, Gesellschaft für Wirtschafts- und Verwaltungsregister mbH (Hrsg.), *Die Unternehmen der Informationsindustrie - Deutschland/Österreich/Schweiz*, 24. Jg., München 1993.

4.2 Ermittlung der Nutzenwerte einer Outsourcing-Leistung

Die Nutzenwerte einer Outsourcing-Leistung ergeben sich aus dem direkten Nutzen und einem Nutzenkoeffizient. Die Ausprägung der Nutzenwerte ist dabei sehr stark von der fremdbezogenen Leistung und der Ausgangssituation beim Outsourcer abhängig. Im Folgenden werden beispielhaft mögliche Nutzeneffekte, Kosten sowie Risiken eines Fremdbezuges und die Ermittlungsverfahren der Nutzenwerte vorgestellt.

4.2.1 Nutzen

Der Nutzen eines Fremdbezuges ist aufgrund der quantitativen und qualitativen Ausprägungen in direkte, indirekte und relative Nutzeneffekte einzuteilen. Dieses ermöglicht eine differenzierte Betrachtung und Bewertung. Die Nutzeneffekte können folgende Ausprägungen aufweisen:[1]

---

1 Vgl. zu Outsourcing-Nutzen: tds (Hrsg.), *Dokumentation zum Outsourcing-Informationstag*, Vorträge/Vortragsmaterial, 11. November 1992, Frankfurt a.M.; Hattke, W., *System-Integration und Outsourcing: Intensive Partnerschaften in der Informationsverarbeitung*, Vortrag/Vortragsmaterial, Kongreß: Outsourcing und System-Integration, 2., 3. und 4. Dezember 1992, München; Sellmer, U. (a), *Outsourcing und System-Integration als Instrumente der Effizienzsteigerung im IV-Bereich*, Vortrag/Vortragsmaterial, Kongreß: Outsourcing und System-Integration, 2., 3. und 4. Dezember 1992, München; Brentle, P., *Entscheidungsfaktor für die Auslagerung des PC-Benutzer-Service am Beispiel der Panavia Aircraft GmbH*, Vortrag/Vortragsmaterial, Kongreß: Outsourcing und System-Integration, 2., 3. und 4. Dezember 1992, München; Zillessen, W., *Outsourcing der Informationsverarbeitung als strategisches Instrument?* Vortrag/Vortragsmaterial, Konferenz: EDV-Outsourcing, 23. und 24. März 1992, Bonn; Green, K., *Outsourcing im DV-Bereich: Eine kritische Betrachtung*, Vortrag/Vortragsmaterial, Konferenz: EDV-Outsourcing, 23. und 24. März 1992, Bonn; Schwedheim, W., *Ein Erfahrungsbericht der TUI*, Vortrag/Vortragsmaterial, Konferenz: EDV-Outsourcing, 23. und 24. März 1992, Bonn; Geider, W., *Strategische Outsourcing-Varianten aus der Praxis*, Vortrag/Vortragsmaterial, Konferenz: EDV-Outsourcing, 23. und 24. März 1992, Bonn; Bürger, F. C. (a), *Strategische Informationsverarbeitung in den 90er Jahren - ohne Outsourcing möglich?*, Vortrag/Vortragsmaterial, Kongreß: Outsourcing und DV-System-Integration, 10. und 11. Dezember 1991, Stuttgart; Bürger, F. C., (b), *Leitfaden Outsourcing*, o. J., Fürth.

4.2.1.1 Direkte Nutzeneffekte

Die direkten Nutzeneffekte eines Fremdbezuges können exakt zugeordnet und gemessen werden. Sie sind in einmalige und laufende Nutzeneffekte einzuteilen. Letztgenannte Nutzeneffekte entstehen durch den Bezug der Dauerleistung. Einmalige Nutzeneffekte ergeben sich aus den einmaligen Übergabeleistungen beziehungsweise Veräußerungen sowie den Umstrukturierungen. Mögliche direkte Nutzeneffekte eines Fremdbezuges können sein:

laufende Nutzeneffekte:
Die laufenden Nutzeneffekte bestehen aus kontinuierlichen und/oder projektbezogenen Nutzeneffekten, wie z.B.:

kontinuierliche Nutzeneffekte:
- kostengünstigere Rechnerleistung mit garantierter Verfügbarkeit
- kostengünstigere Softwarelizenzen mit garantiertem Servicelevel
- kostengünstigere Datenübertragungsleistungen
- kostengünstigere Druckleistungen mit garantierter Qualität
- kostengünstigere Lohn- und Gehaltsabrechnung
- kostengünstigere Logistikleistungen

projektbezogene Nutzeneffekte:
- schnellere Realisierung von Projekten, wie z.B.:
  - Integration von DV-Techniken/Umorganisation
  - Implementieren von Software
  - Migration von DV-Techniken
- quantitativ und qualitativ bessere Softwareentwicklung

einmalige Nutzeneffekte:
- Verkauf von materiellen Gütern (Hardware, Ausrüstung, etc.)
- Verkauf/Aktivieren von immateriellen Gütern (Software, Patente, Lizenzen, etc.)
- Auflösen von Rückstellungen

4.2.1.2 Indirekte Nutzeneffekte

Die indirekten Nutzeneffekte, die in der Praxis zumeist als Vorteile dargestellt werden, ergeben sich aus den direkten Nutzeneffekte. Sie können aber nicht einem DV-Arbeitsplatz, einem Funktionsbereich und/oder deren DV-Technik (Anwendungs-Software) direkt zugeordnet werden. Die Ermittlung birgt Probleme in sich, da sie sich erst aus einer übergreifenden Betrachtung und Bewertung ergibt. In einer Wirkungskette lassen sich die Nutzeneffekte am anschaulichsten darstellen (siehe Abbildung 26). Für die Einschätzungen der Wirkung eignet sich die Ermittlung eines Nutzenkoeffizienten (siehe Abschnitt 4.2.4.2). Im folgenden wird ein Überblick über die überwiegend geäußerten Effekte/Vorteile gegeben, soweit dieses ohne eine Einzelfallbetrachtung möglich ist:

technische indirekte Nutzeneffekte/Vorteile:
- Die technischen Dienstleistungen stehen mit einem optimalen Nutzungsgrad zur Verfügung (garantierter Qualitäts-/Service-level).
- Es besteht die Möglichkeit, Engpässe bei Dienstleistungen schneller überwinden zu können, ohne eine Investition vornehmen zu müssen.
- Ein Releasewechsel von technischen Dienstleistungen (Software) wird automatisch vorgenommen. Es findet somit eine kontinuierliche Teilnahme an Innovationsschüben statt.
- Es entsteht eine Unabhängigkeit von Hard- und Softwarelieferanten.
- andere

organisatorische indirekte Nutzeneffekte/Vorteile:
- Die Anzahl der Verhandlungspartner für den Bezug von Dienstleistungen oder DV-Techniken reduziert sich auf einen einzigen. Es muß nicht mit mehreren Lieferanten für z.B. Software, Hardware, Netzleistungen verhandelt und koordiniert werden. Der Kommunikations- und Abstimmungsaufwand mit verschiedenen Partnern verringert sich.
- Ein personeller Engpaß kann durch die Nutzung von Kapazitäten des Dienstleisters leichter überwunden werden, wie z.B. bei Projekten.
- Bei Konzernen und Verbundunternehmen ist eine Zusammenführung und Vereinheitlichung von Standards möglich.
- Es wird die vertraglich festgelegte Dienstleistung geliefert.
- Das DV-Management wird z.B. von Routinearbeiten entlastet und kann sich auf die strategischen Aufgaben konzentrieren. Verantwortlichkeiten sind klar abgegrenzt.
- Der Aufwand für Qualitätssicherung und Sicherheit verringert sich, da er auf den Dienstleister übertragen wird. Sicherheitsanforderungen können leichter erreicht werden.
- Mögliche verdeckte Kosten wie z.B. für die Personalbeschaffung, die Aus- und Weiterbildung werden aufgedeckt.

- Ein Anwendungsstau bei Software kann aufgehoben werden beziehungsweise entsteht nicht mehr.
- Eine breite Palette von Standard-Anwendungssoftware und Service-Dienstleistungen kann genutzt werden.
- andere

wirtschaftliche indirekte Nutzeneffekte/Vorteile:
- Die Kosten werden transparenter und eine verursacherbezogene Verrechnung ist möglich. Die kostenbewußte Nutzung von z.B. DV-Technik, Dienstleistungen kann dadurch erreicht werden.
- Gemein- und Fixkostenblöcke werden abgebaut und/oder zu variablen Kosten umgewandelt. Die Liquidität des Unternehmens wird somit durch nicht gebundenes Kapital verbessert.
- andere

4.2.1.3 Relative Nutzeneffekte

Die relativen Nutzeneffekte des Outsourcing ergeben sich aus den Wirkungen der direkten und indirekten Nutzeneffekte, als letztes Glied in einer Wirkungskette (siehe Abschnitt 4.2.1.4). Relative Nutzeneffekte können sein:

- geringere Kapitalbindung
- höherer Umsatz
- Zeitersparnis
- andere

Die Ermittlung und Bewertung der relativen Nutzeneffekte ist wie die der indirekten Nutzeneffekte nur begrenzt möglich. Eine Möglichkeit, relative Nutzeneffekte in die Nutzwertbetrachtung einzubeziehen, ist deren verbale Beschreibung.

4.2.1.4 Wirkungskette der Nutzeneffekte

Die Darstellung von Nutzen in einer Wirkungskette ermöglicht das Aufzeigen der Zusammenhänge der Nutzeneffekte. Beispielsweise wirkt sich bei einer positiven Einstellung zur Arbeit (Motivation) ein durch das Outsourcing erhöhter und konstanter Servicelevel einer DV-Leistung (Anwendungs-Software für die Lohn- und Gehaltsabrechnung) fördernd auf die Zufriedenheit eines Anwenders hinsichtlich der DV-Unterstützung aus. Die Folgerung ist, daß eine höhere Ausnutzung der Anwendungssoftware vorliegt. Dieses führt zu einer schnelleren Aufgabenerledigung. Daraus ergibt sich eine Senkung der Kosten in einem Funktionsbereich und/oder eine Erhöhung des Umsatzes/

Durchlaufs von Aufgaben. (Wirkungskette von Nutzeneffekten siehe Abbildung 26.)

4.2.2 Kosten

Die Kosten für einen Fremdbezug lassen sich in einmalige und laufende Kosten unterteilen.

4.2.2.1 Einmalige Kosten

Die einmaligen Kosten entstehen für die Projektabwicklung, Ist-Analyse und durch die Übergabe von materiellen und immateriellen Gütern sowie der Überleitung von Arbeitsverhältnissen. Beispielhafte einmalige Kosten können sein:

- die Projektkosten für die Abwicklung
  - direkte Kosten
  - indirekte Kosten

- die Ist-Analyse
  - Ermittlung des Outsourcing-Potentials
  - Nutzwertermittlung/Partnerwahl

- die Übergabe technischer Infrastuktur
  - Ablösung von Miet-/Leasing-Verhältnissen
  - Umzugskosten

- die Überleitung von Arbeitsverhältnissen
  - Interessenausgleich/Sozialplan für übergehende/verbleibende Mitarbeiter
  - Ausgleichszahlungen an den Dienstleister für übergehende Mitarbeiter (Versorgungsansprüche, Urlaubsausgleich etc.)

- sonstige Kosten
  - Gründung eines Joint Venture/Tochterunternehmens
  - Umstellung auf fremde DV
  - Einführung von Software

Abb. 26 Wirkungskette von Nutzeneffekten

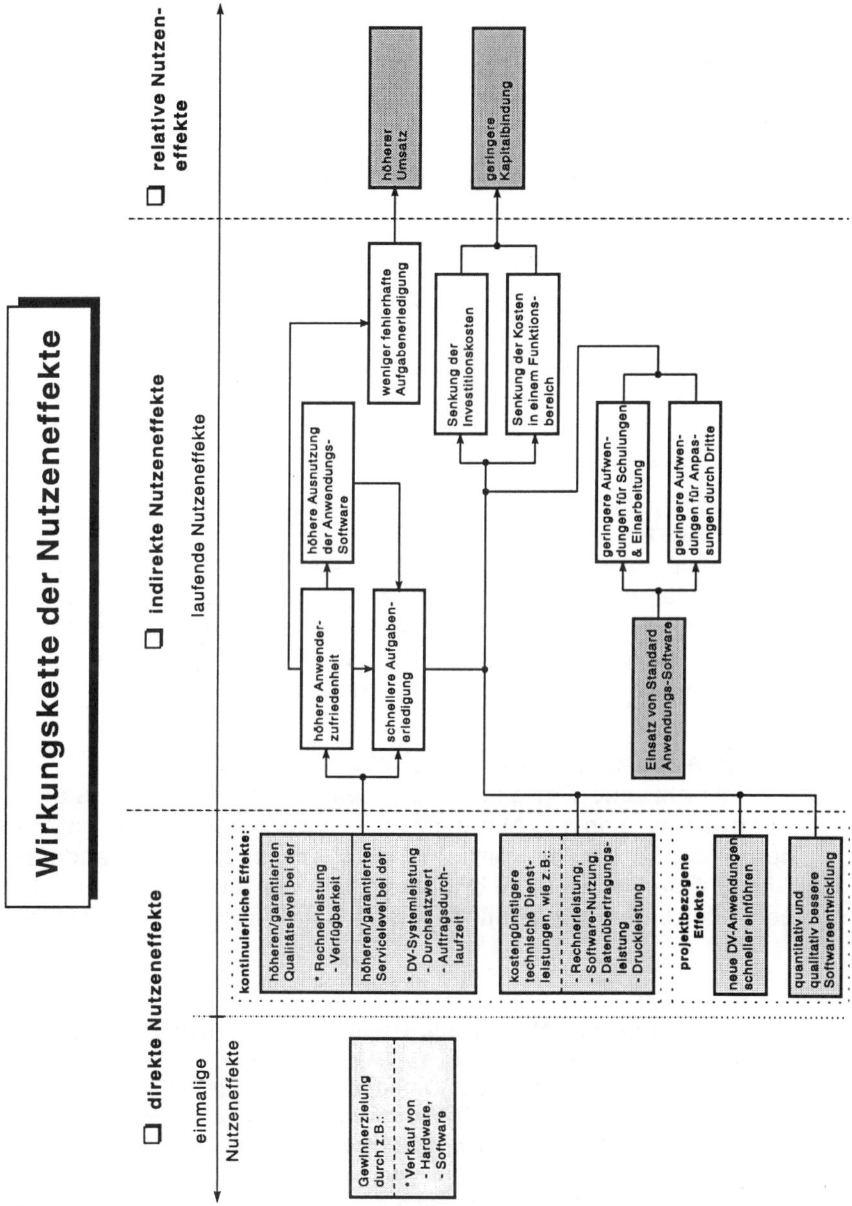

4.2.2.2 Laufende Kosten

Die laufenden Kosten für den Fremdbezug einer Dienstleistung setzen sich aus den direkten und indirekten Kosten für die Leistung zusammen. Beispielhafte laufende Kosten:

- direkte Kosten für:
  - die Dienstleistung (Rechenzentrumsdienstleistung etc.)
  - die Kommunikation (Tele- und Datenaustausch)

- indirekte Kosten für:
  - das Management
    - Koordination (Steuerung, Planung etc.)
    - Informationslogistik
    - Sicherheitskontrolle (Datenschutz und Datensicherheit)
  - das Controlling
    - Kontrolle
    - Kennzahlen

4.2.3 Risiken

Das Outsourcing fordert ein neues Handlungsmuster und ergibt Sachverhalte, die für den Outsourcer zum Teil neu sind und somit aus seiner Sicht ein Risiko darstellen. Wie auch bei den Nutzeneffekten sind die Risiken von der Ausgangssituation und dem Umfang des Fremdbezuges abhängig. Solche Risiken sind z.B.:[1]

4.2.3.1 Risiko der Abhängigkeit

- Es entsteht eine Beziehung zu einem externen Dienstleister in Form einer relativen Abhängigkeit. Diese beruht vor allem auf dem nicht so schnell vollziehbaren Wechsel zu einem anderen Dienstleister oder dem Wiederaufbau der ausgelagerten/ausgegliederten Leistungsfunktionen im Unternehmen. Technische-,

1 Vgl. zu Outsourcing-Risiken: tds (Hrsg.), a.a.O.; Hattke, W., a.a.O.; Green, K., a.a.O.; Bürger, F. C. (a), a.a.O.; Bürger, F. C., (b), a.a.O.; Müller-Schiedmayer, *Das IBM Outsourcing-Angebot: Orientierung an den Kundenerfordernissen*, Vortrag/Vortragsunterlagen,Konferenz: EDV-Outsourcing, 23. und 24. März 1992; Kredel, L., *DV-Outsourcing - eine Möglichkeit der DV-Alternative? Vor- und Nachteile der Vergabe der Informationsverarbeitung an Dienstleister*, Vortrag/Vortragsmaterial, Kongreß: Outsourcing und DV-System-Integration, 10. und 11. Dezember 1991.

Know-how Gründe oder vertragsrechtliche Bedingungen gelten in diesen Fällen als Hauptursache.

- Selbst umfangreiche Verträge können nicht jedes Risiko erfassen und regeln. Ein partnerschaftliches Risikoniveau bleibt zu beherrschen und Vertrauen in die Geschäftslage muß vorhanden sein. Dabei ist auf die Konkurrenz und Wettbewerbssituation sowie auf eine Abhängigkeit von spezifischen Entwicklungen des Dienstleisters zu achten.

4.2.3.2 Organisatorisches Risiko

- Da es sich bei Outsourcing-Leistungen in der Regel um einen Bezug von (Querschnitts-)Dienstleistungen handelt, die zum Kerngeschäft benötigt werden, entsteht zusätzlich ein Koordinations-, Steuerungs-, Planungs- und Kontrollaufwand über die Unternehmensgrenze hinaus. Diese Tätigkeiten stellen zum Teil neue Aktivitäten dar und sind kostenintensiv, da eine geographische Distanz überwunden werden muß. Der Aufbau einer entsprechenden Informationslogistik ist daher unabdingbar.
- Die Anzahl der technischen Schnittstellen für die externe Daten-, Text- und Sprachkommunkation steigt und erfordert zusätzliche Betreuung.

4.2.3.3 Wirtschaftliches Risiko

- Das Outsourcing von Dienstleistungen fordert meist eine Standardisierung auf ein durch die Branche gesetztes Niveau. Diese Standardisierung erfordert Veränderungen, die meist die gesamte betriebliche Organisation betreffen und somit zu erheblichen Aufwendungen führen.
- Vorhandene technische Ausrüstung wird nicht immer vom Dienstleister übernommen und muß an Dritte verkauft werden. Dabei liegt der erzielbare Preis meistens unter dem Verkehrswert. Zudem darf Software überwiegend aus lizenzrechtlichen Gründen nicht veräußert werden.
- Der Personalabbau geht einher mit Verlusten an Know-how und Kreativität. Dieses Potential steht dann weder für die Fachabteilung noch für andere Zwecke (Projekte u.a.) zur Verfügung. Für jede "Nebenleistung" muß nun bezahlt werden.

4.2.3.4 Soziales Risiko

- Die bedingte Veränderung der Organisationsstruktur durch das Outsourcing führt dazu, daß Mitarbeiter eingespart oder anderweitig beschäftigt werden müssen. Nicht immer gelingt eine Überleitung von Mitarbeitern zum Dienstleister. Diese Mitarbeiter können zu einem Störfaktor werden und das Unternehmensklima und die Unternehmenskultur negativ beeinflussen.

4.2.3.5 Risiko des Unternehmenswertes

- Das Outsourcing von Dienstleistungen einschließlich technischer Infrastruktur beziehungsweise ganzer Unternehmensfunktionen verringert das Anlagevermögen und somit auch die bilanzielle Substanz. Der Verkehrswert sinkt durch Outsourcing ab. Darüber hinaus stellt ein "schlankes" Unternehmen gegebenenfalls ein interessantes Übernahmeobjekt für andere Unternehmen dar. Es besteht somit die Gefahr, die Eigenständigkeit zu verlieren. Dies kann z.B. der Fall sein, wenn die ganze DV fremdbezogen wird.

4.2.4 Methodische Wege zur Ermittlung der Nutzenwerte

Hinsichtlich der verschiedenen Nutzeneffekte und der zu berücksichtigenden Risiken bei einem Fremdbezug von Dienstleistungen sind differenzierte Methoden für die Ermittlung des Gesamtnutzens anzuwenden. Für den direkten wirtschaftlichen Vergleich und die Ermittlung des direkten Nutzens zwischen Inhouse-Produktion (altes Verfahren) und Outsourcing ist eine Kostenvergleichsrechnung durchzuführen. Die indirekten und relativen Nutzeneffekte sowie Risiken lassen sich mit Hilfe der Multifaktorenmethode bewerten, um anschließend einen Nutzenkoeffizient zu bestimmen. Die Ermittlungsmethoden basieren auf verschiedenen Verfahren für die Bestimmung der Wirtschaftlichkeit für DV-Techniken (ein- und mehrdimensionale Wirtschaftslichkeitsrechnungen).[1] Sie wurden für die Ermittlung der Nutzenwerte von Outsourcing-Leistungen weiterentwickelt. Die methodischen Wege werden im folgenden charakterisiert.

---

1 Vgl. zu Wirtschaftlichkeitsberechnung von DV-Techniken/DV-Systemen: Anselstetter, R., *Betriebswirtschaftliche Nutzeffekte der Datenverarbeitung - Anhaltspunkte für Nutzen-Kosten-Schätzungen*, Berlin/Heidelberg u.a. 1984; VDI Zentrum Wertanalyse (Hrsg.), a.a.O., S. 169 ff; Schreuder, S. (a), *CAD/CAM für mittelständische Unternehmen - Leitfaden zur Planung und wirtschaftlichen Beurteilung einer CAD/CAM-Einführung*, Köln 1988; Schreuder, S. (b), *CIM-Wirtschaftlichkeit: Vorgehensweise zur Ermittlung des Nutzens einer Integration von CAD, CAP, CAM, PPS, und CAQ*, Köln 1988.

4.2.4.1 Ermittlung des direkten Nutzen

Die Ermittlung des direkten Nutzens setzt sich aus der Berechnung des laufenden und des einmaligen Nutzens zusammen. Der laufende Nutzen wird aus der Gegenüberstellung der Inhouse-Produktionskosten und den Kosten für den Fremdbezug der Dienstleistungen ermittelt. Der einmalige Nutzen ergibt sich aus der Gegenüberstellung der Erträge und Kosten für die Übergabeleistungen und der Projektabwicklung. An einem vereinfachten Beispiel des Fremdbezuges von Rechnerleistung wird in Abbildung 27 eine statistische Kostenvergleichsrechnung für laufende Kosten und in Abbildung 28 eine solche für einmalige Kosten gezeigt. Eine statistische Kostenvergleichsrechnung berücksichtigt nicht die interne Verzinsung beziehungsweise Diskontierung (Kapitalwertmethode, interner Zinsfuß u.a.), um aufeinander folgende Jahre vergleichbar zu machen. In Anbetracht der Tatsache, daß in den Vergleichsrechnungen nur das zur Verfügung stehende Ist-Datenmaterial sowie die daraus abgeleiteten Prognosedaten für die wirtschaftliche Entwicklung des Unternehmens berücksichtigt werden (jährliche Budgetprogression), birgt die dynamische Kostenvergleichsrechnung gegenüber der statistischen Kostenvergleichsrechnung keine exakteren Ergebnisse für die Outsourcing-Entscheidung.[1] Durch eine Kumulierung des laufenden und einmaligen Nutzens wird abschließend der direkte Nutzen ermittelt (siehe Abbildung 29).

4.2.4.2 Ermittlung des Nutzenkoeffizientens

Mit Hilfe der speziell ausgerichteten Multifaktorenmethode[2] für das Outsourcing, ist der Nutzenkoeffizient aus den indirekten und relativen Nutzeneffekten sowie der Risikoeinschätzung zu ermitteln. Die Multifaktorenmethode ermöglicht es, die indirekten Nutzen und Risiken systematisch zu gewichten und zu bewerten. Sie läßt sich in fünf Schritte gliedern. Der erste Schritt ist die Definition der zu bewertenden Kriterien. Der zweite bis fünfte Schritt entspricht der eigentlichen Bewertung. Zu berücksichtigen ist, daß die Einschätzung der Bewertung von subjektiven Einflüssen beeinflußt wird. Abbildung 30 zeigt ein stark gekürztes Beispiel (Rechnerleistung). Das Prinzip der Multifaktorenmethode arbeitet wie folgt:

1 Vgl. Stahlknecht, P., *Einführung in die Wirtschaftsinformatik*, 5. Aufl., Berlin/Heidelberg u.a. 1991, S. 253-255.

2 Vgl. wie Anmerkung 1, S. 255-256.

Abb. 27 Kostenvergleichsrechnung für laufende Kosten

Kostenvergleichsrechnung für laufende Kosten - Ermittlung des laufenden Nutzens -

	Outsourcing Kosten: Rechnerleistung			**Inhouse Produktionskosten (Altes Verfahren) Kosten: Rechnerleistung**
	Dienstleister (direkte Kosten)		Inhouse (indirekte Kosten)	
	Rechnerleistung (Dienstleister A)	Daten-Kommunikation (Dienstleister T)		
Preis und kalkulatorische Bedingungen:	IBM ES 9000-210, 6 MIPS, Speicher 25 GB; DM 6.000.000,- 5-Jahres-Vertrag; durchschnittlich p.a. DM 1.200.000,-	Datendirekt-Verbindung (Standleitung) Dienstleister <==> Outsourcer DM 20.000,-	Controlling DM 40,000,- + Management DM 80.000,- = DM 120.000,-	IBM ES 9000-210, 6 MIPS, Speicher 25 GB; Jahresbudget 1994 DM 1.403.000,-
	jährliche vereinbarte Preisdegression 5 %	jährliche Budget-Progression 5 %	jährliche Budget-Progression 5 %	jährliche Budget-Progression 5 %
1. Jahr	DM 1.320.000,-	DM 20.000,-	DM 120.000,-	DM 1.403.000,-
2. Jahr	DM 1.260.000,-	DM 21.000,-	DM 126.000,-	DM 1.473.150,-
3. Jahr	DM 1.200.000,-	DM 22.050,-	DM 132.300,-	DM 1.546.807,-
4. Jahr	DM 1.140.000,-	DM 23.152,-	DM 138.915,-	DM 1.624.147,-
5. Jahr	DM 1.080.000,-	DM 24.310,-	DM 145.860,-	DM 1.705.355,-
Summe:	DM 6.000.000,-	DM 110.512,-	DM 663.075,-	DM 7.752.459,-
Gesamtsumme:	direkte + indirekte Kosten = Gesamtkosten DM 6.000.000,- + DM 110.512,- + DM 663.075,- = DM 6.773.587,-			
Ermittlung des laufenden Nutzens:	Inhouse-Produktionskosten - Outsourcing-Kosten = laufender Nutzen DM 7.752.459,- - DM 6.773.587,- = DM 978.872,-			

Abb. 28 Kostenvergleichsrechnung für einmalige Kosten

Kostenvergleichsrechnung für einmalige Kosten
- Ermittlung des einmaligen Nutzens -

Nutzeneffekte		Kosten	
- Verkauf von Hardware - Aktivierung von immateriellen Gütern (Software) - Auflösung von Rückstellungen	DM - 50.000,- - - - DM 40.000,-	- Projektkosten - Ist-Analyse - Übergabe technischer Infrastruktur - Überleitung von Arbeitsverhältnissen - sonstige Kosten	DM 150.000,- DM 35.000,- DM 50.000,- DM 100.000,- DM 150.000,-
Summe:	DM - 10.000,-		DM 485.000,-
Ermittlung des einmaligen Nutzens:	Nutzeneffekte - Kosten = einmaliger Nutzen DM - 10.000,- - DM 485.000,- = DM - 495.000,-		

Abb. 29 Ermittlung des direkten Nutzens

Ermittlung des direkten Nutzens

laufender Nutzen	DM	978.872,-
+ einmaliger Nutzen	DM	- 495.000,-
5 Jahre - gesamt Summe:	DM	483.872,-
jährliche Summe:	DM	96.774,-

Der direkte Nutzen wird aus der Kumulierung von laufendem und einmaligem Nutzen ermittelt.

Schritt 1:
Es sind die positiven und negativen Kriterien zu definieren, mit denen sich beurteilen läßt, ob das Outsourcing-Vorhaben einen indirekten beziehungsweise relativen Nutzen bringt oder ein Risiko gegenüber der bisherigen Inhouse-Produktion birgt. Die Kriterien müssen weitgehend voneinander unabhängig sein.

Schritt 2:
Die Bedeutung der Kriterien werden durch eine Gewichtung zum Ausdruck gebracht, z.B.:

3 = hohe Bedeutung
...
2 = unwesentliche Bedeutung
...
1 = keine Bedeutung

Schritt 3:
Mit Hilfe einer Punktebewertung wird jedes Kriterium beurteilt, inwieweit sich Auswirkungen gegenüber dem Ist-Zustand ergeben, z.B.:

+ 3 = hoher Nutzeneffekt
...
0 = keinen Einfluß
...
- 3 = hohes Risiko

Schritt 4:
Die in Schritt 3 vergebenen Punkte werden Kriterium für Kriterium mit der zugehörigen Gewichtung aus Schritt 2 multipliziert.

Schritt 5:
Der Quotient aus der Produktsumme nach Schritt 4 und der Summe der Gewichtung aus Schritt 2 heißt Nutzenkoeffizient. Ein Nutzen ist gegeben, wenn der Quotient positiv ist.

Abb. 30 Nutzenkoeffizient einer Outsourcing-Leistung

Multifaktorenmethode
- Ermittlung des Nutzenkoeffizienten -

positiv und negativ wirkende Kriterien (1)	Gewicht (2)	Bewertung (3)	Produkt (2) x (3) = (4)
indirekte Nutzeneffekte			
- garantierter Servicelevel	3	3	9
- variabler Kapazitätsbezug	3	3	9
- kontinuierliche Teilnahme an Innovationsschüben	2	1	2
- höhere Kostentransparenz	3	3	9
- klar definierte Kosten in Höhe und Termin	2	3	6
- Fixkosten werden zu variablen Kosten (laufende Zahlungen)	2	2	4
Risiken			
- Abhängigkeit von einem Dienstleister	1	- 3	- 3
- steigender Aufwand für:			
- Koordination	2	- 1	- 2
- Steuerung	1	- 1	- 1
- Planung	1	0	0
- Kontrolle	2	- 1	- 2
- Spezialwissen geht verloren (Systemprogrammierer)	1	- 1	- 1
- Unternehmenskultur und -klima ändern sich	1	0	0
- Unternehmenswert sinkt	1	0	0
Summe:	25	---	30

Ermittlung des Nutzenkoeffizienten:	Produkt / Gewichtung = Nutzenkoeffizient (4) / (2) = 30 / 25 = 1,2

Der Nutzenkoeffizient von 1,2 zeigt, daß neben den direkten Nutzen auch ein indirekter beziehungsweise relativer Nutzen unter Berücksichtigung der Risikobewertung beim Fremdbezug eintritt. Im Anschluß an die Bestimmung der Nutzenwerte für die Angebote des Fremdbezuges (meist zwei oder drei Angebote), ist die Endauswahl der Dienstleister durchzuführen.

4.3 Wahl des Dienstleistungspartners

Nach dem Schritt der Ermittlung der Nutzenwerte für die Angebote sind die Dienstleister anhand sehr klar definierter Kriterien hinsichtlich ihrer partnerschaftlichen Eignung zu beurteilen und eine Endauswahl ist zu treffen. Die Kriterien müssen die Anforderungen des Outsourcers an das Dienstleistungsunternehmen widerspiegeln. Zu den wesentlichen Kriterien gehören beispielsweise folgende:[1]

- Wie präsentiert sich das Unternehmen auf dem Markt und bei Verhandlungen (Verhandlungskonzept)?

- Verfügt der Dienstleister über ein genau auf die vorgesehenen Outsourcing-Bereiche zugeschnittenes personelles und organisatorisches Know-how?

- Wie umfangreich sind die Erfahrungen in den nachgefragten Dienstleistungen, liegen Referenzen vergleichbarer Projekte vor?

- Überzeugt das Angebot in bezug auf seine konzeptionelle Ausrichtung, Fachlichkeit, Herstellerneutralität usw.?

- Entspricht das Betreuungskonzept insbesondere während der Umstellungsphase von Eigen- auf Fremd-DV und für den weiteren Verlauf des Projektes dem unternehmensindividuellen Bedarf?

- Wie ist die wirtschaftliche Substanz und die Innovationsfähigkeit einzuschätzen?

- Wie umfassend sind die Datenschutz- und Datensicherheitskonzepte des Dienstleisters?

---

1 Vgl. zur Auswahl des Dienstleistungspartners: Heinrich, W. (b), *Zur Situation des Outsourcing-Marktes*, in: DATACOM, o. Jg., 1991, Heft 10, S. 44-48, hier S. 45; Düvelmeyer, G., *Chancen für ein durchgreifendes Revirement der DV-Struktur*, in: Heinrich, W. (Hrsg.), Outsourcing Modelle-Strategien-Praxis, Bergheim 1992, S. 121-135, hier S. 132-133; Portz, K., *Outsourcing zur Herausbildung einer neuen DV-Kultur eines Dienstleistungsunternehmens*, in: Heinrich, W. (Hrsg.), Outsourcing Modelle-Strategien-Praxis, Bergheim 1992, S. 144-157, hier S. 150-152; Richter, H., *Die DV-strategische Antwort auf die Wachstumsdynamik*, in: Heinrich, W. (Hrsg.), Outsourcing Modelle-Strategien-Praxis, Bergheim 1992, S. 114-120, hier S. 116-117.

- Bestehen Möglichkeiten, mittel- oder langfristig das Outsourcing auf andere Bereiche auszudehnen?

- Wie ist die Verfügbarkeit und der Servicelevel (Qualität der Dienstleistung) aus Sicht des Marktes einzuschätzen?

- Welche zusätzlichen Dienstleistungen werden angeboten (können angeboten werden)? Welche Erfahrungen liegen damit vor?

- Welche zusätzlichen Dienstleistungen sind im Preis enthalten?

- Wie wird die Überleitung von Mitarbeitern geregelt?

- Wie ist die Kooperationsbereitschaft zu beurteilen?

Die methodische Auswahl des Dienstleisters erfolgt anhand einer Vergleichsrechnung. Dazu kann das Konzept der Nutzwertanalyse angewendet werden. Abbildung 31 zeigt ein verkürztes Beispiel. Die Nutzwertanalyse arbeitet wie folgt:[1]

Schritt 1:
Der Kriterienkatalog ist zu definieren. Die Kriterien müssen weitgehend voneinander unabhängig sein.

Schritt 2:
Die Kriterien sind prozentual nach ihrer Bedeutung zu gewichten. Die Gesamtsumme darf 100 % nicht übersteigen.

Schritt 3:
Die zu vergleichenden Angebote/Dienstleister sind hinsichtlich der Daten und Informationen gegenüberzustellen.

1 Vgl. Stahlknecht, P., a.a.O., S. 308-310; VDI Zentrum Wertanalyse (Hrsg.), a.a.O., S. 338 ff.

Abb. 31 Nutzwertanalyse für die Endauswahl

Nutzwertanalyse
- Ermittlung des Nutzwertes -

Kriterien	Gewicht
- direkter Gesamtnutzenwert	30 %
- Nutzenkoeffizient	20 %
- Auftreten bei der Angebotsabgabe /Verhandlungen	5 %
- professionelles Know-how für die Outsourcing-Leistung vorhanden	20 %
- wirtschaftliche Substanz	5 %
- Datenschutz- und -sicherheitskonzept	5 %
- Möglichkeit zur Ausweitung von anderem Dienstleistungsbezug	10 %
- Anzahl Referenzen	5 %
Summe der Gewichtprozente:	100 %

	Kriterien	Angebote A	Angebote B
(1)	direkter Gesamtnutzenwert	DM 979. 000,-	DM 915.000,-
(2)	Nutzenkoeffizient	1,2	1,1
(3)	Auftreten bei der Angebotsabgabe /Verhandlungen	sehr kompetentes kleines Team (2 Verhandlungspartner)	mehrere Experten (Kompetenzüberschneidungen)
(4)		umfangreich vorhanden	zum Teil vorhanden
	professionelles Know-how für die		
(5)	Outsourcing-Leistung vorhanden	gut	gut
(6)	wirtschaftliche Substanz	gut	sehr ausgeprägt
	Datenschutz- und -sicherheits-		
(7)	konzept	umfangreiche Möglichkeiten	nur begrenzt möglich
	Möglichkeit zur Ausweitung von		
(8)	anderem Dienstleistungsbezug		2
	Anzahl Referenzen	12	

Kriterien	Gewicht (G)	Angebote A (A)	Produkte (G) X (A) =	B (B)	Produkte (G) X (B) =
(1)	30	5	150	4	120
(2)	20	5	100	4	80
(3)	5	5	25	3	15
(4)	20	4	80	2	40
(5)	5	3	15	3	15
(6)	5	3	15	5	25
(7)	10	4	40	2	10
(8)	5	3	15	1	5
	Nutzwert:		440		310

Der Nutzwert des Angebotes A liegt bei 440 und der Nutzwert von Angebot B liegt bei 310. Das Angebot A ist somit das weitaus attraktivere Angebot.

Schritt 4:
Die Kriterien sind mit Hilfe eines Punktebewertungsschemas zu beurteilen, z.B.:

1 = schlecht
...
3 = zufriedenstellend
...
5 = sehr gut

Schritt 5:
Die im Schritt 4 vergebenen Punkte werden mit jedem Kriterium (Prozentpunkte) multipliziert und die Produkte aufaddiert. Es ergeben sich die Nutzwerte der Angebote.

Ist ein Dienstleister nach diesen Kriterien ausgewählt, gilt es, die Rahmenbedingungen für das Outsourcing-Vorhaben und dessen organisatorische Abwicklung als Grundlage für den Vertrag mit dem Dienstleister zu erstellen. Die grundsätzlichen Anforderungen an den Vertrag sind jeweils individuell zu erarbeiten.[1] Bei einem nicht zufriedenstel-

1 Vgl. Nilsson, R., a.a.O., S. 20.

lenden Ergebnis einer Entscheidungsfindungsphase oder des gesamten Entscheidungsfindungsprozesses, ist ein erneuter Durchgang zu vollziehen. Einen Gesamtüberblick über das Outsourcing-Entscheidungs-Konzept zeigt Abbildung 32.

Zusammenfassung

Das Outsourcing ist eine Alternative zur Inhouse-Produktion. Der direkte wirtschaftliche Nutzen darf nicht als alleiniges Entscheidungskriterium gesehen werden. Der Gesamtnutzen aus direkten, indirekten und relativen Nutzeneffekten sind im Entscheidungsfindungsprozeß zu betrachten. Da Outsourcing die innere Struktur einer Organisation verändert, ist jedes Outsourcing-Vorhaben individuell zu betrachten.

Abb. 32 Ermittlung der Nutzenwerte

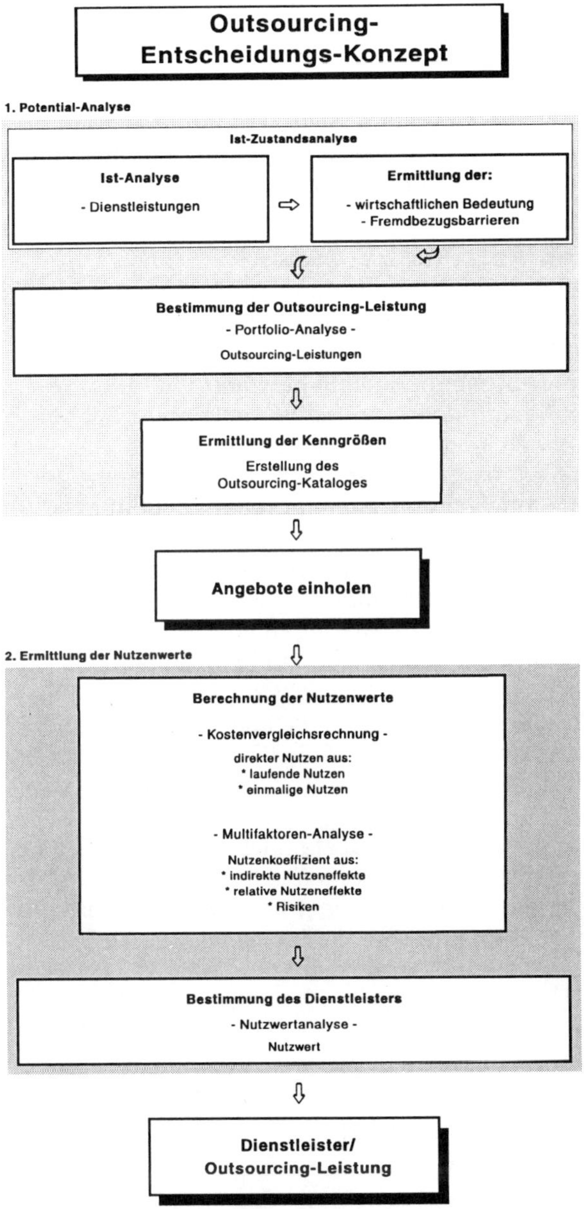

5. Outsourcing-Management

Das Outsourcing stellt an die beteiligten Unternehmen in den Funktionsbereichen Organisation und Personalwirtschaft eine besondere Herausforderung dar. Organisatorisch sind Neu- und Reorganisationen durchzuführen sowie ein umfangreiches Projekt in kürzester Zeit abzuwickeln. Die Personalwirtschaften der Unternehmen müssen dafür sorgen, daß die direkt und indirekt betroffenen Mitarbeiter motiviert aus der Umstrukturierung hervorgehen und Freisetzungen von Mitarbeitern sozialverträglich erfolgen.

5.1 Organisatorische Aspekte

Der Fremdbezug von Dienstleistungen stellt eine neue Arbeitsteilung zwischen Unternehmen dar. Durch die Arbeitsteilung werden Aufgaben vom Outsourcer auf den Dienstleister übertragen. Beim Outsourcer fallen Aufgabenerledigungen weg und neue werden geschaffen. Die wichtigsten neuen Aufgaben entstehen bei den Kommunikationsbeziehungen und im Schnittstellenmanagement. Bei der Arbeitsteilung geht es nicht um eine nach tayloristischem Vorbild durchgeführte Aufspaltung einer Gesamtaufgabe in unabhängige Teilaufgaben, sondern um eine Übertragung von ganzheitlichen Leistungen, die in der Regel in Form einer Teamleistung erbracht werden.[1] Die Entstehung der neuen Aufgabenerledigungen entspricht den immer wieder zu beobachtenden Auswirkungen von Arbeitsteilungen.[2] Das Ausmaß der neu entstehenden Aufgaben beim Outsourcer entspricht dem Umfang und der Form des Fremdbezuges. Die Aufgaben beinhalten primär die Steuerungs- und Überwachungstätigkeiten der Outsourcing-Partnerschaft (siehe Abschnitt 5.2). Diese Tätigkeiten sind organisatorisch neu zu gestalten.

Unter der organisatorischen Gestaltung ist die bewußte Schaffung von Regeln zu verstehen,[3] einerseits für die Strukturierung des Fremdbezuges und andererseits für die Partnerschaft. Verhaltensrichtlinien werden vorgegeben und die Handlungsspielräume begrenzt.

---

1 Vgl. Zundel, F., a.a.O., S. 11.

2 Vgl. Grochla, E., a.a.O., S. 33.

3 Vgl. Kubicek, H., *Empirische Organisationsforschung*, Stuttgart 1975, S. 14.

Für die Organisation des Fremdbezuges sind die folgenden Fragen von zentraler Bedeutung:[1]

- Wer ist für den Kontakt zum Dienstleister zuständig?
- Welche Aufgaben sind von der Organisationseinheit zu übernehmen:
  - die Dienstleistungen fremdbezieht?
  - die für die Steuerung und Überwachung zuständig sind?
- Wie sind Kompetenzen zu verteilen?
- Wie sind die Kommunikationsbeziehungen zu regeln?
- Welche Schnittstellen werden eingerichtet?
- Welche Standards sollen gelten?

Entsprechend den Antworten werden die betreffenden Organisationseinheiten ausgerichtet. Welche Ausprägungen sie annehmen sollen, hängt einerseits vom Fremdbezug und andererseits von der angestrebten Form der Organisation des Outsourcers ab.

Für die Organisation der Partnerschaft sind die folgenden Fragen hinsichtlich der Kompetenzverteilung von großer Bedeutung:[2]

- Wer darf welche Tätigkeiten ausüben?
- Wer verfügt über Ressourcen?
- Wer hat Initiativen zu ergreifen?
- Wer ist mitspracheberechtigt?
- Wer hat Entscheidungskompetenz?
- Wer ist weisungsbefugt?
- Wer hat das Unternehmen zu vertreten?

Die Definition der Kompetenzen erleichtert den betroffenen Mitarbeitern den internen Umgang mit Kompetenzstreitigkeiten und extern die Zusammenarbeit in der Partnerschaft.

Inwieweit der Umfang der organisatorischen Veränderungen zu erfolgen hat, ist von dem Ausmaß und dem Ziel des Fremdbezuges abhängig. So ist beispielsweise für den Bezug einer DV-Backup-Dienstleistung ein relativ geringer Aufwand an Organisation nötig. Im Gegen-

---

1 Vgl. Schotters, M., *Informationsmanagement für mittelständische Unternehmen*, Diss., Bergisch Gladbach/Köln 1992, S. 220.

2 Vgl. wie Anmerkung 1, S. 224.

satz dazu sind die organisatorischen Maßnahmen für das Konzern-Outsourcing, bei dem eine Tochter als Dienstleistungsunternehmen gegründet wird, erheblich. Neben den Gründungsaktivitäten sind alle Leistungsbereiche für die Existenz des Dienstleistungsunternehmens aufzubauen.

5.2 Konzept einer Geschäfts-Partnerschaft

Das Outsourcing fordert ein Geschäftsprinzip, das auf eine vertrauensvolle Zusammenarbeit zwischen dem Outsourcer und dem Dienstleister beruht. Beide Geschäfts-Partner haben zwar unterschiedliche unternehmerische Zielsetzungen, die sie verwirklichen, für das Outsourcing gehen sie aber eine Partnerschaft ein, in der sie ihre Ziele nur gemeinsam und unter gegenseitiger Kompromißbereitschaft erreichen können. Es entsteht eine Geschäfts-Partnerschaft.

Die Geschäfts-Partnerschaft ist so zu gestalten, daß durch sie ein dynamisches, partnerschaftliches Verhältnis zwischen Outsourcer und Dienstleister entsteht. Der Begriff dynamisch bedeutet in diesem Zusammenhang, daß die Partnerschaft eine kontinuierliche Entwicklung des Outsourcing zuläßt. Die Konzeption der Partnerschaft erfolgt in der Qualifizierungsphase des Outsourcing-Projektes. Die Partnerschaft dient der Beurteilung der erbrachten Dienstleistung, der kurz- und langfristigen Planung für beide Unternehmen (Dienstleister/Outsourcer) und der erforderlichen Abstimmungen geplanter Aktivitäten. Weiterhin ermöglicht sie die grundsätzliche Kompromißbereitschaft für die Durchsetzung von Zielen, die es gestattet, im Fall einer Streitigkeit auf einem definierten Wege eine Einigung herbeizuführen, bevor der ordentliche Rechtsweg eingeschlagen wird.

Um die Geschäfts-Partnerschaft flexibel zu gestalten, ist auf jeder Management-Ebene eine Schnittstelle einzurichten. Die Schnittstellen sollten entsprechend der quantitativen und qualitativen Ausprägung der Outsourcing-Leistung ausgestaltet sein. Sie sind zu institutionalisieren, so daß Informationen gezielt gelenkt sowie Problemlösungen schnell und über wenige Instanzen herbeigeführt werden können. Ein Konzept einer dynamischen Outsourcing-Geschäfts-Partnerschaft wird im folgenden charakterisiert. Abbildung 33 zeigt ein mögliches Konzept.

Folgende drei Institutionen sind für eine DV-Outsourcing-Partnerschaft erforderlich:

- auf der operativen Ebene:
Beim Outsourcer ist eine Servicestelle und beim Dienstleister ein Customer/User Help Desk einzurichten. Diese Stellen dienen der kurzfristigen Steuerung und sind verantwortlich für die operative Problemerfassung und -lösung. Wenn sie keine Lösung herbeiführen können, leiten sie weitere Schritte ein. Die Unterstützung steht täglich bereit.

- auf der strategischen Ebene
Auf der strategischen Ebene ist beim Dienstleister ein Servicebeauftragter und beim Outsourcer ein Outsourcing-Beauftragter zu benennen. Sie nehmen die Ressourcenplanung und entsprechende Koordinationen vor. Die Institutionsmitglieder beraten sich entsprechend den Erfordernissen, jedoch mindestens einmal im Quartal.

- auf der normativen Ebene
Auf der normativen Ebene der Unternehmen ist zweimal jährlich ein Treffen hinsichtlich der strategischen Vorgaben und Entscheidungen durchzuführen. Die Treffen dienen der Ausrichtung der Geschäftspartnerschaft und sind bei Problemlösungen letzte Instanz, bevor der ordentliche Gerichtsweg eingeschlagen wird.

Lenkungsausschuß:
In einem Lenkungsausschuß werden die Institutionen der verschiedenen Ebenen zusammengefaßt. Er hat die ganzheitliche Aufgabe, die in der Partnerschaft anfallenden Aktivitäten zu lenken und eine Fortentwicklung des Outsourcing zu gewährleisten.

Abb. 33 Konzept für eine Geschäfts-Partnerschaft

Konzept für eine Geschäfts-Partnerschaft

Management-Ebenen	Dienstleister		Outsourcer
normative Ebene	Geschäftsführung	Strategische Vorgaben Entscheidungen - 2x jährlich -	Geschäftsführung
strategische Ebene	Servicebeauftragter	Ressourcenplanung Serviceplanung - quartalsweise -	Beauftragter des Outsourcers
operative Ebene	Customer / User Help Desk	kurzfristige Steuerung Problemerfassung/-lösung Unterstützung - täglich -	Serviceleitstelle

5.3 Outsourcing-Projekt

Das Outsourcing-Projekt ist im Gegensatz zu DV-Projekten durch eine Reihe relativer neuartiger Aufgabenerledigungen gekennzeichnet. So wird z.B. die Outsourcing-Entscheidung anhand des Nutzens und der Eigenschaften des Dienstleistungspartners entschieden (siehe Abschnitt 4.) und die Partnerschaft (siehe Abschnitt 5.2) sowie der Outsourcing-Vertrag (siehe Kapitel V, Abschnitt 5) in Form einer gegenseitigen Qualifizierung entwickelt und gestaltet. Jedes Projekt ist wegen seiner individuellen Ausprägungen besonders gekennzeichnet. Es ergeben sich aber Projektphasen, die sich bei jedem Outsourcing-

Projekt gleichen.[1] Diese Projektphasen führen zu einem Phasenkonzept (siehe Abbildung 34). Es ist in die zwei Vorphasen und drei Hauptphasen einzuteilen. Anschließend erfolgt die Produktion der Dauerleistung. Die Projektphasen sind:

Projektphasen:
Vorphasen:
- Initialisierung
- Vorstudie

Phasen:
- Analysephase
- Qualifizierungsphase
- Implementierungsphase

Produktion:
- Lieferung der Dauerleistung

Die einzelnen Aufgaben, die im Rahmen der Phasen zu erledigen sind, unterliegen im Einzelfall einer spezifischen Ausprägung. Die Projektphasen werden im nächsten Abschnitt dargestellt.

5.3.1 Projektphasen

Die einzelnen Phasen werden anhand eines DV-Outsourcing-Projektes beschrieben.

- Vorphase: Initialisierung

Das Outsourcing-Projekt wird durch einen Anlaß oder mehrere Anlässe aktiviert, wie z.B. durch externe Informationen über kostengünstigere Problemlösungen oder schnellere Umsetzung von Problemlösungen. Als typischer interner Anlaß gilt die Reaktion auf einen Controlling-Bericht. Der Anstoß über Outsourcing nachzudenken, setzt im Prinzip motiviert von dem Gedanken, Kosten einzusparen und/oder externes Know-how zu nutzen, das Outsourcing in Gang. Es erfolgt eine Grobaufnahme von Problemen (Eng-

1 Vgl. Sellmer, U. (b), *Outsourcing als Wegbereiter der unternehmerischen Globalstrategie*, in: Heinrich, W. (Hrsg.), Outsourcing Modelle - Strategien - Praxis, Bergheim 1992, S. 86-102, hier 97-100; Lang, W., *Ein Votum für partnerschaftliche Kooperation*, in: Heinrich, W. (Hrsg.), Outsourcing Modelle - Strategien - Praxis, Bergheim 1992, S. 55-85, hier 84-85; Düvelmeyer, G., a.a.O., S. 133-134.

pässe, Mängel etc.). Das Ergebnis ist ein Auftrag für eine Vorstudie.

- Vorphase: Vorstudie
Die Vorstudie ist dem Projekt direkt vorgelagert. Sie umfaßt eine grobe Untersuchung der vorgegebenen Problembereiche. Es werden durchgeführt:

- eine Beschreibung der Probleme und der Zielsetzung des Outsourcing
- eine Strukturierung der Probleme und die Bildung von Problembereichen
- eine grobe Ermittlung des möglichen Outsourcing-Potentials

Zur Einschätzung von Outsourcing-Vorhaben werden Vorüberlegungen und Simulationen hinsichtlich der Durchführbarkeit sowie Darstellungen von Auswirkungen durchgeführt. Ferner wird ein strategischer Outsourcing-Plan aufgestellt beziehungsweise die bestehende Unternehmensstrategie aktualisiert.

Das Ergebnis ist die Zielsetzung für das Outsourcing. Ein strategischer Outsourcing-Plan und das Projektziel sowie der Projektauftrag werden definiert.

- Projektstart:
Der Projektstart erfolgt, nachdem der Projektleiter ernannt ist und folgende Anforderungen erfüllt sind:

- ein Projektauftrag schriftlich vorliegt
- klare Abgrenzungen/Schnittstellen definiert sind
- das Projektziel definiert ist
- die Beteiligung der Betroffenen sichergestellt ist
- der Projektrahmen vorgegeben ist (Zeit, Kosten etc.).

Nach dem Projektstart erfolgt:

- die Organisation des Projektteams
- die Projektorganisation (Planung, operative Integration des Projekts)
- die Installation des Berichtswesens, gegebenenfalls Definition von Standards
- die Einarbeitung in die Projektthematik

- die Unterrichtung der verschiedenen Institutionen, die vom Outsourcing betroffen sind, wie z.B. Betriebsrat, Wirtschaftsausschuß
- gegebenenfalls Schulungen für Projektmitarbeiter

Diese Tätigkeiten sind durchzuführen, bevor mit der Analysephase begonnen wird.

- Phase 1: Analysephase
In der Analysephase wird die Outsourcing-Leistung ermittelt und der Dienstleister ausgewählt.

Folgende Aufgaben werden erledigt:
In einem ersten Schritt wird eine Potentialanalyse mit der Ist-Zustandsanalyse, der Bestimmung der Outsourcing-Leistung und der Ermittlung der Kenngrößen durchgeführt. Anschließend holt man Angebote ein (siehe Abschnitt 4.1).

Im zweiten Schritt werden die Angebote hinsichtlich der Nutzenwerte untersucht und der Dienstleister anhand einer Nutzwertanalyse ausgewählt (siehe Abschnitt 4.2 - 4.3).

- Phase 2: Qualifizierungsphase
In der Qualifizierungsphase wird ein unternehmensübergreifendes Team zusammengestellt. Es besteht aus Mitgliedern des Projektteams und Mitarbeitern des Dienstleisters. Dieses Team übernimmt die Aktivitäten, die von beiden Unternehmen in Zusammenarbeit erledigt werden.

Folgende Aufgaben werden erledigt:
Im ersten Schritt wird das Konzept für die organisatorischen Änderungen erarbeitet. Vorbereitungen für z.B. Mitarbeiterversetzungen und/oder Freisetzung werden getroffen.

Im zweiten Schritt wird der Outsourcing-Leistungskatalog erstellt. Er besteht einerseits aus den Leistungsbeschreibungen[1] für die Dauerleistung(en), für die Übergabe von technischer Infrastruktur, Daten etc. und für die Überleitung der Arbeitsverhältnisse. Ander-

1 Vgl. Schaub, B., *Das Pflichtenheft im Spiegel der Rechtssprechung*, in: Computer und Recht, 9. Jg., Nr. 10, 1993, S. 329-334, hier S. 330.

erseits umfaßt er die Definition der Pflichtenhefte[1] für die Entwicklung und Anpassung von Software sowie für die Schnittstellen.

Im dritten Schritt wird gemeinsam mit dem Dienstleister die Geschäftspartnerschaft entwickelt (siehe Abschnitt 4.2) und der Outsourcing-Vertrag gestaltet (siehe Kapitel V, Abschnitt 5).

Das Ergebnis wird sein:
- der Plan für die neue Organisation (Betriebsänderung)
- der Leistungskatalog (Leistungsbeschreibungen und Pflichtenhefte)
- die Struktur der Geschäfts-Partnerschaft
- der Outsourcing-Vertrag

Am Ende der Phase liegen der unterschriebene Outsourcing-Vertrag und die Abwicklungsaufträge für die nächste Phase vor.

- Phase 3: Implementierungsphase
Zu Beginn der Phase werden Teams gebildet, die die Umstellungen von der Eigenproduktion des Outsourcers auf die Lieferung der Leistung vom Dienstleister vornehmen.

Folgende Aufgaben sind zu erledigen:
Die Übergabe von Hard- und Software, Daten etc. sind durchzuführen. Technische Schnittstellen sind zu installieren und zu testen. Veräußerungen von z.B. technischer Infrastruktur werden nach der Stillegung abgewickelt. Die Betriebsänderung wird beim Outsourcer vorgenommen, Mitarbeiter sind gegebenenfalls umzusetzen und Einweisungen sowie Qualifizierungsmaßnahmen durchzuführen. Arbeitsverhältnisse, die zum Dienstleister wechseln, sind überzuleiten. Die Management-Schnittstellen werden eingerichtet und der Lenkungsausschuß wird definiert.

Das Ergebnis der Implementierungsphase ist die Lieferung der Dauerleistung vom Dienstleister zum Outsourcer und ein funktionsfähiger Lenkungsausschuß.

---

1 Vgl. DIN 69 901; Schaub, B., a.a.O., S. 330; Jaeger, L. (a), *Leistungsbeschreibung durch den Besteller einer EDV-Konfiguration*, in: Computer und Recht, 10. Jg., Nr. 4, 1994, S. 213-214.

Am Ende der Implementierungsphase steht die Abnahme der Übergabe-Leistungen und der Beginn des Outsourcing-Produktionsprozesses.

- Projektende
Das Projekt ist beendet, wenn die Produktion der Dienstleistung aufgenommen wird und die Abnahme erfolgt ist. Das Projektteam wird aufgelöst.

- Produktionsprozeß
Während des Produktionsprozesses liefert der Dienstleister die im Outsourcing-Vertrag vereinbarte Leistung. Der Lenkungsausschuß, zusammengesetzt aus den verschiedenen Vertretern der Schnittstellen, hat nun die Aufgabe, die Outsourcing-Produktion zu lenken und zu steuern.

Die Dauer für die Abwicklung des Projektes beträgt im Durchschnitt, nach Auskunft der befragten Experten, ein halbes bis zu eineinhalb Jahre. Eine besondere Stellung nimmt die Outsourcing-Vertragsentwicklung ein (siehe Kapitel V).

5.3.2 Projektbegleitende Aufgaben

Zu den projektbegleitenden Aufgaben gehören eine Änderungskontrolle, eine Fortschrittskontrolle und eine Qualitätskontrolle. Eine Änderungskontrolle[1] wird erreicht, wenn ein Mechanismus in Form einer bewußten Formierung und Kanalisierung von Änderungsanträgen besteht. Die Änderung muß dann von den entsprechenden Stellen bestätigt und umgesetzt werden. Die Fortschrittskontrolle erfolgt mit Review-Meetings[2]. In diesen wird über das Projekt berichtet und die Kommunikation zwischen den Teammitgliedern verbessert. Die Qualitätskontrolle erfolgt anhand eines Walk-Through[3], das heißt, daß nach jeder Aufgabenerledigung, die nicht rein mechanisch überprüft werden

---

1 Vgl. Kupper, H., *Zur Kunst der Projektsteuerung: Qualifikation und Aufgaben eines Projektleiters bei DV-Anwendungsentwicklungen*, 5. Aufl., München/Wien 1988, S. 93-95; Meckelein, N., *Projektorganisation - Projektsteuerung*, - Universitäre Veranstaltungsunterlagen -, Kassel 1991/92, S. PST-4 ff.

2 Vgl. End, W., *Softwareentwicklung: Leitfaden für Planung, Realisierung und Einführung von DV-Verfahren*, 6. Aufl., Berlin/München 1987, S. 402-404; Meckelein, N., a.a.O., S. REVI-7 ff.

3 Vgl. Kupper, H., a.a.O., S. 93-94; Meckelein, N., a.a.O., S. REVI-51 ff.

kann, eine sachliche Richtigkeitsüberprüfung durch andere Team-Mitglieder erfolgt. Diese projektbegleitenden Maßnahmen bekommen bei Outsourcing-Projekten eine besondere Bedeutung, da einerseits Teilaufgaben (Auswahl des Outsourcing-Dienstleisters etc.) an externe Beratungs- beziehungsweise Dienstleistungsunternehmen vergeben werden, andererseits Mitarbeiter des Dienstleisters in den Projektteams eingebunden sind.

5.3.3 Projektmanagement

Die Vielzahl der neuartigen Aufgabenerledigungen im Rahmen eines Outsourcing-Projektes erfordert ein professionelles Projektmanagement, insbesondere weil Schnittstellen nach außen (Beratungs- und Dienstleistungsunternehmen) vorhanden sind und externe Spezialisten sowie Experten in das Projektteam integriert werden. Dazu sind die Basisregeln[1] des allgemeinen projektorientierten Vorgehens auf das Outsourcing-Projekt zu transformieren und einzuhalten. Die Basisregeln sind:

- **Basisregel 1: Es existiert ein Auftraggeber**
  Für das Outsourcing resultiert daraus, daß ein Verantwortlicher der Geschäfts-, Betriebs- oder Bereichsleitung den Outsourcing-Projektauftrag vergibt, über den Fortschritt permanent informiert wird, die geforderten Ressourcen zur Verfügung stellt, Prioritäten setzt und Entscheidungen trifft, die über die Kompetenz eines Projektleiters hinausgehen. Der Auftraggeber ist für das Outsourcing und damit auch für das Projekt verantwortlich. Er sollte naturgemäß der Leiter der durch das Outsourcing betroffenen Organisationseinheit sein oder, wenn das Vorhaben wie beim DV-Outsourcing das ganze Unternehmen betrifft, der Geschäfts- oder Betriebsleitung angehören. Der Projektleiter berichtet an den Auftraggeber.

- **Basisregel 2: Es gibt ein Projektziel**
  Es gibt ein formuliertes Projektziel. Das Projektziel wird möglichst aussagekräftig, eindeutig und klar beschrieben. Es muß meßbar sein, also z.B. den angestrebten Nutzen enthalten.

1 Vgl. Kupper, H., a.a.O., S. 20-24; Meckelein, N., a.a.O., S. PST-2 ff.

Abb. 34 Outsourcing-Projektphasen

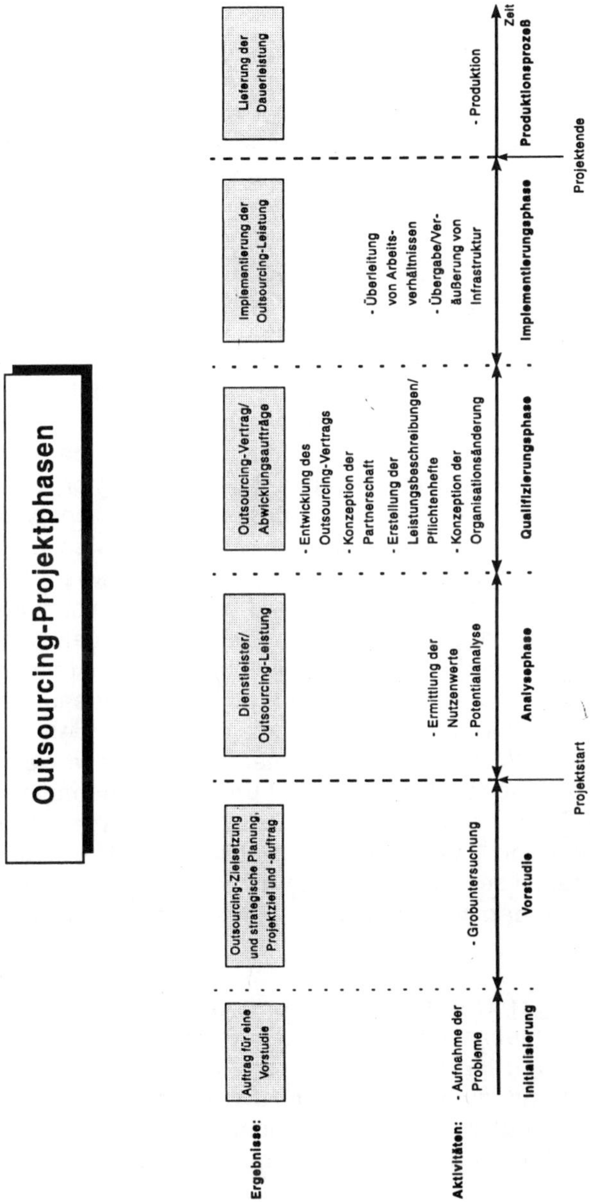

Im Laufe des Projektes können Zielkorrekturen erforderlich werden, da sich neue Erkenntnisse, Technologien oder Randbedingungen ergeben haben.

Zum Scheitern führen z.B. unternehmenspolitische Gründe oder das Ausbleiben des geplanten Outsourcing-Nutzens wird einfach nicht erreicht. In diesen Fällen ist es besser, das Projekt abzubrechen, als noch weiter zu investieren und gegebenenfalls nach kurzem Betrieb hohe Rückabwicklungskosten in Kauf nehmen zu müssen.

Als negative Ausgangssituation ist zu sehen, wenn ein Projektziel unklar formuliert ist oder an einmalig formulierten Zielen festgehalten wird, obwohl sich das Umfeld gravierend ändert.

- **Basisregel 3: Ein Projektteam wird eingerichtet**
Ein Projektteam setzt sich aus Mitgliedern der vom Outsourcing betroffenen Organisationseinheiten zusammen. Dazu zählen DV-Spezialisten, Organisator, Datenschutzbeauftragter, Endanwender oder Vertreter der Fachabteilung etc. Zusätzlich werden nicht selten für spezielle Aufgaben externe Spezialisten eingebunden. So z.B. in der Analysephase für die Potentialanalyse, bei der Auswahl des Dienstleisters oder Gründung des Dienstleistungsunternehmens (Tochter/Joint Venture) sowie in der Qualifikationsphase für die Outsourcing-Vertragsverhandlung und -gestaltung. Mit dem Dienstleister wird in der Qualifizierungsphase zusammengearbeitet, um die Partnerschaft zu konzipieren und den Vertrag abzuschließen. Während der Implementierungsphase werden Spezialisten vom Dienstleister integriert und gegebenenfalls werden für einzelne Teilaufgaben, wie der Durchführung von DV-Tests, der Installation von DV-Schnittstellen sowie der Überleitung von Arbeitsverhältnissen Unterprojekte initiiert. Diese speziellen Unterprojekte werden meistens vom Dienstleister komplett übernommen.

- **Basisregel 4: Ein Projektleiter wird bestimmt**
Der Auftraggeber bestimmt einen Projektleiter. Dieser hat die Verantwortung für die Verfahren und das Ergebnis des Projektes mit allen Konsequenzen. Er muß die Entscheidungen treffen und ist dazu mit entsprechenden Befugnissen vom Auftraggeber ausgestattet. Sein Bericht geht an den Auftraggeber.

Zusammenfassung
Diese vier Punkte stellen die Basisregeln für ein solides Projektmanagement dar. Sie ermöglichen die Einbindung des Outsourcing-Projektes in die Organisation des Outsourcers. Die Verantwortlichkeiten dürfen dabei trotz der Komplexität der Projekte nicht verwischt werden. Der Auftraggeber trägt die volle Verantwortung und hat das Recht das Projekt abzubrechen.

5.4 Personalwirtschaftliche Aspekte

Personalwirtschaftliche Aspekte sind beim Outsourcing besonders zu berücksichtigen. Wie schon dargestellt wurde, gehen Mitarbeiter des Outsourcers zum Dienstleister über. Desweiteren müssen verbleibende Mitarbeiter in ihren Funktionsbereichen neuartige Aufgaben übernehmen oder sie werden in andere Funktionsbereiche versetzt. Es ist auch möglich, daß Freisetzungen erfolgen oder Mitarbeiter das Unternehmen freiwillig verlassen. Die hieraus hervorgehenden vielfältigen Aufgaben übernimmt die Personalwirtschaft. Bei der Versetzung von Mitarbeitern müssen die Zielsetzungen des Unternehmens und die des Mitarbeiters berücksichtigt werden. Das Unternehmen strebt den bestmöglichen Einsatz der Mitarbeiter an.[1] Das heißt, der Produktionsfaktor menschliche Arbeitskraft wird so ausgewählt, gestaltet und eingesetzt, daß in der Kombination der Produktionsfaktoren im Unternehmen die größtmögliche Effizienz der menschlichen Arbeitskraft erzielt wird.[2] Der Mitarbeiter strebt die bestmögliche Entfaltung und berufliches Weiterkommen an.[3] Diese Faktoren sind bei der Versetzung und Freisetzung von Mitarbeitern neben den rechtlichen Vorgaben (siehe Kapitel III, Abschnitt 2) zu beachten. Bei der Versetzung und Freisetzung ist in diesem Zusammenhang die Erkenntnis

1 Vgl. Mentzel, W., *Unternehmenssicherung durch Personalentwicklung - Mitarbeiter motivieren, fördern und weiterbilden*, 5. Aufl., Freiburg im Breisgau 1992, S. 26.

2 Vgl. Stopp, U., *Betriebliche Personalwirtschaft - zeitgemäße Personalwirtschaft - Notwendigkeit für jedes Unternehmen*, Ehningen/Stuttgart 1991, S. 15.

3 Vgl. Kramer, W. und Winter, H., *Motivation als Führungsmittel im Unternehmen*, in: Fuchs, J. und Schantag, K. (Hrsg.), Handbuch zur Unternehmensplanung, 2. Bd., Berlin 1981, Nr. 2414, S. 12; Mentzel, W., a.a.O., S. 27.

aus der Motivationstheorie[1] von wesentlicher Bedeutung, daß motivierte Mitarbeiter engagierter und damit auch leistungsfähiger sind.[2] Des weiteren stellt der Faktor Mensch einen oder sogar den wesentlichen Erfolgsfaktor für das Unternehmen dar.[3] Beeinflußt wird die Motivation der verbleibenden Mitarbeiter beim Outsourcer durch die Mitarbeiterumsetzung und -freisetzung. Andererseits ergeben sich bei der Mitarbeiterübernahme beim Dienstleister motivationstheoretische Aspekte, die berücksichtigt werden müssen.

Computerspezialisten nehmen in diesem Zusammenhang eine Sonderstellung ein. Sie weisen in der Regel ein sehr spezifisches Verhaltens- und Handlungsmuster auf. Sie stellen ihre "Individualität oft zur Schau, verhalten sich unkonventionell, sind anspruchsvoll und zeigen oft eine andere Arbeitshaltung als ihre Kollegen aus anderen Berufen."[4] Die Umsetzung und Neuintegration dieser Spezialisten in andere Fachgebiete mit einer straffen Arbeits- und Organisationsstruktur gelingt meistens nicht perfekt. Bei einer zwangsweisen Anpassung verlieren sie ihre Innovationskraft und Originalität. Ihre Arbeitsergebnisse werden schlechter und Frustration breitet sich aus.[5]

5.4.1 Motivationstheoretische Aspekte beim Outsourcer

Aus der Sicht der Motivationstheorie ist das Sicherheitsmotiv eines der primären Motive im Arbeitsleben.[6] Die Mitarbeiterumsetzung und -freisetzung widerspricht den Sicherheitsbedürfnissen. Nicht nur bei den Betroffenen, sondern auch bei den verbleibenden Mitarbeitern

---

1 Vgl. Sander, K., *Die Motivationstheorien von Maslow und Herzberg*, in: Harvard manager, 4. Jg., Nr. 4, 1982, S. 46 ff.

2 Vgl. Herzberg, F., *Humanisierung der Arbeit und Produktivitätssteigerung*, in: Management-Zeitschrift, o. Jg., Heft 7, 1981, S. A7/8.17 - 8.22; Kreikebaum, H., *Humanisierung der Arbeit - Arbeitsgestaltung im Spannungsfeld ökonomischer, technologischer und humanitärer Ziele*, Wiesbaden 1988, S. 50.

3 Vgl. Töpfer, A. und Poersch, M., *Aufgabenfelder des betrieblichen Personalwesens für die 90er Jahre - Bedeutung und Inhalte in der Unternehmenspraxis*, Neuwied/Frankfurt a.M. 1989, S. 1 und S. 132.

4 Dostal, W., *Outsourcing - personalpolitisch betrachtet*, in: Diebold Management Report, o. Jg., Nr. 3, 1991, S. 8-9, hier S. 8.

5 Vgl. Dostal, W., a.a.O., S. 8.

6 Vgl. Stopp, U., a.a.O., S. 139 ff.

sowie Mitarbeitern in angrenzenden Funktionsbereichen werden zum Teil Ängste und Unsicherheit ausgelöst.[1] Der Ursprung für diese Reaktion liegt in der Regel bei den Mitarbeitern selbst, da sie den Fremdbezug von zuvor eigenerbrachten Dienstleistungen als eine Konsequenz ihres eigenen Fehlverhaltens sehen. Die Folge ist, daß bei nicht personalpolitischem Gegensteuern die Motivation der verbleibenden Mitarbeiter sinkt und die Leistungsbereitschaft sowie die Arbeitsproduktivität nachläßt. Es ist aber auch möglich, daß die verbleibenden Mitarbeiter langfristig für sich keine positive Perspektive sehen und von sich aus das Unternehmen verlassen.[2]

Um dem Motivationsverlust und der damit einhergehenden sinkenden Leistungsbereitschaft der verbleibenden Mitarbeiter vorzubeugen, ist eine frühzeitige und umfangreiche Information über die Gründe und Auswirkungen des Outsourcing-Vorhabens sowie zukünftige Perspektiven erforderlich. Darüber hinaus wirkt sich positiv auf die Motivation aus, wenn die betroffenen Mitarbeiter aktiv in die Neuorganisation und in das Outsourcing-Projekt eingebunden sind.[3]

5.4.2 Motivationstheoretische Aspekte beim Dienstleister

Die im Rahmen von Outsourcing stattfindenden Arbeitnehmerwechsel wirken sich in bezug auf die Motivationseffekte unterschiedlich aus. Es ergeben sich motivationsfördernde und motivationssenkende Auswirkungen. Die motivationsfördernden Effekte sind bei dem Dienstleister durch eine modernere Technikausstattung für die Aufgabenerledigung sowie durch Forschungs- und Entwicklungszwecke gegeben.[4] Dies führt dazu, daß sich eine spezifische Organisationsstruktur

---

1 Vgl. Herrmann, G., *Neue Organisationsformen des IV-Betriebs - Outsourcing, Facilities Management*, in: Handbuch der Modernen Datenverarbeitung, 28. Jg., Nr. 158, 1991, S. 8-15, hier S. 14; MC Mullen, J., *New Allies - Is and Service Suppliers*, in: Datamation, March 1, 1990, P. 42-52, see P. 42; Eckerson, W., *Farming out net operations can trigger staffing issues*, in: Network World, Jan. 15, 1990, P. 4.

2 Vgl. Hammermith, G. A., *Slaying the IS dragon with Outsourcing*, in: Computerworld, Dec. 18, 1989, P. 89-93, see P. 92.

3 Vgl. wie Anmerkung 2, P. 92; Eckerson, W., a.a.O., P. 4.

4 Vgl. Kay, S., *Joining an Outsourcing team*, in: Computerworld, Dec. 11, 1989, P. 112.

entwickelt, die eine weitere Spezifizierung der Mitarbeiter ermöglicht.[1] Ein qualifizierter Mitarbeiter, der zum Dienstleister wechselt, findet dort in der Regel also eine bessere Akzeptanz, einen höheren Stellenwert und umfangreichere Karrierechancen vor.[2]

Die motivationssenkenden Auswirkungen ergeben sich nicht durch freiwillig übergehende Mitarbeiter, sondern durch die übernommenen Mitarbeiter. REDDITT und LODAHL stellten fest, daß im ersten Jahr nach der Übernahme durchschnittlich zwischen 20 % und 30 % der übernommenen Arbeitnehmer den Dienstleister wieder verlassen. Zu berücksichtigen ist, daß diese Angaben sich auf Projekte in den USA beziehen.[3] Als Grund wird die starke Identifikation mit dem früheren Arbeitgeber aufgeführt, die sich in einer anderen Werthaltung, in einem anderen Führungsstil und in ein anderes Kooperationsverhalten ausdrückt.[4] Dazu kommt, daß meist ein Branchenwechsel vollzogen wird, der zu anderen Einkommensrelationen und -entwicklungen führt.[5]

In der Praxis zeigt sich, daß die Übernahme und Integration von Mitarbeitern eine besondere Herausforderung an das Personalmanagement darstellt. Bei der Integration ist darauf zu achten, daß einem möglichen Motivationsverlust vorgebeugt und den Mitarbeitern eine Karrierechance eröffnet wird.

---

1 Vgl. Dostal, W., a.a.O., S. 8.

2 Vgl. Oltman, J.R., *21st century outsourcing*, in: Computerworld, April 16, 1990, P. 77-79; Köhler, T., *In fremder Hand kann das RZ viel flexibler agieren*, in: Computerwoche 17. Jg., Nr. 33, 17. August 1990, S. 35-36; Lorenz, W. - D., a.a.O., S. 77.

3 Vgl. Redditt, K.L. and Lodahl, Th., *The dollars and sense of Outsourcing - So, what do you do with the people?*, in: Computerworld, Jan. 8, 1990, P. 73.

4 Vgl. wie Anmerkung 3, P. 73.

5 Vgl. Dostal, W., a.a.O., S. 8.

V Aspekte der Outsourcing-Vertragsgestaltung

1. Einordnung des Outsourcing-Vertrages

Verträge, die zwischen Outsourcing-Partnern geschlossen werden, erscheinen in einer komplexen Form von typengemischten (Langzeit-) Verträgen.[1] Der Begriff Outsourcing-Vertrag steht damit für einen Vertragstyp, der aus unterschiedlichen rechtlichen Vertragsarten und/oder Teilen daraus bestehen kann. Auffällig ist dabei der hohe Anteil von Willenserklärungen der Beteiligten bei der Vertragsgestaltung. In der Praxis wird dadurch die vereinbarte Geschäftspartnerschaft zum Ausdruck gebracht. Es handelt sich also um eine intensive und längerfristige vertragliche Bindung. Der Outsourcing-Vertrag regelt eine über Jahre dauernde konstruktive Zusammenarbeit. Dies drückt sich unter anderem in einer umfangreichen, schon vor Vertragsschluß beginnenden, Mitwirkungspflicht aus, aus der sich eine Vielfalt von einzelnen Verabredungen ergibt. Darüber hinaus wird die Übergabe von materiellen und immateriellen Gütern sowie sehr oft das Übergehen von Mitarbeitern in ein anderes Arbeitsverhältnis geregelt. Der Outsourcing-Vertrag ist damit ein neuer moderner Vertragstyp, für den es keine direkten gesetzlichen Vorgaben gibt. Allerdings ist die Anwendung und Berücksichtigung von rechtlichen und gesetzlichen Regelungen bei der Erstellung und dem anschließenden Rechtsmanagement zu beachten.[2] Denn die rechtliche Einordnung eines Outsourcing-Vertrages in die Typologie nationaler Vertragsverhältnisse ist für die Bestimmung eines Rechtsfolgeprogrammes, z.B. bei Gewährleistungsfragen unerläßlich.[3] Der Vertragstyp kann auch bestimmend für die Anwendung des AGB-Gesetzes, der Abzahlungsgesetze[4], oder für die konkurs-, bilanz- und steuerrechtliche Behand-

---

1 Vgl. Zahrnt, Ch. (a), *DV-Verträge als komplexe Langzeitverträge*, in: Computer und Recht, 8. Jg, Nr. 2, 1992, S. 84-87.

2 Vgl. Jobs, F. und Horchler, H., a.a.O., S. 106.

3 Vgl. Martinek, M., *Moderne Vertragstypen*, Bd. 1, München 1991, S. 21.

4 Gesetz über Verbraucherkredite vom 1. Jan. 1991; vgl. auch: OLG Stuttgart Urteil vom 08.11.1988 -GU 135/87, in: NJW 1989, S. 2635; BGH Urteil vom 18.10.1989 - VIII ZR 325/88, in: NJW 1990, S. 320.

lung sein.[1] Die Bestimmung eines Vertragstypes und des damit vereinbarten Rechtsfolgeprogrammes erfolgt durch eine sorgfältige Analyse der vereinbarten Rechte und Pflichten, der beiderseits verfolgten wirtschaftlichen Ziele und der im Vertrag zum Ausdruck gebrachten Interessenlage der Parteien, an die sich ein Vergleich mit den gesetzlich geregelten Vertragstypen anschließt.[2]

Die modernen Vertragstypen werden derzeit in Leasing-, Factoring-, Franchising-, Kreditkarten-, Joint-Venture-, Know-how-, Management-, Consulting-, Pool- und Computer-Vertragstypen eingeteilt. Unter diesen Begriffen sind u.a. Vertragstypen zusammengefaßt, wie z.B. Computerverträge als Hardware-, Software- Wartung-, Pflege-, Beratung-, Schulungs-, DV-Projekt- und Vertriebs-Verträge. Software-Verträge können z.B. in Erstellungsverträge und diese wiederum in Werk- bzw. Dienstverträge untergliedert werden.[3] Der Ursprung dieser modernen Vertragstypen liegt im anglo-amerikanischen Rechts- und Wirtschaftskulturraum, der sie bis heute stark beeinflußt.

2. Entstehung des Outsourcing-Vertrages

Für den Outsourcing-Vertrag gelten die allgemeinen Grundsätze des Vertragsrechtes. Es gilt die Vertragsfreiheit. Der Vertrag sollte eine Struktur aufweisen, die sich aus rationeller praktischer Handhabung und den rechtlich dogmatischen Notwendigkeiten ergibt.[4] Für die Entwicklung der Vertragsgestaltung und der Definition des Vertragsinhaltes empfiehlt sich ein juristisch-technisches Vertrags- und Abwick-

---

1 Vgl. Martinek, M., a.a.O., S. 21-22.

2 Vgl. wie Anmerkung 1, S. 21.

3 Vgl. zu modernen Vertragstypen: Schneider, J., *Praxis des EDV-Rechts: Recht der Beschaffung, des Betriebs, der Wartung und Pflege von Computeranlagen und -programmen, insbesondere EDV-Vertragsrecht*, Köln, 1990; Schmid, K., *Computervertragsrecht in Theorie und Praxis (CAD/ CAM/CIM)*, Köln 1990; auch: Reichel, E.-E. und Siegrist, N., *EDV-Verträge richtig gestalten - Praktischer Ratgeber für Verträge nach den "Besonderen Vertragsbedingungen (BVB)"*, Baden-Baden 1990; zu Typologie von Verträgen Langenfeld, G., *Vertragsgestaltung: Methode - Verfahren - Vertragstypen*, München 1991, S. 16-24; auch: Martinek, M., a.a.O, S. 1-32.

4 Vgl. Langenfeld, G., a.a.O., S. 52-53; Meins, J., *Die Vertragsverhandlung - Leitfaden zum Entwerfen, Verhandeln und Abschließen von Verträgen*, Stuttgart 1990, S. 10-11.

lungsmanagement.[1] Ein mögliches praxisbewährtes Vorgehensmodell ist ein dreistufiges Konzept, mit den Phasen der Erfassung der Aufgabenerledigung, der Bearbeitung und der Entschlußfassung.[2] Der Zerlegung der Aufgaben in zweckmäßige Einzelaktivitäten ist dabei große Aufmerksamkeit zu widmen, damit nichts übersehen und jede Einzelaktivität intensiv behandelt wird. Weiterhin müssen Probleme des Fremdbezuges sachgerecht gelöst werden.[3] Dieser Entscheidungsfindungsprozeß wird in der Regel im Rahmen des Outsourcing-Projektes mehrmals durchlaufen (siehe Kapitel IV, Abschnitt 4.) und führt dazu, daß die Vorbereitungen für die Abwicklung des Outsourcing-Vorhabens bis zu einem Jahr und darüber hinaus dauern können. Entscheidend für die Dauer des Prozesses ist die genaue Bestimmung des Outsourcing-Ziels und die komplexe Bewältigung des damit verbundenen Outsourcing-Potentials. Es empfiehlt sich insbesondere die Vorstellungen über die Geschäftspartnerschaft, den Vertragsgegenstand und Regelungen für mögliche Leistungsstörungen und das Vertragsende in allen Einzelheiten niederzulegen.[4] Dabei ist darauf zu achten, daß die Formulierungen präzise und widerspruchsfrei abgefaßt werden.[5]

3. Vertragsformen

Die Möglichkeit, die Komplexität der Outsourcing-Beziehung vertraglich zu gestalten, besteht darin, Einzelverträge für eine Outsourcing-Leistung oder einen Outsourcing-Vertrag in Form eines Vertragswerkes - bestehend aus einer Rahmenvereinbarung, Anlagen und Leistungsverträgen - für eine umfassende Outsourcing-Leistung zu schließen. Die Wahl der Vertragsform ist abhängig von der Form der Outsourcing-Beziehung. Der Outsourcing-Vertrag für *eine* Outsourcing-Leistung wird in der Praxis Dienstleistungsvertrag genannt. Er

---

1 Vgl. Heussen, B. (a), *Juristisches Controlling, Systemverantwortung und Vertragsgestaltung bei DV-Projekten*, Köln 1989, S. 2-8.

2 Vgl. Höhn, E., und Weber, R. H., *Planung und Gestaltung von Rechtsgeschäften*, Zürich 1986, S. 26-30.

3 Vgl. Langenfeld, G., a.a.O., S. 56.

4 Vgl. Sommerlad, K. (a), *Vertragsgestaltung beim Outsourcing in der Informationsverarbeitung*, in: Köhler-Frost, W. (Hrsg.), Outsourcing - Eine strategische Allianz besonderen Typs, Berlin 1993, S. 59-79, hier S. 63.

5 Vgl. Weber, R., *Von der Planung zur Gestaltung von Rechtsgeschäften*, in: Höhn, E. und Weber, R., Planung zur Gestaltung von Rechtsgeschäften, Zürich 1986, S. 67-120, hier, 117-118.

regelt *eine* spezifische Outsourcing-Dauer-Leistung. Anwendung findet der Dienstleistungsvertrag bei der Inhouse-Partnerschaft zwischen dem Dienstleistungsunternehmen und dem Konzern-Unternehmen. Im Rahmen der Geschäfts-Partnerschaft ist die Regelung einer Outsourcing-Leistung, wie z.B. Rechnerleistung, Backup-Dienstleistung etc. sowie bei der Kooperations-Partnerschaft für einzelne Software-Entwicklungen, Gegenstand des Dienstleistungsvertrages.

Die vertragliche Gestaltung der Inhouse-Partnerschaft erfolgt im Rahmen eines Outsourcing-Vertrages in Einzelverträgen. Es ist z.B. eine Gründungserklärung für das zu gründende Tochter-/Schwesterunternehmen (Dienstleistungsunternehmen) aufzusetzen. Weiterhin sind z.B. abzuschließen:

- ein Gesellschaftsvertrag zwischen dem/den fremdbeziehenden Unternehmen mit den zukünftigen Gesellschaftern des Dienstleistungsunternehmens,
- Projektverträge für die Überleitung von technischer Infrastruktur zwischen dem/den fremdbeziehenden Unternehmen und dem Dienstleistungsunternehmen,
- Übergabe-/Nutzungsverträge für materielle Güter, wie z.B. Gebäude, Hardware sowie für immaterielle Güter, wie z.B. Software Rechte und Pflichten zwischen dem/den fremdbeziehenden Unternehmen und dem Dienstleistungsunternehmen,
- ein Interessenausgleich und Sozialplan für die durch die Gründung des Dienstleistungsunternehmens eventuell benachteiligten Arbeitnehmer zwischen dem/den fremdbeziehenden Unternehmen dem zuständigen Betriebsrat und
- Dienstleistungsverträge für die Erbringung von Outsourcing-Leistungen zwischen dem Dienstleistungsunternehmen und dem/den fremdbeziehenden Unternehmen.

Die vertragliche Gestaltung der Joint Venture-Beziehung erfolgt im Rahmen eines Outsourcing-Vertrages, der einzelvertraglich die Abwicklung der Gründung und Leistungserbringung des Joint Venture-Unternehmens regelt. So ist z.B. eine Gründungserklärung für das Joint Venture-Unternehmen aufzusetzen und weiterhin sind z.B. abzuschließen:

- ein Gesellschaftsvertrag zwischen dem fremdbeziehenden Unternehmen, dem Dienstleistungsunternehmen und den zukünftigen Gesellschaftern des Joint Venture-Unternehmens,

- Projektverträge für die Überleitung technischer Infrastruktur zwischen dem fremdbeziehenden Unternehmen, dem Dienstleistungsunternehmen und dem Joint Venture-Unternehmen,
- Übergabe-/Nutzungsverträge für materielle Güter, wie z.B. Gebäude, Hardware und für immaterielle Güter, wie z.B. Software, Rechte und Pflichten zwischen dem fremdbeziehenden Unternehmen, dem Dienstleistungsunternehmen sowie dem Joint Venture-Unternehmen,
- ein Interessenausgleich und Sozialplan für die durch die Gründung des Joint Venture-Unternehmens eventuell benachteiligten Arbeitnehmer zwischen den fremdbeziehenden Unternehmen und den zuständigen Betriebsräten und
- Dienstleistungsverträge für die Erbringung von Outsourcing-Leistungen zwischen dem Joint Venture-Unternehmen und dem fremdbeziehenden Unternehmen sowie dem Dienstleistungsunternehmen.

3.1 Dienstleistungsvertrag

Eine Outsourcing-Dauerleistung wird, wie oben beschrieben, in einem Dienstleistungsvertrag geregelt. *Eine* Dauerleistung ist z.B. die Lieferung benötigter Rechnerleistung aus der Steckdose. Der Dienstleister liefert beispielsweise die benötigte Rechnerleistung dem Outsourcer mit einer Verfügbarkeit von >= 99 % in der Zeit von 7.00 Uhr bis 18.00 Uhr werktags in das Unternehmen. Die Partnerschaft definiert die Verpflichtung, die *benötigte* Leistung zu liefern und die dadurch entstehende Zusammenarbeitspflicht für die erforderlichen Abstimmungen. Die Problematik der Leistungseinordnung, Rechtsfolge und Leistungsbeschreibung im Vertrag entsprechen dem des Outsourcing-Vertrages (siehe Abschnitt 5.).

Für die Regelung einer umfangreichen Outsourcing-Leistung, die aus mehreren Übergabeleistungen und einer oder mehreren Dauerleistungen besteht, wäre somit eine Vielzahl von Einzelverträgen nötig. Die entstehende Regelungs-Problematik der Verknüpfung von einzelnen und doch zusammengehörenden Outsourcing-Leistungen, kann nur durch einen Rahmenvertrag gelöst werden.

3.2 Outsourcing-Vertrag

Mit einem Outsourcing-Vertrag in Form eines Vertragswerkes besteht die Möglichkeit, eine umfassende Outsourcing-Leistung zu regeln und eine gewisse Flexibilität für die Partnerschaft herbeizuführen. Allerdings besteht ein größeres Risiko von Auslegungsstreitigkeiten als bei konkret-speziellen Verträgen. Das entstehende Risiko wird durch eine Rechtsgeschäftsanpassungsklausel (Neuverhandlungsklausel) stabilisiert. Damit entfällt jedoch nicht die Beschreibung der Verflechtung von Zielabhängigkeiten. Einzelheiten können dann in speziellen Leistungsverträgen und Anlagen bestimmt werden. Ohne den Outsourcing-Vertrag zu ändern, können diese stets einvernehmlich angepaßt werden. Damit besteht auch eine bessere Chance, die Komplexität der Outsourcing-Beziehung genau zu erfassen und zu regeln, sowie die Zielvorstellungen der Vertragspartner systematisch zu strukturieren und in eine hierarchische Gliederung zu bringen. Darüber hinaus können die Abhängigkeiten der einzelnen Zielinhalte exakt beschrieben und für eine mögliche Problemsituation, wie z.B. veränderte Ansprüche an die Datenverarbeitung des Dienstleisters, kann ein Lösungsweg vorgegeben werden. Die Komplexität der Outsourcing-Vertragsgestaltung beruht unter anderem auf der Kompliziertheit der Berechnungsmethoden für Outsourcing-Leistungen und deren Kontrolle (siehe Kapitel IV, Abschnitt 2). Insoweit muß auch der Fall geregelt werden, daß der Outsourcer z.B. aus ökonomischen Gründen die vom Dienstleister vereinbarte Leistung nicht mehr in der vereinbarten Form benötigt und eine Vertragsänderung wünscht.

4. Vertragsverhandlung

4.1 Beratung

Outsourcing-Verträge sind in der Regel von technischen und organisatorischen Managementteams sowie den Finanzverantwortlichen auszuhandeln. Der Bedarf an rechtlichem Beistand ist entsprechend dem jeweiligen Vertragsstand der Vertragspartner und den sonstigen Umständen des Einzelfalles unterschiedlich.

Es empfiehlt sich aber von Anfang des Outsourcing-Vorhabens an, eine rechtliche Beratung in Anspruch zu nehmen, damit ein optimaler rechtlicher Wissensstand für die organisatorischen Veränderungen, Vertragsverhandlung und -schluß gegeben ist. Die Beratung sollte insbesondere vor jeder Verhandlungsrunde von einem rechtskundigen Outsourcing-Experten durchgeführt werden.[1]

---

1 Vgl. Heussen, B. (a), a.a.O., S. 22-24.

Beratung in diesem Sinne, heißt:[1]

- die rechtlichen Checklisten bezogen auf den konkreten Fall detailliert zu erstellen und die Bedeutung der einzelnen Punkte auf der Verständnisebene den Verhandlungsteams zu erläutern.
- die rechtlich relevanten Eckdaten von vornherein genau zu definieren und als unverzichtbare Verhandlungsziele herauszustellen.
- die rechtliche Bedeutung von Zugeständnissen, die der Gegenseite gemacht werden, intern klar herauszuarbeiten.
- auf die Gefahr des Aufbaus von vertrauensbildenden Faktoren hinzuweisen, die zu einer Haftung aus vorvertraglichem Verschulden führen können.
- auf die Gefahr von Teilkonzessionen aufmerksam zu machen.
- auf die Wichtigkeit begrifflicher Klärungen hinzuweisen.

4.2 Letter of Intend

Ein Letter of Intend ist eine Absichtserklärung hinsichtlich eines möglicherweise unter verschiedenen Vorbehalten stehenden Vertragsabschlusses mit dem Empfänger. Der Letter of Intend ist jedoch keine zum Vertragsabschluß führende Willenserklärung. Der Absender stellt in dem Letter of Intend oft den Sachverhalt sowie das Stadium der Vertragsverhandlung dar. Darüber hinaus ermöglicht ein Letter of Intend z.B. die bereits getroffenen Verabredungen insoweit festzulegen, daß bei den noch offenen Verhandlungspunkten keine Möglichkeit besteht, einmalig Verabredetes wieder in Frage zu stellen.[2]

4.3 Vorvertrag

Ein Vorvertrag über ein Outsourcing-Vorhaben wird abgeschlossen, um die geplante Outsourcing-Leistung nach §§ 315 ff BGB bestimmbar festzulegen. Durch den Abschluß eines Vorvertrages wird der spätere Outsourcing-Vertrag (sogenannte Hauptvertrag) zugesagt. Die Rechtsfolge aus dem Vorvertrag ist ein Anspruch auf Abschluß des Hauptvertrages.[3] Die Pflichten der Vertragsparteien bestehen darin, den geplanten Outsourcing-Vertrag abzuschließen. Voraussetzung für

1 Vgl. Heussen, B. (a), a.a.O., S. 23-24.

2 Vgl. Heussen, B. (d), *Vertragsrecht und Vertragsgestaltung*, in: Kilian, W. und Heussen, B., Computerrechts-Handbuch, Teil 3, München 1994, Nr. 31, Rdnr. 3-7.

3 Vgl. Tilch, H. (a), *Vorvertrag*, in: Münchener Rechts-Lexikon, München 1987, S. 1084-1085.

die Wirksamkeit des Vorvertrages ist, daß der Inhalt des zugesagten Hauptvertrages hinreichend festgelegt ist. Einen Vorvertrag abzuschließen empfiehlt sich, wenn dem Abschluß des Hauptvertrages nur noch relativ leicht überwindbare Hindernisse entgegenstehen.

4.4 Verhaltenspflichten

Die Verhaltenspflichten der Vertragsparteien setzen sich aus Mitwirkungs-, Hinweis- und Warnpflichten zusammen. Die Auslegung der Verhaltenspflichten werden bestimmt durch die Vertragsebenen, auf der sich die Vertragsparteien befinden. Eine Vertragsebene ist gekennzeichnet durch das vorliegende spezifische Know-how über den Vertragsgegenstand und den Standort der Vertragspartei. Die Einordnung der Vertragsparteien dient der Bestimmung des technischen und wirtschaftlichen Bezugsfeldes zueinander. Die Vertragsebenen beim Outsourcing sind meist unterschiedlich. Der Dienstleister befindet sich auf der Dienstleistungs-/Herstellerebene und der Outsourcer auf der Nutzer-/Anwenderebene. Die strukturelle Klärung des Standpunktes der Vertragsparteien dient zur rechtlichen Einordnung z.B. eines Abzahlungskaufs oder der arbeitsrechtlichen Gestaltung[1].[2]

4.4.1 Mitwirkungspflichten der Vertragsparteien

Den Vertragsverhandlungen kommt bei der Outsourcing-Vertragsgestaltung besondere Bedeutung zu, da die Vertragsparteien meist über ein unterschiedlich ausgeprägtes Fachwissen (Vertragsebene), wie z.B. über die DV-Technik, die Kostenermittlungs-Methodik für DV-Leistungen und die DV-Vertragsgestaltung verfügen. Der Gesetzgeber geht aber von gleichwertigen, d.h. gleich erfahrenen und verhandlungsstarken Vertragsparteien aus. Eine spezielle gesetzliche Regelung zu gegenseitigen Mitwirkungspflichten gibt es nicht.[3]

Die gegenseitige Beratungs- und Aufklärungspflicht der Vertragsparteien ergibt sich aus den Gesichtspunkten von Treu und Glauben (§ 242 BGB). Sie sind wegen ihrer wesentlichen Bedeutung in Outsourcing-Verhandlungen als Hauptpflicht anzusehen. Dadurch werden die

---

1 Vgl. LAG Düsseldorf, Beschluß vom 20.10.1987 - 16 TaBV 83/87, in: NJW 1988, S. 725.

2 Vgl. Heussen, B., (d), a.a.O., Nr. 30, Rdnr. 31-36.

3 Vgl. Schumacher, R., *Vertragsaufhebung wegen fahrlässiger Irreführung - unerfahrener Vertragspartner*, Bonn 1979, S. 31-35.

Verhandlungspartner verpflichtet, sich gegenseitig über solche wesentlichen Umstände zu informieren und aufzuklären, die für die Vertragsgestaltung, den Vertragsschluß und die Entwicklung der Geschäftspartnerschaft von Bedeutung sind.[1] Diese Verpflichtung bezieht sich auf Fachkenntnisse und essentielle Informationen aus dem jeweiligen Wirkungskreis, die dem einen Vertragspartner bekannt sind oder bekannt sein müßten und von denen nicht anzunehmen ist, daß sie dem anderen bereits vorliegen.[2] Die Folge für die Vertragspartner ist hinsichtlich der Vertragsentwicklung und der Fortentwicklung der Geschäftspartnerschaft, daß sie die wirtschaftlichen, technischen und rechtlichen Risiken durch enge und stetige Kooperationen überwinden müssen. Ansonsten haften die Vertragspartner für die Verletzung von vorvertraglichen beziehungsweise vertraglichen Haupt- und Nebenpflichten.[3] Auf finanzielle Risiken und die Rationalität der Entscheidung braucht der Dienstleister nicht hinzuweisen.[4] "Der [Dienstleister] muß bei den Vertragsverhandlungen darauf hinweisen, wenn Kosten drohen, mit denen der [Outsourcer] nicht zu rechnen braucht."[5] Dies ist beispielsweise möglich, wenn in Folge einer Systemumstellung Daten zur Nutzung in ein anderes Format zu bringen sind. Bei bestehenden Outsourcing-Partnerschaften obliegt die Beratungs- und Aufklärungspflicht vor allem dem juristisch-technischen Management, das heißt den Mitgliedern des Lenkungsausschusses.

Von besonderer Relevanz ist die Mitwirkungspflicht hinsichtlich Prüf- und Informationspflichten, bei der Beschreibung der Outsourcing-Leistungen (Erstellung des Outsourcing-Leistungskataloges: Leistungsbeschreibung und Pflichtenhefte (siehe Kapitel IV, Abschnitt 5.3.1 - Pro-

---

1 Vgl. Wolf, M., *Rechtsgeschäftslehre*, in: Emmerich, W., Gerhardt, W. u.a., Grundlagen des Vertrags- und Schuldrechts, Frankfurt a.M. 1972, S. 62-182, hier S. 140-141; Bähr, P., *Grundzüge des Bürgerlichen Rechts*, 6. Aufl., München 1987, S. 100-102; Breidenbach, St., *Die Voraussetzung von Informationspflichten beim Vertragsschluß*, München 1989, S. 5-10.

2 Vgl. Schmid, K., a.a.O., S. 311-312; Jobs, F. und Horchler, H., a.a.O., S. 109-110; Wolf, M., a.a.O., S. 140-141.

3 Vgl. Zahrnt, Ch. (a), a.a.O., S. 84-87.

4 Vgl. OLG Hamm: Überdimensionierung (Urteil vom 23. November 1988 - 31 U 63/88), in: Computer und Recht, 5. Jg., Nr. 6, 1989, S. 498; Heussen, B. (a), a.a.O., S. 14-15.

5 Zahrnt, Ch. (c), *Mitwirkungspflichten bei der Definition von Anforderungen*, in: Zahrnt, Ch., Betriebs-Berater Beilage Nr. 7, EDV-Rechtsprechung (1/94), 10.05.1994, S. 8-10.

jektphase 2)). Grundsätzlich obliegt die Erstellung des Outsourcing-Leistungskataloges dem Outsourcer,[1] denn nur er kann das Outsourcing-Potential und sein verfolgtes Outsourcing-Ziel prägnant definieren.[2] Handelt es sich z.B. bei einer Outsourcing-Leistung um eine werkvertragliche Leistungspflicht, wie z.B. die Anpassung einer Anwendungs-Software, ist das spezifische Pflichtenheft maßgebend für die Entscheidung der Frage, ob die Outsourcing-Leistung vertragsgemäß erbracht wurde.

Im Leistungskatalog sind dem Dienstleister die geforderten Eigenschaften und der Umfang der Outsourcing-Leistung durch den Outsourcer bekanntzugeben.[3] Wird bei einer umfangreichen Outsourcing-Leistung keine Leistungsbeschreibung beziehungsweise kein Pflichtenheft erstellt, trägt der Outsourcer später die Beweislast dafür, daß als fehlend bemängelte Leistungen oder Funktionen von Anfang an vereinbart gewesen seien.[4] Der Dienstleister ist aber durch seine Mitwirkungspflicht verpflichtet, für dem Fall, daß kein oder ein mangelhafter Outsourcing-Leistungskatalog vorliegt, dieses zu beanstanden.[5] Sind die Ausführungen des Outsourcing-Leistungskataloges dennoch nicht ausreichend präzisiert worden, schuldet der Dienstleister z.B. bei der Erstellung einer Software, den Stand der Technik bei mittlerem Ausführungsstandard.[6] Die Mitwirkungspflicht beim Outsourcing endet nicht nach Vertragsschluß, sondern setzt sich während der Dauer des Langzeitvertrages kontinuierlich fort.

---

1 Vgl. Schaub, B., a.a.O., S. 329-334.

2 Vgl. Heussen, B. (a), a.a.O., S. 12-13; Schmidt, H., *Beratungsleistungen und Mitwirkungspflichten*, in: Computer und Recht, 8. Jg., Nr. 12, 1992, S. 709-714; Schlotke, H., *Mitwirkungspflichten bei Langzeitverträgen*, in: Nicklisch, F. (Hrsg.), Der komplexe Langzeitvertrag - Strukturen und internationale Schiedsgerichtsbarkeit, Heidelberg 1987, S. 377-390.

3 Vgl. wie Anmerkung 1, S. 332.

4 Vgl. Zimmermann, A. (b), *Beweislast bei fehlendem Pflichtenheft*, in: Computer und Recht, 10. Jg., Nr. 5, 1994, S. 281-282.

5 Vgl. Heussen, B. (a), a.a.O., S. 13.

6 Vgl. wie Anmerkung 1, S. 331.

4.4.2 Hinweis- und Warnpflichten der Vertragsparteien

Wie für die Mitwirkungspflicht gibt es auch für die Hinweis- und Warnpflichten keine rechtlichen Vorgaben. Sie leiten sich aus Treu und Glauben § 242 BGB ab. Für die Outsourcing-Beziehung ergeben sich für beide Vertragsparteien zwei besondere Hinweis- und Warnpflichten aus der Partnerschaft:

- Verhinderung von Schadensausweitung
  Treten bei (Teil-)Leistungen Störungen auf und sind weitere Schädigungen anderer Teilleistungen zu erwarten, muß der Geschädigte warnend darauf hinweisen, da er sich sonst dem Vorwurf des Mitverschuldens aussetzt.[1]

- Obhut und Schutz/Risikoabsicherung
  Die Vertragsparteien müssen bei der Outsourcing-Partnerschaft besonders darauf achten, daß Personen, Eigentum, Vermögen und sonstige Rechtsgüter der anderen Vertragspartei nicht verletzt werden.[2]

5. Struktur und Inhalt eines Outsourcing-Vertrages

Der Outsourcing-Vertrag besteht aus einem Rahmenvertrag mit speziellen Verträgen für die spezifischen Leistungen und Anlagen. In dem Rahmenvertrag sind alle Bestimmungen, die sich bei Einzelverträgen ständig wiederholen würden, die die Geschäftspartnerschaft regeln und über die die Vertragsparteien Einigkeit erzielt haben, gefaßt. Die Besonderheiten, die sich für die einzelnen Leistungen wie Miete, Überlassung, Kauf etc. ergeben, werden in speziellen Verträgen vereinbart. Die speziellen Verträge, in denen die einzelnen Leistungen und die leistungsabhängigen Bedingungen definiert sind, werden im folgenden als Leistungsverträge bezeichnet. In den Anlagen werden ergänzende Sachverhalte und Besonderheiten des Vertragsverhältnisses dargestellt. Nachfolgend werden die einzelnen vertraglichen Elemente des Outsourcing-Vertrages dargestellt und beispielhafte Lösungsvorschläge gegeben.

---

1 Vgl. Heussen, B. (e), a.a.O., Rdnr. 43, Nr. 122.

2 Vgl. wie Anmerkung 1, Rdnr. 43, Nr. 125-134.

5.1 Rahmenvertrag

5.1.1 Rubrum

Das Rubrum enthält die Bezeichnung des Vertrages und die vollständige Adresse der Vertragsparteien[1] sowie eine kurze Inhaltsangabe.

<u>Beispiel:</u>

Outsourcing-Vertrag
- als Rahmenvertrag mit Leistungsverträgen
zur Inanspruchnahme von Dienstleistungen der Datenverarbeitung -

"Zwischen der ...
(Name, Anschrift - Outsourcer)

und der ...
Name, Anschrift - Dienstleister)

wird dieser Outsourcing-Vertrag zur Inanspruchnahme von Dienstleistungen der Datenverarbeitung abgeschlossen.

Der Outsourcing-Vertrag besteht aus diesem Rahmenvertrag, in dem das vertragliche Anwendungsgebiet bestimmt ist und die allgemeinen Bedingungen für alle Leistungserbringungen sowie für die Geschäftspartnerschaft niedergelegt sind. Die vertragsgegenständlichen Leistungen sind in Leistungsverträgen definiert. Ergänzende Beschreibungen erfolgen in Anlagen."

5.1.2 Präambel

In der Präambel ist der Sinn und Zweck der Outsourcing-Geschäftspartnerschaft darzustellen. Dazu ist es erforderlich, die strategische Ausrichtung der beteiligten Vertragspartner und die durch das Outsourcing verfolgten Ziele zu definieren. Weiterhin sind die qualitativen und quantitativen Eckdaten zur Ausgangssituation und das Leistungsvermögen der Vertragsparteien zu charakterisieren.[2] Die Präambel begründet für das Rechtsgeschäft keine unmittelbare rechtliche Ver-

---

1 Vgl. Jobs, F. und Horchler, H., a.a.O., S. 110.

2 Vgl. Jobs, F. und Horchler, H., a.a.O., S. 110; Sommerlad, K. (a), a.a.O, S. 66-67; Sommerlad, K. (b), *Der Outsourcing-Vertrag - Teil: Grundzüge zur Gestaltung des Vertrages*, in: Dokumentation eines Vortrags auf dem Outsourcing-Kongreß in Böblingen 17. und 18. September 1991, S. 3.

bindlichkeit,[1] dient aber bei Zweifelsfragen zur Auslegung der §§ 133 und 157 BGB.[2]

Beispiel:

"A (Outsourcer) betreibt im Rahmen seines Unternehmens in X-Stadt ein Rechenzentrum für den eigenen Bedarf, Rechnerkapazität von X MIPS, Rechnertyp ABC im Dreischichtbetrieb. Versorgt werden mit dem Rechenzentrum neben dem Unternehmenssitz (Hauptverwaltung, F & E etc.) in X-Stadt, drei unternehmenseigene Produktionswerke in A-Stadt, B-Stadt und C-Stadt.

Im Zuge des Outsourcing will A das eigene Rechenzentrum aufgeben und die entsprechenden Leistungen künftig von B (Dienstleister) beziehen.

B ist interessiert, das Rechenzentrum in X-Stadt zu übernehmen und für A im Anschluß an die Übernahme die zur Zeit und später benötigten Datenverarbeitungsleistungen einschließlich der Netzwerkleistungen zu erbringen. Das Rechenzentrum ist physisch nach B in Y-Stadt zu verlagern. Zu übernehmen sind die technische Infrastruktur und die Mitarbeiter sofern sie der Übernahme zustimmen. Die DV-technischen Endgeräte (Arbeitsplatz und Peripherie) gehen mit über und werden dem A nach entsprechender Vereinbarung durch B zur Verfügung gestellt. Die Anpassung und zukünftige Weiterentwicklung der DV-technischen Infrastruktur an die Erfordernisse von A wird einvernehmlich geregelt."

5.1.3 Begriffsbestimmungen

Outsourcing-Verträge werden von Experten unterschiedlicher Fachrichtungen (Informatiker, Ökonomen, Juristen etc.) gestaltet und über die Laufzeit entsprechend begleitet. Zudem sind beim Controlling des Outsourcing Finanz- und Steuerfachkräfte beteiligt. Alle sind auf einheitliche Begriffsbestimmungen angewiesen, da Meinungsverschiedenheiten über Bedeutung und Inhalt von Begriffen oft nachhaltig die Geschäftspartnerschaft beeinflussen. Es empfiehlt sich daher, eine Sammlung von fachspezifischen Begriffen zu definieren und diese

1 Vgl. Weber, R., a.a.O., S. 120.

2 Vgl. Sommerlad, K. (a), a.a.O, S. 66-67.

dem Vertrag als Anlage anzufügen.[1] Eine Möglichkeit, eine einheitliche Fachterminologie zu nutzen, ist die Anwendung der DIN[2], soweit dort Begriffe der Informationsverarbeitung definiert werden. So wird z.B. definiert:

DV-Leistung
"Die Verarbeitung von Daten in Übereinstimmung mit gegebenen Arbeitsvorschriften innerhalb einer bestimmten Zeitspanne." (Aus: DIN 44 300 Teil 1/11.88)

Daten
"Gebilde aus Zeichen oder kontinuierlichen Funktionen, die aufgrund bekannter oder unterstellter Abmachungen Informationen darstellen, vorrangig zum Zweck der Verarbeitung oder als deren Ergebnis." (Aus: DIN 44 300 Teil 2/11.88)

Auftrag und Auftragsart
"Der Auftraggeber stellt Anforderungen, innerhalb welcher Zeit DV-Tätigkeiten einer bestimmten Art vom Auftragnehmer erledigt sein müssen. Sie haben folgende Form: Ein bestimmter Anteil dieser Tätigkeiten soll innerhalb eines vorgegebenen Zeitraums erledigt sein, für einen weiteren Teil werden längere Zeiten toleriert, aber eine bestimmte Obergrenze darf nicht überschritten werden. Anforderungen dieser Art werden Durchlaufzeitforderungen genannt. Daneben ist für jede auszuführende Tätigkeit festzulegen, ob der Auftraggeber für die Vorbereitung der nächsten Tätigkeit auf das Ergebnis der aktuellen Tätigkeit wartet oder nicht (Auftragserzeugungsmodus mit bzw. ohne Warten). Dabei wird ein Auftrag als eine Tätigkeit beschrieben, die mit einer Durchlaufzeitforderung und einem Auftragserzeugungsmodus kombiniert ist. Die Menge von konkreten DV-Tätigkeiten, die der Auftragnehmer ausführen kann, wird in Tätigkeitsarten unterteilt. Eine Tätigkeitsart definiert in der Kombination mit einer bestimmten Durchlaufzeitforderung und einem bestimmten Auftragserzeugungsmodus einer Auftragsart." (Aus: DIN 66 273 Teil 1/3.90)

1 Vgl. Sommerlad, K. (a), a.a.O, S. 67; Jobs, F. und Horchler, H., a.a.O., S. 110.

2 Wie z.B. DIN 44 300, DIN 66 273 u.a.

Releasewechsel

"Unter einen Releasewechsel (Release - Version oder Ausgabe) wird das Wechseln der vorhandenen Version einer Standard Anwendungssoftware auf eine höhere verstanden. Mit einer Erhöhung der Version:

- werden bekannte Fehler entfernt.
- steigt der Leistungsumfang und die Leistungsfähigkeit des Programmes (neue Funktionen sind hinzugekommen)."

Posteinrichtungen

"Unter Posteinrichtungen sind technische und organisatorische DV-Einrichtungen weiterer Bildschirmarbeitsplätze oder Peripheriegeräte (Drucker, Plotter etc.) zu verstehen, die nach der Aufnahme der Produktionsphase aus Sicht des Outsourcers erforderlich werden."

5.1.4 Anwendungsbereich

Unter diesem Punkt ist darzustellen, für welches Leistungsgebiet der Rahmenvertrag gilt.

Beispiel:

"Die nachfolgenden Bestimmungen gelten als Rahmenvereinbarungen auf dem Gebiet der kommerziellen Datenverarbeitung. Das Gebiet umfaßt alle Aktivitäten für die Übernahme kommerzieller Rechenzentrumsausrüstung, für die Überleitung von fünf Arbeitsverhältnissen aus dem Rechenzentrum und der Lieferung von kommerziellen DV-Dienstleistungen. Die vertragsgegenständlichen Leistungen ergeben sich aus Leistungsverträgen. Bei widersprechenden Regelungen im Rahmenvertrag und den Leistungsverträgen haben die Regelungen der Leistungsverträge Vorrang."

5.1.5 Vertragsgegenstand

Im Vertragsgegenstand sind die Hauptleistungspflichten darzustellen,[1] wie z.B. die Übernahme eines Rechenzentrums, der Betriebsübergang (§ 613a BGB), die Lieferung der kommerziellen DV-Dienstleistungen etc. Darüber hinaus ist auf den Ort der spezifischen vertragsgegenständlichen Beschreibung der Leistung hinzuweisen.

---

1 Vgl. Sommerlad, K. (a), a.a.O, S. 67-68; Jobs, F. und Horchler, H., a.a.O., S. 110-111.

Beispiel:

"Vertragsgegenstand ist die Übernahme des kommerziellen Rechenzentrums und der Übergang von fünf Rechenzentrumsmitarbeitern gemäß § 613a BGB sowie die anschließende Nutzung von Anwendungs-Softwareprodukten im Online-Service auf dem vom Dienstleister bereitgestellten Rechnersystem.

Einzelheiten der zu erbringenden Leistungen sind in Leistungsverträgen geregelt. Sie sind Bestandteil des Outsourcing-Vertrages und bilden das Leistungsverzeichnis. Änderungen und Ergänzungen der Leistungsverträge sowie deren Definition und Aufhebung müssen schriftlich vereinbart werden. Berechtigt hierzu ist ausschließlich der Lenkungsausschuß. Die Unterzeichnung der Leistungsverträge erfolgt durch die benannten Handlungsbevollmächtigten.

In den Leistungsverträgen sind die einzelnen spezifischen vertragsgegenständlichen Leistungen der Vertragsparteien definiert. Ein Leistungsvertrag muß dem Vertragstyp entsprechen und folgenden Inhalt aufweisen:

Beispiel:

- die Definition der Quantität und Qualität der Leistung
- die Abgrenzung der Verantwortlichkeiten (gegenseitige Rechte und Pflichten)
- die Mitwirkungs- und Beistellungsleistungen des Outsourcers
- die Zeit und den Ort der Leistungserbringung
- die Gegenleistung
- die Neuverhandlungseckpunkte"

5.1.5.1 Einordnung von Outsourcing-Leistungen

Die komplexe Outsourcing-Leistung ist hinsichtlich der vertraglichen Fixierung in Teilleistungen aufzusplitten. Die Aufsplittung hat in erster Linie nicht nach technischen Regeln zu erfolgen, sondern so, daß die rechtliche Zuordnung eines Problems möglich wird.[1] Die vertragsrechtliche Charakterisierung der Teilleistung bestimmt den spezifischen Typ des Leistungsvertrages und damit das Rechtsfolgeprogramm.

1 Vgl. Heussen, B., (b), a.a.O., Nr. 11, Rdnr. 1-2.

Nachfolgend wird eine beispielhafte Charakterisierung von Outsourcing-Leistungen aufgezeigt.

- Übergabe von materiellen und immateriellen Gütern wie z.B.:
  - Hard- und Software
  - Peripherie-Geräte
  - Netzwerk-Technologie
  - Ersatzteile/Lagermaterialien
  - etc.

  - *Vertraglich geregelt ist die Übergabe in:*
    - einem Kaufvertrag für die Veräußerung von z.B. Hard- und/oder Software
    - einem Aufhebungs-, Ab-/Auslösungs-Vertrag oder einer Kündigung für die Beendigung eines Miet- oder Leasing-Verhältnisses

- Überleitung von Mitarbeiterverhältnissen:
  Die Überleitung von Mitarbeitern wird ausschließlich an das Einverständnis der Betroffenen geknüpft (§ 613a BGB). Das Rechtsfolgeprogramm des § 613a BGB ist zu beachten (siehe Kapitel III, Abschnitt 2).

  - *Vertraglich geregelt ist die Überleitung in einem Überleitungsvertrag für Arbeitsverhältnisse*

  Der Interessenausgleich und Sozialplan für den Mitarbeiterübergang oder die Mitarbeiterfreisetzung sind in entsprechenden Vertragswerken zu regeln (siehe Kapitel III, Abschnitt 3.3).

- Anpassungs- und Implementierungsleistungen:
  - für Hardware
  - für Software
  - für Schnittstellen

  Die Abwicklung der Anpassungs- und Implementierungsleistungen erfolgt meistens in einzelnen (Teil- oder Unter-)Projekten. Für die Projektabwicklung sind die Vorgaben aus den spezifischen Pflichtenheften beziehungsweise aus dem Outsourcing-Leistungskatalog zu beachten.

  - *Vertraglich geregelt ist das Projekt in:*
  - Projektvertrag mit werkvertraglichem und/oder dienstvertraglichem Charakter

- Dauerleistung
  Die Dauerleistungen bestehen aus den quantitativ und qualitativ unterschiedlichsten Varianten von Teilleistungen. Die rechtliche Einordnung der einzelnen Teilleistungen erfolgt entsprechend der Einordnung von DV-Leistungen (siehe anschließender Abschnitt 5.1.5.2).

5.1.5.2 Checkliste für vertragsgegenständliche Leistungen

Die folgende Liste der wesentlichsten Outsourcing-Teilleistungen zeigt die Zuordnung von (Teil-)Leistungen zu deren Vertragstypen. Die Orientierung erfolgte an den Vertragsprofilen von Miet-, Werk- und Dienstvertrag (Anmerkungen zu der Einordnung im Anschluß).[1]

Teilleistungen Dauerschuldverhältnis	**Vertragstypen** (Kriterien/Rechtsfolgen siehe Anmerkungen)
Hardware:	
- Nutzung	Mietvertrag
Standard-Basis-/Anwendungs-Software:	
- Nutzung	Mietvertrag
Netz-Leistungen:	
- Service-Leistungen	Werkvertrag
- Nutzung	Mietvertrag
- Mehrwertdienste	Werkvertrag
Wartungs-Leistungen:	
- Hardware	Werkvertrag
- Standard-Software	Werkvertrag

1 In Anlehnung an: Heussen, B. (c), *Rechtliche Problemzonen bei Verträgen über Computersysteme*, in: Kilian, W., und Heussen, B., Computerrechts-Handbuch, Stand 15. Mai 1994, Teil 2, Nr. 23, Rdnr. 1-18.

Teilleistungen Dauerschuldverhältnis	**Vertragstypen** (Kriterien/Rechtsfolgen siehe Anmerkungen)
Standard-Software-Service-Leistungen:	
- Operating	Werkvertrag
- Pflege	Werkvertrag
- Update	Werkvertrag
- Upgrade	Werkvertrag
- Installation/Implementierung	Werkvertrag
- Anpassung	Werkvertrag
- Support	
- allgemeiner Support	Dienstvertrag
- erfolgsgarantierter Support	Werkvertrag
- Hot Line	
- allgemeine Hot Line	Dienstvertrag
- erfolgsgarantierte Hot Line	Werkvertrag
- Beratungsleistungen	
- allgemeine Beratungsleistungen	Dienstvertrag
- erfolgsgarantierte Beratungsleistungen	Werkvertrag
- Schulung/Einweisung	
- allgemeine Schulung/Einweisung	Dienstvertrag
- erfolgsgarantierte Schulung/Einweisung	Werkvertrag
DV-Services:	
- Backup-Service	Werkvertrag
- Endgeräte-Service	Werkvertrag
- Hot Line-Service	
- allgemeine Hot Line	Dienstvertrag
- erfolgsgarantierte Hot Line	Werkvertrag
- Upgrade-Service	Werkvertrag
Ausfall RZ-Service	Werkvertrag
Funktions-/Prozeß-Leistungen:	
- Lohn- und Gehaltsabrechnung	Werkvertrag
- Konstruktionsleistungen	Werkvertrag

Anmerkungen

Mietvertrag: Im Rahmen des Outsourcing liegt ein Mietverhältnis vor, wenn der Dienstleister (Vermieter) eine Sache, z.B. Hardware, DV-Anlage, zum zeitweiligen Gebrauch dem Outsourcer zur Verfügung stellt (§§ 535 ff BGB).[1]

Sonderfall: Nutzung von Standard-Software

Die Nutzung von Standard-Software wird beim Outsourcing als Mietverhältnis eingeordnet. Die Einordnung beruht auf dem spezifischen Outsourcing-Vertragsprofil hinsichtlich der zur Verfügungstellung von Leistungen.[2] Die Kriterien für die mietvertragliche Einordnung sind:[3]

- Es liegt ein Dauerschuldverhältnis vor.
- Es liegt eine genau definierte Nutzungstiefe und Verwendungsbreite vor.
- Die Wartung wird von dem Dienstleister übernommen.
- Die Informations- und Kontrollrechte über die Verwendung liegen beim Dienstleister.
- Der Outsourcer hat keine Erlaubnis für Sublizenzen.

mögliche rechtliche Vorschriften/Rechtsfolgen:

- Der Dienstleister hat die Sache in gebrauchsgeeignetem Zustand zu überlassen und während der Mietzeit zu erhalten (§ 536 BGB).
- Der Outsourcer hat den Mietzins zu entrichten (§ 551 BGB) und die Mietsache vertragsmäßig zu gebrauchen (§§ 548 - 550, 553 BGB). Nach Beendigung der Mietzeit hat der Outsourcer die Mietsache zurückzugeben (§ 556 BGB).

---

1 Vgl. OLG Hamm, Urteil vom 30.11.1988 - 30 U 201/86, in: NJW 1989, S. 2629.

2 Vgl. OLG Köln, Urteil vom 06.06.1984 - VIII ZR 83/83, in: CR 1986, S. 79-80.

3 Vgl. Heussen, B. (c), a.a.O., Nr. 21, Rdnr. 41-47.

- Der Outsourcer hat Anspruch auf Gewährleistung und auf Mängelhaftung (§§ 537 ff. BGB), wenn die Mietsache mit einem Fehler behaftet ist oder später ein Fehler entsteht, der den gewöhnlichen oder vertragsmäßigen Gebrauch erheblich beeinträchtigt. Rechtsmängel und Sachmängel sind gleichgestellt (§ 541 BGB). Der Outsourcer kann in Folge der Mangelhaftung die Mietzinszahlung aussetzen, mindern oder das Mietverhältnis kündigen (§§ 539 - 542 BGB).
- Der Dienstleister kann das Dauerschuldverhältnis beenden, wenn der Outsourcer seiner Pflicht der Mietzinszahlung mit mindestens zwei Monatsraten in Verzug ist.
- Kommt der Outsourcer nach Beendigung des Mietverhältnisses seiner Rückgabeverpflichtung nicht nach (§ 556 BGB), hat der Dienstleister Anspruch auf Entschädigung und Schadensersatz (§ 557 BGB). Die Verjährungsfrist endet nach sechs Monaten nach Rückgabe der Sache (§ 558 BGB).
- Der Vertrag endet nach Ablauf der Mietzeit (§ 564 Abs. 1 BGB) oder wenn kein Termin bestimmt ist, nach ordentlicher Kündigung (§ 565 BGB).

Werkvertrag: Ein werkvertragliches Rechtsverhältnis liegt beim Outsourcing vor, wenn der Dienstleister ein Werk (Hauptpflicht), z.B. Wartung, Pflege, Aufgabenerledigung für eine Funktion, etc. mit Erfolg verspricht, §§ 631 ff. BGB. Neben der Hauptpflicht können Nebenpflichten wie z.B. Aufklärung, Beratung, Obhut, Verwahrung, Sicherung und Fürsorge bestehen. Der Outsourcer ist zur Vergütung und Abnahme des Werkes verpflichtet.

<u>mögliche rechtliche Vorschriften/Rechtsfolgen:</u>
- Die Abnahme des Werkes beinhaltet die Annahme und die Erklärung des Outsourcers, die Hauptsache geleistet zu haben. Die Wirkungen der Abnahme sind u.a.
  - Fälligkeit der Vergütung (§ 641 BGB)
  - Beginn der Verjährungsfrist (§ 638 BGB)

- Die Rechtsmängelhaftung ist nach § 434 ff. BGB anwendbar.
- Die Sachmängelhaftung ist nach § 633 ff. BGB anwendbar.

Dienstvertrag: Der Dienstvertrag ist durch die Leistung von Diensten gegen Entgelt gekennzeichnet. Es wird kein Ergebnis sondern nur die Tätigkeit als solches geschuldet, z.B. allgemeine Beratung. Die gesetzlichen Vorschriften ergeben sich aus §§ 611 ff. BGB.

mögliche rechtliche Vorschriften/Rechtsfolgen:
- Nimmt der Outsourcer die Dienste nicht in Anspruch oder nur teilweise in Anspruch, hat er die gesamten Dienste gleichwohl zu zahlen (§ 615 BGB).
- Der Dienstvertrag begründet ein Dauerschuldverhältnis, welches nach Ablauf der Zeit (§ 620 BGB) oder durch Kündigung endet. Eine außerordentliche Kündigung kann nur aus wichtigem Grund erfolgen (§ 626 BGB).

5.1.5.3 Verknüpfung von Teilleistungen

Die Komplexität der Outsourcing-Leistung hat zur Folge, daß eine Störung einer Teilleistung sich in der Regel nicht auf diese beschränken läßt. Die Möglichkeit einer Begrenzung der Leistungsstörung hängt von den rechtlichen Auswirkungen auf die übrigen Teilleistungen ab. Auf diese Weise werden auch die vertragsgerechten Teilleistungen von Wandelungs-/Rücktritts-/Nachbesserungs- oder Schadensersatzansprüchen betroffen.[1] Grundsätzlich gilt, daß, wenn keine Verbindung der selbständigen Teilleistungen ausdrücklich vereinbart wurde, die Ansprüche auch nicht auf andere Teilleistungen übergreifen.[2] Das heißt, die Pflicht zur Koordinierung von Teilleistungen liegt beim Outsourcer und die Verknüpfungen von Teilleistungen sind im Outsourcing-Vertrag zu verabreden. Entsprechend der vertraglichen Vereinbarung hat der Outsourcer die Teilleistung zu überwachen und zu kontrollieren. Wurde keine Verknüpfung vorgenommen, muß der

---

1 Vgl. Heussen, B. (c), a.a.O., Nr. 24, Rdnr. 1-7.

2 Vgl. BGH, Urteil vom 30.09.1964 - VI ZR 254/67, in: NJW 1970, S. 38.

Outsourcer jede einzelne Teilleistung inspizieren und bei Mängeln einzeln rügen.

Ist eine gestörte Teilleistung objektiv durch keine andere zu ersetzen oder liegt eine ausdrückliche vertragliche Bindung vor, so werden auch alle nicht gestörten Teilleistungen von der Störung erfaßt, die dadurch funktionslos geworden sind. Die Entscheidung inwieweit die Störung wirkt, das heißt, ob der gesamte Outsourcing-Vertrag berührt wird und ein Rückabwicklungsanspruch besteht, hängt sowohl von der technischen Reichweite des Mangels als auch von der Anspruchsgrundlage ab.

5.1.6 Leistungspflichten des Dienstleisters

Unter diesem Punkt werden die im Vertragsgegenstand definierten Leistungspflichten sowie deren Erfüllungswege angesprochen[1] und die Kompetenzen des Dienstleisters festgelegt.[2]

Beispiel:

B (Dienstleister) erbringt für A (Outsourcer) Leistungen auf dem Gebiet der kommerziellen Datenverarbeitung, die in den Leistungsverträgen definiert sind.

Die Auswahlkompetenz für die zur Leistungserbringung benötigte Hard- und Software liegt beim Dienstleister. Er verpflichtet sich, die bedarfsgerechte Anwenderkonfiguration herzustellen. Die Bedarfsanforderungen der Anwendungsgebiete werden in dem spezifischen Leistungsvertrag definiert.

Die Beschaffung von einmaligen beziehungsweise laufenden Nutzungrechten für die Software, übernimmt der Dienstleister und stellt sie dem Outsourcer für die Vertragsdauer zur Verfügung."

5.1.7 Mitwirkungs- und Beistellungspflichten des Outsourcer

Die Mitwirkungs- und Beistellungspflichten des Outsourcers dienen der Darstellung seiner Leistungspflichten. Weiterhin ist darzustellen

---

1 Vgl. Meins, J., a.a.O., S. 67 ff.

2 Vgl. Jobs, F. und Horchler, H., a.a.O., S. 110-111.

wie zu verfahren ist, wenn der Outsourcer die Leistungen nicht rechtzeitig, fehlerhaft oder nicht vollständig erbringt.

Beispiel:

"Der Outsourcer hat auf eigene Kosten und Gefahr Leistungen für das Outsourcing zu erbringen. Sie sind in den spezifischen Leistungsverträgen definiert. Es handelt sich um Informationen, Sachmittel, Rechte etc., insbesondere aber um die Schaffung aller Voraussetzungen für die Abwicklung des Outsourcing. Bei Terminverzögerungen und Mehraufwendungen, die durch unterlassene Mitwirkung und Beistellung des Outsourcers entstehen, kann nach vorheriger schriftlicher Mahnung und angemessener schriftlicher Fristsetzung der Dienstleister für entstandenen Schaden einen Ausgleich verlangen."

5.1.8 Vertragsabwicklung

Für die Vertragsabwicklung ist hier die Zusammenarbeit zwischen den Vertragsparteien darzustellen und die Handlungsbevollmächtigten sind zu benennen. So ist zur Koordination und Sicherstellung der Leistungen ein Lenkungsausschuß einzurichten. Er ist paritätisch mit Mitarbeitern aus der normativen und strategischen Ebene der Geschäftspartnerschaft zu besetzten (siehe Kapitel IV, Abschnitt 5.2).

Beispiel:

"Für die Abwicklung des Outsourcing ist ein Lenkungsausschuß einzurichten. Er ist paritätisch mit vier Mitarbeitern zu besetzen. Mindestens je ein Mitarbeiter der Vertragsparteien hat Handlungsvollmacht. Es sind die Inhaber X der Stellen Y. Die Aufgaben des Lenkungsausschußes sind:

- die Sicherstellung der bedarfsgerechten Leistungserbringung für den Outsourcer.
- die Koordination der Leistungsverträge.
- die Änderung, Ergänzungen, Definition und Aufhebung der Leistungsverträge.
- die längerfristige technische Kapazitätsplanung für die Leistungen.

Der Lenkungsausschuß ist eine kontinuierliche Einrichtung beider Unternehmen."

5.1.9 Vergütung, Rechnungsstellung, Zahlungsbedingungen

Der Rahmenvertrag ist nicht zur Regelung von Vergütungen, Terminen der Rechnungsstellung und der Zahlungsbedingung für Leistungen vorgesehen. Gleichwohl sind die allgemeinen Vereinbarungen über die vorgenannten Punkte festzulegen.

Beispiel:

"Die Vergütung und die Termine der Rechnungsstellung sowie der Zahlungsbedingungen für die von dem ... (Dienstleister) erbrachten Leistungen sind schriftlich in den Leistungsverträgen geregelt. Die Vereinbarungen über die Vergütung der jeweiligen Leistungen beziehungsweise Teilleistungen sind bei Änderungen und Ergänzungen des Leistungsvertrages neu festzusetzen.

Preisanpassungsklauseln sind in den Leistungsverträgen zu vereinbaren.

Bei Zahlungsverzug ist der Dienstleister berechtigt, ab Fälligkeit, Zinsen in Höhe von X % p.a. über dem jeweils gültigen Diskontsatz der Deutschen Bundesbank zu erheben."

5.1.10 Abnahme bei Outsourcing-Leistungen

Eine besondere Bedeutung erhält die Abnahme bzw. Teilabnahme bei Outsourcing-Leistungen, da die Leistungspflichten überwiegend aus kauf-, miet- und/oder werkvertraglich begrenzten Dauerschuldverhältnissen bestehen. Die Abnahme kann durch die Unterschrift auf dem Abnahmeprotokoll, die vorbehaltlose Zahlung des Entgeltes, die Vergabe weiterer Aktivitäten und auch durch schlüssiges Handeln durch Nutzung, die dem Dienstleister zur Kenntnis gelangt, erfolgen.[1] Aus der Rechtsdogmatik des Dauerschuldverhältnisses ergeben sich u.a. aus der Abnahme der Einzelleistung folgende Wirkungen:[2]

- Ab dem Zeitpunkt der Abnahme steht fest, daß die Leistung erbracht worden ist, so daß ab diesem Zeitpunkt z.B. Gewährleistungsvorschriften gelten.

---

1 Vgl. Heussen, B. (a), a.a.O., S. 39.

2 Vgl. wie Anmerkung 1, S. 37-38.

- Die kaufmännischen Rügepflichten (§ 377 HGB) müssen unverzüglich gewahrt werden.
- Die Gefahr des zufälligen Untergangs trotz gleichzeitiger Verpflichtung zur Vergütungszahlung geht über (Sach-/Preisgefahr).
- Zinsen werden auch ohne Mahnung fällig (§ 631 Abs. 2 BGB).
- Die Verjährungsfrist beginnt.
- Vertragsstrafen verfallen, wenn nicht spätestens zu diesem Zeitpunkt ein Vorbehalt ausgesprochen wird.
- Die Beweislast für Mängel kehrt sich auf den Outsourcer um.
- Die Kenntnis von Mängeln bei der Abnahme führt, wenn die Rechte nicht vorbehalten bleiben, zum Verlust des Nachbesserungsrechtes.

Wenn die Abnahme positiv erfolgt ist, so bedeutet dies, daß:[1]

- das Outsourcing-Schuldverhältnis nachträglich nicht als unwirksam zu behandeln ist.
- das Outsourcing-Schuldverhältnis nur in die Zukunft wirkend nach den vertraglich vereinbarten Kündigungsmodalitäten kündbar ist.
- bei einer Leistungsstörung zunächst die vertraglich vereinbarten Regelungsinstrumente greifen. Sind diese z.B. bei Teilleistungsstörungen nicht vorhanden, findet das gesetzliche Rechtsfolgeprogramm Anwendung, das der Leistung zuzuordnen ist (z.B. Werkvertrag). Erst danach greifen die allgemeinen Regeln der §§ 275 f und §§ 320 ff BGB.

Beispiel:

Abnahme von Systemen, Systemleistungen, Endgeräten, Peripheriegeräten, oder Hard- und Software (zusammengefaßt als Leistung):

"Der Dienstleister teilt dem Outsourcer die Abnahmebereitschaft für die Leistung schriftlich mit. Der Outsourcer hat innerhalb von X Arbeitstagen nach Erhalt der Mitteilung der Abnahmebereitschaft die Abnahme im Zusammenwirken mit dem Dienstleister durchzuführen. Unterläßt der Outsourcer die Abnahme innerhalb der Frist, so gilt die Leistung als abgenommen. Die einzelnen Testverfahren und Solldaten

---

1 Vgl. Tilch, H. (b), *Dauerschuldverhältnisse*, in: Deutsches Rechts-Lexikon, 2. Aufl., München 1992, S. 920-922.

zur Leistungsbestimmung sind in den spezifischen Leistungsverträgen festgelegt. Beide Vertragspartner erstellen und unterzeichnen nach Feststellung der Übereinstimmung mit den Solldaten aus dem spezifischen Leistungsvertrag ein Protokoll. Das Protokoll gilt als schriftliche Erklärung der Abnahme.

Festgestellte Fehler sind bei den Abnahmen nachvollziehbar vom Outsourcer zu dokumentieren und vom Dienstleister unverzüglich und unentgeltlich zu beheben.

Werden für Teilleistungen einzelne Abnahmen vereinbart, ist nach Abnahme der letzten Teilleistung eine Gesamtabnahme vorzunehmen."

5.1.11 Gewährleistung

Gewährleistung ist die Verpflichtung, für die Mangelhaftigkeit einer veräußerten oder übertragenen Sache einzustehen. Es wird unterschieden zwischen Rechtsmängeln, wenn der Vertragsgegenstand mit Rechten eines Dritten belastet ist, und Sachmängeln, wenn er mit einem Fehler behaftet ist, der den Wert oder die Tauglichkeit nicht nur unerheblich mindert (Werkvertrag §§ 633 ff BGB; Mietvertrag §§ 537 ff BGB; Kaufvertrag §§ 459 ff BGB). Voraussetzung ist, daß die Sache oder das Werk einen Fehler aufweist oder ihr eine zugesicherte Eigenschaft fehlt. In diesem Fall ist durch Haftungsbeschränkung eine Begrenzung der Schadensersatzpflicht möglich. Die Begrenzung der Haftungsbeschränkung kann individuell vereinbart werden. Es ist aber dabei auf die gesetzlichen Einschränkungen zu achten.[1]

Beispiel:

"Der Dienstleister übernimmt die Gewährleistung für die in den Leistungsverträgen definierten Leistungen. Diese erbringt er fachmännisch und ordnungsgemäß. Treten Fehler auf, wird er diese durch Reparatur oder Austausch auf eigene Kosten beheben. Ist der Dienstleister nicht in der Lage, den Fehler innerhalb einer Frist zu beheben, hat der Outsourcer das Recht, den Fehler auf Kosten des Dienstleisters beseitigen zu lassen. Ausgeschlossen wird die Gewährleistung für Software, die von Dritten bezogen worden ist, wenn vom Dienstleister keine ursächlichen Veränderungen durchgeführt worden sind."

---

1 Vgl. Tilch, H. (b), a.a.O., S. 217-219.

5.1.12 Haftung und höhere Gewalt

Durch Haftungsbeschränkung sind Begrenzungen der Schadensersatzschuld möglich.[1] Die Begrenzung der Haftung kann individuell vereinbart werden,[2] aber nachfolgende Grenzen sind zu berücksichtigen. Die Haftungsbeschränkung darf nicht für grobe Fahrlässigkeit und für Vorsatz (§ 276 Abs. 2 BGB) ausgeschlossen werden. Wirksam ist allerdings ein Haftungsausschluß für vorsätzliches Handeln des Erfüllungsgehilfen (§ 278 S. 2 i.V.m. § 276 Abs. 2 BGB).[3] Das Erzwingen von Haftungsverzichten unter sittenwidrigen Begleitbedingungen (§ 138 BGB) und solchen, die gegen Treu und Glauben (§ 242 BGB) verstoßen, sind nichtig. Darüber hinaus sind kartellwidrige Benachteiligungen auszuschließen (§ 26 Abs. 2 GWB).[4]

Höhere Gewalt, Arbeitskämpfe, behördliche Maßnahmen und sonstige unvorhersehbare und schwerwiegende Ereignisse können die Vertragspartner für die Dauer der Störung und im Umfang ihrer Wirkung von den Leistungspflichten befreien.[5] Bei komplexen Vertragswerken empfiehlt es sich, eine Klausel mit entsprechendem Inhalt aufzunehmen.

Beispielhafte Haftungsbegrenzung sind:[6]

- Der Dienstleister haftet für von ihm zu vertretende Personen- und Sachschäden.
- Für sonstige Schäden haftet der Dienstleister, soweit sie durch ihn oder durch die Kauf-/Werksache unmittelbar verursacht wurden und er sie zu vertreten hat.
- Die Haftungssumme je Schadensfall beträgt bei Personen- und Sachschäden X Mio. DM, bei sonstigen Schäden X Mio. DM.
- Der Dienstleister wird zur Abdeckung dieser Risiken eine Haftpflichtversicherung in dem erforderlichen Umfang abschließen und auf Verlangen dem Outsourcer die Versicherungspolice vorlegen.

1 Vgl. Avenarius, H., *Kleines Rechtswörterbuch*, Freiburg im Breisgau 1987, S. 184.

2 Vgl. Heussen, B. (e), a.a.O., Nr. 41, Rdnr. 219.

3 Vgl. Avenarius, H., a.a.O., S. 141.

4 Vgl. wie Anmerkung 2, Nr. 41, Rdnr. 219.

5 Vgl. Schmid, K., a.a.O., S. 44.

6 Vgl. wie Anmerkung 5, S. 50-51.

- Der Dienstleister haftet nicht für die Wiederbeschaffung von Daten, es sei denn, daß er deren Vernichtung grob fahrlässig oder vorsätzlich verursacht und der Outsourcer sichergestellt hat, daß diese Daten aus Datenmaterial, das in maschinenlesbarer Form bereitgehalten wird, mit vertretbarem Aufwand rekonstruiert werden kann.
- Keiner der Vertragspartner haftet jedoch für die Nichterfüllung seiner vertraglichen Verpflichtungen, wenn ihn höhere Gewalt daran gehindert hat.

Beispiel:

"Der Dienstleister haftet bei grober Fahrlässigkeit, Vorsatz und beim Fehlen einer zugesicherten Eigenschaft im gesetzlichen Umfang für seine gesetzlichen Vertreter und leitenden Angestellten. Die Haftung für alle Leistungsstörungen ist begrenzt auf höchstens DM 750.000. Letzteres gilt nicht für Vorsatztaten.

Der Dienstleister haftet nicht bei einfacher Fahrlässigkeit. Eine Haftung für Folgeschäden wie Gewinnausfall oder ausgebliebene Einsparungen sowie für den Verlust aufgezeichneter Daten ist ausgeschlossen.

Ereignisse höherer Gewalt, Krieg, Aufruhr, Streik, Aussperrung oder ähnliche unabwendbare Umstände, die einer der Vertragsparteien die Erbringung der vertraglichen Leistungen nicht oder nicht fristgerecht ermöglicht, berechtigt diesen, seine Leistungspflicht für die Dauer der Behinderung und einer angemessenen Anlaufzeit zu unterbrechen. Es treten für ihn keine nachteiligen Rechtsfolgen wegen der Unterbrechung ein."

5.1.13 Vergabe von Unteraufträgen

Hier wird festgeschrieben, inwieweit Unteraufträge vergeben werden dürfen und wie die Verantwortung geregelt ist.

Beispiel:

"Der Dienstleister ist berechtigt, zur Erfüllung seiner Leistungen Dritte heranzuziehen, ohne daß dadurch die Verantwortung des Dienstleisters in irgendeiner Weise gemindert wird."

5.1.14 Zugangsrechte zu Räumen und Geräten

Für ein Unternehmen beziehungsweise sensible Bereiche eines Unternehmens sind Zugangskontrollen nötig. Dies gilt beispielsweise für ein Unternehmen, das Kernenergie erzeugt oder einzelne Bereiche eines Unternehmens die für die Verarbeitung von personenbezogenen Daten (siehe Kapitel III, Abschnitt 1 ff), oder spezifische Unternehmensdaten verantwortlich sind. Darüber hinaus sind technische Einrichtungen, wie z.B. DV-Systeme und Peripheriegeräte vor unsachgemäßer Handhabung zu schützen. Andererseits ist der Zugang für den Datenschutz- und Sicherheitsbeauftragten sicherzustellen. In einer Klausel ist festzuschreiben, welche Vertragspartei zu welchem Zweck und an welchem Ort zugangsberechtigt ist.

Beispiel:

"Zur Ausübung Ihrer Tätigkeit, wie z.B. der Wartung der Arbeitsplatzendgeräte, Peripheriegeräte wie Drucker, Plotter etc. verschafft der Outsourcer den Mitarbeitern oder Erfüllungsgehilfen des Dienstleisters Zugang zu den Räumen und Einrichtungen. Die Namen der Personen sind im Vorfeld, X Tage, dem Outsourcer mitzuteilen. Diese Personen haben die, von dem Outsourcer definierten und praktizierten Sicherheits- und Kontrollvorkehrungen, zu beachten.

Der Dienstleister stellt sicher, daß der Sicherheits- und Datenschutzbeauftragte des Outsourcers seine Aufgaben entsprechend ausführen kann."

5.1.15 Anpassung von Technologien

Aussagen über die Anpassung von Technologien sind bei Langzeitverträgen immer notwendig. Einerseits ist festzulegen, welche Leistungen der Dienstleister automatisch erbringt. Andererseits muß dargestellt werden, wie bei vom Outsourcer gewünschten technischen oder organisatorischen Änderungen, von beispielsweise Hard- und Software-Konfigurationen, vorzugehen ist.

Beispiel:

"Der Dienstleister hält bei gleichbleibendem Leistungsumfang die installierte Hard- und Software ohne gesonderte Berechnung auf dem jeweilig neuesten Stand der Technik. Änderungen und Anpassungen von Hard- und Software, die vom Outsourcer gewünscht werden oder auf gesetzlichen Grundlagen beruhen, werden dem Outsourcer nach

Aufwand berechnet. Die Arbeitszeit für Anpassungs- und Änderungstätigkeiten werden nach den Stunden-/Tagessätzen gemäß gültiger Preisliste abgerechnet (siehe Anlage Preisliste für Dienstleistungen).

Die Nutzung von zusätzlichen und neuen Softwarefunktionen beziehungsweise Modulen, Anwendungs-Software, Hardware-Kapazitäten oder Geräten kann jederzeit während der Vertragslaufzeit vom Lenkungsausschuß vereinbart werden.

Der Dienstleister informiert den Outsourcer insbesondere über technologische Fortentwicklungen und Anpassungsmöglichkeiten der eingesetzten Anwendungs-Software. Darüber hinaus unterbreitet er auf Wunsch, soweit es in seinem Rahmen möglich ist, Angebote für Software, Endgeräte etc."

5.1.16 Abwerbung von Mitarbeitern

In dieser Klausel werden die Beschränkungen für die gegenseitige Abwerbung von Mitarbeitern festgelegt. Dienstleister und Outsourcer verpflichten sich zur gegenseitigen Loyalität.

Beispiel:

"Der Dienstleister und der Outsourcer verpflichten sich, nach Vertragsschluß für die Dauer von 24 Monaten, keine Mitarbeiter außerhalb der definierten Mitarbeiterübernahme mittelbar oder unmittelbar abzuwerben."

5.1.17 Datenschutz

Im Rahmen der Datenschutzklausel ist festzulegen, für welche Datenarten und welche gesetzlichen und sonstigen Vorschriften für den Datenschutz gelten. Zu berücksichtigen sind die Vorgaben aus dem BDSG und die Grundsätze für eine ordnungsgemäße Datenverarbeitung (siehe Kapitel III, Abschnitt 1).

Beispiel:

"Der Dienstleister führt die personenbezogene und nicht personenbezogene Datenverarbeitung im Rahmen dieses Vertrages unter Einhaltung der Vorschriften des Bundesdatenschutzgesetzes und den Grundsätzen einer ordnungsgemäßen Datenverarbeitung durch. Bei der Verarbeitung und Nutzung personenbezogener Daten ist der Dienstleister gemäß § 11 BDSG verpflichtet, ausschließlich den Weisungen des Outsourcers zu folgen. Die Weisung bedarf der Schriftform und erfolgt in den spezifischen Leistungsverträgen. Außerhalb von Weisungen darf der Dienstleister die ihm zur Verarbeitung oder Nutzung überlassenen Daten weder für seine eigenen noch für Zwecke Dritter verwenden."

5.1.18 Datensicherung

Hier ist festzulegen, wie und wann die Datensicherheit zu erfolgen hat. Welche spezifischen Fristen für die Datenaufbewahrung einzuhalten und welche Rechtsvorschriften zu beachten sind.

Beispiel:

"Die Datensicherung erfolgt permanent während der Verarbeitung. Treten Fehler bei der aktuellen Verarbeitung auf, ist ein Wiederaufsatz auf die letzte korrekte Transaktion möglich. Alle aktuellen Daten werden täglich gesichert. Es werden drei Generationen aufbewahrt. Zusätzlich wird eine Wochensicherung und eine Monatssicherung erstellt. Die Wochensicherung wird sechs Wochen und die Monatssicherung über 18 Monate aufbewahrt. Alle Sicherungskopien werden in einem unternehmensinternen Tresor und zusätzlich in einem unternehmensexternen Tresor aufbewahrt.

Darüber hinaus gelten die Vorgaben aus dem Bundesdatenschutzgesetz, insbesondere § 9 BDSG nebst Anlage und die Grundsätze für eine ordnungsgemäße Datenverarbeitung."

5.1.19 Kündigung

Eine Kündigung ist eine Willenserklärung eines Vertragspartners, die dazu bestimmt ist, ein Dauerschuldverhältnis zu beenden. Für die Gestaltung der Kündigung des Outsourcing-Vertragsverhältnisses gibt es keine direkten gesetzlichen Vorschriften. Die Vorgaben und Modalitäten sind folglich im Outsourcing-Vertrag festzulegen. Dazu gehört auch, in welcher Form die Kündigung zu erfolgen hat. Für ordentliche Kündigungen sind Sachgründe und Zeitpunkte festzulegen, zu denen gekündigt werden kann. Eine angemessene Kündigungsfrist ist zu fixieren. Weiterhin ist festzulegen, wann eine außerordentliche Kündigung ausgesprochen werden kann.

Beispiel:

"Der Vertrag tritt mit Unterzeichnung der Vertragsparteien in Kraft und ist auf unbestimmte Zeit geschlossen. Er ist mit einer Kündigungszeit von einem Jahr zum 31. Dezember eines jeden Jahres kündbar, aber nur, soweit alle Leistungsverträge erfüllt und fristgerecht gekündigt sind. Erstmalig ist eine ordentliche Kündigung nach Ablauf von fünf Jahren möglich.

Die Kündigung des Vertrages und von einzelnen Leistungsverträgen bedarf der Schriftform.

Der Vertrag oder ein einzelner Leistungsvertrag ist aus wichtigem Grund von jeder Vertragspartei jederzeit mit einer Frist von drei Monaten zum Quartalsende schriftlich kündbar.

Ein wichtiger Grund liegt insbesondere vor, wenn

- der Dienstleister bei Hard- und Softwareänderungen die Interessen des Outsourcers in grobem Maße mißachtet.
- der Dienstleister, aus von ihm zu verantwortenden Gründen, die vereinbarte Leistung auf Dauer unterschreitet.
- der Outsourcer seinen vereinbarten Verpflichtungen auf längere Zeit und trotz Mahnung nicht nachkommt.
- in den Vermögensverhältnissen einer Vertragspartei gegenüber dem Zeitpunkt des Vertragsabschlusses eine wesentliche Vermögensverschlechterung eingetreten ist oder gegen sie ein Antrag auf Eröffnung eines Konkursverfahrens oder ein anderes, der Schuldenregulierung dienendes gerichtliches oder außergerichtliches Verfahren eingeleitet ist oder wird.

Die Vertragspartei, die Anlaß der außerordentlichen Kündigung gibt, ist der anderen Vertragspartei zum Ersatz des entstehenden Schadens verpflichtet.

Einer fristlosen Kündigung hat eine begründete schriftliche Abmahnung mit Kündigungsandrohung vorauszugehen. Ein Grund für eine fristlose Kündigung für den Outsourcer liegt vor, wenn erhebliche Nutzungsstörungen trotz einer Abmahnung vom Dienstleister nicht ausgeräumt werden."

5.1.20 Vertragsbeendigung

Eine Beendigungsklausel in einem Outsourcing-Vertrag aufzunehmen, hat sich in der Praxis als sehr positiv erwiesen. Beide Vertragspartner können folglich vor Beginn eines Vertragsendes einschätzen, welche Aktivitäten sie bei Vertragsende erwartet beziehungsweise von ihnen erwartet werden. In der Beendigungsklausel sollte das Procedere, der Zeitplan und die Verantwortung sowie die Kostenübernahme vorausschauend geregelt werden.

Beispiel:

"Bei Beendigung dieses Vertragsverhältnisses, unabhängig von der Art der dazu führenden Gründe beziehungsweise Kündigung, wird der Dienstleister den Outsourcer bei einer Rückabwicklung und/oder einer Umstellung auf ein anderes Dienstleistungs-Rechenzentrum in zumutbarem Umfang Unterstützung leisten.

Dazu zählen die Übergabe der Datenbestände, das Anbieten der Übernahme von qualifiziertem Personal und die Beschaffung von Rechten an Programmen des Dienstleisters, soweit sie bisher vom Outsourcer genutzt wurden, sowie deren Weiternutzung. Darüber hinaus wird der Dienstleister sich bemühen, dem Outsourcer die Weiternutzung lizensierter Programme Dritten gegen angemessene Lizenzgebühren anzubieten. Die Aufnahme der Verhandlungen über die Rückabwicklung und/oder die Umstellung erfolgt unverzüglich nach Zugang der Kündigung. Die erforderlichen Aufwendungen und Leistungen werden vertraglich vereinbart.

Bei einer Beendigung oder teilweisen Beendigung des Vertrages oder eines Leistungsvertrages werden die Vertragsparteien einvernehmlich den nicht gekündigten Teil den Gegebenheiten anpassen. Für den gekündigten Teil werden die Vertragsparteien sich bemühen eine Ersatzlösung zu finden."

5.1.21 Geheimhaltung, Sicherheit

Eine Vertragsklausel zur Verpflichtung von Vertraulichkeit (Geheimhaltung und Sicherheit) sollte in jedem Outsourcing-Vertrag aufgenommen und den Umständen entsprechend ausgestaltet sein. Es ist nicht auszuschließen, daß Mitarbeiter der einen Vertragspartei bei der anderen Vertragspartei über einen längeren Zeitraum im Hause sind und dadurch unternehmensspezifische Daten einsehen können. Folglich empfiehlt es sich, eine Verpflichtung zu vereinbaren, in der erworbenes und mitgeteiltes technisches und organisatorisches Wissen geschützt wird. Eine solche Verpflichtung darf auch über das Vertragsende hinaus vereinbart werden. Weiterhin besteht die Möglichkeit Ausschließlichkeitsverpflichtungen, die der Eingrenzung einer Nutzung oder Verwendung dienen, zu verabreden. Bei vorgenannten Vereinbarungen sind das Kartellrecht und die Vertragsgrenzen gemäß §§ 138 und 242 BGB zu berücksichtigen.[1]

Beispiel:

"Die Vertragsparteien verpflichten sich, während der Vertragslaufzeit und für die darauffolgenden zehn Jahre, Daten, Dokumente, Informationen, Kenntnisse von Geschäftsgeheimnissen, die ihnen aufgrund der Geschäftspartnerschaft zugänglich gemacht wurden, vertraulich zu behandeln und nach den jeweiligen gültigen Sicherheitsbestimmungen des anderen Vertragspartners geheimzuhalten. Die Sicherheitsbestimmungen werden zu Beginn dieses Vertrages und danach unmittelbar nach Erscheinen der anderen Vertragspartei unverzüglich mitgeteilt. Die Weitergabe von Daten, Dokumenten, Informationen und Kenntnissen von Geschäftsgeheimnissen an Dritte bedarf der vorherigen Zustimmung der anderen Vertragspartei. Die Vertragsparteien verpflichten ihre jeweilig betroffenen Mitarbeiter zur Einhaltung der hier geregelten Geheimhaltungsvereinbarung.

Ausgenommen von den vorstehenden Verpflichtungen sind nicht geschützte Ideen, Konzeptionen, Erfahrungen, sonstige Methoden und Techniken sowie Informationen, die offenkundig sind oder sich aus Anlaß der Vertragserfüllung ergeben."

5.1.22 Schutz- und Nutzungsrechte

Im Bereich der technischen Entwicklung muß immer mit der Verwendung und dem Entstehen von Schutz- und Nutzungsrechten gerechnet werden. Der Vertrag sollte deshalb vorausschauend die Rechtspositionen der Vertragspartner festlegen.[2]

---

1 Vgl. Schroeder, D., *Kartellrecht*, in: Kilian, W. und Heussen, B., Computerrechts-Handbuch, Teil 6, München 1993, Nr. 62, Rdnr. 29; Jobs, F. und Horchler, H., a.a.O., S. 112.

2 Vgl. Meins, J., a.a.O., S. 85.

Beispiel:

"Der Dienstleister setzt die in den Leistungsverträgen aufgeführte Software und Anwendungs-Software ein und überläßt diese dem Outsourcer zur Mitbenutzung im Rahmen dieses Vertrages. Eine weitergehende Nutzung, insbesondere das Erteilen von Unterlizenzen oder das Anfertigen von Kopien, ist ausdrücklich ausgeschlossen.

Die Rechte an allen Software-Produkten, die vom Outsourcer auf den Rechner des Dienstleisters gespeichert wurden oder werden, verbleiben beim Kunden.

Der Dienstleister versichert, daß mit der Inanspruchnahme der vertragsgegenständlichen Leistungen durch den Outsourcer keine Schutzrechte Dritter verletzt werden. Sollte der Outsourcer wegen Verletzung von Patenten, Urheberrechten oder anderen Rechten Dritter in Anspruch genommen werden, so stellt der Dienstleister den Outsourcer von solchen Inanspruchnahmen in vollem Umfang frei.

Der Dienstleister haftet nicht für Änderungen eines Produktes, die nicht von ihm befugt war. Ferner haftet der Dienstleister nicht für eine unvorgesehene Verwendung von Produkten durch den Outsourcer."

5.1.23 Veröffentlichungen

Hier ist darzustellen, inwieweit Veröffentlichungen von den Vertragsparteien vorgenommen werden können.

Beispiel:

Veröffentlichungen aller Art sind vorher von dem jeweilig anderen Vertragspartner zu genehmigen. Ausgenommen sind Offenlegungen, die aufgrund von Rechtsvorschriften, wie Buchhaltungsvorschriften, Datenschutz und Grundsätze für eine ordnungsgemäße Datenverarbeitung, erforderlich sind. Ferner ist dem Dienstleister erlaubt, den Outsourcer in seine Referenzliste aufzunehmen und dort allgemeine Beschreibungen der Geschäftspartnerschaft darzustellen.

5.1.24 Beilegung von Meinungsverschiedenheiten

Für die Abwicklung von Meinungsverschiedenheiten gibt es die Möglichkeiten auf partnerschaftlicher Ebene eine Lösung zu finden und dieses vertraglich zu vereinbaren. Des weiteren gibt es den Weg, im Vorfeld eines Rechtsfolgeprogrammes vor einem staatlichen Gericht, die Schiedsgerichtsbarkeit in Anspruch zu nehmen.[1] Die Schiedsgerichtsbarkeit bietet ein administratives Verfahren an, das auch bei geringem Streitwert und internationalem Bezug akzeptabel angewendet werden kann.[2] Die Vorzüge der Schiedsgerichtsbarkeit sind die vorherige freie Richterwahl und die besondere Sachkunde der Richter, sowie insbesondere eine kürzere Verfahrensdauer und geringere Kosten. In der Praxis wird im Outsourcing-Vertrag in der Regel eine Meinungsverschiedenheitsklausel vereinbart, die vorsieht, daß im Fall von Streitigkeiten eine Lösung auf der Geschäftsführungsebene gesucht wird.

Beispiel:

"Die Vertragsparteien verpflichten sich im Fall einer aus diesem Vertrag entstehenden Streitigkeit, vor Beschreiten des Schiedsweges oder des ordentlichen Rechtsweges, sich auf der Ebene ihrer Geschäftsleitung zu bemühen, eine einvernehmliche Regelung herbeizuführen."

5.1.25 Offene Punkte

Es ist auch möglich, daß bei Vertragsschluß Leistungspflichten noch nicht zu definieren sind, dieses sollte in einem Leistungsvertrag, der den Zeitrahmen und das Procedere für die spätere Fixierung der gegenseitigen Leistungspflichten enthält, beschrieben werden.[3]

Beispiel:

Offene Punkte sind:
- Die Verrechnung von Veränderungen im Hauptspeicher des Rechners vom Dienstleister
- etc.

---

1 Vgl. Weidhaas, J. und Swoboda, M., *Schiedsgerichtsbarkeit und EDV-Verträge*, in: Computer und Recht, 4. Jg., Nr. 2, 1998, S. 104-111; Bartsch, M., *Das Schlichtungsverfahren der DGIR*, in: Computer und Recht, 4. Jg., Nr. 8, 1998, S. 692-695.

2 Vgl. Weidhaas, J. und Swoboda, M., a.a.O., S. 107-108.

3 Vgl. Jaeger, L. (b), *Erstellung eines Pflichtenheftes*, in: Recht der Datenverarbeitung, 10. Jg., Nr. 2, 1994, S. 91-92.

5.1.26 Salvatorische Klausel

In der salvatorischen Klausel wird das Procedere festgehalten, wenn Bestimmungen des Vertrages rechtsunwirksam oder nicht durchführbar sind. (Sie wird in der Praxis aber nur bei sehr umfangreichen Verträgen verwendet.)

Beispiel:

"Sollten einzelne Bestimmungen dieses Vertrages oder der Leistungsverträge ganz oder teilweise unwirksam, rechtsungültig oder nicht durchführbar sein oder werden, so wird hierdurch die Gültigkeit der übrigen Bestimmungen des Vertrages nicht berührt. Das gleiche gilt für den Fall, daß der Vertrag eine Regelungslücke enthält.

Die Vertragsparteien verpflichten sich, in einem solchen Fall die unwirksamen oder undurchführbaren Bestimmungen durch wirksame oder durchführbare zu ersetzen, die dem bei Vereinbarung der jeweiligen Bestimmung vorhandenen Willen der Vertragsparteien am nächsten kommen."

5.1.27 Schlußbestimmungen

In der Schußbestimmung eines Vertrages ist es üblich, die Verabredungen einzubauen, die in jedem Vertrag standardmäßig enthalten sein sollten. Beim Outsourcing-Vertrag erhalten auch diese Verabredungen eine außerordentliche Bedeutung, da sie für eine relativ lange Dauer von Gültigkeit sind. Es sollte beispielsweise ausführlich dargelegt werden, wie bei einer Teilnichtigkeit einer einzelnen Vertragsbestimmung zu verfahren ist (§ 139 BGB ist nicht immer hilfreich), in welcher Form Änderungen und Ergänzungen zu verabreden sind, wo der Gerichtsstand ist und welchem Recht der Vertrag unterliegt.[1]

Beispiel:

"Sollte ein Teil des Vertrages oder eines Leistungsvertrages unwirksam sein, so bleibt die Wirksamkeit des übrigen Vertragswerkes unberührt. Anstelle der unwirksamen Regelungen werden durch die Vertragsparteien wirksame vereinbart, die den unwirksamen Regelungen wirtschaftlich am nächsten kommen. Änderungen und Ergänzungen bedürfen der Schriftform. Dieser Vertrag unterliegt dem Recht

---

1 Vgl. Jobs, F. und Horchler, H., a.a.O., S. 112.

der Bundesrepublik Deutschland. Der ausschließliche Gerichtsstand für alle Streitigkeiten aus diesem Vertrag ist X-Stadt."

5.2 Anlagen

Anlagen erhalten bei umfangreicheren Vertragswerken wie beim Outsourcing-Vertrag eine besondere Bedeutung. Sie dienen der weiteren detaillierten Darstellung und Ergänzung von einzelnen Vertragspunkten. Auf eine Anlage ist daher in den entsprechenden Vertragspunkten eindeutig zu verweisen. Die Anlagen sind als Anlage zu kennzeichnen und gegebenenfalls zu numerieren. Zu Beginn der Anlage ist auf den zugehörigen Vertrag hinzuweisen. In der Überschrift ist der Inhalt kurz und eindeutig darzustellen. Die Ausführungen in der Anlage zum entsprechenden Sachverhalt sind sehr präzise und meist mit technischen oder organisatorischen Daten versehen.

Anlagen zu Outsourcing-Verträgen enthalten:

- spezifische erläuternde Beschreibungen zu einzelnen Vertragspunkten
- technische Beschreibungen
- detaillierte Ausführungen für Handlungen
- Preislisten

Bei Outsourcing-Verträgen werden beispielsweise folgende Anlagen definiert:

5.2.1 Übersicht der verwandten Technologie

In der Übersicht ist beispielsweise die eingesetzte Hard- und Software mit ihren technischen Daten aufzuführen.

5.2.2 Grundsätze der Datensicherung

Die Grundsätze der Datensicherung enthalten Informationen über die Datenaufbewahrungszeit für Wiederholungsläufe, Regelungen hinsichtlich der Benutzeridentifikationen, Zutrittsberechtigungen für das Rechenzentrum und Bestimmungen für den Transport von Datenträgern sowie für die Datenfernübertragung.

5.2.3 Katastrophenvorsorgeplanung des Dienstleisters

Hier ist die Katastrophenversorgung des Dienstleisters und das Handlungskonzept für den Katastrophenfall im Rahmen des Outsourcing darzustellen. Darüber hinaus ist auch zu beschreiben, wie ein Komponentenausfall im Rechenzentrum und ein totaler Ausfall des Rechenzentrums abgesichert sind.

5.2.4 Preisliste für Dienstleistungen

In der Preisliste für Dienstleistungen sind die Preise für Leistungen festzulegen, die nicht in den Leistungsverträgen vereinbart werden. Dieses sind Preise für Leistungen, die nicht direkt zur Dauerleistung zählen, jedoch im Einzelfall in Anspruch genommen werden. Es handelt sich bei diesen Entgelten in der Regel um Arbeitstag- beziehungsweise Stundensätze für Leistungen wie Unternehmens-, Organisationsberatung, Projektleitung, Softwareentwurf, Softwareberatungsleistungen etc. sowie darüber hinaus um Kilometergeld, Tagesspesen etc.

Wird eine Anlage durch Zeitablauf, wie bei Preislisten oder durch eine Sachverhaltsänderung der Übersicht der verwandten Technologie ungültig, ist sie ohne Veränderung des Vertrages durch eine aktuelle Anlage zu ersetzen.

5.3 Leistungsverträge

In den Leistungsverträgen sind die einzelnen vertragsgegenständlichen Leistungen des Rahmenvertrages zu regeln. Er hat für die miet-, dienst-, oder werksvertraglichen Leistungen, die spezifischen vertragsrechtlichen Bestimmungen (siehe Abschnitt 5.1.5.1 und 5.1.5.2) und die im Rahmenvertrag unter dem Punkt *Vertragsgegenstand* definierten Inhalte zu enthalten (siehe Abschnitt 5.1.5). Es sind folglich alle Leistungsmerkmale, Leistungsdaten und spezielle Leistungspflichten zu vereinbaren. Rechtlich ist der Leistungsvertrag von wesentlicher Bedeutung, da er den entscheidenden Maßstab zur Beurteilung der Frage vorgibt, ob eine Leistung vereinbarungsgemäß erbracht worden ist. Zur übersichtlichen Darstellung bei umfangreicheren Leistungsbeschreibungen ist es empfehlenswert, die verbale Leistungsbeschreibung in Form einer Tabelle oder Grafik zusammenzufassen.

Ein Leistungsvertrag ist seiner Form entsprechend zu kennzeichnen. Des weiteren ist zu Beginn auf den Rahmenvertrag zu verweisen und die Vertragsparteien sind mit vollständiger Anschrift anzugeben. Ein Inhaltsverzeichnis ist zur übersichtlichen Darstellung für die inhaltlichen Punkte anzulegen. Bei mehreren Leistungsverträgen ist eine

Numerierung empfehlenswert. Im folgenden sind Beispiele für Leistungsverträge im Rahmen des Outsourcing-Vertrages aufgeführt.

5.3.1 Leistungsvertrag: Übergabe eines gebrauchten Rechners

Es folgt ein Beispiel zur Gestaltung eines Leistungsvertrages für die Übergabe eines gebrauchten Rechners in Form eines Kaufvertrages.

5.3.1.1 Rubrum

Kaufvertrag über einen gebrauchten Rechner Typ XYZ

Leistungsvertrag Nr. 1
- des Outsourcing-Vertrages
zur Inanspruchnahme von Dienstleistungen der Datenverarbeitung -

"Zwischen der ...
(Name, Anschrift - Outsourcer)

und der ...
Name, Anschrift - Dienstleister)

wird hinsichtlich des Outsourcing die Übergabe eines gebrauchten Rechners folgendes vereinbart:

Inhalt

- Übergabe eines gebrauchten Rechners
- Vergütung, Zahlungsbedingungen
- Organisation und Abholung
- Abnahme
- Gewährleistung

5.3.1.2 Übergabe eines gebrauchten Rechners

Der Leistungsvertrag spezifiziert die vertraglich geregelte Übergabe des gebrauchten Rechners Typ ..., einschließlich Handbücher, durch den Outsourcer an den Dienstleister.

Der Rechner:

Geräte, Elemente, Zusatzeinrichtungen			Eigenschaften/		Preis
Lfd. Nr.	An-zahl	Typ/ Modell	Leistungsmerkmale	Baujahr	in DM
1	1	CPU: ABC DE 1000-100 512 MB HS / 512 MB DE	Prozessorleistung: ca. 200 MIPS	1992	
2	1	Plattenspeicher: ABC 1190-Modell 1	Speicherkapazität: gesamt 500 GB	1992	
3	1	Kassetten-Roboter: ABC-Roboter	Kapazität: 16 Laufwerke 18.000 Kassetten	1992	
4	...	...			
				Summe:	

Daneben enthält der Vertrag die definierten Bedingungen der Vertragsparteien, soweit sie nicht im Rahmenvertrag bereits geregelt sind.

5.3.1.3 Vergütung, Zahlungsbedingungen

Der Preis für den Rechner beträgt ... DM und gilt ab Haus/Werk des Outsourcers. Die Zahlung des Preises erfolgt Zug um Zug gegen Übergabe des Rechners. Der Preis wird dem Outsourcer auf die Zahlungen für die vereinbarte Dauerleistung angerechnet.

5.3.1.4 Organisation und Abholung

Der Dienstleister holt den Rechner frei Haus beim Outsourcer ab. Die genauen Abholdaten werden vom Projektleiter des Outsourcing-Projektes bekanntgegeben. Der Outsourcer ist verpflichtet, den Rechner termingerecht abholbereit bereitzustellen. Die Transportverpackung und -versicherung übernimmt der Dienstleister. Die Gefahr geht mit Abholung auf den Dienstleister über.

5.3.1.5 Abnahme

Der Rechner gilt mit der Abholung durch den Dienstleister oder dessen Beauftragten als übernommen und ordnungsgemäß geliefert.

Bleibt der Dienstleister mit der Abnahme des Rechners länger als 7 Tage ab dem Tag der Bereitstellung im Rückstand, so kann der Outsourcer dem Dienstleister schriftlich eine Nachfrist von 5 Tagen mit der Erklärung setzen, daß er nach Ablauf dieser Frist die Abnahme des Rechners durch den Käufer ablehnt. Nach erfolglosem Ablauf der Nachfrist ist der Outsourcer berechtigt, durch schriftliche Erklärung vom Vertrag zurückzutreten oder Schadensersatz wegen Nichterfüllung zu verlangen.

5.3.1.6 Gewährleistung

Der Outsourcer versichert, daß der Rechner die Eigenschaften/Leistungsmerkmale besitzt und nicht mit Mängeln behaftet ist, die den Wert oder die Tauglichkeit aufheben oder mindern.

Der Outsourcer haftet dem Dienstleister nach den Vorschriften der gesetzlichen Gewährleistung für alle Schäden und Ansprüche aus verschwiegenen Mängeln, unrichtigen Angaben oder wegen Fehlens zugesicherter Eigenschaften. Der Outsourcer hat den Käufer von allen Ansprüchen freizustellen, die Dritte aus Rechten an dem Rechner geltend machen.

5.3.2 Leistungsvertrag: Überleitung der Arbeitsverhältnisse

Es folgt ein Beispiel zur Gestaltung eines Leistungsvertrages für die Überleitung von Arbeitsverhältnissen.

5.3.2.1 Rubrum

Überleitungsvertrag für Arbeitsverhältnisse

Leistungsvertrag Nr. 2
- des Outsourcing-Vertrages
zur Inanspruchnahme von Dienstleistungen der Datenverarbeitung -

"Zwischen der ...
(Name, Anschrift - Outsourcer)

und der ...
Name, Anschrift - Dienstleister)

wird hinsichtlich des Outsourcing der Überleistung der Arbeitsverhältnisse folgendes vereinbart:

Inhalt

- Übergang von Arbeitsverhältnissen
- Besitzstand der Arbeitnehmer
- Betriebliche Altersversorgung
- Verpflichtungen des Dienstleisters
- Verpflichtungen des Outsourcers
- Haftung
- Personaldaten, Personalakten

5.3.2.2 Übergang von Arbeitsverhältnissen

Die Vertragsparteien sind sich einig, daß die im folgenden genannten X Arbeitsverhältnisse vom Outsourcer auf den Dienstleister per ... übergehen, es sei denn, daß die Arbeitnehmer widersprechen. Die einzelnen personellen und funktionalen Daten sind in der Anlage Nr. ... zu diesem Vertrag aufgeführt. Der Outsourcer versichert, daß die Arbeitsverträge der im folgenden genannten Mitarbeiter am Übergabestichtag ungekündigt bestehen und daß seit dem ... keine Handlungen mehr hinsichtlich einer Änderung der Arbeitsverträge vorgenommen worden sind.

Es sind die Arbeitsverhältnisse:

Name	Vorname	...
...		

Alle wesentlichen personellen und funktionalen Daten siehe Anlage Nr. ... zu diesem Vertrag.

5.3.2.3 Besitzstand der Arbeitnehmer

Der Dienstleister tritt gemäß § 613a BGB in die Rechte und Pflichten aus den übergegangenen Arbeitsverhältnissen ein. Diese Rechte und Pflichten ergeben sich aus den bestehenden einzelnen Arbeitsverträgen, aus dem geltenden Tarifvertrag ... und den, dem Dienstleister vorliegenden, in der Anlage Nr. ... zu diesem Vertrag aufgeführten und beim Outsourcer geltenden, Betriebsvereinbarungen.

5.3.2.4 Betriebliche Altersversorgung

Die Vertragsparteien sind sich darüber einig, daß der Dienstleister in die Versorgungsanwartschaften der übergehenden Arbeitnehmer eintritt. Der Outsourcer leistet dem Dienstleister eine Ausgleichszahlung in Höhe von DM ... für die übernommenen Anwartschaften.

5.3.2.5 Verpflichtungen des Dienstleisters

Der Dienstleister wird vor dem Zeitpunkt des Überganges, den betroffenen Mitarbeitern sein Unternehmenskonzept, ihre Aufgaben, Planung und Ziele erklären.

Die übergehenden Mitarbeiter werden rechtzeitig und umfassend über ihre neuen Arbeitsplätze informiert und erhalten eine ausreichende Einarbeitungszeit.

Der Dienstleister übernimmt die Verpflichtung zur Gewährung des Urlaubes in dem Umfang, wie er sich aus den individuellen Urlaubsansprüchen der wechselnden Mitarbeiter zum Übergabestichtag ergibt.

5.3.2.6 Verpflichtungen des Outsourcer

Der Outsourcer ist verpflichtet, die Urlaubs-, Freizeit- und Gleitzeitansprüche der zum Dienstleister überwechselnden Mitarbeiter zum ... auszugleichen.

Der Outsourcer verpflichtet sich für die überwechselnden Mitarbeiter, die Abwicklung der Personalaufgaben, wie z.B. der Lohn- und Gehaltsabrechnung, Zahlung der Sozialabgaben etc., bis zum Übergabestichtag ordnungsgemäß durchzuführen.

5.3.2.7 Haftung

Der Outsourcer haftet für sämtliche Ansprüche aus den Dienstverhältnissen der übergegangenen Mitarbeiter, die vor dem Übergabestichtag entstanden sind und stellt den Dienstleister insoweit von sämtlichen Ansprüchen frei. Entsprechendes gilt auch für etwaige Ansprüche aus dem § 613a Abs. 2 BGB.

5.3.2.8 Personaldaten, Personalakten

Der Outsourcer garantiert, daß bei der Erfassung und Bearbeitung von Personaldaten der übergehenden Mitarbeiter die gesetzlichen Vorschriften und insbesondere die Vorschriften des Bundesdatenschutzgesetzes strikt eingehalten werden.

Die Personalakten der übergehenden Mitarbeiter werden zum Übernahmestichtag vom Outsourcer an den Dienstleister übergeben.

5.3.3 Leistungsvertrag: Implementierung des Outsourcing

Es folgt ein Beispiel zur Gestaltung eines Leistungsvertrages für die Implementierung des Outsourcing in Form eines Projektvertrages.

5.3.3.1 Rubrum

Projektvertrag über die Implementierung des Outsourcing

Leistungsvertrag Nr. 3
- des Outsourcing-Vertrages
zur Inanspruchnahme von Dienstleistungen der Datenverarbeitung -

"Zwischen der ...
(Name, Anschrift - Outsourcer)

und der ...
Name, Anschrift - Dienstleister)

wird hinsichtlich der Implementierung des Outsourcing folgendes vereinbart:

Inhalt

- Implementierung des Outsourcing
- Abwicklung des Projektes
- Verantwortung
- Organigramm der Projektorganisation

5.3.3.2 Implementierung des Outsourcing

Die Vertragsparteien verpflichten sich, eine Projektorganisation für den Zeitraum der Realisierung der Implementierung einzurichten.

Die Vertragsparteien definieren gemeinsam eine Projektorganisation (siehe Organigramm) auf der Management- und Mitarbeiterebene für die Zusammenarbeit. Sie stellen Mitarbeiter für die einzelnen (Teil-) Projekte zur Verfügung. Darüber hinaus verpflichten sich die Vertragsparteien zur:

- klaren Projektorganisation
- eindeutigen Regelung von Verantwortung und Kompetenzen
- exakten Zuordnung von Aufgaben
- kooperativen Zusammenarbeit

Die Vertragsparteien benennen zu Beginn des Projektes jeweils einen Projektleiter und einen Stellvertreter. Die Projektleiter tragen die Verantwortung für das Vorgehen und treffen die Entscheidungen im Rahmen des Projektes. Der Gesamtprojektleiter wird vom Dienstleister bestimmt. Er übernimmt die gesamte Koordination der Projektorganisation und trifft für alle, sich aus der Vertragserfüllung ergebenden Fragen, die Entscheidungen, im Zusammenwirken mit den Projektleitern.

Der Projektlenkungsausschuß besteht aus mindestens einem Vertreter der Geschäfts-, Betriebs- oder Bereichsleitung der Vertragsparteien und dem Gesamtprojektleiter. Er tagt einmal im Monat. Seine Aufgabe besteht im Austausch von Informationen und Statusberichten über laufende und geplante Aktivitäten sowie dem Problemmanagement.

Das Projektmanagement besteht aus dem Gesamtprojektleiter, der jeweiligen Projektleitung der Vertragsparteien und den Leitern der Projektteams. Er tritt vierzehntägig zusammen. Seine Aufgabenstellungen sind die Steuerung des Gesamtprojektes, Berichte und Erarbeitung von Entscheidungsvorlagen für den Projektlenkungsausschuß.

Die Projektteams sind entsprechend dem Übergabe-/Überleitungsobjekten zu bilden und mit Mitarbeitern der einzelnen Organisationseinheiten der Vertragsparteien zu besetzen. Die Teamleitung rekrutiert sich aus dem jeweiligen Team.

5.3.3.3 Abwicklung des Projektes

Zum Beginn des Projektes ist die Projektorganisation aufzubauen. Die Projektmitarbeiter wie der Gesamtprojektleiter, die Projektleiter und die Mitarbeiter der einzelnen Projektteams werden benannt und die jeweiligen Funktionen und Aufgaben übertragen.

Die einzelnen Projektgruppen erarbeiten nach den individuellen Anforderungen des Outsourcers die Vorgaben zur Übergabe der Hard- und Software und legen sie in einem detaillierten Übergabekatalog fest. Für Softwareanpassungen sind Pflichtenhefte zu erstellen.

Der Übergabekatalog und die Pflichtenhefte sind von beiden Vertragspartnern (Projektleitern) zu unterzeichnen. Spätere Änderungen bedürfen der Schriftform mit Begründung und entsprechender Unterzeichnung.

Die erforderlichen Anpassungen der Software und insbesondere der Standard-Anwendungssoftware übernimmt der Dienstleister. Sie erfolgen auf der Grundlage des von beiden Vertragspartnern gebilligten Pflichtenheftes.

Die Implementierung der Anwendungssoftware in die Organisation des Outsourcers und die Realisierung der Datenorganisation und der Leitungsverbindungen erfolgt in enger Zusammenarbeit und nach Absprache der Vertragsparteien.

Der Dienstleister weist die Mitarbeiter des Outsourcers in die Anwendungssoftware ein und schult sie in der Handhabung der Funktionen und Anwendungen. Der Aufwand für die Einweisung und Schulung beläuft sich auf ... Tage je Programm.

Der Outsourcer unterzieht die Leistung (Rechnerleistung, DV-System-Leistung ...) über einen Zeitraum von 4 Wochen einer Testphase (Funktionsprüfung). Nach erfolgreichem Abschluß der Testphase werden die einzelnen Anwendungssysteme stufenweise in die Produktion übergeben.

Nach erfolgreicher Testphase und abgeschlossener Übergabe in die Produktion, gilt die Leistung (Rechnerleistung, DV-System-Leistung ...) als abgenommen. Das Übergabeprotokoll stellt die Abnahmebestätigung dar. Es ist von beiden Vertragsparteien zu unterzeichnen.

5.3.3.4 Verantwortung

Der Dienstleister übernimmt die Verantwortung für die Abwicklung des Übergabeprozesses.

Der Dienstleister benennt einen Betreuer für den Outsourcer auf der Managementebene. Der Betreuer ist mit umfangreicher Kompetenz ausgestattet, so daß er während der Übergabephase bei Problemen als Ansprechpartner dient.

5.3.3.5 Organigramm der Projektorganisation

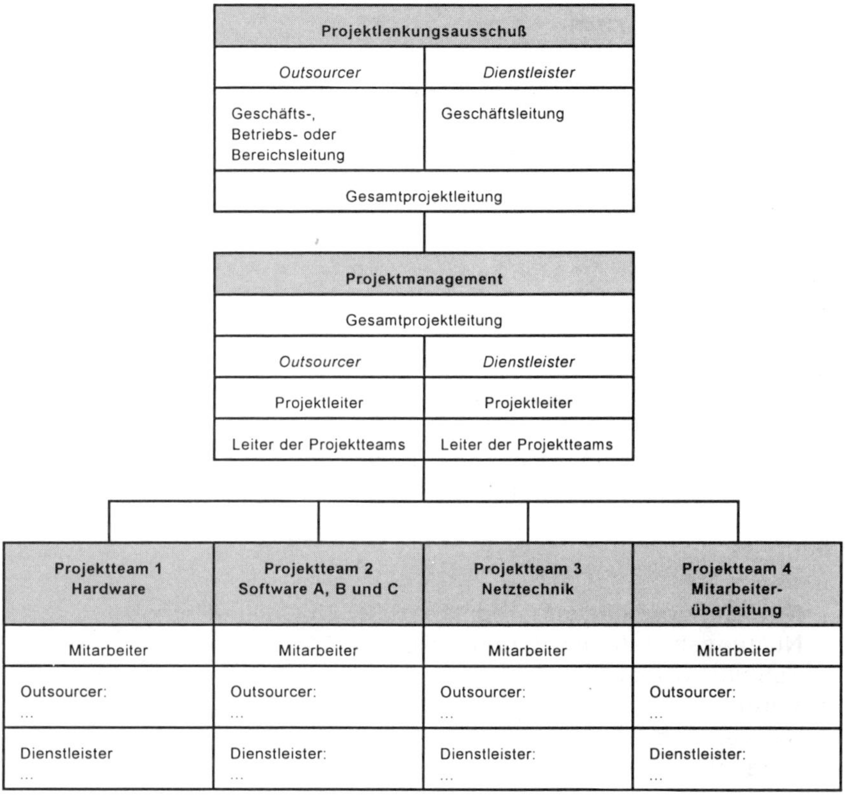

5.3.4 Leistungsvertrag: Nutzung des Softwareproduktes ABC im Online-Betrieb

Es folgt ein Beispiel zur Gestaltung eines Leistungsvertrages für die Nutzung einer Standard Anwendungs-Software im Online-Betrieb.

5.3.4.1 Rubrum

Nutzung des Softwareproduktes ABC im Online-Betrieb

Leistungsvertrag Nr. 4
- des Outsourcing-Vertrags
zur Inanspruchnahme von Dienstleistungen der Datenverarbeitung -

"Zwischen der ...
(Name, Anschrift - Outsourcer)

und der ...
Name, Anschrift - Dienstleister)

wird hinsichtlich der Nutzung des Softwareproduktes ABC im Online-Betrieb folgendes vereinbart:

Inhalt

- Nutzung des Softwareproduktes ABC im Online-Betrieb
- Nutzungszeiten und Verfügbarkeit
- Zusammenarbeit
- Vergütung
- Neuverhandlung
- Datenschutz

5.3.4.2 Nutzung der Software ABC im Online-Betrieb

Der Leistungsvertrag spezifiziert die Nutzung der Software ABC im Online-Betrieb für die Lohn- und Gehaltsabrechnung des Outsourcers. Der Dienstleister stellt zur Nutzung der Software ABC die Rechnerleistung bereit. Beide Leistungskomponenten stellen die Nutzungsleistung dar und sind im Sinne dieses Vertrages keine einzeln zu betrachtenden Teilleistungen.

Komponentenbeschreibung:

Software ABC				
Lfd. Nr.	An-zahl	Komponenten	Einzelkomponenten	Release
1	1	Lohn- und Gehalt	- Personalstammdaten - Sozialversicherung - Bankabwicklung - ...	199401 199402 199403
2	...	...		

Rechnerleistung				
Rechnerausstattung, Zusatzeinrichtungen			Leistungsmerkmale/ Eigenschaften	Baujahr
Lfd. Nr.	An-zahl	Typ/ Modell		
1	1	CPU: ABC DE 1000-100 512 MB HS / 512 MB DE	Prozessorleistung: ca. 200 MIPS	1992
2	1	Plattenspeicher: ABC 1190-Modell 1	Speicherkapazität: gesamt 500 GB	1992
3	1	Kassetten-Roboter: ABC-Roboter	Kapazität: 16 Laufwerke 18.000 Kassetten	1992
4	...	...		

Der Outsourcer hat das Recht auf die Rechnerleistung von XYZ MIPS und die Bereitstellung der erforderlichen Speicherplatz-Ressourcen von XYZ GB für die Nutzung der Software ABC an bis zu 40 Arbeitsplatz-Terminals.

Die Wartung der Software ABC wird automatisch vom Dienstleister durchgeführt und ist kostenfrei.

Ein aus technischen Gründen oder aufgrund gesetzlicher Änderungen erforderlicher Releasewechsel der Software wird in Absprache mit dem Outsourcer durchgeführt.

Für die Support-Leistung der Software ABC ist die XYZ-Stelle des Dienstleisters zuständig. Sie gibt Auskunft zu Benutzerfragen und -problemen. Für umfangreichere Probleme, die nicht direkt vom Support gelöst werden können, werden andere Funktionsbereiche vom Dienstleister eingeschaltet und beauftragt. Der Support ist während der vereinbarten Nutzungszeit unter der Telefonnummer ... zu erreichen.

5.3.4.3 Nutzungszeiten und Verfügbarkeit

Die Nutzungszeit der Software ABC liegt von Montag bis Freitag zwischen 7.00 und 18.00 Uhr und davon abweichend nach vorheriger Vereinbarung. Sonderzeiten sind spätestens drei Tage vorher zu vereinbaren. Am 24. und 31. Dezember endet die Nutzungszeit um 11.00 Uhr.

Die garantierte Verfügbarkeit der Software liegt bei XY,Z % im Monatsdurchschnitt. Gemessen wird vor dem beim Dienstleister installierten Modem.

Ergibt sich eine geringere als die garantierte Verfügbarkeit, ermäßigt sich je mindererbrachtem Prozentpunkt das zu zahlende Nutzungsentgelt um DM XYZ.

Als Ausfallzeiten gelten alle Zeiten, die das System länger als 8 Minuten nicht zur Verfügung steht und die vom Dienstleister zu vertreten sind. Der Outsourcer hat die Ausfallzeiten kontinuierlich aufzuzeichnen und bei Inanspruchnahme vorzulegen. Die Zeitaufwendungen für Wartung und Releasewechsel zählen nicht als Ausfallzeiten.

Wartungsarbeiten sind vom Dienstleister in betriebsarmen Zeiten durchzuführen und spätestens X Tage vorher anzukündigen.

5.3.4.4 Zusammenarbeit

Bei nicht gegebener Verfügbarkeit der Software verpflichten sich die Vertragspartner im jeweiligen Verantwortungsbereich unverzüglich eine Fehleranalyse und Fehlerbeseitigung durchzuführen sowie unmittelbar das Problem in enger Kooperation zu lösen.

5.3.4.5 Vergütung

Für den Online-Betrieb der Software ABC für 40 Terminals ist monatlich ein Nutzungsentgelt von DM XYZ zu zahlen.

Die Support-Leistung ist für 6 Stunden pro Monat in der vereinbarten Nutzungspauschale enthalten. Darüber hinaus gehende Support-Leistungen werden mit einem Stundensatz in Rechnung gestellt, der aus der gültigen Preisliste für Dienstleistungen in der Anlage zu entnehmen ist.

Die anfallende Arbeitszeit für einen Releasewechsel wird entsprechend des Aufwandes dem Dienstleister in Rechnung gestellt. Die Stunden-/Tagesätze sind der gültigen Preisliste für Dienstleistungen in der Anlage zu entnehmen.

5.3.4.6 Neuverhandlung

Der Outsourcer ist berechtigt, zu jedem Quartalsbeginn Veränderungen in Art und Umfang der Leistung zu verlangen. Hierzu tritt bei Bedarf, mindestens jedoch einmal pro Kalenderjahr, der Lenkungsausschuß zusammen und verhandelt mit dem Ziel, eine den Wünschen des Outsourcers gemäße Veränderung des Leistungsvertrages herbeizuführen und die sich daraus ergebenden Auswirkungen auf die Vergütung zu regeln.

5.3.4.7 Datenschutz

Der Dienstleister verpflichtet sich, alle Ressourcen über das System Resource Access Control Facility (RACF) zu sichern, die Berechtigungen für den Zugriff auf die Ressourcen werden ausschließlich von Mitarbeitern des Outsourcers vergeben und verwaltet.

VI Schlußbetrachtung

1. Ergebnisse

Die Arbeit ging der Frage nach, ob Outsourcing ein Konzept zur Optimierung von Unternehmensfunktionen und -prozessen ist. Dabei wurden die wesentlichen Aspekte aufgezeigt, die bei einer Umsetzung eines Outsourcing-Vorhabens zu berücksichtigen sind. Folgende Erkenntnisse können festgehalten werden:

Die Form und das Potential des Outsourcing ist von der Eigenart jedes Unternehmens abhängig. Tendenziell ist festzustellen, daß mittelgroße Unternehmen in der Rechtsform der GmbH die Dienstleistungs-Partnerschaft bevorzugen. Sie beziehen sowohl das DV- wie auch das Funktions-Potential in gleichem Maße fremd. Die Großunternehmen in der Rechtsform der AG bevorzugen eine Inhouse-Partnerschaft, in der sie primär DV-Outsourcing betreiben. Je größer ein Unternehmen ist, desto eher betreibt es Outsourcing. Das primäre Outsourcing-Potential ist die DV. Darüber hinaus werden in jüngster Zeit vermehrt Standard-Dienstleistungen auch aus anderen Funktionsbereichen eines Unternehmens fremdbezogen.[1]

Durch den Fremdbezug von Standard-Dienstleistungen wie z.B. DV-Leistungen, Lohn- und Gehaltsabrechnung, Konstruktionsleistungen, Kosten-/Finanz-Management, Logistik-Management etc., die zuvor selbst erbracht wurden, besteht die Möglichkeit, die Wirtschaftlichkeit von Funktionen und Prozessen zu erhöhen. Der Nutzen entsteht durch Größenersparnisse und die Nutzung externen Know-hows. Vor allem im Bereich der DV besteht die Chance, neben der langfristigen Kostenoptimierung eine hohe Funktionssicherheit, eine hohe Flexibilität hinsichtlich des Leistungsbezuges, eine kontinuierliche Teilnahme an Innovationen und eine schnellere Umsetzung von Projekten herbeizuführen.

Der Fremdbezug von Leistungen ist gekennzeichnet durch ein Dauerschuldverhältnis. Zu Beginn der Dauerleistung findet eine Übergabe

---

1 Vgl. Becker, L., *Wege zur virtuellen Marketingorganisation*, in: Gablers Magazin, o. Jg., Nr. 8, 1994, S. 20-22.

beziehungsweise ein Abbau von materiellen und/oder immateriellen Gütern statt. Darüber hinaus wechseln bei circa 50 Prozent der Outsourcing-Vorhaben Arbeitsverhältnisse zum Dienstleister.

Die eingegangene Geschäftspartnerschaft ist gekennzeichnet durch eine flexible Gestaltung des Leistungsumfanges, einem ständigen Austausch von Informationen und einer grundsätzlichen Kompromißbereitschaft.

Der Outsourcing-Vertrag ist ein neuer moderner Vertragstyp in Form eines Rahmenvertrages mit speziellen Leistungsverträgen. Der Rahmenvertrag regelt die Eckpunkte der Geschäftspartnerschaft. In den speziellen Leistungsverträgen werden die einzelnen vertragsgegenständlichen Leistungen definiert und deren vertragsrechtliche Verabredungen festgelegt.

Das möglicherweise entstehende Risiko der Abhängigkeit vom Dienstleister wird durch die Geschäftspartnerschaft und den Outsourcing-Vertrag minimiert. Vertraglich kann das Risiko beispielsweise durch Vereinbarungen über Neuverhandlungseckpunkte, die Zusammenarbeit, die Verantwortlichkeiten, die Beilegung von Meinungsverschiedenheiten, die Vertragsbeendigung etc. begrenzt werden. Das Ausmaß der Abhängigkeit wird von der Eigenart des Fremdbezuges bestimmt. Entsprechend sind die einzelnen vertraglichen Regelungen auszugestalten und die Geschäftspartnerschaft aktiv zu leben.

Das organisatorische, wirtschaftliche und soziale Risiko sowie das Risiko des Unternehmenswertes ist vom Outsourcer allein zu verantworten. Chancen zur Minimierung der Risiken liegen in der sorgfältigen Planung, Organisation, Abwicklung und strategischen Ausrichtung des Outsourcing. Darüber hinaus ist das Outsourcing in die Unternehmensstrategie einzubinden und mit deren Fortentwicklung weiter auszugestalten.

Aufwendungen entstehen für das Outsourcing-Projekt, dessen Lenkung sowie die Steuerung des Outsourcing-Produktionsprozesses. Weiterhin sind beim Outsourcer meist umfangreiche Aktivitäten für die Neu-/Umorganisation nötig. Bei Personalumsetzungen, beziehungsweise -freisetzungen und der Zuweisung neuer Aufgabenfelder können Probleme auftreten. Insbesondere bei der Übernahme oder Versetzung von widersprechenden Arbeitnehmern entstehen Konflikte, die bei der Konzeption und Planung nur schwer zu berücksichtigen sind.

Die rechtlichen Vorgaben für das Outsourcing, wie sie sich insbesondere aus dem § 613a BGB, der 77/187 EWG, dem BetrVG, dem BDSG, GoDV etc. ergeben, stellen Maßgaben für das Handeln der Vertragsparteien dar. Dabei wird bei der Vertragsverhandlung von gleichwertigen Vertragsparteien ausgegangen. Weiterhin wird der einzelne Arbeitnehmer vor einem überraschenden Sozialabbau geschützt.

Durch das Outsourcing entstehen in der Makroökonomie neue Marktsegmente im Rahmen des Dienstleistungssektors. Es werden immer neue Leistungen beziehungsweise Dienstleistungen angeboten und vermehrt partnerschaftliche, strategisch ausgerichtete Geschäftsbeziehungen eingegangen. Beispielsweise stärkt das DV-Outsourcing die DV-Branche und erhöht ihre Professionalität.[1]

Bei einer Ausgliederung in ein selbständiges Dienstleistungs-Unternehmen kommt auf das übergehende Management, das vorher beispielsweise ein Profit-Center leitete oder zumindest Kostenstellenverantwortung trug, eine weitaus umfangreichere Verantwortung zu. Es hat neben Führungsqualitäten, beispielsweise im Rahmen einer neu gegründeten GmbH, die Rechte und Pflichten des GmbH-Gesetzes und andere Rechtsvorschriften, wie das Arbeitsrecht, das Steuerrecht, die Sorgfaltspflichten eines ordentlichen Kaufmanns etc. zu beachten. Daneben kommen Herausforderungen auf das Management zu, die sich aus der Tatsache ableiten, daß die ehemaligen Fachabteilungen zu Kunden werden und man dadurch im Wettbewerb mit anderen Marktanbietern steht. Es ist beispielsweise verstärkt auf Kundenwünsche einzugehen, der Markt ist zu beobachten und gegebenenfalls müssen gar Kooperationen eingegangen werden. Weiter gilt es, eine optimale Organisationsform zu wählen, die es ermöglicht, den Markterfordernissen zu entsprechen.[2]

2. Handlungsempfehlungen

Die Umsetzung des Outsourcing vom ersten Gedanken bis zum Zeitpunkt der Produktion benötigt je nach Eigenart des Vorhabens, des Know-how-Gefälles, der Geschäftspartner und der strategischen Zielausrichtung des Fremdbezuges, sechs bis 24 Monate. In diesem

1 Vgl. Dostal, W., a.a.O., S. 9.

2 Vgl. Becker, W., *Informatik-Management - Vom DV-Leiter zum Geschäftsführer*, in: Diebold Management Report, o. Jg., Nr. 6, 1994, S. 19-21.

Zeitraum sind zahlreiche Entscheidungen zu treffen und umfangreiche organisatorische Veränderungen vorzunehmen. Die Tätigkeiten benötigen umfangreiche Vorbereitungen. Folgende praktische Handlungsempfehlungen ergeben sich aus den Untersuchungen für die Umsetzung des Outsourcing-Gedankens und für die Lenkung sowie Steuerung der Outsourcing-Produktion:

- Für die Entscheidung, welches Potential und in welcher Form Leistungen fremdbezogen werden sollen, ist maßgebend, wo das Unternehmen mittel- bis langfristig steht und welche Aktivitäten und Veränderungen geplant sind. Die unternehmerischen Stärken und Schwächen müssen in ihren Ausprägungen bekannt sein.

- Im Vorfeld von Planungsaktivitäten ist zu klären, ob Outsourcing bei dem Eigentümer / den Eigentümern, dem Management und den Mitarbeitern durchsetzbar ist und akzeptiert wird.

- Für die Gestaltung einer Kooperations-Partnerschaft ist zu prüfen, inwieweit die Unternehmensphilosophien und -kulturen der Partner zusammenpassen.

- Bei der Nutzenbetrachtung sind die direkten, indirekten und relativen Nutzeneffekte zu berücksichtigen und vorausschauend zu prognostizieren.

- Für die Koordination des Outsourcing-Produktionsprozesses empfiehlt sich, einen Lenkungsausschuß einzurichten, der die Steuerung und Lenkung des Prozesses übernimmt.

- Das Outsourcing-Projekt-Team ist mit multidisziplinärem Know-how auszustatten. Intern sind alle betroffenen Funktionseinheiten zu involvieren. Ergänzend ist beispielsweise für die Suche nach dem Dienstleistungs-Partner auf externe Fachkräfte oder Kapazitäten auszuweichen. Bei dem Projektmanagement beziehungsweise der Projektlenkung und -steuerung muß die Geschäftsführung aktiv mitwirken und Impulse geben.

- Die Betriebsveränderung durch Outsourcing ist entsprechend ihres Umfanges zu planen und abzuwickeln. Die Arbeitnehmervertretung ist rechtzeitig über das Vorhaben zu informieren. Gegebenenfalls sind ein Interessenausgleich und ein Sozialplan aufzustellen. Der Übergang von Arbeitsverhältnissen ist sorgfältig vorzubereiten. Da beim Outsourcing nur in Ausnahmefällen alle Mitarbeiter des betroffenen Funktionsbereiches zum Dienstleister wechseln, ist im Vorfeld mit dem Dienstleister festzulegen, welche Mitarbeiter überwechseln. Für widersprechende Arbeitnehmer ist ein Lösungskonzept zu erarbeiten.

- Im Rahmen des Datenschutzes und der Datensicherheit sind die Vorgaben aus dem BDSG, hier insbesondere § 9 BDSG nebst Anlage und § 11 BDSG sowie die GoDV zu beachten. Bei einer ausschließlich nach Weisung durchzuführenden DV sind die Angaben eindeutig zu definieren. Für nicht personenbezogene Daten sind die Datenschutz- und Datensicherheitsrichtlinien im Vertrag ausführlich festzulegen.

- Der Outsourcing-Vertrag ist ein neuer, moderner Vertragstyp. Bei seiner Entwicklung ist hinsichtlich der umfangreichen Willenserklärungen und Verabredungen ein kompetenter juristischer Beistand heranzuziehen. Die Vertragsverhandlungen werden dadurch souverän geführt und Rechtsunsicherheiten bei der vertraglichen Gestaltung minimiert.

- Bei einer Ausgliederung ist das zukünftige Management des zu gründenden Dienstleistungsunternehmens auf die geschäftsführenden Tätigkeiten und die marktorientierte Unternehmensführung vorzubereiten.

3. Zukünftige Untersuchungsschwerpunkte

Die vorliegende Arbeit umfaßt die Aspekte des Outsourcing für die praktische Umsetzung.

3.1 Markt

Angesichts der aktuellen Entwicklungen des Outsourcing-Marktes in Deutschland sowie Europa eröffnet sich sowohl auf theoretischer als auch auf empirischer Basis ein weites Untersuchungsfeld. Wichtige Fragestellungen ergeben sich insbesondere in dem Bereich Marketing. Diese betreffen Qualitätsmanagement, Kundenzufriedenheit aber auch im Bereich Kundenakquisition sowie im Bereich der Nutzung von Outsourcing.

Ein weiteres interessantes Untersuchungsgebiet stellt der sich durch das Outsourcing verändernde Dienstleistungssektor dar. Ein sehr gutes Beispiel ist der nationale und internationale Arbeitsmarkt, der vom Strukturwandel und der Ausdehnung der einzelnen Dienstleistungssektoren stark beeinflußt wird.

3.2 Management

Durch das Outsourcing entstehen neue Funktionseinheiten mit neuen und erweiterten Aufgabenfeldern für die Mitarbeiter. Eine entsprechende Steuerung und Lenkung ist daher unerläßlich und Schnittstellenfunktionen für die operative Abwicklung sind zu installieren. All diese Aufgaben fordern erweiterte und neue Fähigkeiten von den Stelleninhabern, wie beispielsweise das Informationsmanagement, die Kooperationsfähigkeit sowie unternehmerisches Denken und Handeln. Hier ansetzende Studien könnten Aufklärung über ein neues Qualifikationsprofil für Schnittstellen-Manager zwischen Unternehmen bringen.

3.3 Recht

Im Rahmen rechtlicher Forschungsaktivitäten stellt der Arbeitnehmerübergang in Form eines Rechtsgeschäftes einen praktischen und theoretischen Schwerpunkt dar. Dabei steht insbesondere die Weiterentwicklung des § 613a BGB und die Richtlinie des Rates der Europäischen Gemeinschaften vom 14. Februar 1977 zur Angleichung der Rechtsvorschriften der Mitgliedstaaten über die Wahrung von Ansprüchen der Arbeitnehmer beim Übergang von Unternehmen, Betrieben oder Betriebsteilen (77/187/EWG) durch das BAG und dem EuGH im Mittelpunkt. Darüber hinaus ist rechtlich von großem Interesse, inwieweit der EuGH in national entwickeltes Recht eingreifen kann.

VII Literaturverzeichnis

Abel, R., *Weitergabe von Personaldaten an eine überbetriebliche Prüfstelle*, in: Recht der Datenverarbeitung, 6. Jg., Nr. 1, 1990, S. 39-40.

Achinger, K.-H. (a), *Fremdbezug von DV-Leistungen - Pragmatischer Ansatz für größtmögliche Effizienz in der Informatik*, in: debis (Hrsg.), Fremdbezug von DV-Leistungen, Fachdokumentation zum 1. debis Management-Forum '91 vom 05.09.1991, S. 68-122.

Achinger, K.-H. (b), *Konzentration auf das Wesentliche - Interview mit Henkel, N. und Schrader, A.*, in: Office Management, 39. Jg. Nr. 10, 1991, S. 84-86.

Alvensleben, C., *Die Rechte der Arbeitnehmer bei Betriebsübergang im Europäischen Gemeinschaftsrecht*, Diss., Baden-Baden 1992.

Anselstetter, R., *Betriebswirtschaftliche Nutzeffekte der Datenverarbeitung - Anhaltspunkte für Nutzen-Kosten-Schätzungen*, Berlin/ Heidelberg u.a. 1984.

Antweiler, J. *Wirtschaftlichkeitsanalyse von Informations- und Kommunkationssystemen (IKS) - Wirtschaftlichkeitsprofile als Entscheidungsgrundlage*, Diss., Köln 1995.

Avenarius, H., *Kleines Rechtswörterbuch*, Freiburg im Breisgau 1987, S. 184.

Bähr, P., *Grundzüge des Bürgerlichen Rechts*, 6. Aufl., München 1987.

Bartsch, M., *Das Schlichtungsverfahren der DGIR*, in: Computer und Recht, 4. Jg., Nr. 8, 1998, S. 692-695.

Bauer, J.-H. (a), *Personalpolitische und arbeitsrechtliche Fragen*, in: Hölters, W. (Hrsg.), Handbuch des Unternehmens- und Beteiligungskaufs, 3. Aufl., Köln 1992, S. 330-426.

Bauer, J.-H. (b), *Aktuelle Probleme des Personalabbaus im Rahmen von Betriebsänderungen (Teil I)*, in: Der Betrieb, 47. Jg., Nr. 4, 1994, S. 217-227.

Bauer, W., *Rechnerarchitektur - Begriff und Parameter*, in: Handbuch der Modernen Datenverarbeitung, 19. Jg., Nr. 107, 1982, S. 3-9.

Bechtolsheim, M., *Strategien und Gestaltungsmöglichkeit des Outsourcing: Effizienz und Flexibilität umsetzen*, in: Gablers Magazin, o. Jg., Nr. 8, 1994, S. 14-19.

Becker, L., *Wege zur virtuellen Marketingorganisation*, in: Gablers Magazin, o. Jg., Nr. 8, 1994, S. 20-22.

Becker, W., *Informatik-Management - Vom DV-Leiter zum Geschäftsführer*, in: Diebold Management Report, o. Jg., Nr. 6, 1994, S. 19-21.

Benscheidt, A., *Unternehmen, die flexibel auf Marktbewegungen reagieren, müssen auch die Verwaltungsvorgänge flexibel gestalten*, in: Lohn + Gehalt - Zeitschrift für die Personalvergütung - Extra, August 1995, S. 59-61.

Berkowsky, W., *Der Arbeitsrichter in der Flugsicherung - Überlegungen zur Sozialauswahl bei betriebsbedingten Änderungskündigungen*, in: Der Betrieb, 43 Jg., Nr. 16, 1990, S. 834-837.

Birk, R., *Arbeitsrechtliche Probleme der Betriebspaltung*, in: Betriebs Berater, 31. Jg., Nr. 26, 1976, S. 1227-1232.

Blum, E., *Das rechtliche Schicksal einer Aussicht auf Leistungen einer Unterstützungskasse bei Betriebsübergang*, in: Der Betrieb, 33. Jg., 1980, S. 354-355.

Bode, A., *MIPS*, in: Krückeberg, F. und Spaniol, O. (Hrsg.), Lexikon Informatik und Kommunikationstechnik, Düsseldorf 1990, S. 400.

Borngräber, H., *Arbeitsverhältnis bei Betriebsübergang*, Düsseldorf/ Frankfurt a.M. 1977.

Bothe, M., *Rechtsfragen grenzüberschreitender Datenflüsse*, Köln 1992.

Brandmüller, G. (a), *Betriebsaufspaltung - Die aktuelle Rechtsform*, Losebl., Freiburg 1994.

Brandmüller, G. (b), *Die Betriebsaufspaltung nach Handels- und Steuerrecht,* 4. Aufl., Heidelberg 1980.

Braunert, U., *Betriebsbedingte Änderungskündigung*, in: Arbeit und Arbeitsrecht, 49. Jg., Nr. 1994, S. 190.

Breidenbach, St., *Die Voraussetzung von Informationspflichten beim Vertragsschluß*, München 1989.

Brentle, P., *Entscheidungsfaktor für die Auslagerung des PC-Benutzer-Service am Beispiel der Panavia Aircraft GmbH*, Vortrag/Vortragsmaterial, Kongreß: Outsourcing und System-Integration, 2., 3. und 4. Dezember 1992, München.

Breuer, R., *Voraussetzungen einer sicheren Datenverarbeitung*, in: Computer und Recht, 5. Jg., Nr. 3, 1989, S. 234-246.

Brown, B., *Kodak turns nets over to IBM and DEC*, in: Network World, 7. Jg., Nr. 3, 1990, P. 60-61.

Brzuska, W., *EDV-Leasing - Besonderheiten beim Software-Leasing*, in: Computer und Recht, 5. Jg., Nr. 3, 1989, S. 223-227.

Buchner, H., *Verlagerung betrieblicher Aufgaben als Betriebsübergang i.S. von § 613a BGB*, in: Der Betrieb, 47. Jg., Nr. 28, 1994, S. 1417-1423.

Bürger, F. C. (a), *Strategische Informationsverarbeitung in den 90er Jahren - ohne Outsourcing möglich?*, Vortrag/Vortragsmaterial, Kongreß: Outsourcing und DV-System-Integration, 10. und 11. Dezember 1991, Stuttgart.

Bürger, F. C., (b), *Leitfaden Outsourcing*, o. J., Fürth.

Bundesanstalt für Arbeit, *Merkblatt zur Abgrenzung zwischen Arbeitnehmerüberlassung und Entsendung von Arbeitnehmern im Rahmen von Werks- und selbständigen Dienstverträgen soweit anderen Formen drittbezogenen Personaleinsatzes*, vom 7. August 1972, veröffentlicht im BGBl I S. 1393 ff; und Anlage: *Durchfüh-*

rungsanweisungen (DA) zum Arbeitnehmerüberlassungsgesetz (AÜG) - (Teil-DA zu § 1 AÜG), Runderlaß der Bundesanstalt für Arbeit, Nr. 72/86 vom 5. Mai 1986, im Dienstblatt der Bundesanstalt für Arbeit vom 5. Mai 1986.

Claus, W., *Personalwirtschaftslösungen in den neuen Bundesländern*, in: Lohn + Gehalt - Zeitschrift für die Personalvergütung - Extra, August 1995, S. 56-58.

Clinton, W., *Bend me, shape me*, in: Computer World, Dec. 24, 1990 / Jan. 1, 1991.

Däubler, W., *Nachträgliche Kürzung von Sozialplanansprüchen*, in: Neue Zeitschrift für Arbeitsrecht, 2. Jg., 1985, Nr. 17, S. 545-551.

Davis, E. W., *Global Outsourcing: Have U.S. Managers Thrown the Baby Out with the Bath Water?*, in: Business Horizons, July-August 1992, P. 58-65.

Demmer, Ch., *Ambulantes DV-Gewerbe*, in: Management Wissen, 10. Jg., Nr. 9, 1991, S. 46.

Deppe, H., *Organschaft*, in: Lück, W., Lexikon der Betriebswirtschaft, Landsberg am Lech 1983, S. 830-831.

Dernbach, W., *Komplexitätsreduzierung: Warum Sie ihrer DV eine Abmagerungskur verschreiben sollten*, in: Kompetenz - Diebold Management Journal, 1991, Heft 13, S. 33.

Dertouzose, M. L., *Die Krise der USA - Potential für neue Produktivität*, Frankfurt 1990.

Deutsch, Ch., *Magersüchtig - Outsourcing: Riskantes Abspecken*, in: Wirtschaftswoche, 46 Jg., Nr. 37, 1992, S. 50-54.

Dirlewanger, W. (a), *Leistungsbeschreibung und Leistungsmessung im DV-Bereich (I)*, in: Computer und Recht, 4. Jg., Nr. 7, 1988, S. 588-591.

Dirlewanger, W. (b), *Leistungsbeschreibung und Leistungsmessung im DV-Bereich (II)*, in: Computer und Recht, 4. Jg., Nr. 9, 1988, S. 774-778.

Dirlewanger, W. (c), *Outsourcing-Quelle der Hoffnung?*, in: Kommunikations- und EDV-Sicherheit, 7. Jg., Nr. 3, 1992, S. 187-192.

Dirlewanger, W. (d), *Messung und Bewertung der DV-Leistung - auf Basis der Norm DIN 66 273*, Heidelberg 1994.

Dirlewanger, W. (e), *Nutzen der Performance-Norm DIN 66 273 für die DV-Kosten- und Leistungsrechnung*, Vortrag/Vortragsdokumentation der Veranstaltung: Verrechnung von DV-Leistungen - Verursacherorientierung und Transparenz, 27. und 28. April 1994, München.

Dörr, E., *Neues Bundesdatenschutzgesetz: Handkommentar und Arbeitshilfe für Wirtschaft und Verwaltung*, Köln 1991.

Dostal, W., *Outsourcing - personalpolitisch betrachtet*, in: Diebold Management Report, o. Jg., Nr. 3, 1991, S. 8-9.

Drews, H.-L., *Übermittlung personenbezogener Daten ins Ausland: Kritische Anmerkungen zur Checkliste der Aufsichtsbehörden vom 7./8.10.1993*, in: Datenschutz und Datensicherung, o. Jg., Nr. 2, 1994, S. 68-69.

Dürr, H., *Herausforderungen der Zukunft an das Top-Management*, in: Matheis, R., Erfolgsmanagement 2000 - Konzepte für Menschen, Märkte, Unternehmen, Wiesbaden 1992, S. 63-74.

Düsseldorfer Kreis (Hrsg.), *CHECKLISTE zur Verbesserung des Datenschutzes beim grenzüberschreitenden Datenverkehr mit personenbezogenen Daten im nicht-öffentlichen Bereich*, veröffentlicht in: Datenschutz-Berater, 18. Jg., Nr. 1, 1994, S. 9-11.

Düvelmeyer, G., *Chancen für ein durchgreifendes Revirement der DV-Struktur*, in: Heinrich, W. (Hrsg.), Outsourcing Modelle-Strategien-Praxis, Bergheim 1992, S. 121-135.

Eckerson, W., *Farming out net operations can trigger staffing issues*, in: Network World, Jan. 15, 1990, P. 4.

End, W., *Softwareentwicklung: Leitfaden für Planung, Realisierung und Einführung von DV-Verfahren*, 6. Aufl., Berlin/München 1987.

Enderes, A., *Outsourcing in der Entgeltabrechnung*, in: Lohn + Gehalt - Zeitschrift für die Personalvergütung - Extra, August 1995, S. 48-50.

Falkenberg, R.-D., *Auswirkungen des § 613a BGB in der betrieblichen Praxis*, in: Der Betrieb, 33. Jg., Nr. 14, 1980, S. 783-786.

FAMA (Hrsg.), *Grundsätze ordnungsmäßiger Buchführung bei computergestützten Verfahren und deren Prüfung*, in: Die Wirtschaftsprüfung, 40. Jg., Nr.1/2, 1987, S. 1-35.

Fieten, R., *Die japanischen Vorbilder nur zu kopieren, ist wenig erfolgversprechend*, in: Handelsblatt, o. Jg., Nr. 74, 19.04.1993, S. 20.

Finkbeiner, B., *Outsourcing aus der Sicht des Anbieters*, Vortrag/Vortragsdokumentation der Veranstaltung: Outsourcing - Die wirtschaftliche Alternative, 30. Juni 1993 Stuttgart.

Fuchs, J., *Organisation in der Krise: Informatik als Auslöser und Lösung zugleich*, in: Information Management - Sonderdruck, IM 3/93, S. 1-6.

Gabler-Wirtschafts-Lexikon, *Organschaft*, 11. Aufl., Bd. 4, Wiesbaden 1988, S. 608-617.

Geider, W., *Strategische Outsourcing-Varianten aus der Praxis*, Vortrag/Vortragsmaterial, Konferenz: EDV-Outsourcing, 23. und 24. März 1992, Bonn.

Gerhardt, T., Nippa, M. und Picot, A., *Die Optimierung der Leistungstiefe*, in: Harvard manager, 14. Jg., Nr. 3, 1992, S. 136-142.

Görling, H. und Jókay, Z., *Rechnerarchitektur - ein Überblick*, in: Handbuch der Modernen Datenverarbeitung, 29. Jg., Nr. 164, 1992, S. 3-15.

Götz, J., *Steuerrecht*, in: Kilian, W. und Heussen, B., Computerrechts-Handbuch, München 1994, Teil 9.

Gola, P., *Handbuch zum Arbeitnehmerdatenschutz: Rechtsfragen und Handlungshilfen für die betriebliche Praxis*, Köln 1989.

Gora, W., *Informationsarchitektur für Europa - Strategien, Richtlinien, Projekte*, Bergheim 1991.

Grochla, E., *Einführung in die Organisationstheorie*, Stuttgart 1978.

Gräber, H. G., *Informationsmanagement als strategisches Werkzeug: Neues Denken in betriebswirtschaftlichen Alternativen*, in: DV Management - Sonderdruck, Nr. 1, April 1991, S. 43-45.

Green, K., *Outsourcing im DV-Bereich: Eine kritische Betrachtung*, Vortrag/Vortragsmaterial, Konferenz: EDV-Outsourcing, 23. und 24. März 1992, Bonn.

Hammermith, G. A., *Slaying the IS dragon with Outsourcing*, in: Computerworld, Dec. 18, 1989, P. 89-93.

Hanker, J., *Die strategische Bedeutung der Informatik für Organisation - Industrieökonomische Grundlagen des strategischen Informationsmanagements*, Stuttgart 1990.

Hattke, W., *System-Integration und Outsourcing: Intensive Partnerschaften in der Informationsverarbeitung*, Vortrag/Vortragsmaterial, Kongreß: Outsourcing und System-Integration, 2., 3. und 4. Dezember 1992, München.

Heidemann, O., *Sachliche Verflechtung bei Betriebsaufspaltung*, in: Die Information über Steuer und Wirtschaft, 47. Jg., Nr. 4, 1993, S. 75-80.

Heinrich, W. (a), *Outsourcing - Modewort oder neues strategisches Rezept?*, in: Heinrich, W. (Hrsg.), Outsourcing - Modelle -Strategien - Praxis, Bergheim 1992, S. 11-54.

Heinrich, W. (b), *Zur Situation des Outsourcing-Marktes*, in: DATACOM, o. Jg., 1991, Heft 10, S. 44-48.

Heinzl, A., *Die Ausgliederung der betrieblichen Datenverarbeitung - Eine empirische Analyse der Motive, Form und Wirkungen*, Diss., Vallendar 1991.

Hellwig, H.-J., *Joint Venture-Verträge - internationale*, in: Macharzina, K. und Welge, M. K., Handwörterbuch Export und internationale Unternehmung, Stuttgart 1989, S. 1064-1072.

Henssler, M., *Aufspaltung, Ausgliederung und Fremdvergabe*, in: Neue Zeitschrift für Arbeitsrecht, 11. Jg. Nr. 7, 1994, S. 294-305.

Hentschel, B., *Outsourcing und Entgeltabrechnung*, in: Lohn + Gehalt - Zeitschrift für die Personalvergütung - Extra, August 1994, S. 7-14.

Hentschel, B. und Thurau, T., *Outsourcing und alga-Pflichtenheft*, in: Lohn + Gehalt - Zeitschrift für die Personalvergütung - Extra, August 1995, S. 9-33.

Henzel, F., *Die Kostenrechnung*, 4. Aufl., Essen 1964, (1. Aufl.: Henzel, F., Die Erfassung und Verrechnung von Gemeinkosten in der Unternehmung, Berlin 1931 - Veröffentlichung der Habilitationsschrift des Jahres 1926).

Herbers, R., *Der Unterschied besteht vor allem im Etikett - Facilities Management ist tot - es lebe das Outsourcing*, in: Computerwoche 17. Jg., Nr. 33, 1990, S. 33-34.

Herrmann, G., *Neue Organisationsformen des IV-Betriebs - Outsourcing, Facilities Management*, in: Handbuch der Modernen Datenverarbeitung, 28. Jg., Nr. 158, 1991, S. 8-15.

Herzberg, F., *Humanisierung der Arbeit und Produktivitätssteigerung*, in: Management-Zeitschrift, o. Jg., Heft 7, 1981, S. A7/8.17-8.22.

Hess, W., *Grundstruktur der Thematik "Make or buy"*, in: Hess, W. (Hrsg.), "Make or buy": Eine neue Dimension der strategischen Führung, Zürich 1989, S. 2-19.

Heussen, B. (a), *Juristisches Controlling, Systemverantwortung und Vertragsgestaltung bei DV-Projekten*, Köln 1989.

Heussen, B. (b), *Technischer und wirtschaftlicher Hintergrund bei Verträgen über Computersysteme*, in: Kilian, W. und Heussen, B., Computerrechts-Handbuch, Teil 1, München 1994.

Heussen, B. (c), *Rechtliche Problemzonen bei Verträgen über Computersysteme* in: Kilian, W. und Heussen, B., Computerrechts-Handbuch, Teil 2, München 1994.

Heussen, B. (d), *Vertragsrecht und Vertragsgestaltung*, in: Kilian, W. und Heussen, B., Computerrechts-Handbuch, Teil 3, München 1994.

Heussen, B. (e), *Leistungsstörungen und Gewährleistung*, in: Kilian, W. und Heussen, B., Computerrechts-Handbuch, Teil 4, München 1994.

Hirte, H., *Gesellschaftsrechtliche Fragen des Outsourcing - Grenzen und Folgen der Auslagerung der Datenverarbeitung*, in: Computer und Recht, 8. Jg., Nr. 4, 1992, S. 193-198.

Höhn, E., und Weber, R. H., *Planung und Gestaltung von Rechtsgeschäften*, Zürich 1986.

Hollmann, H. H., *Strategische Allianzen - Unternehmens- und wettbewerbspolitische Aspekte* in: Wirtschaft und Wettbewerb, 42. Jg., Nr. 4, 1992, S. 293-305.

Huber, R. L., *Als die Continental Bank ihre "Kronjuwelen" in fremde Hände gab*, in: Harvard Business manager, 15. Jg., Nr. 3, 1993, S. 83-92.

Ingenfeld, G. (a), *Outsourcing innerhalb des Konzerns (I)*, in: Computer und Recht, 9. Jg., Nr. 3, 1993, S. 288-293.

Ingenfeld, G. (b), *Outsourcing innerhalb des Konzerns (II) - Individualarbeitsrechtliche Folgen*, in: Computer und Recht, 9. Jg., Nr. 6, 1993, S. 368-372.

Ingenfeld, G. (c), *Die Betriebsausgliederung aus der Sicht des Arbeitsrechts*, Diss., Bergisch Gladbach/Köln 1992.

INPUT (Hrsg.) (a), *The European Market Forcast for Computer, Software and Services 1992-1997*, Vienna Virginia USA 1992.

INPUT (Hrsg.) (b), *Definition of Terms*, Vienna Virginia USA 1993.

INPUT (Hrsg.) (c), *Strategic Assessment of the IS Outsourcing Revolution*, Vienna Virginia USA 1992.

INPUT (Hrsg.) (d), *Information Systems Outsourcing Market Opportunities-Europe 1992-1997*, Vienna Virginia USA 1992.

Jaeger, L. (a), *Leistungsbeschreibung durch den Besteller einer EDV-Konfiguration*, in: Computer und Recht, 10. Jg., Nr. 4, 1994, S. 213-214.

Jaeger, L. (b), *Erstellung eines Pflichtenheftes*, in: Recht der Datenverarbeitung, 10. Jg., Nr. 2, 1994, S. 91-92.

Jamin, W., *Branchen-Lösungen*, in: Jamin, W., Das Software-Lexikon, Stuttgart 1988, S. 61.

Jobs, F., *Die Mitbestimmung des Betriebsrates bei Personalinformationssystemen*, in: Jobs, F. und Samland, J. (Hrsg.), Personalinformationssysteme in Recht und Praxis, Stuttgart 1984, S. 119-152.

Jobs, F. und Horchler, H., *DV-Outsourcing - wirtschaftliche und rechtliche Grundlagen der Vertragsgestaltung*, in: Recht der Datenverarbeitung, 8. Jg., Nr. 3, 1992, S. 105-112.

Junker, M., *Die auf einer Betriebsvereinbarung beruhende Altersversorgung beim Betriebsübergang*, in: Recht der Arbeit, 46. Jg., Nr. 4, 1993, S. 203-209.

Kania, T., *Tarifeinheit bei Betriebsübergang?*, in: Der Betrieb, 47. Jg., Nr. 10, 1994, S. 529-534.

Kay, S., *Joining an Outsourcing team*, in: Computerworld, Dec. 11, 1989, P. 112.

Kieser, A., *Entstehung und Wandel von Organisationen - Ein evolutionstheoretisches Konzept*, in: Bauer, L. und Matis, H. (Hrsg.), Evolution - Organisation - Management, Berlin 1989, S. 161-190.

Kilian, W. und Liedtke, W., *Arbeitsrecht*, in: Kilian, E., und Heussen, B., Computerrechts-Handbuch, Teil 7, München 1994.

Kleb, R. H., *Auszüge: "Studie Reengineering des Personalmanagements?" - Eine Analyse des Bedarfs und Verbesserungsbedarfs der Personalarbeit in Deutschland*, in: Lohn + Gehalt - Zeitschrift für die Personalvergütung - Extra, August 1995, S. 42-44.

Köhler, T., *In fremder Hand kann das RZ viel flexibler agieren*, in: Computerwoche 17. Jg., Nr. 33, 17. August 1990, S. 35-36.

Köhler-Frost, W., *Outsourcing - sich besinnen auf das Kerngeschäft*, in: Köhler-Frost, W. (Hrsg.), Outsourcing: eine strategische Allianz besonderen Typs, Berlin 1993, S. 13-30.

Kramer, W. und Winter, H., *Motivation als Führungsmittel im Unternehmen*, in: Fuchs, J. und Schantag, K. (Hrsg.), Handbuch zur Unternehmensplanung, 2. Bd., Berlin 1981.

Krecik, B. und Enderes, A., *Outsourcing als Wettbewerbsfaktor - Externe Dienstleister übernehmen Entgeltabrechnung*, in: Lohn + Gehalt - Zeitschrift für die Personalvergütung - Extra, August 1994, S. 33-37.

Kredel, L., *DV-Outsourcing - eine Möglichkeit der DV-Alternative? Vor- und Nachteile der Vergabe der Informationsverarbeitung an Dienstleister*, Vortrag/Vortragsmaterial, Kongreß: Outsourcing und DV-System-Integration, 10. und 11. Dezember 1991.

Kreikebaum, H., *Humanisierung der Arbeit - Arbeitsgestaltung im Spannungsfeld ökonomischer, technologischer und humanitärer Ziele*, Wiesbaden 1988.

Kronen, J., *Computergestützte Unternehmenskooperationen - Potentiale - Strategien - Planungsmodelle*, Wiesbaden 1994.

Kubicek, H., *Empirische Organisationsforschung*, Stuttgart 1975.

Kupper, H., *Zur Kunst der Projektsteuerung: Qualifikation und Aufgaben eines Projektleiters bei DV-Anwendungsentwicklungen*, 5. Aufl., München/Wien 1988.

Lang, W., *Ein Votum für partnerschaftliche Kooperation*, in: Heinrich, W. (Hrsg.), Outsourcing Modelle - Strategien - Praxis, Bergheim 1992, S. 55-85.

Langenfeld, G., *Vertragsgestaltung: Methode - Verfahren - Vertragstypen*, München 1991.

Langert-Stein, R., *Datenverarbeitung und Arbeitnehmerüberlassung*, in: Computer und Recht, 8. Jg., Nr. 2, 1992, S. 97-101.

Laux, P. und de Win, T., *Fremdfirmeneinsatz - ein Regelungsvorschlag aus der betrieblichen Praxis*, in: Der Betriebsrat, o. Jg., Nr. 2, 1994, S. 28-30.

Leinemann, W. und Lipke, G.-A., *Betriebsübergang und Urlaubsanspruch*, in: Der Betrieb, 41. Jg., 1988, S. 1217-1222.

Lemitz, H.-G., *Bewertung von Versorgungssverpflichtungen bei Veräußerung oder Erwerb von Betrieben*, in: Betriebs-Berater, 37. Jg., Nr. 18, 1982, Beilage 8.

Lieb, M., *Betriebs-(Teil-)Übergang bei zentraler Unternehmensorganisation*, in: Zeitschrift für Arbeitsrech, 25. Jg., Nr. 2, 1994, S. 229-250.

Linnenkohl, K., *Erweiterte Unterrichtungs- und Beratungsrechte bei neuen Techniken*, in: Computer und Recht, 7. Jg., Nr 2, 1991, S. 100-101.

Linnenkohl, K. und Töpfer, A., *Der Betriebsrat als Planungspartner*, in: Betriebs-Berater, 48. Jg., Nr. 20, 1986, S. 1301-1305.

Löw, F., *Die Betriebsveräußerung im europäischen Arbeitsrecht: die EG-Richtlinie 77/187 und ihre Umsetzung in Deutschland und Großbritannien*, Diss., Frankfurt a.M. u.a. 1992.

Lorenz, W. D., *Outsourcing - Motive, Erwartungen, Urteile*; Statements von Anbieter und Anwender, in: Information Management, 1992, Heft 1, S. 74-77.

Loritz, K.-G., *Betriebsübergang - Auffangesellschaft - Insolvenzenschutz einer betrieblichen Altersversorgung*, in: Sammlung Arbeitsrechtlicher Entscheidungen, o. Jg., Nr. 4, 1986, S. 136-144.

Ludwig, B. D., *"Make or buy" interner Dienstleistungen*, in: Hess, W. (Hrsg.) "Make or buy": Eine neue Dimension der strategischen Führung, Zürich 1989, S. 45-56.

Märkle, R., *Neue Rechtsprechung zur Betriebsaufspaltung*, in: Betriebs-Berater, 49. Jg., Nr. 12, 1994, S. 831-841.

Martinek, M., *Moderne Vertragstypen*, Bd. 1, München 1991.

MC Mullen, J., *New Allies - Is and Service Suppliers*, in: Datamation, March 1, 1990, P. 42-52.

Meckelein, N., *Projektorganisation - Projektsteuerung*, - Universitäre Veranstaltungsunterlagen -, Kassel 1991/92.

Mehdorn, H. und Töpfer, A., *Eine hohe Qualität ist in immer kürzerer Zeit bei günstigen Kostenstrukturen zu erreichen*, in: Handelsblatt, Nr. 152, 10.08.1992, S. 16.

Meins, J., *Die Vertragsverhandlung - Leitfaden zum Entwerfen, Verhandeln und Abschließen von Verträgen*, Stuttgart 1990.

Mentzel, W., *Unternehmenssicherung durch Personalentwicklung - Mitarbeiter motivieren, fördern und weiterbilden*, 5. Aufl., Freiburg im Breisgau 1992.

Merz, W., *SAP-RP aus Gründen einer Schnittstellenminimierung*, in: Lohn + Gehalt - Zeitschrift für die Personalvergütung - Extra, August 1995, S. 51-53.

Müller-Lukoschek, J., *Der Kündigungsschutz im Arbeitsrecht der USA - unter besonderer Berücksichtigung des Individualarbeitsrechts*, Diss., Berlin 1989.

Müller-Schiedmayer, *Das IBM Outsourcing-Angebot: Orientierung an den Kundenerfordernissen*, Vortrag/Vortragsunterlagen, Konferenz: EDV-Outsourcing, 23. und 24. März 1992.

Müthlein, T. (a), *Abgrenzungsprobleme bei der Auftragsdatenverarbeitung*, in: Recht der Datenverarbeitung, 9. Jg., Nr. 4, 1993, S. 165-171.

Müthlein, T. (b), *Probleme der Auftragsdatenverarbeitung für Auftraggeber und Auftragnehmer*, in: Recht der Datenverarbeitung, 8. Jg., Nr. 2, 1992, S. 63-74.

Müthlein, T. (c), *Outsourcing und Datenschutz - Vertragsgestaltung aus datenschutzrechtlicher Sicht*, Köln 1995.

Müthlein, T. (d), *Checkliste für die Auftragsdatenverarbeitung*, in: Lohn + Gehalt - Zeitschrift für die Personalvergütung - Extra, August 1994, S. 30-31.

Nägele, S., *Die Wettbewerbsabrede beim Betriebsinhaberwechsel*, in: Betriebs-Berater, 44. Jg., Nr. 21, 1989, S. 1480-1481.

Nebauer, M., *Facilities Management und Outsourcing-Praxis*, Vortragsunterlagen des EDV-Outsourcing Kongresses vom 05.06. 1992 in München, Veranstalter Euroforum Deutschland GmbH, Düsseldorf.

Nilsson, R., *Organisations-Entwicklung: Strukturorganisation als strategischer Erfolgsfaktor*, in: controller magazin, 18. Jg., Nr. 3, 1993, S. 132-139.

Nomina, Gesellschaft für Wirtschafts- und Verwaltungsregister mbH (Hrsg.), *Die Unternehmen der Informationsindustrie - Deutschland/ Österreich/Schweiz*, 24. Jg., München 1993.

Oltman, J.R., *21st century outsourcing*, in: Computerworld, April 16, 1990, P. 77-79.

Picot, A. (a), *Ein neuer Ansatz zur Gestaltung der Leistungstiefe*, in: Zeitschrift für betriebswirtschaftliche Forschung, o. Jg., 1991, Heft 4, S. 336-357.

Picot, A. (b), *Transaktionskostenansatz in der Organisationstheorie: Stand der Diskussion und Aussagewert*, in: Die Betriebswirtschaft, 42. Jg., 1982, Nr. 2, S. 267-284.

Picot, A. (c), *Transaktionskosten*, in: Die Betriebswirtschaft, 45. Jg., 1985, Nr. 2, S. 224-225.

Picot, A. (d), *Zur Bedeutung allgemeiner Theorieansätze für die betriebswirtschaftliche Information und Kommunikation: Der Beitrag der Transaktionskosten- und Principal-Agent-Theorie*, in: Kirsch, W., Picot, A. (Hrsg.), Die Betriebswirtschaftslehre im Spannungsfeld zwischen Generalisierung und Spezialisierung, Wiesbaden 1989, S. 361-371.

Picot, A., und Maier, M., Analyse- und Gestaltungskonzepte für das Outsourcing, in: Information Management, o. Jg., Nr. 4, 1992, S. 14-27.

Picot, A., Reichwald R. und Schönecker H. G. (a), *Eigenerstellung oder Fremdbezug von Organisationsleistung - ein Problem der Unternehmensführung (I)*, in: Office Management, 35. Jg., 1985, Heft 9, S. 818-821.

Picot, A., Reichwald R. und Schönecker H. G. (b), *Eigenerstellung oder Fremdbezug von Organisationsleistung - ein Problem der Unternehmensführung (II)*, in: Office Management, 35. Jg., 1985, Heft 10, S. 1029-1034.

Portz, K., *Outsourcing zur Herausbildung einer neuen DV-Kultur eines Dienstleistungsunternehmens*, in: Heinrich, W. (Hrsg.), Outsourcing Modelle-Strategien-Praxis, Bergheim 1992, S. 144-157.

Preis, U., *Neuere Tendenzen im arbeitsrechtlichen Kündigungsschutz (I)*, in: Der Betrieb, 41. Jg., Nr. 26/27, 1988, S. 1387-1396.

Quack, N., *Begrenzung der Nachhaftung für betriebliche Altersversorgung durch eine Verjährungsvereinbarung*, in: Betriebs-Berater, 34. Jg., Nr. 28, 1979, S. 1457-1459.

Quinn, J. B., Doorley, T. und Paquette, P. C., *Beyond Products: Service-Based Strategy*, in: Harvard Bussiness Review, Nr. 2, 1990, P. 58-67.

Redditt, K.L. and Lodahl, Th., *The dollars and sense of Outsourcing - So, what do you do with the people?*, in: Computerworld, Jan. 8, 1990, P. 73.

Reichel, E.-E. und Siegrist, N., *EDV-Verträge richtig gestalten - Praktischer Ratgeber für Verträge nach den "Besonderen Vertragsbedingungen (BVB)"*, Baden-Baden 1990.

Reiss, M., *Mit Blut, Schweiß und Tränen zur schlanken Organisation*, in: Harvard manager, 14. Jg., Nr. 2, 1992, S. 57-63.

Richter, H., *Die DV-strategische Antwort auf die Wachstumsdynamik*, in: Heinrich, W. (Hrsg.), Outsourcing Modelle-Strategien-Praxis, Bergheim 1992, S. 114-120.

Richtlinie des Rates vom 14. Februar 1977 zur Angleichung der Rechtsvorschriften der Mitgliedstaaten über die Wahrung von Ansprüchen der Arbeitnehmer beim Übergang von Unternehmen, Betrieben oder Betriebsteilen (77/187/EWG), in: Amtsblatt der Europäischen Gemeinschaft, 20. Jg., Nr. L 61, 5. März 1977, S. 26-28.

Ritter, L., *Outsourcing in der Lohn- und Gehaltsabrechnung - Vorgehensweise einer Wirtschaftlichkeitsanalyse*, in: Lohn + Gehalt - Zeitschrift für die Personalvergütung, Februar 1994, S. 37-41.

Röder, G. und Baeck, U., *EuGH: Funktionsnachfolge als Betriebsübergang*, in: Neue Zeitschrift für Arbeitsrecht, 11. Jg., Nr. 12, 1994, S. 542-544.

Rubrecht, R. (a), *Outsourcing - Ansatzpunkte im Personalbereich*, in: Lohn + Gehalt - Zeitschrift für die Personalvergütung, Februar 1994, S. 34-36.

Rubrecht, R. (b), *Outsourcing aus Anwendersicht*, in: Lohn + Gehalt - Zeitschrift für die Personalvergütung - Extra, August 1995, S. 45-47.

Sander, K., *Die Motivationstheorien von Maslow und Herzberg*, in: Harvard manager, 4. Jg., 1982, Nr. 4, S. 46 ff.

Scharfenberg, H., *Intern oder Extern?*, in: Office Management, 42. Jg., Nr. 1-2, 1992, S. 3.

Schaub, B., *Das Pflichtenheft im Spiegel der Rechtssprechung*, in: Computer und Recht, 9. Jg., Nr. 10, 1993, S. 329-334.

Schiefer, B., *Arbeitsrechtliche Voraussetzungen und Folgen des Betriebsübergangs gem. § 613a BGB*, in: Recht der Arbeit, 47. Jg., Nr. 2, 1994, S. 83-93.

Schlotke, H., *Mitwirkungspflichten bei Langzeitverträgen*, in: Nicklisch, F. (Hrsg.), Der komplexe Langzeitvertrag - Strukturen und internationale Schiedsgerichtsbarkeit, Heidelberg 1987, S. 377-390.

Schmalenbach, E., *Neue Aufgaben der Betriebswirtschaftslehre*, in: Schmalenbach, E. (Hrsg.), Betriebswirtschaftliche Beiträge, 1947, S. 3-9.

Schnabel, B., *Was leistet ein Rechner wirklich?*, in: Markt & Technik, 8. Jg., Nr. 12, 1991, S. 43-45.

Schmid, K., *Computervertragsrecht in Theorie und Praxis (CAD/ CAM/CIM)*, Köln 1990.

Schmidt, H., *Beratungsleistungen und Mitwirkungspflichten*, in: Computer und Recht, 8. Jg., Nr. 12, 1992, S. 709-714.

Schneider, J., *Praxis des EDV-Rechts: Recht der Beschaffung, des Betriebs, der Wartung und Pflege von Computeranlagen und -programmen, insbesondere EDV-Vertragsrecht*, Köln 1990.

Schotters, M., *Informationsmanagement für mittelständische Unternehmen*, Diss., Bergisch Gladbach/Köln 1992.

Schrader, A., *Emotionslos abwägen: Inhaus-EDV- oder Outsourcing?*, in: Office Management, 42. Jg., Heft 1-2, 1992, S. 24-26.

Schreuder, S. (a), *CAD/CAM für mittelständische Unternehmen - Leitfaden zur Planung und wirtschaftlichen Beurteilung einer CAD/CAM-Einführung*, Köln 1988.

Schreuder, S. (b), *CIM-Wirtschaftlichkeit: Vorgehensweise zur Ermittlung des Nutzens einer Integration von CAD, CAP, CAM, PPS, und CAQ*, Köln 1988.

Schroeder, D., *Kartellrecht*, in: Kilian, W. und Heussen, B., Computerrechts-Handbuch, Teil 6, München 1994.

Schulz, H. H., *Operating*, in: Computer Enzyklopädie, Reinbek bei Hamburg 1990, S. 374-375.

Schumacher, R., *Vertragsaufhebung wegen fahrlässiger Irreführung - unerfahrener Vertragspartner*, Bonn 1979.

Schuppenhauer, R., *Grundsätze für eine ordnungsmäßige Datenverarbeitung: (GoDV); Handbuch der EDV-Revision*, 4. Aufl., Düsseldorf 1992.

Schwedheim, W., *Ein Erfahrungsbericht der TUI*, Vortrag/Vortragsmaterial, Konferenz: EDV-Outsourcing, 23. und 24. März 1992, Bonn.

Schweitzer, M., *Profit Center*, in: Frese, E., (Hrsg.), Handwörterbuch der Organisation, Stuttgart 1992, S. 2078-2089.

Seiter, H., *Betriebsinhaberwechsel: arbeitsrechtliche Auswirkungen eines Betriebsübergangs unter besonderer Berücksichtigung des § 613a BGB i.d.F. vom 13. August 1980*, Wiesbaden 1980.

Selchert, F. W., *Die Ausgliederung von Leistungsfunktionen in betriebswirtschaftlicher Sicht*, Berlin 1971.

Sellmer, U. (a), *Outsourcing und System-Integration als Instrumente der Effizienzsteigerung im IV-Bereich*, Vortrag/Vortragsmaterial, Kongreß: Outsourcing und System-Integration, 2., 3. und 4. Dezember 1992, München.

Sellmer, U. (b), *Outsourcing als Wegbereiter der unternehmerischen Globalstrategie*, in: Heinrich, W. (Hrsg.), Outsourcing Modelle - Strategien - Praxis, Bergheim 1992, S. 86-102.

Sempf, U., *Die entschlackte Organisation - Empfehlungen zur Optimierung Ihrer internen Leistungsfähigkeit*, in: Kompetenz - Das Diebold Management Journal, Nr. 16, o.J., S. 4-15.

Simitis, S. (Hrsg.), *Kommentar zum Bundesdatenschutzgesetz*, Losebl. 4. Aufl., Baden- Baden 1994.

Solbach, F., *Ist Outsourcing eine "Waffe" der 90er Jahre?*, in: Cebit 92, Beilage der Süddeutschen Zeitung, Nr. 58, vom 10.03.1992, S. 1-2.

Sommerlad, K. (a), *Vertragsgestaltung beim Outsourcing in der Informationsverarbeitung*, in: Köhler-Frost, W. (Hrsg.), Outsourcing - Eine strategische Allianz besonderen Typs, Berlin 1993, S. 59-79.

Sommerlad, K. (b), *Der Outsourcing-Vertrag - Teil: Grundzüge zur Gestaltung des Vertrages*, in: Dokumentation eines Vortrags auf dem Outsourcing-Kongreß in Böblingen 17. und 18. September 1991.

Sorgenfrei, U., *Steuerliche Aspekte bei Outsourcing-Vorgängen,* in: Köhler-Frost, W. (Hrsg.), Outsourcing - Eine strategische Allianz besonderen Typs, Berlin 1993, S. 49-57.

Sowka, H.-H., *Betriebsverfassungsrechtliche Probleme der Betriebsaufspaltung*, in: Der Betrieb, 41. Jg., Nr. 25, 1988, S. 1318-1322.

Sponeck, H., *Überlassung von RZ-Kapazität - ein Fall der Auftragsdatenverarbeitung?*, in: Computer und Recht, 8. Jg., Nr. 10, 1992, S. 594-596.

Stahlknecht, P., *Einführung in die Wirtschaftsinformatik*, 5. Aufl., Berlin/Heidelberg u.a. 1991.

Statistisches Bundesamt (Hrsg.) (a), *Unternehmen und Arbeitsstätten - Arbeitsstättenzählung vom 25. Mai 1987*, Fachserie 2, Heft 8, Stuttgart 1990.

Statistisches Bundesamt (Hrsg.) (b), *Statistisches Jahrbuch 1993 für die Bundesrepublik Deutschland*, Wiesbaden 1993, S. 140-141.

Steinbuch, P., *Organisation*, 7. Aufl., Ludwigshafen 1988.

Steinel, C., Kirschbaum., J. und Kirschbaum, V., *Unternehmensstrategie frühzeitig mit den vorhandenen Ressourcen abstimmen / Erfolgsfaktor - Empirisches Projekt der Uni Hannover,* Teil 1, in: Handelsblatt, Nr. 116, 21.06.1993, S. 20 und Teil 2 in: Nr. 121, am 28.06.1993, S. 21.

Stopp, U., *Betriebliche Personalwirtschaft - zeitgemäße Personalwirtschaft - Notwendigkeit für jedes Unternehmen*, Ehningen/Stuttgart 1991.

Streicher, H., *Outsourcing in der Datenverarbeitung - Varianten - Verfahren - Wirtschaftlichkeit*, München 1993.

Szyperski, N., Schmidt, P. und Kronen, J., *Outsourcing: Profil und Markt einer Dienstleistung für Unternehmen auf dem Wege zur strategischen Zentrierung*, in: Wirtschaftsinformatik, 35 Jg., Nr. 3, 1993, S. 228-240.

tds (Hrsg.), *Dokumentation zum Outsourcing-Informationstag*, Vorträge/Vortragsmaterial, 11. November 1992, Frankfurt a.M.

Telekom (Hrsg.) (a), *Telekom Leistungsbeschreibungen und Tariflisten für Datendirektverbindungen und Wählverbindungen*, o.O., Stand 93/94.

Telekom (Hrsg.) (b), *Das Telekom-Buch 93/94*, o.O., Stand 93/94.

Tilch, H. (a), *Vorvertrag*, in: Münchener Rechts-Lexikon, München 1987, S. 1084-1085.

Tilch, H. (b), *Dauerschuldverhältnisse*, in: Deutsches Rechts-Lexikon, 2. Aufl., München 1992, S. 920-922.

Tinnefeld, M.-T. (a), *Einführung in das Datenschutzrecht*, München/Wien/Oldenburg 1992.

Tinnefeld, M.-T. (b), *Datenschutzbeauftragter im Unternehmen*, in: Computer und Recht, 7. Jg., Nr. 1, 1991, S. 29-33.

Töpfer, A. und Poersch, M., *Aufgabenfelder des betrieblichen Personalwesens für die 90er Jahre - Bedeutung und Inhalte in der Unternehmenspraxis*, Neuwied/Frankfurt a.M. 1989.

Transfer of Undertakings (Protection of Employment) Regulations 1981 [S.I. 1981 No. 1794].

VDI Zentrum Wertanalyse (Hrsg.), *Wertanalyse Idee - Methode - System*, 4. Aufl., Düsseldorf 1991.

Voßbein, R., *Sicherheit in Informationssystemen - eine unternehmerische Aufgabe*, in: Recht der Datenverarbeitung, 5. Jg., Nr. 2, 1989, S. 60-64.

Wächter, M., *Rechtliche Grundstrukturen der Datenverarbeitung im Auftrag*, in: Computer und Recht, 7. Jg., Nr. 6, 1991, S. 333-336.

Warnecke, H.-J., *Die Fraktale Fabrik - Revolution der Unternehmenskultur*, Berlin/Heidelberg u.a. 1992.

Weber, R., *Von der Planung zur Gestaltung von Rechtsgeschäften*, in: Höhn, E. und Weber, R., Planung zur Gestaltung von Rechtsgeschäften, Zürich 1986, S. 67-120.

Weichert, T., *Datenschutz*, in: Kilian, W. und Heussen, B., Computerrechts-Handbuch, Teil 13, München 1994.

Weidhaas, J. und Swoboda, M., *Schiedsgerichtsbarkeit und EDV-Verträge*, in: Computer und Recht, 4. Jg., Nr. 2, 1998, S. 104-111.

Wendell, L. F. *Organisationsentwicklung - sozialwissenschaftliche Strategien zur Organisationsveränderung*, 3. Aufl., Bern/Stuttgart 1990.

Wever, U. A., *Lean Management-Euphorie - ... vom unausrottbaren Irrglauben an die automatische Wirksamkeit von Konzepten*, in: Kompetenz - Das Diebold Management Journal, Nr. 23, o. Jg., o. J., S. 32-39.

Wind, I., *Haftung bei der Verarbeitung personenbezogener Daten*, in: Recht der Datenverarbeitung, 7. Jg., Nr. 1, 1991, S. 16-24.

Wittenzellner, Ch., *Wenn zwei Unternehmen eine gemeinsame Zukunft planen*, in: VDI-Nachrichten, Nr. 20, 21.05.1993, S. 13.

Wöhe, G., *Einführung in die allgemeine Betriebswirtschaftslehre*, 16. Aufl., München 1986.

Wolf, M., *Rechtsgeschäftslehre*, in: Emmerich, W., Gerhardt, W. u.a., Grundlagen des Vertrags- und Schuldrechts, Frankfurt a.M. 1972, S. 62-182.

Womack, J. P., Jones, D. T. und Roos, D., *Die zweite Revolution in der Autoindustrie - Konsequenzen aus der weltweiten Studie aus dem Massachusetts Institute of Technology*, Frankfurt a.M./New York 1991.

Xephon - Broschüre (Hrsg.), *Der Dinosaurier Mythos - Warum der Mainframe die kostengünstigste Lösung für die meisten Organisationen ist*, 2. Aufl., 1994, S. 4, in der Bundesrepublik Deutschland vertreten durch S.C.I.C. - Aichach.

Zahrnt, Ch. (a), *DV-Verträge als komplexe Langzeitverträge*, in: Computer und Recht, 8. Jg, Nr. 2, 1992, S. 84-87.

Zahrnt, Ch. (b), *Arbeitnehmerüberlassung - Abgrenzungskriterien der Bundesanstalt für Arbeit bei Softwareleistungen*, in: Computer und Recht, 7. Jg., Nr. 12, 1991, S. 736-739.

Zahrnt, Ch. (c), *Mitwirkungspflichten bei der Definition von Anforderungen*, in: Zahrnt, Ch., Betriebs-Berater Beilage Nr. 7, EDV-Rechtsprechung (1/94), 10.05.1994, S. 8-10.

Zillessen, W., *Outsourcing der Informationsverarbeitung als strategisches Instrument?* Vortrag/Vortragsmaterial, Konferenz: EDV-Outsourcing, 23. und 24. März 1992, Bonn.

Zimmermann, A. (a), *Die Bewertung von EDV-Produkten*, in: Computer und Recht, 10. Jg., Nr. 1, 1994, S. 53-57.

Zimmermann, A. (b), *Beweislast bei fehlendem Pflichtenheft*, in: Computer und Recht, 10. Jg., Nr. 5, 1994, S. 281-282.

Zimmermann, W. und Goos, G., *Betriebssystem*, in: Krückeberg, F. (Hrsg.), Lexikon Informatik und Kommunikationstechnik, Düsseldorf 1990, S. 58-59.

Zucker, W. F., *Entwicklung der Rechnerarchitekturen*, in: Handbuch der Modernen Datenverarbeitung, 26. Jg., Nr. 150, 1989, S. 59-76.

Zundel, F., *Outsourcing in Wirtschaft und Verwaltung*, Speyer 1992.

VIII Anhang

Inhaltsverzeichnis

I Statistische Daten der Grundgesamtheit 283

1. Struktur der untersuchten Unternehmen 283
1.1 Untersuchte Unternehmen nach Mitarbeitergrößenklassen 283
1.2 Outsourcer nach Mitarbeitergrößenklassen 285
1.3 Amtliche Statistik der Unternehmen nach Beschäftigten in Deutschland 286
2. Outsourcer nach Rechtsformklassen 287
3. Outsourcer nach Wirtschaftszweigen 288
4. Der deutsche Markt für Outsourcing 289
4.1 Kreuztabelle - Regionen und Outsourcer 289
4.2 Zusammenhangsüberprüfung von beschreibenden Merkmalen der Outsourcer 290

II Statistische Daten der Stichprobe Outsourcer 291

1. Ergebnisse der Befragung der Outsourcer 291
1.1 Befragte Outsourcer nach Mitarbeitergrößenklassen . . . 291
1.2 Befragte Outsourcer nach Rechtsformen 292
1.3 Befragte Outsourcer nach Wirtschaftszweigen 293

III Zuordnungsschlüssel für Branchen zu Wirtschaftszweigen 295

IV Fragebogen 303

V Checkliste zur Verbesserung des Datenschutzes beim grenzüberschreitenden Datenverkehr mit personenbezogenen Daten im nicht-öffentlichen Bereich 311

Abbildungsverzeichnis

Abb. 1 Untersuchte Unternehmen nach Mitarbeitergrößenklassen 284
Abb. 2 Outsourcer nach Mitarbeitergrößenklassen 285
Abb. 3 Unternehmen nach Beschäftigtengrößenklassen 286
Abb. 4 Rechtsformen der Outsourcer 287
Abb. 5 Wirtschaftszweige der Outsourcer 288
Abb. 6 Befragte Outsourcer nach Mitarbeitergrößenklassen . 291
Abb. 7 Befragte Outsourcer nach Rechtsformen 292
Abb. 8 Befragte Outsourcer nach Wirtschaftszweigen 293

Tabellenverzeichnis

Tab. 1 Untersuchte Unternehmen nach Mitarbeitergrößenklassen 284
Tab. 2 Kreuztabelle Regionen und Outsourcer-Verteilung .. 289
Tab. 3 Korrelationstabelle beschreibender Merkmale der untersuchten Unternehmen 290

I Statistische Daten der Grundgesamtheit

1. Struktur der untersuchten Unternehmen

1.1 Untersuchte Unternehmen nach Mitarbeitergrößenklassen

Es wurden sieben unterschiedliche Mitarbeitergrößenklassen zur Darstellung der Häufigkeitsverteilung der Unternehmen gebildet. Diese ermöglichen einen umfangreichen Überblick über die Outsourcer. Bei der Gestaltung der Größenklassen wurden spezifische Branchenausprägungen und mittelgroße Unternehmen besonders berücksichtigt. Kleine und mittelständische Unternehmen (KMUs) wurden in die beiden Größenklassen bis 200 Mitarbeiter und 200 bis 500 Mitarbeiter zusammengefaßt, die mittelgroßen Unternehmen in die drei Größenklassen 500 bis 1.000, 1.000 bis 2.500 und 2.500 bis 5.000 Mitarbeiter eingeteilt. Die Großunternehmen wurden in den zwei Größenklassen, 5.000 bis 10.000 und größer als 10.000 Mitarbeiter zusammengefaßt. Bei der Erfassung sind nur die inländischen Mitarbeiter der Unternehmen berücksichtigt worden. Die Einschränkung der Vergleichsmöglichkeiten zu amtlichen Unternehmensstatistiken durch die Größenklassen wurde bewußt in Kauf genommen, da die zur Verfügung stehenden amtlichen statistischen Daten vom Statistischen Bundesamt Wiesbaden auf der Unternehmens- und Arbeitsstättenzählung von 1987 basieren und dadurch die aktuelle Situation nur eingeschränkt darstellen.

Die Auswertung der Grundgesamtheit von N = 139 Unternehmen ergab, daß 24 % als kleine und mittelständische Unternehmen, 50 % als mittelgroße Unternehmen und 26 % als Großunternehmen einzustufen sind (siehe Tabelle 1 und Abbildung 1).

Tab. 1 Untersuchte Unternehmen nach Mitarbeitergrößenklassen, N = 139

Value Label	Value	Frequency	Percent	Valid Percent	Cum Percent
bis 200	1	14	10,1	10,1	10,1
200 bis 500	2	20	14,1	14,4	24,5
500 bis 1.000	3	21	15,1	15,1	39,6
1.000 bis 2.500	4	29	20,9	20,9	60,4
2.500 bis 5.000	5	19	13,7	13,7	74,1
5.000 bis 10.000	6	14	10,1	10,1	84,2
größer 10.000	7	22	15,8	15,8	100,0
	Total	139	100,0	100,0	

Valid cases 139 Missing cases 0

Überprüfung der Stichprobe auf Normalverteilung

Chi-Square	D.F.	Significance
8,0000	6	,2381

Die Hypothese H_0, die Stichprobe N = 139 stammt aus einer normalverteilten Grundgesamtheit, wird abgelehnt, da die Sicherheit des Chi-Quadrats nur 76 % beträgt. Die Ablehnung wird aber hinsichtlich einer umfangreichen Darstellung der mittelgroßen Unternehmen bewußt akzeptiert.

Abb. 1 Untersuchte Unternehmen nach Mitarbeitergrößenklassen, N = 139

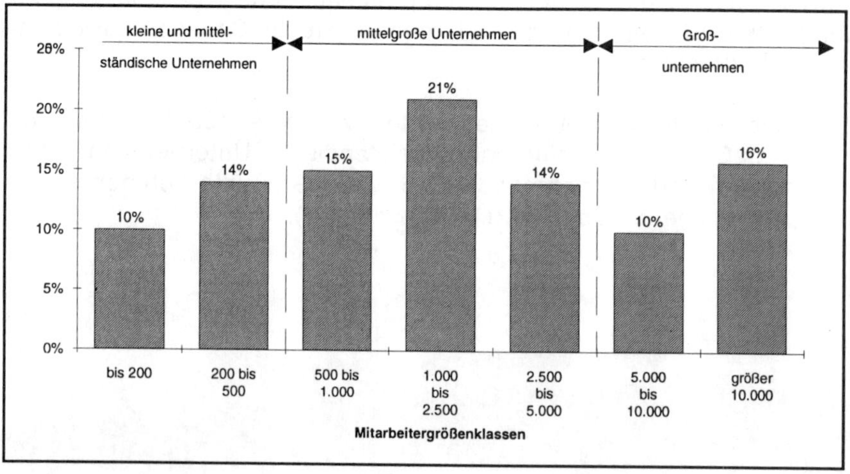

1.2 Outsourcer nach Mitarbeitergrößenklassen

Die Analyse der 91 Outsourcer ergab, daß 45 % der Unternehmen in die Größenklasse der mittelgroßen Unternehmen fallen. 27 % der Unternehmen gehören zu der Gruppe der kleinen und mittelständischen Unternehmen. 28 % der Unternehmen sind den Großunternehmen zuzurechnen. In der Gruppe der mittelgroßen Unternehmen betreiben am häufigsten die Unternehmen mit einer Mitarbeiterzahl zwischen 1.000 und 2.500 Mitarbeiter (19 %) Outsourcing (siehe Abbildung 2).

Abb. 2 Outsourcer nach Mitarbeitergrößenklassen, N = 91

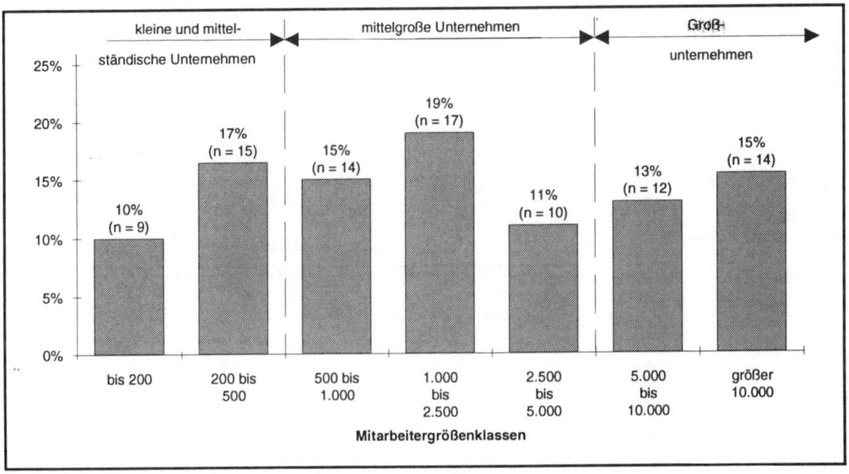

1.3 Amtliche Statistik der Unternehmen nach Beschäftigten in Deutschland

Der Darstellung der Unternehmen in Deutschland liegen die Daten aus der Unternehmens- und Arbeitsstättenzählung vom 25. Mai 1987 (früheres Gebiet Deutschlands) des Statistischen Bundesamtes Wiesbaden zugrunde.[1] Das Datenmaterial des Statistischen Bundesamtes geht bei der Unternehmensstatistik von Beschäftigten aus und schließt den tätigen Inhaber sowie unbezahlte Familienangehörige ein. Bei der durchgeführten Untersuchung wurde dagegen nur auf die Anzahl der Mitarbeiter eines Unternehmens zugegriffen. Der relativ weit zurückliegende Erhebungszeitpunkt der amtlichen Statistik und die Differenz zwischen dem beschreibenden Merkmal Beschäftigte und Mitarbeiter führen dazu, daß kein direkter Vergleich und/oder Schluß gezogen werden kann (siehe Abbildung 3). Unter Berücksichtigung dieser Faktoren und der Tatsache, daß die Unternehmensdaten aus den Geschäftsjahren 1991/92 und 1992/93 stammen, läßt sich feststellen, daß mit steigender Unternehmensgröße auch die Anzahl der Unternehmen zunimmt, die Outsourcing betreiben.

Abb. 3 Unternehmen nach Beschäftigtengrößenklassen, N = 2.097.853 (Daten: Unternehmens- und Arbeitsstättenzählung von 1987, Alte Bundesländer)

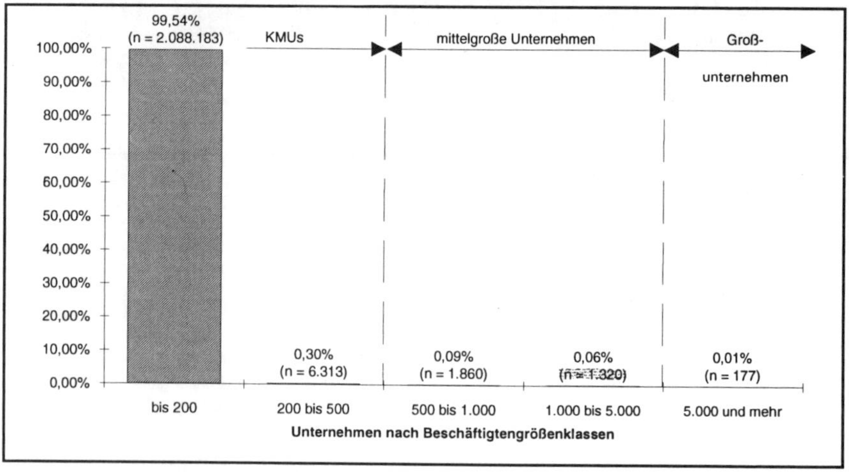

1 Vgl. Statistisches Bundesamt (Hrsg.) (a), *Unternehmen und Arbeitsstätten - Arbeitsstättenzählung vom 25. Mai 1987*, Fachserie 2, Heft 8, Stuttgart 1990.

2. Outsourcer nach Rechtsformklassen

Outsourcer weisen zu 87 % die Rechtsform einer Kapitalgesellschaft auf (siehe Abbildung 4). 13 % der Unternehmen sind als Personengesellschaft oder als sonstige Rechtsform organisiert. Bei den Kapitalgesellschaften ist die Rechtsform der Gesellschaft mit beschränkter Haftung (GmbH), einschließlich der GmbH und Co. KG, mit 47 % und die Aktiengesellschaft (AG), einschließlich der Kommanditgesellschaft auf Aktie (KGaA), mit 40 % vertreten. Die Auswertung der Rechtsformhäufigkeiten ergibt, daß Unternehmen, die in der Rechtsform der GmbH organisiert sind, häufiger Outsourcing betreiben als Unternehmen in der Rechtsform der AG einschließlich KGaA. Die amtliche Statistik, Stand 31.12.1991, weist im Gebiet Deutschland 2.806 AG einschließlich KGaA und 465.660 GmbH aus.[1] Die Ergebnisse der durchgeführten Untersuchung, bezogen auf die Zahlen der amtlichen Statistik, zeigen, daß aus der Summe der AG einschließlich KGaA 1,3 % und von den GmbH 0,01 % Outsourcing betreiben.

Abb. 4 Rechtsformen der Outsourcer, N = 91

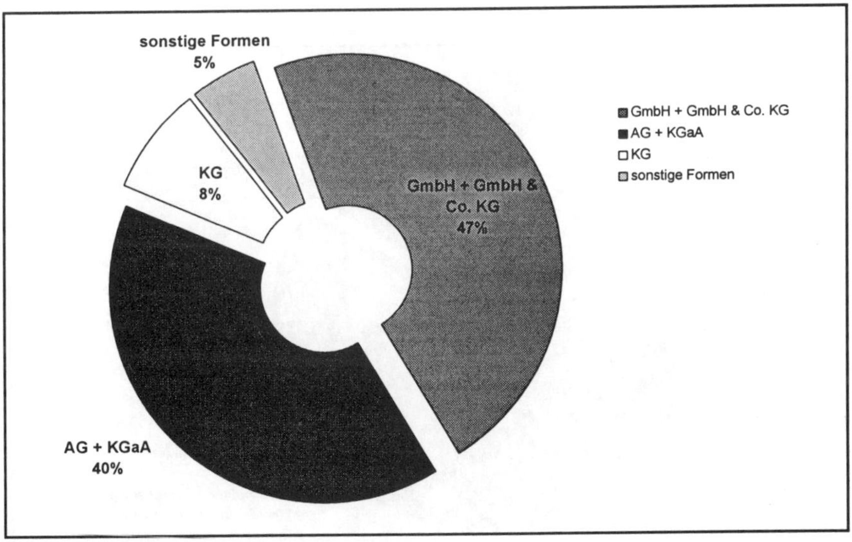

1 Vgl. Statistisches Bundesamt (Hrsg.) (b), *Statistisches Jahrbuch 1993 für die Bundesrepublik Deutschland*, Wiesbaden 1993, S. 140-141.

3. Outsourcer nach Wirtschaftszweigen

Die Analyse der Branchenzugehörigkeit der untersuchten Outsourcer weist eine Mannigfaltigkeit auf, die nur schwer wiederzugeben ist. Aus diesem Grund wurden die Branchen zu Wirtschaftszweigen zusammengefaßt und nach dem Schlüssel des Statistischen Bundesamtes, "Unternehmen und Arbeitsstätten - Arbeitsstättenzählung vom 25. Mai 1987" gruppiert (Schlüssel siehe Anhang, Kapitel III).

Die Outsourcer gehören primär dem Verarbeitenden Gewerbe an (58 %). Jeweils zu gleichen Teilen (18 %) sind die Kreditinstitute und das Versicherungsgewerbe sowie Dienstleistungsunternehmen und Freie Berufe vertreten. Mit einem geringen Anteil sind Outsourcer aus den Wirtschaftszweigen Energie- und Wasserversorgung, Bergbau (6 %) und dem Handel (1 %) vertreten (siehe Abbildung 5). Auffällig ist, daß keine Outsourcer aus den Wirtschaftszweigen Land- und Forstwirtschaft sowie des Verkehrswesens und der Nachrichtenübermittlung vertreten sind.

Abb. 5 Wirtschaftszweige der Outsourcer, N = 91

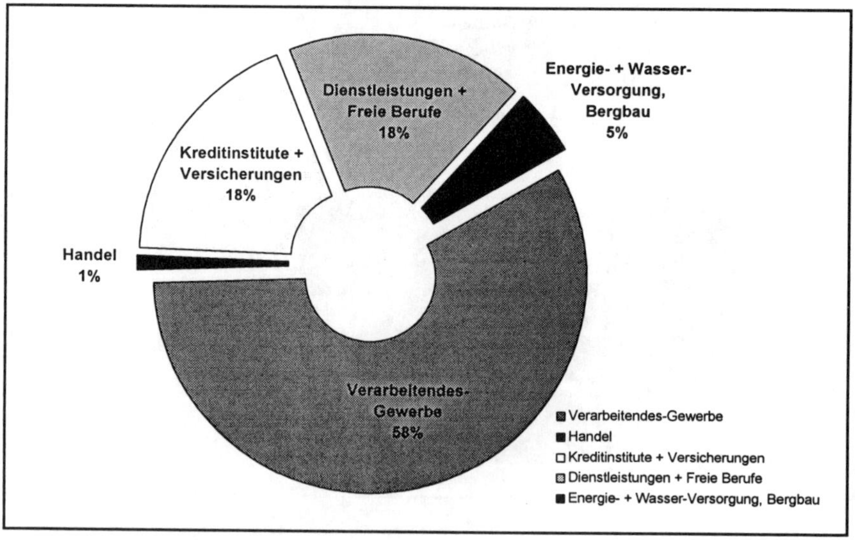

4. Der deutsche Markt für Outsourcing

4.1 Kreuztabelle - Regionen und Outsourcer

Zur Ermittlung der regionalen Verteilung der Outsourcer wurden die Standorte der Outsourcer in sieben Regionen (Berlin, Düsseldorf, Frankfurt a.M., Hamburg, Hannover, München und Stuttgart) eingeteilt. Eine Kreuztabellierung ergab, daß Outsourcer über gesamt Deutschland in etwa gleich verteilt sind (siehe Tabelle 2). Die regionalen Unterschiede sind mit hoher Wahrscheinlichkeit auf die spezifischen Ausprägungen der Regionen zurückzuführen, wie z.B. Standortdichte der Unternehmen oder typische Branchenstandorte.

Tab. 2 Kreuztabelle Regionen und Outsourcer-Verteilung, N = 91

REGIONEN	Count	OUTSOURCER 1	Row Total
Berlin	1	8	8 8,8
Düsseldorf	2	20	20 22,0
Frankfurt a.M.	3	16	16 17,6
Hamburg	4	12	12 13,2
Hannover	5	8	8 8,8
München	6	13	13 14,3
Stuttgart	7	14	14 15,4
Column Total		91 100,0	91 100,0

Number of Missing Observations: 0

4.2 Zusammenhangsüberprüfung von beschreibenden Merkmalen der Outsourcer

Um herauszufinden, ob ein Zusammenhang und wenn ja, welcher zwischen den beschreibenden Merkmalen von Outsourcern besteht, wurde eine Bivariate Korrelation (Pearson = P) durchgeführt. Gegenstand der Untersuchung waren die Merkmalsausprägungen Outsourcer, Region, Rechtsform, Mitarbeiter und Wirtschaftszweig.

Die Untersuchung ergab, daß es mit einer Irrtumswahrscheinlichkeit P kleiner gleich alpha 0,05 keinen Zusammenhang gibt (siehe Tabelle 3). Mit einer Zuverlässigkeit von 85 % kann gesagt werden, daß die Rechtsform eines Outsourcers mit dem Outsourcing in Verbindung steht. Dagegen haben die Merkmale Region (51,8 %) und Wirtschaftszweig (41,9 %) nur einen geringen Einfluß auf das Outsourcing. Eine sehr geringe Auswirkung auf das Outsourcing hat die Mitarbeiterzahl (11,5 %) der Unternehmen.

Tab. 3 Korrelationstabelle beschreibender Merkmale der untersuchten Unternehmen, N = 139

- - Correlation Coefficients - -

	OUTSOURC	REGIONEN	RECHTSFO	MITARB	WIRTZWEI
OUTSOURC	1,0000	,0601	,1226	,0123	-,0472
	(139)	(139)	(139)	(139)	(139)
	P= ,	P= ,482	P= ,150	P= ,885	P= ,581
REGIONEN	,0601	1,0000	,0358	-,0617	,0571
	(139)	(139)	(139)	(139)	(139)
	P= ,482	P= ,	P= ,676	P= ,471	P= ,504
RECHTSFO	,1226	,0358	1,0000	-,1881	,2554
	(139)	(139)	(139)	(139)	(139)
	P= ,150	P= ,676	P= ,	P= ,027	P= ,002
MITARB	,0123	-,0617	-,1881	1,0000	-,1423
	(139)	(139)	(139)	(139)	(139)
	P= ,885	P= ,471	P= ,027	P= ,	P= ,095
WIRTZWEI	-,0472	,0571	,2554	-,1423	1,0000
	(139)	(139)	(139)	(139)	(139)
	P= ,581	P= ,504	P= ,002	P= ,095	P= '

(Coefficient / (Cases) / 2-tailed Significance)

" . " is printed if a coefficient cannot be computed

II Statistische Daten der Stichprobe Outsourcer

1. Ergebnisse der Befragten Outsourcer

Die Ergebnisse beruhen auf der Auswertung von 50 beantworteten Fragebögen.

1.1 Befragte Outsourcer nach Mitarbeitergrößenklassen

Die Befragten sind über alle Mitarbeitergrößenklassen verteilt. Die primäre Mitarbeitergrößenklasse ist die der mittelgroßen Unternehmen (52 %). Diese Gruppe beschäftigt zwischen 500 bis 5.000 Mitarbeiter (siehe Abbildung 6).

Abb. 6 Befragte Outsourcer nach Mitarbeitergrößenklassen, N = 50

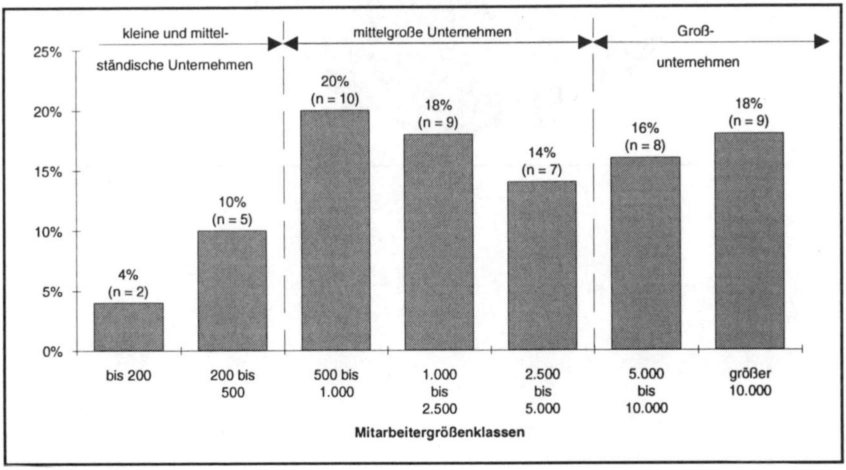

1.2 Befragte Outsourcer nach Rechtsformen

Die Outsourcer sind mit 96 % in den Rechtsformen der Kapitalgesellschaften organisiert. Die AG, einschließlich der KGaA, ist mit 60 % die überwiegende Rechtsform. Die GmbH, einschließlich der GmbH & Co. KG, ist mit 36 % vertreten. Die KG stellt mit 4 % die kleinste Gruppe der Rechtsformen (siehe Abbildung 7).

Abb. 7 Befragte Outsourcer nach Rechtsformen, N = 50

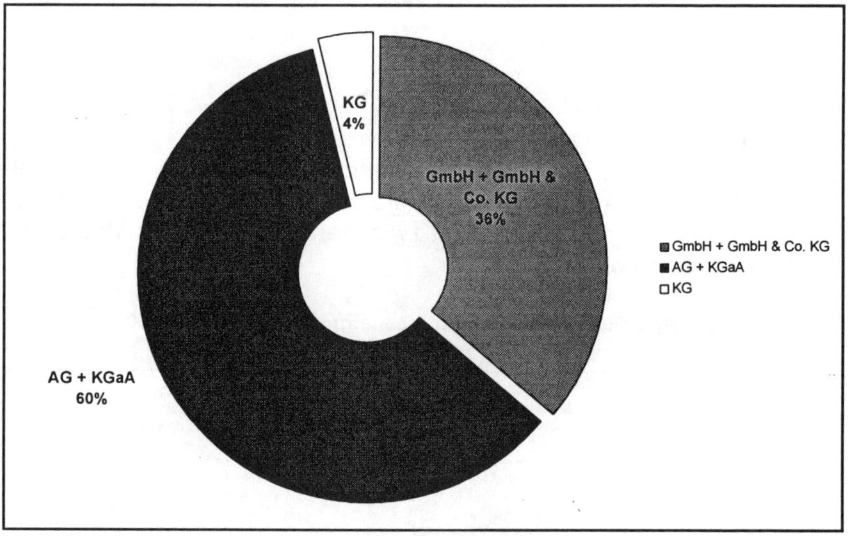

1.3 Befragte Outsourcer nach Wirtschaftszweigen

Die Auswertung der befragten Outsourcer hinsichtlich ihrer primären Zugehörigkeit nach Wirtschaftszweigen ergibt, daß 60 % dem Verarbeitenden Gewerbe und 22 % den Kreditinstituten und dem Versicherungsgewerbe angehören. 18 % verteilen sich auf Dienstleistungen und Freie Berufe, Bergbau, Handel sowie Energie- und Wasserversorgung (siehe Abbildung 8).

Abb. 8 Befragte Outsourcer nach Wirtschaftszweigen, N = 50

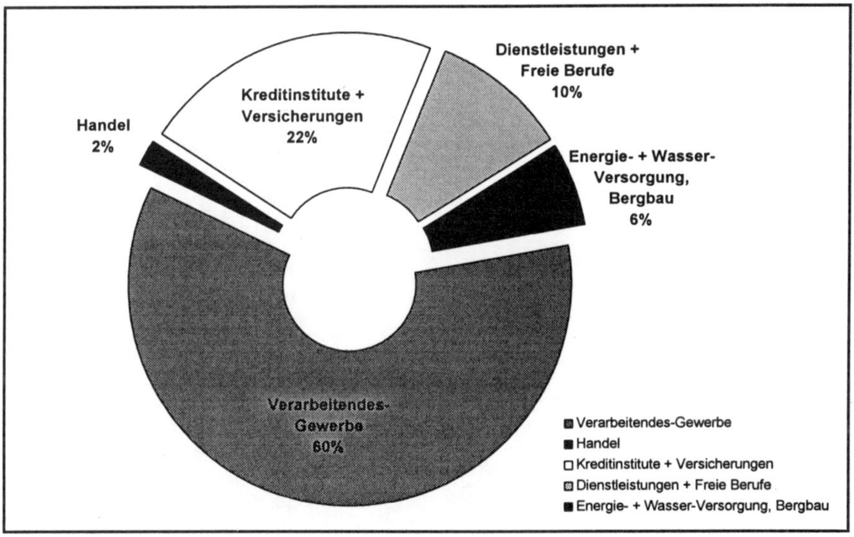

III Zuordnungsschlüssel für Branchen zu Wirtschaftszweigen

Die Zuordnung für ein Unternehmen von der Branche X zu dem Wirtschaftszweig Y erfolgte nach dem Schlüssel des Statistischen Bundesamtes, der im nachfolgenden aufgeführt ist.[1]

Wirtschaftszweige der deutschen Wirtschaftsstruktur

LFW	Land- und Forstwirtschaft
EWB	Energie- und Wasserversorgung, Bergbau
VAG	Verarbeitendes Gewerbe
BAU	Baugewerbe
HAN	Handel
VNU	Verkehr und Nachrichtenübermittlung
KVG	Kreditinstitute und Versicherungsgewerbe
DFB	Dienstleistungen und Freie Berufe

Abkürzungsverzeichnis

ADV-Einr.	Datenverarbeitungsgeräte und -einrichtungen
ANG	anderweitig nicht genannt
EBM-Waren	Eisen-, Blech- und Metallwaren
EH. m.	Einzelhandel mit
Gew. v.	Gewinnung von
GH. m.	Großhandel mit
H. u. Verarb. v.	Herstellung und Verarbeitung von
H. v.	Herstellung von
M. d.	mit dem
OAS	ohne ausgeprägten Schwerpunkt
OH.	ohne
V. v.	Vermittlung von

1 Entnommen aus: Statistischen Bundesamt (Hrsg.) (a), a.a.O., S. 14-85.

Zuordnung der Branchen zu Wirtschaftszweigen

LFW = Land- und Forstwirtschaft

- Dienstleistg. a. d. Land-, Forst- u. Fischw. Erz. Stufe
- Gewerbliche Gärtnerei
- Gewerbliche Tierhaltung u. -pflege
- Gewerbliche Jagd
- Hochsee- u. Küstenfischerei

EWB = Energie- und Wasserversorgung, Bergbau

- Elektrizitäts-, Gas- u. Fernwärmeversorgung, OAS
- Wasserversorgung
- Steinkohlebergbau u. -brikettherstellung, Kokerei
- Braunkohlebergbau u. -brikettherstellung
- Erzbergbau
- Gew. v. Spalt- u. Brutstoffhaltigen Erzen
- Kali- u. Steinsalzbergbau, Salinen
- Gew. v. Erdöl, Erdgas
- sonst. Bergbau, Torfgewinnung
- Bergbau

VAG = Verarbeitendes Gewerbe

- Chemische Industrie
- H.u.Verarb.v.Spalt- u. Brutstoffen
- Mineralölverarbeitung
- H.v. Gummiwaren
- H.v. Kunststoffwaren
- Runderneuerung u. Rep. v. Bereifungen
- Gew. v. Steinen u. Erden
- Verarb. v. Steinen u. Erden (OH. Grobker., Schleifm.)
- Grobkeramik
- Feinkeramik
- H.v. Schleifmitteln
- H.u.Verarb.v. Glas
- Hochofen-, Stahl- u. Warmwalzwerke (OH. Stahlrohre)
- H.v. Stahlrohren
- Schmiede-, Press- u. Hammerwerke

- NE-Metallerzeugung, NE-Metallhalbzeugwerke
- Eisen-, Stahl- u. Temper-Gießerei
- NE-Metallgießerei
- Ziehereien, Kaltwalzwerke
- Stahlverformung, Oberfläch. Veredlg., Härtung
- Mechanik, ANG
- Metallerzeugung u. -bearbeitung
- H.v. Stahl- u. L. Metallkonstruktionen, Weichenbau
- Kessel- u. Behälterbau
- Maschinenbau
- H.v. Büromaschinen, ADV-Geräten u. -Einr.
- H.v. Kraftwagen u. deren Teilen
- Straßenfahrzeugbau (OH. H.v. Kraftwagen)
- Schiffbau
- Schienenfahrzeugbau
- Luft- u. Raumfahrzeugbau
- Rep.v. KFZ, Fahrrädern, Haushaltsnähmaschinen, usw.
- Stahl-, Maschinen- u. Fahrzeugbau, H.v. ADV-Einr.
- Elektrotechnik
- Feinmechanik, Optik
- H.v. Uhren
- H.v. EBM-Waren
- H.v. Füllhaltern usw., Foto- u. Filmlabors
- H.v. Musikinstrumenten, Spielwaren, Schmuck usw.
- Rep. v. Gebrauchsgütern
- Holzbearbeitung
- Holzverarbeitung
- Zellstoff-, Holzschliff-, Papier- u. Pappeerzeugung
- Papier- u. Pappeverarbeitung
- Druckerei, Vervielfältigung
- Rep. v. Gebrauchsgütern a. Holz u.ä.
- Holz-, Papier- u. Druckereigewerbe
- Ledererzeugung
- Lederverarbeitung (OH. H.v. Schuhen)
- H.v. Schuhen
- Textilgewerbe
- Bekleidungsgewerbe
- Rep.v. Schuhen, Gebr.Güt. a. Leder u.ä., Schirmen
- Mahl- u. Schälmühlen
- H.v. Stärke, Stärkeerzeugnissen
- H.v. Teigwaren
- H.v. Backwaren

- Zuckerindustrie
- Obst- u. Gemüseverarbeitung
- H.v. Süßwaren (OH. Dauerbackwaren)
- Milchverwertung
- H.v. Speiseöl, Margarine u.ä. Nahrungsfetten
- Schlachthäuser (OH. Kommmunale), Fleischverarb.
- Fischverarbeitung
- Brauerei, Mälzerei
- Alkoholbrennerei, H.v. Spirituosen, Wein
- Mineralbrunnen, H.v. Mineralwasser, Limonaden
- Sonst. Ernährungsgewerbe (OH. H.v. Futtermitteln)
- H.v. Futtermitteln
- Tabakverarbeitung
- Verarb. Gewerbe

BAU = Baugewerbe

- Hoch- u. Tiefbau
- Spezialbau
- Stukkateurgewerbe, Gipserei, Verputzerei
- Zimmerei, Dachdeckerei
- Bauhauptgewerbe
- Bauinstallation
- Ausbaugewerbe (OH. Bauinstallation)
- Baugewerbe

HAN = Handel

- GH. m. Getreide, Futter- u. Düngemitteln, Tieren
- GH. m. Textil, Rohstoffen u. Halbwaren, Häuten usw.
- GH. m. Techn., Chemikalien, Rohdrogen, Kautschuk
- GH. m. Fest. Brennstoffen, Mineralölerzeugnissen
- GH. m. Erzen, Stahl, NE-Metallen usw.
- GH. m. Holz, Baustoffen, Installationsbedarf
- GH. m. Altmaterial, Reststoffen
- GH. m. Nahrungsmitteln, Getränken, Tabakwaren
- GH. m. Textilien, Bekleidung, Schuhen, Lederwaren
- GH. m. Metallwaren, Einrichtungsgegenständen
- GH. m. Feinmech. u. Opt. Erzeugn., Schmuck usw.
- GH. m. Fahrzeugen, Maschinen, Techn. Bedarf

- GH. m. Pharmazeut., Kosmet. u.ä. Erzeugnissen
- GH. m. Pap., Druckerzeugn., Waren versch. Art, OAS
- V. v. Landw. Grundstoffen, Tieren, Textil. Rohstf. usw.
- V. v. Techn. Chemikal., Erzen, Holz, Baustoffen, usw.
- V. v. Nahrungsmitteln, Getränken, Tabakwaren
- V. v. Textilien, Bekleidung, Schuhen, Lederwaren
- V. v. Metallwaren, Einrichtungsgegenständen
- V. v. Feinmech. u. Opt. Erzeugn., Schmuck usw.
- V. v. Fahrzeugen, Maschinen, Techn. Bedarf
- V. v. Sonst. Waren, Waren versch. Art, OAS
- Versandhandelsvertretung
- Handelsvermittlung
- EH. m. Nahrungsmitteln, Getränken, Tabakwaren
- EH. m. Textilien, Bekleidung, Schuhen, Lederwaren
- EH. m. Einr. Gegenständen (OH. Elektrotechnik usw.)
- EH. m. Elektrotechn. Erzeugnissen, Musikinstr. usw.
- EH. m. Papierw., Druckerzeugnissen, Büromasch.
- EH. m. Pharmazeut., Kosmet. u. Medizin. Erzeugn. usw.
- EH. m. Kraft- u. Schmierstoffen (Tankstellen)
- EH. m. Fahrzeugen, Fahrzeugteilen u. -reifen
- EH. m. Sonst. Waren, Waren versch. Art

VNU = Verkehr und Nachrichtenübermittlung

- Eisenbahnen
- Straßenverkehr, Parkplätze u. -häuser
- Binnenschiffahrt, -wasserstraßen, -häfen
- See- u. Küstenschiffahrt, Seehafen
- Luftfahrt, Flugplätze
- Tansport i. Rohrleitungen
- Deutsche Bundespost
- Verkehr, Nachr. Übermittlg. (OH. Sped. usw.)
- Spedition, Lagerei
- Verkehrsvermittlung
- Spedition, Lagerei, Verkehrsvermittlung

KVG = Kreditinstitute und Versicherungen

- Deutsche Bundesbank
- Kreditbanken

- Sparkassenwesen (OH. Post- u. Bausparkassen)
- Genossenschaftl. Kreditinstitute
- Realkreditinstitute
- Teilzahlungskreditinstitute
- Kreditinstitute m. Sonderaufgaben
- Bausparkassen
- Sonst. Kreditinstitute
- Lebensversicherung, Pensions- u. Sterbekassen
- Krankenversicherung
- Schaden- u. Unfallversicherung
- Rückversicherung
- Versicherungsgewerbe
- Finanzierungs-Leasing
- Leihhäuser
- Effektenbörsen, V. v. Bankgeschäften
- V. v. Versicherungen
- M. d. Kredit- u. Vers. Gewerbe verb. Tätigkeiten

DFB = Dienstleistungen und Freie Berufe

- Beherbergungsgewerbe
- Gaststättengewerbe
- Kantinen
- Schlaf- u. Speisewagenbetriebe
- Gastgewerbe
- Wohnheime (OH. Wohnheime für Behinderte)
- Heime f. Säuglinge, Kinder u. Jugendliche
- Einr. z. Eingliederung u. Pflege Behinderter u.ä.
- Altenpflege- u. -krankenheime
- Tagesheime
- Heime (OH. Fremden-, Erholungs- u. Ferienheime)
- Wäscherei, Reinigung
- Friseur- u. sonst. Körperpflegegewerbe
- Sonst. persönl. Dienstleistungen
- Gebäudereinigung u.ä. (OH. Fassaden)
- Abfall- u. Abwasserbeseitigung, sonst. Hygien. Einr.
- Wissenschaft, Forschung, Unterricht
- Kultur, Kunst, Sport, Unterhaltung
- Verlagsgewerbe
- Gesundheitswesen
- Veterinärwesen

- Rechts- u. Steuerberatung, Wirtschaftsprüfung usw.
- Techn. Beratung u. Planung
- Werbung
- Dienstleistungen f. Unternehmen, ANG
- Vermietg. Bewegl. Sachen (OH. Bücher u.ä., Filme)
- Grundstücks- u. Wohnungswesen
- Beteiligungsgesellschaften
- Sonst. Dienstleistungen
- Dienstleist. v. Unternehmen u. Fr. Berufen

IV Fragebogen

1. DV-Outsourcing

1.1 Was wurde outgesourct?

Rechenzentrum-Leistungen (MIPS + Speicherplatz) □

plus Wartung □

Großrechner-Welt:

IBM □, Siemens □, DEC □, BULL □, Unisys □, andere Rechner-Welt □

MDT:

AS 400 □, DEC □, HP □, andere Rechner-Welt □

Desk-Top-Welt:

PC □, Workstation □, LAN □, andere Rechner-Welt □

Basis-Software (Betriebssystem und Tools) □

plus Wartung □

Anwendungs-Software:

kommerzielle Software, z.B. SAP (Welche?) □

Welche? . . . .

plus Wartung □

plus Entwicklung/Weiterentwicklung □

technische Software, z.B. CAD (Welche?) □

Welche? . . . .

plus Wartung □

plus Entwicklung/Weiterentwicklung □

Netzservice □

Netzinfrastruktur + Netzservice □

Netz-Mehrwertdienste (Welche?) □

Welche? . . . .

DV-Outsourcing - Was wurde outgesourct? (Fortsetzung)

1.2 **DV-Backup-Dienstleistungen** □

1.3 **andere DV-Dienstleistungen (Welche?)** □

Welche? . . . .

. . . .

. . . .

1.4 Wenn das komplette Rechenzentrum outgesourct wurde, ist das Rechenzentrum physisch verlagert worden?

Nein, das Rechenzentrum ist am alten Standort geblieben □
Ja, das Rechenzentrum wurde physisch zum Dienstleister verlagert □

2. Funktions-Outsourcing - Was wurde outgesourct?

Funktionsdienstleistungen, z.B. Erstellung der Lohn- und Gehaltsabrechnung, (Welche?) □

(Funktionsdienstleistungen: beinhalten die Aufgabenerledigung einer Unternehmensfunktion.)

Welche? . . . .

. . . .

. . . .

die DV-Technologie wurde mit outgesourct □
die DV-Technologie wurde gesondert outgesourct □
die DV-Technologie wurde nicht mit outgesourct □

3. Prozeß-Outsourcing - Was wurde outgesourct?

Prozeßdienstleistungen, z.B. Rechnungswesen einschließlich Controlling und Kennzahlenermittlung für das Management, (Welche?) □

(Prozeßdienstleistungen: beinhalten mehrere zeitlich nacheinander folgende Vorgänge für eine unternehmerische Aufgabenerledigung.)

Welche? . . . .

. . . .

. . . .

die DV-Technologie wurde mit outgesourct □

die DV-Technologie wurde gesondert outgesourct □

die DV-Technologie wurde nicht mit outgesourct □

4. Projekt-Outsourcing - Was wurde outgesourct?

(Projektdienstleistungen: sind einmalige Vorhaben/Aufgabenerledigungen die in unterschiedlichem Umfang und Zielsetzung wiederkehren.)

Projektleistungen:

Beratung-/Consulting-Leistung □

Softwareentwicklung □

Integration neuer Technologien, z.B. Software, Hardware □

andere Projektleistungen (Welche?) □

Welche? . . . .

. . . .

. . . .

5. Wie viele Mitarbeiter sind bis heute an ein/mehrere Dienstleistungsunternehmen übergegangen?

. . . .

6. Wie groß ist die Outsourcing-Vertragsgröße?

	bis zu	2 Mio. DM	□
2 Mio. DM	bis zu	5 Mio. DM	□
5 Mio. DM	bis zu	10 Mio. DM	□
10 Mio. DM	bis zu	20 Mio. DM	□
20 Mio. DM	bis zu	50 Mio. DM	□
	größer	50 Mio. DM	□

7. In welcher Variante wurde outgesourct?

an einen Dienstleister übergeben □

Joint Venture (z.B. GmbH) □
Tochterunternehmen □
Schwesterunternehmen □

andere Variante (Welche?) □

Welche? ....

....

....

8. Welche(r) strategische Ausrichtung/Nutzen wird durch das Outsourcen erreicht?

Kostensenkung von DV-, Funktions-, Prozeß- und/oder Projekt-Dienstleistungen, bei mindestens gleichen Anforderungen und gleicher Qualität □

Optimierung der Kosten bei Investitionsvorhaben □

Unterstützung bei der Ausrichtung des Unternehmens auf neue Marktanforderungen durch einen Dienstleister □

Migration von Organisation/DV-Anwendungen □
Migration der DV, alter Zustand zum Dienstleister □
neue DV-Anwendungen schneller einführen □

Welche(r) strategische Ausrichtung/Nutzen wird durch das Outsourcen erreicht? (Fortsetzung)

Streitprobleme bei/mit Mitarbeitern auf Dauer zu lösen ☐

es wurde eine strategische Partnerschaft zur Entwicklung eines/mehrere Geschäftsfeldes/r aufgebaut:

um eine interne Nutzenoptimierung im Unternehmen zu erreichen ☐

um extern einen Zusatznutzen zu erzielen ☐

anderer Nutzen (Welcher?) ☐

Welcher? . . . .

. . . .

. . . .

9. Wer ist/sind Dienstleister?

. . . .

. . . .

10. Vertragstypen

10.1 Welche(r) Vertragstyp(en) wurde geschlossen?

Rahmenvertrag mit Anlagen für die Leistungsbeschreibung (Outsourcing-Vertrag) ☐

Einzelverträge für die gegenseitige Leistungserbringung, z.B: (Outsourcing-Vertragswerk)

Vorvertragliche Vereinbarung ☐

Projektvertrag für die Abwicklung ☐

Vertrag für die gegenseitige Leistungserbringung ☐

Dienstleistungsvertrag für die outgesourcte Leistungserbringung ☐

Welche(r) Vertragstyp(en) wurde geschlossen? (Fortsetzung)

Dienstleistungsvertrag, in dem alle Einzelheiten geregelt sind:
(Outsourcing-Dienstleistungsvertrag)
Dienstleistungsvertrag ohne AGB ☐
(AGB = Allgemeine Geschäftsbedingungen)
Dienstleistungsvertrag mit AGB ☐

andere(n) Vertragstyp(en)? . . . .

. . . .

. . . .

10.2 Dauer des/der Outsourcing-Vertrages/-Verträge:

. . . .

. . . .

. . . .

10.3 Beginn des/der Outsourcing-Vertrages/-Verträge:

. . . .

. . . .

. . . .

11. Wie empfanden Sie den Aufwand für die vertraglichen Regelungsbereiche?

Column headings:

1. konnte leicht und/oder schnell geregelt werden
2. wurde in einem akzeptablen Zeitaufwand geregelt
3. führte zu einem langen Verhandlungsprozeß
4. es wurde durch eine sehr lange Verhandlung eine Akzeptanzlösung gefunden

vertragliche Regelungsbereiche:	1	2	3	4
Art und Umfang der Dienstleistungen	□	□	□	□
Abrechnungsart der Dienstleistungen	□	□	□	□
Qualität und Servicelevel der Dienstl.	□	□	□	□
Controlling-Prozeß für das Outsourcing	□	□	□	□
Zuständigkeiten/Verantwortungsbereiche	□	□	□	□
Hard- und Softwareübergabe	□	□	□	□
Mitarbeiterübergabe	□	□	□	□
Datenschutz	□	□	□	□
Datensicherheit	□	□	□	□
Haftungs- und Risiko-Begrenzung	□	□	□	□
Leistungsverzugsstrafen (Penalty)	□	□	□	□
Rückabwicklung	□	□	□	□
Rechtsverhältnis bei Gründung eines gemeinsamen Unternehmens (Joint Venture/ ...)	□	□	□	□
andere Regelungsbereiche (Welche?)	□	□	□	□

Welche? ....

....

....

Welche spezifischen Gründe führten zu einer langen Verhandlung?

....

....

....

12. Wie empfanden Sie den Aufwand für die internen Regelungsbereiche während der Umsetzung des Outsourcens?

interne Regelungsbereiche:

konnte leicht und/oder schnell geregelt werden
| wurde in einem akzeptablen Zeitaufwand geregelt
| | führte zu einem langen Verhandlungsprozeß
| | | es wurde durch eine sehr lange Verhandlung
| | | | eine Akzeptanzlösung gefunden

Definition/Bestimmung welche Leistungen outgesourct werden	□	□	□	□
Übergabe von Hard- und Software	□	□	□	□
Mitarbeiterübergabe	□	□	□	□
Sozialplan für ausscheidende Mitarbeiter	□	□	□	□
veränderte Zuständigkeiten/ Verantwortungsbereiche	□	□	□	□
Mitbestimmung	□	□	□	□
Datenschutz	□	□	□	□
Datensicherheit	□	□	□	□
andere Regelungsbereiche (Welche?)	□	□	□	□

Welche? . . . .

. . . .

. . . .

Welche spezifischen Gründe führten zu einer langen Verhandlung?

. . . .

. . . .

. . . .

13. Beabsichtigen Sie (weitere) Dienstleistungen outzusourcen?

Welche? . . . .

. . . .

. . . .

V Checkliste zur Verbesserung des Datenschutzes beim grenzüberschreitenden Datenverkehr mit personenbezogenen Daten im nicht-öffentlichen Bereich

Checkliste[1]

1. Kooperation der Beteiligten

Die übermittelnde Stelle soll die den Datenschutz betreffende Rechtslage im Empfängerland ermitteln. Dabei bieten sich Kontaktaufnahmen zu den zuständigen Behörden im Empfängerland und zum Datenempfänger an. Ob ein Land ein ausreichendes Datenschutzniveau hat, beurteilt sich dabei anhand sämtlicher Umstände des Einzelfalls (Art der Daten, Zweckbestimmung, Verwendungszusammenhang, Dauer der geplanten Verarbeitung, allgemeine oder sektorale gesetzliche Bestimmungen im Empfängerland, Standesregeln im Empfängerland). Führt die übermittelnde Stelle trotz unklarer Datenschutzlage im Empfängerland keine Recherchen durch oder bleibt die Datenschutzlage im Empfängerland trotz derartiger Recherchen unklar, so ist im Zweifel davon auszugehen, daß das Empfängerland kein angemessenes Datenschutzniveau bietet.

2. Verwendungszweck

Der Zweck der Datenverwendung sollte im Vertrag präzise und verbindlich fixiert sein. Übermittelnde Stelle und Datenempfänger sollten im Vertrag ein Verbot zweckwidriger Verwendung der Daten vereinbaren. Gegebenenfalls können bestimmte unzulässige Verwendungen beispielhaft zur Klarstellung verboten werden.

---

1 Düsseldorfer Kreis (Hrsg.), *CHECKLISTE zur Verbesserung des Datenschutzes beim grenzüberschreitenden Datenverkehr mit personenbezogenen Daten im nicht-öffentlichen Bereich*, veröffentlicht in: Datenschutz-Berater, 18. Jg., Nr. 1, 1994, S. 9-11.

3. Auskunftsrechte

Im Interesse einer größtmöglichen Transparenz sollte der Betroffene Auskunftsansprüche sowohl gegen den ausländischen Datenempfänger, als auch gegen den inländischen Übermittler haben. Dieses Ziel ist effektiv jedoch nur dann zu erreichen, wenn der Datenempfänger vertraglich verpflichtet wird, der übermittelnden Stelle entsprechende Auskünfte zu erteilen, da letztere anderenfalls kaum in der Lage wäre, dem Betroffenen die verlangten Informationen zu geben.

4. Berichtigung, Sperrung und Löschung

Auch diese Rechte sollte der Betroffene in bezug auf den ausländischen Datenbestand wahlweise gegenüber dem ausländischen Empfänger wie auch gegenüber dem inländischen Übermittler geltend machen können. Soweit der Anspruch des Betroffenen gegenüber der übermittelnden Stelle geltend gemacht wird, richtet sich dieser Anspruch auf deren Mitwirkung bei der Erfüllung der Pflichten des Datenempfängers. Dies setzt voraus, daß sich der Datenübermittler gegenüber dem Datenempfänger einen entsprechenden Anspruch auf Berichtigung, Sperrung und Löschung einräumen läßt.

5. Benachrichtigung

Von besonderer Bedeutung ist, daß sich die übermittelnde Stelle verpflichtet, den Betroffenen - über die gesetzliche Regelung des § 33 BDSG hinausgehend - über die Datenübermittlung ins Ausland zu benachrichtigen. Dabei ist der Betroffene insbesondere auch über die ihm durch die vertragliche Vereinbarung zwischen übermittelnder Stelle und Datenempfänger eingeräumten Rechte zu informieren.

6. Datensicherung

Maßnahmen zur Datensicherung sollten dem Datenempfänger vertraglich auferlegt werden. Als Grundsatz sollte gelten, daß sich das Sicherheitsniveau vorrangig an der Sensibilität der Daten orientiert. Als Anhaltspunkt kann insoweit § 9 BDSG einschließlich Anlage gelten.

7. Vereinbarungen zur Verminderung bestehender Kontrolldefizite im Ausland

Die Umsetzung unter anderem auch der oben genannten vertraglichen Vereinbarungen muß durch die übermittelnde Stelle überwacht werden können. Zu denken ist hier insbesondere an Auskunfts- und Einsichtsrechte sowie gegebenenfalls Besichtigungsrechte der übermittelnden Stelle. Auch die Einsetzung eines Beauftragten kommt in Betracht.

8. Vertragsstrafe

Der Datenempfänger sollte zur Zahlung einer Vertragsstrafe an die übermittelnde Stelle für den Fall verpflichtet werden, daß er seine vertraglichen Verpflichtungen nicht einhält. Auch dadurch kann beim Datenempfänger die Bereitschaft zur Wahrung der Rechte des Betroffenen gestärkt werden.

9. Haftung

Die Interessen des Betroffenen würden eine gesteigerte Berücksichtigung erfahren, wenn übermittelnde Stelle und Datenempfänger dem Betroffenen gegenüber gesamtschuldnerisch haften würden. Zu denken wäre an eine gemeinsame Verpflichtungserklärung zwischen übermittelnder Stelle und Datenempfänger, wobei der Betroffene über diesen Vertragsinhalt zu informieren wäre, da er sonst aus Unkenntnis seine erworbenen Ansprüche nicht geltend machen könnte. Im Falle der Übermittlung besonders sensibler Daten kann auch die Vereinbarung einer verschuldensunabhängigen Haftung erwogen werden.

IX Stichwortverzeichnis

Die Zahlen verweisen auf die Seitenzahl.

Abholung 240
Abnahme 223 ff, 240
Abrechnungsarten 134 ff
- Datenverarbeitungs-leistungen 135 ff
  - Einzelkostenabrechnung 13
  - Rechnerleistung 137
  - Software-Nutzung 138
  - Druckerleistungen 138
  - Datenübertragungs-leistungen 138
- Dienstleistungen 139
- Funktionsleistungen 134, 141, 142
- Prozeßleistungen 134, 141, 142
- Terminalkostenverrechnung 141
Anlagen 237
- Technologieübersicht 237
- Datensicherung 237
- Katastrophenvorsorge-planung 237
- Dienstleistungspreisliste 238
Anwendungsbereich 213
Arbeitnehmerübergang 47, 83
- Abfindungen 125
- Arbeitsverhältniszuordnung 91 f
- Anspruchsrechte 94 f, 97 f
- Haftung 226
- Kündigung 93 f
- Personaldatenweitergabe 99
- Rechtsentwicklung 86 ff
- Sonderzahlungen 125
- Steuerrecht 125
- Übergang 84, 90, 92 f
- Überleitung 241
- Widerspruchsfrist 94
Arbeitnehmerüberlassung
- Auslagerung 99 f
- Ausgliederung 121 f
- Steuerrecht 126
Auftragsdatenverarbeitung
- Auslandsdatenverarbeitung 76 f, 311 ff
  - Checkliste 311 ff
- Funktionsübertragung 74 f
- kommerzielle Daten 78 f
- organisatorische Daten 72
- personenbezogene Daten 72 f
- produktbezogene Daten 72
- technische Daten 72
- Verantwortung
  - Auftraggeber 73 f
  - Auftragnehmer 74 f
- Weisungsgebunden 72 f
Ausgliederung 2, 3, 9, 16 f, 99 f
Auslagerung 2, 3, 9, 16 f, 121 f

Begriffsbestimmungen 211
Beistellungspflichten siehe Mitwirkungspflichten

Betriebsaufspaltung 114 ff
- Anwendung 18, 118
- Aufwand 122
- Gestaltung 114
- Grundformen 116
- Haftungsbeschränkung 120
- Organschaft 121
- Vorteile steuerlich 119
- Vorteile strukturell 118

Betriebsrat
- Betriebsratsmandat 112
- Mitgliederzahl 112
- Stellung 112
- Unterrichtungszeitpunkt 102

Betriebsteilübergang 85
Betriebsvereinbarungen
- Arbeitnehmerübergang 114
- Fremdfirmeneinsatz 113

Betriebsverfassungsrecht
- Arbeitnehmerzahl 111 f

Betriebsübergang 85
Bewertung
- Hardware
  - Anschaffungswert 129
  - Gebrauchswertfaktor 132
  - Methodik zur Bewertung 130 ff
  - Neuwert 129, 131
  - Restwert 130
  - Rumpfwert 130
  - Verkehrswert 133
  - Wiederbeschaffungswert 130
  - Zeitwert 131
  - Zeitwertermittlung 132
  - Zeitwertfaktor 131
  - Zeitwerttabelle 133
- Software 133 f

Bilanz- und Steuerrecht 122 ff
- Abfindungen 125
- Arbeitnehmerüberlassung 126
- Arbeitnehmerübernahme 125
- Dauerleistung 126
- Leasing-Verhältnisse 124
- Softwareentwicklung 127
- Sonderzahlungen 125
- Übergabe von Hard- und Software 123

Datenschutz 71 ff
- Auftragsdatenverarbeitung
  - personenbezogene Daten 72 f
  - kommerzielle Daten 78 f
  - organisatorische Daten 72
  - personenbezogene Daten 72 f
  - produktbezogene Daten 72
  - technische Daten 72
- Auslandsdatenverarbeitung 76 f, 311 ff
  - Checkliste 311 ff
- Funktionsübertragung 74 ff
- Verantwortung 74, 229, 251
  - Auftraggeber 73 f
  - Auftragnehmer 74 f

Datensicherung 81 f, 230, 237
Dauerschuldverhältnis 1, 2, 126 f
Dauerleistung 126
Dienstleister 54 ff
- Ausprägungen 54
  - allgemeine Unternehmen 54
  - spezielle Unternehmen 55
  - spezifische Unternehmen 55
- Auswahlverfahren 176 ff

Dienstleistungen
- Kenngrößen 154
- Spezifikum 150
- Stärken- und Schwächen-Analyse 150 f
Dienstleistungs-Partnerschaft 16, 18
Dienstvertrag 220 f
DV-Outsourcing 21, 31 ff
- DV-Projekt-Dienstleistungen 37
- DV-Service-Leistungen 36
- Rechenzentrums-Dienstleistungen 37
- technische Dienstleistungen 32 f
- systemtechnische Dienstleistungen 35 f

Entscheidungsfaktoren 4, 5
Entscheidungsfindung 149
Entscheidungskonzept 148 ff

Facilities Management 2
Fraktale Organisation 7, 8
Fremdbezug
- Barrieren 151 ff
  - Know-how-Verlust 151
  - Ermittlung 151 f
  - rechtliche Aspekte 151
- Motive 4 f
  - allgemeine Motive 6 f
  - generelle Motive 5
  - Kosten-Motive 4, 5
  - Know-how-Motive 4, 5
- Risiken 168 ff
  - Abhängigkeit 168 f
  - organisatorisches Risiko 169
  - soziales Risiko 169
  - Unternehmenswert 170
  - wirtschaftliches Risiko 169

Funktion 1, 3
Funktionsbereich 11 f
- Produktion von Waren 11
- Dienstleistungsproduktion 11
- kommerzielle Dienstleistungsfunktionsbereiche 11
- sekundäre Dienstleistungsfunktionsbereiche 11
- Querschnittfunktionsbereiche 11
Funktions-Outsourcing 21, 31, 41, 43, 44
- technische Produktion 41
- Dienstleistungsproduktion 41

Geheimhaltung 232
Geschäftspartnerschaft 2, 184 ff
Gestaltung der Outsourcing Verbindung 49 ff, 201 ff
- Vertragsbeginn 50
- Vertragstypen 49
- Volumina 49

Gewährleistung 225, 241
Grundsätze der ordnungsgemäßen Datenverarbeitung (GoDV) 78 ff
- Archivierungsdauer 81
- Auftragsbindung 78 ff
- Funktionssicherheit 80
- Kontrollierbarkeit 79
- Transparenz 79 ff

Haftung 226
- Verarbeitung personenbezogener Daten 76

- Höhere Gewalt 226 f
Haftungsbegrenzung 226 f
Hardwareübergabe 239 f
Höhere Gewalt
siehe Haftung

Inhouse-Partnerschaft 17 f
Interessenausgleich 105 ff
- Gegenstand 108
Internes-Outsourcing 16 f
Implementierung 244 ff
- Abwicklung 245
- Projektorganisation 247
- Verantwortung 246
Ist-Analyse 149 ff

Joint Venture 20
Just-in-Time 7, 8

Kaizen Organisation 7, 8
Katastrophenvorsorgeplanung 237
Kooperations-Partnerschaft 19 ff
- Strategische Allianz 19
- Joint Venture 20
Kosten 5, 166 ff
- einmalige Kosten 166
- laufende Kosten 168
Kündigung 230 f

Lean-Konzepte 7 f
Leistungen
- Abgrenzungskriterium 149
- Einordnung 214
Leistungskatalog 189, 207
Leistungspflichten 221
Leistungsverträge 238 ff
Lenkungsausschuß 185, 222, 229
Letter of Intend 205

Make-or-Buy 2, 148
Meinungsverschiedenheiten 234
Mietvertrag 218
Mitarbeiterabwerbung 229
Mitbestimmung 101 ff
- Auftragsdatenverarbeitung 103
- Personalkontrolle 103
- Planungsprozeß 103
- Unterrichtspflicht 105
- Wirtschaftsausschuß 104 f
- Zeitpunkt 102
- Zuständigkeit 104
Mitwirkungspflichten
siehe Verhaltenspflichten
Mitwirkungsrechte 100 f
- Outsourcing auf Tochter-/Schwestergesellschaft 100 f
- Outsourcing auf selbständigen Dienstleister 101
Motivation 196 f
Motive 3 ff
- allgemeine Motive 6 f
- generelle Motive 5
- Kosten-Motive 4, 5
- Know-how-Motive 4, 5

Neuverhandlung 251
Nutzen 5
- Entstehung des Nutzens beim Outsourcing 142 ff
- Betriebserfahrung 146 ff
- Größenersparnis 143
- gemeinsame Nutzung 144 ff
- Know-how 147
- erwarteter Nutzen von Outsourcern 45 ff
- Nutzeneffekte beim Outsourcer 162 ff

- direkte Nutzeneffekte 163, 171
- indirekte Nutzeneffekte 163 f
- relative Nutzeneffekte 165
- Wirkungskette von Nutzeneffekten 167

Nutzenkoeffizienten 171 ff
Nutzungsrechte
siehe Schutzrechte
Nutzwertanalyse 162 ff, 178 ff
Nutzungszeiten 250
siehe auch Qualitäts- und Servicelevel 139 ff

Online-Betrieb 248 ff
Organschaft 121
Outsourcer 1, 2
Outsourcing
- Begriff 1, 3, 8
- Betriebsaufspaltung 114 ff
  - Anwendung 18, 118
  - Aufwand 122
  - Gestaltung 114
  - Grundformen 116
  - Haftungsbeschränkung 120
  - Organschaft 121
  - Vorteile steuerlich 119
  - Vorteile strukturell 118
- Bilanz- und Steuerrecht 122 ff
  - Abfindungen 125
  - Arbeitnehmerüberlassung 126
  - Arbeitnehmerübernahme 125
  - Dauerleistung 126
  - Leasing-Verhältnisse 124
  - Softwareentwicklung 127
  - Sonderzahlungen 125
  - Übergabe von Hard- und Software 123
- Einordnung 7
- Entscheidung 4, 6, 148 ff
- Entstehung/Entwicklung 2, 4
- Handlungsempfehlungen 255 ff
- Historische Entstehung 2
- International 60 ff
  - anglo-amerikanisches / deutsches Outsourcing 65 ff
- Kennzeichen 2
- Kosten 5, 166 ff
  - einmalige Kosten 166
  - laufende Kosten 168
- Konzept 2, 7, 9, 148 ff
- Leistungen 4, 152 ff, 213 ff, 238 ff
- Leistungsbestimmung 151 ff (Portfolio-Analyse)
- Management 182 ff
  - Geschäfts-Partnerschaft 184 f
  - Organisation 182
  - Projekt 186 ff
    - Projektbegleitende Aufgaben 191
    - Projektphasen 187
    - Projektmanagement 192
- Markt 4, 14 f
- Nutzen 5
  - Entstehung des Nutzens 142 ff
    - Betriebserfahrung 146 ff
    - Größenersparnis 143
    - gemeinsame Nutzung 144 ff
    - Know-how 147

- erwarteter Nutzen von Outsourcern 45 ff
- Nutzeneffekte beim Outsourcer 162 ff
  - direkte Nutzeneffekte 163, 171
  - indirekte Nutzeneffekte 163 f
  - relative Nutzeneffekte 165
  - Wirkungskette von Nutzeneffekten 167
- Risiken 168 ff
  - Abhängigkeit 168 ff
  - organisatorisches Risiko 169
  - soziales Risiko 169
  - Unternehmenswert 170
  - wirtschaftliches Risiko 169
- Umstrukturierung 2

Outsourcing-Entscheidung 148 ff
- Dienstleisterauswahl 176 f
- Potential-Analyse 149 f
  - Ist-Zustandsanalyse 149 f
  - Leistungsbestimmung 152 f
- Nutzwertermittlung 162 f

Outsourcing-Formen 3, 4, 16 ff
- Dienstleistungs-Partnerschaft 16, 18
- Inhouse-Partnerschaft 16, 17
- Internes-Outsourcing 16
  - Profit Center 16, 17
- Kooperations-Partnerschaft 16, 19
  - Strategische Allianz 16, 19
  - Joint Venture 16, 20
- Projekt-Outsourcing 16, 17 21, 31

Outsourcing-Portfolio 155
- allgemein-standardisierte Dienstleistungen 153
- individuelle Dienstleistungen 154
- Inhouse-standardisierte Dienstleistungen 154
- strategische Dienstleistungen 152

Outsourcing-Potential 1, 4, 31 ff
- DV-Outsourcing 32 ff
  - DV-Projektleistungen 37
  - DV-Service-Leitungen 36
  - Rechenzentrumsleistungen 37
  - systemtechnische Dienstleistungen 32
  - technische Dienstleistungen 32
- Funktions- und Prozeß-Outsourcing 41 ff
  - Funktionsleistungen 41
  - Prozeßleistungen 42

Outsourcing-Projekt 188 ff
- Projektbegleitende Aufgaben 191 ff
- Projektmanagement 192 ff
- Projektphasen 187 ff

Outsourcing-Vertrag
- Anlagen 237 ff
  - Datensicherung 237
  - Dienstleistungspreisliste 238
  - Katastrophenvorsorgeplanung 237
  - Technologieübersicht 237

- Einordnung 199
- Entstehung 200
- Leistungsverträge 238 ff
  - Arbeitnehmerübergang 241 ff
    - Altersversorgung 243
    - Besitzstand 242
    - Haftung 243
    - Personalakte 243
    - Übergang 242
    - Verpflichtungen Dienstleister/Outsourcer 243
  - Implementierung 244 f
    - Abwicklung 245
    - Projektorganisation 247
    - Verantwortung 246
  - Nutzung im Online-Betrieb 248 f
    - Datenschutz 251
    - Neuverhandlung 251
    - Nutzungszeit/Verfügbarkeit 250
    - Vergütung 251
    - Zusammenarbeit 250
  - Übergabeleistung 238 f
    - Abnahme 240
    - Gewährleistung 241
    - Organisation/Abholung 240
    - Übergabe 239
    - Vergütung
- Rahmenvertrag 210 ff
  - Abnahme 223
  - Anwendungsbereich 213
  - Begriffsbestimmungen 211
  - Beistellungspflichten 221
  - Datenschutz 229
  - Datensicherung 230
  - Geheimhaltung 232
  - Gewährleistung 225
  - Haftung 226
  - Höhere Gewalt 226
  - Kündigung 230
  - Leistungspflichten 221
  - Meinungsverschiedenheiten 234
  - Mitarbeiterabwerbung 229
  - Mitwirkungspflichten 221
  - Präambel 210
  - Rechnungsstellung 223
  - Regelungslücken/Offene Punkte 235
  - Rubrum 210
  - Salvatorische Klausel 236
  - Schlußbestimmungen 236
  - Schutz-/Nutzungsrechte 233
  - Technologieanpassung 228
  - Unteraufträge 227
  - Vertragsgegenstand 213
    - Checkliste 216 ff
    - Leistungseinordnung 214
    - Leistungsverknüpfungen 220
  - Vergütung 223
  - Veröffentlichungen 234
  - Vertragsabwicklung 222
  - Vertragsbeendigung 232
  - Zahlungsbedingungen 223
  - Zugangsrechte 228
- Vertragsformen 201 f
  - Dienstleistungsvertrag 203
  - Outsourcing-Vertrag 203
- Vertragsverhandlung 204 ff
  - Beratung 204

- Letter of Intend 205
- Verhaltenspflichten 206
  - Hinweis- und Warnpflichten 209
  - Mitwirkungspflichten 206
- Vorvertrag 205

Organisationskonzepte 7 f
- Unternehmensorganisation 7
  - Taylorismus 7
  - Lean-Konzepte 7

Personaldatenweitergabe 99
Personalwesen 195 f
- Dienstleister 197
- Outsourcer 196

Pflichtenheft 189, 207
Portfolio-Analyse 152 ff
Präambel 210
Processing-Services 4
Professional-Services 4
Profit Center 16 f
Projekt-Outsourcing 16 f
Prozeß-Outsourcing 21, 31, 42, 44

Qualitätslevel 139 f

Rahmensozialplan 109
Regelungsbereiche
- interne 57
- vertragliche 50 ff

Regelungslücken/ Offen Punkte 235 f
Risiken 168 ff
- Abhängigkeit 168 ff
- organisatorisches Risiko 169
- soziales Risiko 169
- Unternehmenswert 170
- wirtschaftliches Risiko 169

Rubrum 210,239, 241, 244, 248

Salvatorische Klausel 236
Schlußbestimmungen 238
Schutzrechte 233
Servicelevel 140
Sicherheit 232
Sourcing Formen 7, 8
- Doublesourcing 7, 8
- Globalsourcing 7, 8
- Outsourcing 7, 8
- Singlesourcing 7, 8

Sozialplan 105 ff, 202, 203
- Gegenstand 108
- Neugründung 110
- Rahmensozialplan 109
- Rechtskontrolle 110
- übergehender Betriebsteil 108 ff
- verbleibender Betriebsteil 109

Sozio-technisches System 11
Steuerrecht
- Abfindungen 125
- Arbeitnehmerüberlassung 126
- Arbeitnehmerübernahme 125
- Dauerleistung 126
- Leasing-Verhältnisse 124
- Softwareentwicklung 127
- Sonderzahlungen 125
- Übergabe von Hard- und Software 123

Strategische Allianz 16 f
Strukturformen von Unternehmen
- funktionale 11
- prozeßorientierte 11
- fraktalorientierte 11

System-Management 4

Taylorismus 7 f
Technologieanpassung 228 f

Übersicht verwandte
Technologie 237
Unteraufträge 227
Unternehmensoptimierung 9

Verfügbarkeit 250
siehe auch Qualitäts- und
Servicelevel
Vergütung 223, 240, 251
Verhaltenspflichten 206 ff
- Mitwirkungspflichten 206 f,
221
- Hinweis- und Warnpflichten
209 f
Verhandlungsaufwand 50 f
siehe Regelungsbereiche
Verknüpfung von Teillei-
stungen 220
Veröffentlichungen 234
Vertragsgegenstand 213
- Checkliste 216 ff
- Leistungseinordnung 214
- Leistungsverknüpfungen
220
Vertragsbeendigung 232
Vorvertrag 205

Werkvertrag 219

Zahlungsbedingungen
siehe Vergütung
Zugangsrechte 228
Zusammenarbeit 250